Laura Munson
Ein Sommer unwahrscheinlichen Glücks

LAURA MUNSON

Ein *Sommer*
unwahrscheinlichen
Glücks

Aus dem Englischen von Henriette Zeltner

KAILASH

Die amerikanische Originalausgabe erschien 2010 unter dem Titel »This Is Not The Story You Think It Is« bei Amy Einhorn Books, einem Unternehmen von Penguin Group (USA) Inc., New York.

1. Auflage
Deutsche Erstausgabe
© 2011 der deutschsprachigen Ausgabe Kailash Verlag
in der Verlagsgruppe Random House GmbH
© 2010 Laura Munson
Lektorat: Antje Steinhäuser, München
Satz: EDV-Fotosatz Huber/Verlagsservice G. Pfeifer, Germering
Druck und Bindung: GGP Media GmbH, Pößneck
Printed in Germany
ISBN 978-3-424-63033-0
www.kailash-verlag.de

Für meinen Mann
Ohne das Land taugt auch die Karte nichts.
Wir haben immer gesagt, wir wollten Abenteuer erleben ...
Ich liebe dich.

Für meinen Vater,
John Chester Munson (1918–2004)
Hier ist dein blauer Duesenberg. Auch wenn ich nicht glaube,
dass du dort, wo du jetzt bist, ein Auto brauchst. Und schon
gar nicht in meinem Herzen. Danke, dass du immer an mich
geglaubt hast.

Ich habe mich entschieden,
gar nichts mehr zu beschließen, sondern die Maske des
Wassers aufzusetzen,
mein Leben als kleiner Fluss getarnt zu beenden,
ein Strudel, der sich des Nachts mit dem kräftigen, süßen
Strom verbindet,
um den Himmel in mir aufzunehmen,
um Hitze und Kälte,
den Mond und die Sterne,
um mich selbst im endlosen Strom zu schlucken.

Jim Harrison, *Cabin Poem*

Inhalt

Schlaflos in Montana

5 Uhr morgens.
Sommer. Montana.

Im Moment bin ich seltsam gelassen. Genau genommen war ich vielleicht sogar noch nie in meinem Leben so ruhig. Oder befreit. Oder mir so sicher, dass bestimmte Dinge nun einmal so sein sollen, wie sie sind, und man selbst eine ganz simple Entscheidung treffen kann: das Leben so zu nehmen, wie es kommt. Auch wenn es mitunter schier unerträglich daherkommt, oder vor allem dann. Auch und vor allem dann, wenn etwa mein Ehemann am Abend zuvor rausgegangen ist, um den Müll wegzubringen, nachdem er erklärt hat, er sei sich nicht sicher, ob er mich noch liebe ... und neun Stunden später noch immer nicht zurück ist.

Man würde wohl vermuten, dass ich jetzt großen Schmerz empfinde. Vielleicht sogar Panik. Aber ich habe mich für etwas anderes entschieden. Ich habe mich entschieden, nicht mehr zu leiden.

Vielleicht fragen Sie sich jetzt: *Wie ist das möglich?*

Lassen Sie mich Ihnen zunächst von meinem Nachttisch erzählen (siehe S. 375), auf dem sich gegenwärtig ein bedenklich schräger Stapel von Büchern befindet, die ich gelegentlich verschlinge. Denn in ihnen steht alles darüber: innerer Frieden, Harmonie, Liebe, nicht Leiden, Freiheit … von Buddha bis Jesus, von den Sufis über christliche Mystiker bis hin zu Dr. Seuss und darüber hinaus. (Ich war schon immer auf der Suche nach Weisheit. Und ich bin nicht wählerisch, was ihre Herkunft angeht.) All diese Autoren und Bücher verweisen auf jene simple Wahrheit. Oder man könnte sogar sagen, sie proklamieren sie: Das Leiden hat ein Ende, sobald man aufhört zu wollen. Einfach aufhört zu wollen.

Das habe ich schon Hunderte Male gelesen, in unterschiedlichen Formulierungen, eigentlich schon seit ich mir vor langer Zeit zum ersten Mal Gedanken zum Thema Metaphysik machte. Aber bis zu dieser Sekunde (und so passieren solche Dinge letztlich doch – innerhalb eines Wimpernschlags) habe ich mir immer wieder eine blutige Nase geholt. Denn trotz dieses ganzen Arsenals an Weisheit ist es mir nie gelungen zu begreifen, wie ich etwas nicht wollen sollte.

Wie zum Beispiel sollte ich jetzt nicht wollen, dass mein Mann durch die Tür kommt und mir eine umwerfende Geschichte darüber erzählt, wie er die ganze Nacht bei den Mülltonnen zugebracht hat und himmlische Heere, untermalt von Engelschören, zu ihm gesprochen haben? Er habe eine Offenbarung erlebt, die ihm die Erkenntnis beschere, die auch ich soeben erfahren hätte. Wir wären beide von demselben seltsamen Engel berührt worden, der uns Einblick in die Geheimnisse des Universums gewährte:

Leiden ist Mist. Mach das nicht. Geh nach Hause und liebe deine Ehefrau. Geh nach Hause und liebe dich selbst. Geh nach Hause und gründe dein Glück auf eine und nur auf diese einzige Sache: Freiheit. Entscheide dich für die Freiheit und gegen das Leid. Lebe ein Leben, das nicht vom Wollen geprägt ist, sondern von Freiheit. Koch einen richtig guten Kaffee und lausche den Singvögeln im Sumpf. Ignorier die Mücken.

Aber mein Mann kommt nicht nach Hause. Er ruft nicht an. Er geht nicht an sein Handy. Und ich übe mich in dieser lachhaften »Seligkeit«.

Die wahrscheinlich weisesten Worte, die man mir jemals gesagt hat, kamen aus dem Mund einer Therapeutin. Ich saß in ihrer Praxis, weinte mir die Augen aus dem Kopf wegen meiner erfolglosen Karriere als Schriftstellerin und dem Stress meines Mannes in seinem Job. Da sagte sie: »Lassen Sie mich das noch mal zusammenfassen. Sie wollen ihr persönliches Glück auf Dinge gründen, die gänzlich außerhalb Ihres Einflusses stehen?«

»Ja. Ich schätze schon. Wenn Sie das so formulieren wollen«, stimmte ich zu. »Ich schreibe doch keine Romane, damit sie *nicht* veröffentlicht werden. Vierzehn sind es jetzt an der Zahl – mein halbes Leben habe ich dafür gebraucht! Und ich ziehe doch keine Kinder groß – es sind zwei, ein Mädchen von zwölf Jahren und ein Junge von acht –, lege mein ganzes Herz in jede Faser ihres Wesens, um dann nicht dafür sorgen zu wollen, dass sie gesund und glücklich sind, dass sie nirgends der Schuh drückt und sie ein schönes Leben haben. Genauso wenig bin ich verheiratet – mit ein und demselben Mann, für den ich seit meinem letzten Jahr am College schwärme –, um dann mein Leben in Einsamkeit zu fristen. Und nichts davon kann ich beeinflussen. Aber ich möchte natürlich, dass alles gut wird. Und ich müsste lügen, wenn ich Ihnen sagen würde: Ich glaube nicht, dass Erfolg in diesen Bereichen mich glücklich machen würde.«

»Das ist Irrsinn«, sagte sie nur. »Und Sie wissen das selbst.«

»Schön. Dann bin ich vielleicht irrsinnig. Aber es entspricht doch der menschlichen Natur, Dinge zu wollen. Ich kann meine Natur doch nicht verleugnen. Das ist unmöglich.«

»Wirklich?«, sagte sie und hob auf diese ganz eigene Weise die Augenbrauen.

Wenn sie das tut, gilt es für mich aufzupassen. Weil danach immer noch etwas kommt, und zwar etwas Gutes.

»Es gibt einen großen Unterschied zwischen Wollen und Erschaffen«, sagte sie. »Wollen Sie aufhören, sich zu sorgen und sich deprimiert und ängstlich und wütend zu fühlen?«

»Natürlich. Deshalb bin ich hier. Aber ich darf ja nichts wollen, haben Sie mir gerade gesagt.«

»Ganz recht. Doch glauben Sie, ein Leben erschaffen zu können, in dem Sie glücklich sind?«

»Unbedingt. Aber gehören da nicht immer zwei dazu?«

»Ist das wirklich so?«, sagte sie und hob erneut die Augenbrauen. Dann bemerkte sie meinen Kummer und gab selbst die Antwort. Dafür liebe ich sie. »Erst wenn Sie aufhören, Dinge zu wollen, die außerhalb Ihrer Kontrolle liegen, werden Sie glücklich sein.«

Das sagt sich so leicht. Da saß sie auf ihrer mauvefarbenen Couch, mit ihren perfekt manikürten Nägeln und dem hübschen Schal und ihrer Gesprächspartnerin, der es vermutlich deutlich schlechter geht als ihr selbst.

Wie kann ein Mensch nicht wollen? Man wird geboren – und will leben. Man heiratet – und will sich ein schönes Leben mit dem Partner aufbauen. Man bekommt Kinder – und will, dass sie leben, selbst wenn es anfangs manchmal so wirkt, als würden sie alles tun, damit ihnen möglichst rasch etwas Schlimmes zustößt. Später will man, dass sie glücklich sind und weiterleben – lange genug, um einem Enkel zu schenken. Und von denen will man natürlich auch, dass sie leben. Genau genommen, sorgt man sich um deren Leben schon, bevor sie überhaupt geboren sind. Denn wie schrecklich wäre das für die Kinder, ihre eigenen Kinder zu überleben? Also will man, dass alle leben, man selbst mindestens bis man hundert ist. Dann will man noch Auto fahren, klar im Kopf sein, hübsche Apfelbäckchen und annehmbare Beine haben und dann irgendwann im Schlaf sterben. Man will so sein wie Katherine Hepburn. Und in der Zwischenzeit will man eine Berufung. Für die will man dann auch hart arbeiten – mit Talent und Erfolg. Wie soll das möglich sein, in einem menschlichen Körper auf dieser Welt unter Menschen zu leben und nichts zu wollen?

Leicht fällt das beispielsweise meinem märchenhaft berühmten, spirituell fortgeschrittenen Schriftstellerfreund. Den fragte ich in einem Brief: *Wie kannst du dein Leben mit Schreiben verbringen, ohne zu wollen, dass man dich veröffentlicht?*

Er antwortete darauf mit einem Anruf. Wenn das passiert, weiß ich, dass es wichtige Neuigkeiten gibt und ich mein drittes Auge weit aufreißen sollte. »Der einzige Unterschied zwischen veröffentlicht und nicht veröffentlicht zu werden«, sagte er, »ist das Veröffentlichtwerden.«

Schön, Herr Ich-treff-mich-dauernd-mit-den-Propheten-unserer-Tage-und-bekomme-säckeweise-Fanpost-und-spreche-auf-ausverkauften-Veranstaltungen. Ich hocke doch nicht den ganzen Tag im dämmrigen Zimmer auf meinem Hintern, Jahr für Jahr, Seite für Seite, schütte mein Herz aus, opfere mich, meine Bauchmuskeln, meine Oberschenkel der grausamen Kunst, den menschlichen Charakter zu formen, und das alles für nichts und wieder nichts! Ohne eine direkte Verbindung zwischen diesem düsteren Arbeitszimmer und den Nachttischen der Menschen in aller Welt zu wollen. Also bitte, man möge meinen Mangel an spiritueller Erleuchtung verzeihen, aber für mich ist das nur eines: eine oberfaule Ausrede.

So oder so ähnlich dachte ich bis gerade vorhin.

Aber noch einmal zurück zu meinem Schriftstellerkollegen. Ich erwiderte ihm:»Das Gemeine an der Sache ist, dass ich gut bin! Ich habe jahrelang an meiner Schreibe gefeilt, und kann daher mit Fug und Recht behaupten ... dass ich gut bin! Und das sage nicht nur ich. Lektoren großer Verlagshäuser mögen meine Arbeit. Meine Agentin hat noch nie so positive Absagen bekommen. Aber ich habe keine ›Bühne‹, wie sie es nennen. Ich bin ein Niemand aus Montana.«

»Du musst einfach weiterschreiben. Denk nicht mehr übers Veröffentlichtwerden nach. Aber sei vorsichtig. Es bedeutet einen Riesenunterschied, ob man sich von etwas gelöst hat ... oder bindungslos ist. Vor Letzterem musst du dich natürlich hüten.«

»Halt«, jammerte ich.»Ich befinde mich in einer spirituellen Sackgasse. Ich weiß nicht, wie ich nicht wollen soll. Ich fühle mich absolut eingebunden. Aber nicht in Richtung Zen. Eher ... ich weiß auch nicht ... mehr episkopal.«

Er lachte, und ich hätte wetten mögen, dass er mir eine wertvolle Information vorenthielt. Eine Information, die man sich nur verdienen und die man nicht vererben kann. Ich hatte die große Reise noch komplett vor mir – fast wie Dorothy aus dem Zauberer von Oz. Mein Gott, wie ich das hasse.

Doch zurück zu diesem Augenblick in meinem Leben.

In diesem Augenblick bin ich mir nämlich nicht sicher, wo mein Mann ist. Er hat gestern Abend das Haus verlassen, um den Müll rauszubringen, nachdem er erklärt hatte, sich nicht sicher zu sein, ob er mich noch liebt. Danach ist er nicht zurückgekommen. Er geht nicht an sein Handy und antwortet auf keine SMS.

Aber ich nehm es ihm nicht ab. Dass er mich nicht liebt, meine ich. So schrecklich es ist, sich so etwas anhören zu müssen, glaube ich doch, dass mehr dahintersteckt. Ich glaube, er macht gerade eine persönliche Krise durch. Ich glaube, dass es hier um ihn geht.

Ich will Ihnen jetzt mal eine Aufgabe stellen. Ihnen und mir. Versuchen wir doch mal, in dieser Geschichte nicht parteiisch zu sein. Denn wie fühlt es sich an, Partei für eine Seite zu ergreifen? Bekommen wir dann Recht? Oder werden wir lediglich selbstgerecht? Ich halte Selbstgerechtigkeit für schlimmer, als man sich das gemeinhin eingestehen möchte.

Ich sehe das so: Wir haben alle unsere schwierigen Zeiten. Ich jedenfalls hatte meine. Ich weiß auch, wie sehr mein Mann seinen Job hasst, welche Vorwürfe er sich macht, nicht genug Geld zu verdienen und nicht zu wissen, wie es mit seiner Karriere weitergehen soll. Ich weiß, wie steckengeblieben er sich vorkommt und wie verzweifelt ihm zumute ist, gerade in unserer Kleinstadt in den Bergen, wo hochdotierte Jobs nicht gerade häufig sind. Ich weiß, dass er richtig leidet. Ich weiß es, weil es mir ebenso ergangen ist. Ich kann seinen Schmerz nachempfinden, und genau das habe ich ihm auch gesagt.

Aber er hört meine Stimme nicht. Dafür ist seine viel zu laut. Er muss selbst dahinterkommen. So wie Dorothy und ich. Und ich weiß, dass es in diesem Fall besser ist, Mitgefühl zu haben. Nicht wütend zu werden oder ängstlich. Auch wenn seine Worte mich wie Hagelkörner getroffen haben.

Das ist wie bei Teenagern, die kreischen: »Ich hasse euch!« und ihren Eltern die Tür vor der Nase zuknallen. Soll man ihnen das »Ich hasse Euch« etwa glauben? Oder wissen Eltern in so einem Fall instinktiv, dass es irgendeinen Ärger in der Schule gegeben haben muss? Und damit will ich nicht sagen, dass mein

Mann sich wie ein Teenager benimmt. (Oder gar, dass ich, Gott behüte, seine Mama wäre!) Ich will nur zum Ausdruck bringen, dass meiner Ansicht nach mehr dahintersteckt.

Mein Mann ist ein toller Typ. Loyal. Hilfsbereit. Liebevoll. Ein echter Familienmensch. Die ganze Nacht wegbleiben und nicht anrufen, so etwas macht er eigentlich nicht. In letzter Zeit macht er es allerdings häufig. Ich schätze mal, das ist seine Art, mir die Tür vor der Nase zuzuknallen. Außerdem weiß ich so, dass es in seinem Job richtig Ärger gegeben haben muss. Er nennt es entschuldigend »Dampf ablassen«, was an einem Ort wie diesem ziemlich leicht zu bewerkstelligen ist, schließlich gibt es unzählige Seen und Flüsse in der Umgebung, einen Nationalpark – von den zehn Bars im Umkreis von drei Blocks ganz zu schweigen.

An solchen Abenden schläft er auf der Couch in seinem Büro, das nur einen Spaziergang von der Ortsmitte entfernt liegt. Woher ich das weiß? Wir wohnen in einer Kleinstadt. Jeder lebt hier wie unter dem Mikroskop. Die Leute lieben es, einander zu beobachten, als ginge es um ein Projekt für den Sozialkundeunterricht.

Unaufgefordert teilen sie einem mit: »Ich habe deinen Mann gestern Abend in der Bar einen zwitschern sehen.« (Und das heißt dann, dass er nicht nur Limo getrunken hat.) Oder:»Hab deinen Göttergatten heute in aller Herrgottsfrühe im Büroklo Zähne putzen gesehen. Im Gesicht hatte er noch den Abdruck von den Polstern seiner Bürocouch.« Die übliche Schlussformel nach einem solchen Bericht aus der Feldforschung lautet:»Alles in Ordnung mit ihm?«

»Warum fragst du ihn das nicht einfach selbst?«, ist meine Standarderwiderung darauf.

Immerhin kann man dann die eigenen Schreckensfantasien von ihm und irgendeiner Frau in ihrer fantastischen Blockhütte am See abhaken. Denn solche Überlegungen habe ich durchaus auch angestellt. Das will ich gar nicht leugnen. Und das, obwohl es keinerlei Indizien dafür gab. Oder Hinweispfeile, die mich an diese Schlussfolgerung erinnern. Jetzt ist vielleicht der richtige Moment, um Ihnen eine wichtige Frage zu stellen. Die ist ziemlich heikel, und vielleicht widerstrebt sie Ihnen zunächst. Trotzdem hätte ich gern, dass Sie versuchen, in Ihrem Herzen und Ihrem Verstand ganz offen zu sein, weil ich glaube, dass uns allen das weiterhilft. Diese Frage habe ich auch mir selbst mit der gleichen Offenheit gestellt, und ich kann Ihnen versichern, dass sie eine ziemlich massive Wirkung hat.

Also, ich werde sie mir selbst auch noch einmal stellen: Wie wichtig ist es eigentlich für mich, exakt in diesem Augenblick zu wissen … und zwar klipp und klar … ob mein Mann eine außereheliche Affäre hat?

Bleiben Sie bitte da – gehen Sie nicht weg. Bleiben Sie hier bei mir.

Es ist eine so wichtige Frage, über die es sich lohnt nachzudenken. Wird sich eine unumstößliche Wahrheit auf meine Selbstverpflichtung, nicht zu leiden, auswirken? Und das meine ich gar nicht in Bezug auf meine Ehe. Vielmehr interessant ist, wie viel Macht dieses Wissen in diesem Moment hat.

Denn was sollte ich mit dieser Information genau jetzt anfangen?

Hätte er tatsächlich eine Affäre, wäre das für mich das Aus? Das automatische Ende unserer Ehe? Würde ich ihm Ultimaten stellen, ihn erst einmal rausschmeißen und die Familie auf den Hund bringen? Würde das meine Position irgendwie stärken? Im Sinne von – Aha! Jetzt kann ich dich endlich zwingen, eine Therapie zu machen, weil … weil … weil – Moment mal, warum eigentlich?

Wenn ich ihm etwas nachsagen wollte, könnte ich das ohne große Mühe. Denn ist das Anzweifeln seiner Liebe zu mir nicht schon an sich ein Akt der Untreue? Eine Verletzung unseres Eheversprechens? Andererseits wirft es aber auch eine weitere Frage auf: Was ist bei »in guten wie in schlechten Zeiten« mit »schlecht« gemeint? Vielleicht wäre es eine nützliche Übung für Ehevorbereitungskurse, Beispiele dafür auflisten zu lassen. Obwohl ich, ehrlich gesagt, schon immer wusste, dass mit »in schlechten Zeiten« wirklich ganz schlechte Zeiten gemeint sein können.

Was ich außerdem sicher weiß, ist Folgendes: Mein Mann steckt gegenwärtig in einer Krise, egal, ob er zusätzlich auch noch eine Affäre hat oder nicht. Egal, ob er mich liebt oder nicht.

Ich liebe ihn jedenfalls.

Lassen Sie uns also eine 180-Grad-Wende vornehmen. Was wäre, wenn ich es so sähe: Egal, was ihn dazu gebracht haben mag, nicht nach Hause zu kommen; es ist nur ein Symptom für etwas, das tiefer geht, ein seelisches Problem. Ein ganz persönlicher Schmerz, den ich ihm nicht abnehmen kann. Würde ich dann auch nur im Geringsten besser dastehen, wenn ich ihm Untreue vorwerfen, die Wahrheit aus ihm herauspressen oder einen Privatdetektiv engagieren und mich wie besessen auf eine mögliche Affäre kaprizieren könnte, für die es gar keine Indizien gibt? Sollte ich mir in einem unbeobachteten Moment sein Handy schnappen und nach verdächtigen SMS oder Telefonnummern suchen? Habe ich wirklich eine so schlechte Meinung von meinem Mann?

Und dann möchte ich noch folgende Fragen aufwerfen: Was wäre ich in einem solchen Moment, wenn ich hinter ihm her schnüffle? Welche Integrität besäße ich dann noch? Und was würde das in meiner eigenen Seele anrichten?

Lassen Sie mich auch diese Fragen noch stellen: Wie würde sich sein Handy in meiner Hand anfühlen? Wie Feuer? Als würde es ein Loch in meine Handfläche brennen? Ist das ein Leid, das man bereitwillig akzeptiert, um an eine gewisse Wahrheit zu gelangen? Und inwiefern wäre diese Wahrheit befreiend? Wie leidgewohnt sind wir überhaupt in unserem Alltag? Dürfte ich wagen zu behaupten, Leid wäre für uns zur Normalität geworden?

Ich werde es nicht tun. Ich habe so etwas früher in anderen Bereichen meines Lebens schon gemacht – mir selbst vorgelogen, dass sich Leid bis zu einem gewissen Grad lohnen würde. Auf diese Lüge falle ich nicht noch einmal hinein.

Für den Moment also gebe ich mich mit der Information zufrieden, die mich ganz von selbst erreicht, ohne dass ich versuche, etwas zu kontrollieren oder mich einzumischen oder Leid in Kauf zu nehmen, um an sie heranzukommen.

Der übliche Konsens sieht so aus: Er geht in die Bar, trinkt was mit den Jungs und schläft auf der Couch in seinem Büro. Manchmal wird zwischendurch auch noch geangelt. So erotisch ist das.

Selbst die Kinder wissen inzwischen, dass Daddy, wenn er nicht zur üblichen Zeit nach Hause kommt oder manchmal auch überhaupt nicht … nun, dass er dann eben Dampf ablassen muss. Was nicht heißt, dass sie es gut fänden.

Bislang sind mein Mann und ich immer stolz auf unsere Leistung als Eltern gewesen. Auf das gute Verhältnis zu unseren Kindern. Aber wir erzählen ihnen auch keine Märchen. Und die Zeiten sind momentan hart. Also haben wir ihnen klar zu verstehen gegeben, dass Mütter und Väter auch nur Menschen sind. Wir alle machen Fehler. Erwachsene haben manchmal schlechte Phasen und benehmen sich nicht immer verantwortungsbewusst. Aber wir sind trotz allem eine Familie. Selbst wenn wir Mist bauen. Wir lieben und beschützen einander. Und wir verzeihen einander. Trotzdem ist es schwer, seine Abwesenheit nicht als Ohrfeige zu empfinden. Das kann ich in den Augen der Kinder lesen. Ich frage mich, ob sie es auch in meinen sehen.

Eines der Lieblingszitate von mir und meinem Mann handelt davon, wie wichtig es ist, dass einer als Wächter der Einsamkeit des anderen fungiert:

Es handelt sich in der Ehe für mein Gefühl nicht darum, durch Niederreißung und Umstürzung aller Grenzen eine rasche Gemeinsamkeit zu schaffen, vielmehr ist die gute Ehe die, in welcher jeder den anderen zum Wächter seiner Einsamkeit bestellt und ihm dieses größte Vertrauen beweist, das er zu verleihen hat. Ein Miteinander zweier Menschen ist eine Unmöglichkeit und, wo es doch vorhanden scheint, eine Beschränkung, eine gegenseitige Übereinkunft, welche einen Teil oder beide Teile ihrer vollsten Freiheit und Entwicklung beraubt. Aber, das Bewusstsein vorausgesetzt, dass auch zwischen den nächsten Menschen unendliche Fernen bestehen bleiben, kann ihnen ein wundervolles Nebeneinanderwohnen erwachsen, wenn es ihnen gelingt, die Weite zwischen sich zu lieben, die ihnen die Möglichkeit gibt, einander immer in ganzer Gestalt und vor einem großen Himmel zu sehen!

Rilke

Jeder den anderen zum Wächter seiner Einsamkeit. Ihrer vollsten Freiheit. Die Weite zwischen sich zu lieben. (Wobei ich mir ziemlich sicher bin, dass Rilke, als er diese weisen Worte schrieb, nicht an eine Bar gedacht hat. Ans Angeln vielleicht noch eher.)

Ich möchte ihm Zeit für sich allein gewähren. Ich schätze es selbst auch, welche zu haben. Wir haben einander immer den Raum gegeben, den Rilke mit dem »größte(n) Vertrauen« gleichsetzt. Aber ungeachtet seiner persönlichen Krise und ungeachtet der Tatsache, dass er sich selbst gerade einredet, mich nicht mehr zu lieben – ist er bereit, das jahrelange Vertrauen, das wir aufgebaut haben, zu zerstören? Und was ist mit dem Respekt? Alles, worum ich gebeten habe, ist ein Anruf, damit ich mir keine Sorgen machen muss. Ist das zu viel verlangt? Die Bereitschaft, sich helfen zu lassen und vielleicht sogar an einer Paartherapie teilzunehmen, wäre natürlich auch großartig. Aber so weit sind wir noch nicht. Wir sind im Gegenteil viel, viel weiter davon entfernt, als ich vermutet hatte.

Ich werde nicht versuchen, sein Verhalten zu rechtfertigen, weil ich weiß, dass es nicht gerechtfertigt ist. Ich möchte einfach nur verstehen, statt auszurasten. Allzu lange will ich mich mit so einem Verhalten nicht abfinden. Was auch immer »allzu lange« letztlich bedeuten wird. Aber muss ich in der Zwischenzeit auf den Teil unseres Umfelds reagieren, der möchte, dass wir so tun, als seien all unsere Ehen nachgerade perfekt? Bis sie es irgendwann eben auf einmal nicht mehr sind. Schwarz und weiß. Eine falsche Bewegung, und du bist draußen. Dabei bin ich mir sicher, dass es hinter den Kulissen nur so brodelt. Aber: Jetzt ist nicht der Zeitpunkt, um zu reagieren. Vielmehr ist es an der Zeit, sich tief zu verwurzeln, wie die Autorin Terry Tempest Williams es fordert.

Doch mein Verstand dreht und wendet sich. Vor und zurück. Rauf und runter. Es fühlt sich an, als hätte ich einen ganzen Rummelplatz in meinem Kopf – inklusive Fahrgeschäften, Schaustellern und mit Zuckerwatte verklebten Kindern, die über davongeflogene Ballons heulen. Genauso laut und orientierungslos. Ich hätte gern, dass sie zusammenpacken und in die nächste Stadt ziehen. Ich will, dass mein Geist wieder eine freie Wiese mit Grillen und Löwenzahn ist. Außerdem ist ja auch mein Mann nicht da, um den Lukas zu hauen und für uns alle ein Plüschtier zu gewinnen, das in jenem Augenblick im Sommer das Wichtigste auf der Welt ist. Ziemlich sicher bin ich auf diesem Rummelplatz mutterseelenallein.

Angst schnürt mir die Kehle zu. Es erschreckt mich, daran zu denken, wie das Leben ohne ihn an meiner Seite sein könnte. Aber wenigstens weiß ich: Furcht ist nicht mein Freund. Lieber versuche ich es sofort wieder mit Nachempfinden, das ist viel besser.

Trotz allem mache ich mir an diesem Morgen Sorgen. Obwohl ich versuche, es wie Wellen über mich hinwegrollen zu lassen, muss ich gestehen, dass ich mir große Sorgen mache. Wie Mary in dem Film *Ist das Leben nicht schön?*, als George (alias James Stewart) ihre Kinder anschreit, die Weihnachtslieder spielen, einen Zusammenstoß mit dem abgebrochenen Knauf des Treppengeländers hat und sich mit dem Gedanken trägt, ob er am Ende tot besser dran wäre als lebendig. Doch wie Mary (auch wenn ich nicht Donna Reed bin), selbst wenn sie ihm vorwirft:»George, warum musst du denn die Kinder quälen!« – weiß ich im tiefsten Winkel meines Herzens, dass nichts gewonnen wäre, wenn ich ihn fallen ließe oder ihm Ultimaten stellen würde. Aber so ein Besuch vom Schutzengel Clarence, das wäre natürlich was. Wie bei George Bailey weiß ich, dass ein Großteil der Krise meines Mannes direkt mit Geldsorgen und unverwirklichten Träumen zu tun hat. Und wie sehr ich mir auch wünsche, seine Qual zu lindern, weiß ich doch, dass ich es nicht kann. Es ist einfach unmöglich. Das ist sein Job. Er muss sich aus diesem Schlamassel selbst befreien.

Ich verstehe jedoch den Schlamassel. Das heimtückische Terrain von Schande, die auf jahrelangem beruflichen Scheitern gründet. Ich selbst habe fast zwei Jahre gebraucht, um mich mit Hilfe einer wirklich guten Therapeutin da herauszukämpfen. Wie kann ich also von ihm erwarten, dass er das an einem einzigen Sommertag schafft?

Trotzdem, heute Morgen sitze ich hier und tippe diese Worte, schnell und zornig … und in meinen schlimmsten Momenten bin ich schwach. Ich verfalle in alte Muster. Die Angst hat mich fest im Griff, und ich taumele auf den Dreh- und Angelpunkt des Leidens zu: Und wenn es DOCH eine andere Frau gibt???

Nun weiß ich natürlich sehr wohl, liebe Leser, dass sich Ihnen mit großer Wahrscheinlichkeit schon die Nackenhaare sträuben. Am liebsten würden Sie mir wahrscheinlich sagen, wie dumm es von mir ist, ein dermaßen inakzeptables Verhalten zu tolerieren. Sie möchten mich vermutlich kämpfen sehen.

Also, das tue ich ja auch. Ich bin eine echte Kämpfernatur. Ich genieße den Ruf, extrem schnell auf den Punkt zu kommen und geniale Lösungen in Lichtgeschwindigkeit zu liefern.

Aber in diesem Fall entscheide ich mich für eine andere Strategie, und ich meine, dass die so funktionieren wird, wie es Kämpfe, Überredungsversuche und Forderungen niemals könnten. Denn egal, ob er zu mir zurückkommt oder nicht, wird letztlich meine Selbstverpflichtung, nicht zu leiden, mich stärken. Das ist eine Lebenseinstellung. Eine Lebenseinstellung. Sie ist in vielen Religionen zu finden, funktioniert aber auch ganz ohne Glauben. Probieren Sie doch einfach mal selbst, ob und wie sie in Ihr Leben passt. Diese Freiheit sollten wir uns doch alle nehmen, nicht wahr?

Und ja – für mich ist diese Strategie auch neu. Ich bin mir sicher, dass es manchmal hart werden wird. Aber ich setze darauf. Und ich werde das schreibend durchstehen. Für mich und für Sie. Für jeden, der in eine beliebige Situation gerät, bei der er versucht ist, in Panik zu geraten oder – noch schlimmer – in die Opferrolle zu schlüpfen, anstatt Verantwortung für das eigene Wohlbefinden zu übernehmen.

Ich schaue hinauf zu meinem Motto als Schriftstellerin, das ich über meinen Schreibtisch gehängt habe. Daneben hängen Fotos von meinem Sohn, wie er in der Mittagssonne einen Strand entlangläuft, von meiner Tochter mit einem Kranz aus Margeriten, der wie ein Heiligenschein strahlt, und von meinem Mann, wie er mich am Tag unserer Hochzeit küsst. Ich nehme mein Motto sehr ernst. Es ist mir eines Tages eingefallen, und ich habe es in den Computer getippt, ausgedruckt und neben das Bild eines Mountain Bluebird, einer seltenen, leuchtend blauen Drosselart, gehängt, der im Frühling, wenn noch Schnee liegt, hierher zurückkommt. Meine Tochter nennt diesen Zugvogel Hello Friend. Er ist ein echtes Symbol der Hoffnung nach einem langen Winter in Montana.

Mein Wahlspruch lautet übrigens: »Ich schreibe, um Licht in einen bis dato dämmrigen oder sogar pechschwarzen Winkel zu bringen und auf diese Weise mir und anderen zu helfen.«

Und genau darum soll es in diesem Buch gehen. Vielleicht hilft es jemand. Vielleicht rettet es sogar Ehen und Jobs und Kinderherzen, die niemals brechen sollten. Genau so ein Buch hätte ich jetzt gern auf meinem Nachttisch. Und wenn es nur darum ginge, zu wissen, dass ich mit meinem Kummer nicht allein bin.

Wenn mein Mann und ich am Ende gemeinsam dastehen, einander liebend, nach wie vor verheiratet und ohne zu leiden, dann wird dieser Sommer sich gelohnt haben. Dann wird dieses Buch sich lohnen.

Und selbst wenn es uns nicht gelingen sollte, dann weiß ich, dass ich ein besserer Mensch sein werde, weil ich so gelebt habe. Also bleiben Sie bitte bei mir. Wie eine gute Freundin. Vielleicht werden wir gemeinsam etwas lernen, das unser Leben verändert. Ich bin bereit, es zu versuchen. Um unseretwillen.

Nur atmen

....

8.45 Uhr. Derselbe Morgen.

In diesem Moment rühren sich meine Kinder, und ich frage mich, wie ich mit der Situation umgehen soll. Erzähle ich ihnen, was ihr Daddy gerade durchmacht? Wenn ja, sollte ich versuchen, meine Worte in eine Sprache zu übersetzen, die sie verstehen können. Um ihnen begreiflich zu machen, wie schwer es mich gestern getroffen hat, als er mir sagte, wie wahnsinnig schlecht es ihm geht. Weil er keinen Ausweg sieht. Weil seine Firma total am Ende ist. Dass wir bis zum Hals in Schulden stecken. Dass unsere Ersparnisse schwinden. Dass wir vielleicht die Farm verlieren, die wir so nach Maß gebaut haben, dass in die Bücherregale unserer Kinder ihre Sammlungen von Spielzeugpferden und Autos exakt hineinpassen. Dazu das Land, auf dem wir unsere Hunde und Pferde, die Katze, den Fisch und noch dazu die geliebte zahme Ratte meiner Tochter halten.

Und vor allem frage ich mich, wie ich vor ihnen verbergen soll, dass er, während er mir zum ersten Mal seit Monaten wieder einmal in die Augen schaute, zu mir sagte, er müsse allein sein, bevor er sich eine Kugel in den Kopf jage. Und

26

das, obwohl wir mehr als unser halbes Leben miteinander verbracht haben. Er wäre sich nicht sicher, ob er mich noch liebt. Oder ob er es je getan habe. Ja, er sei sich nicht einmal sicher, ob er überhaupt zu lieben in der Lage sei.

Dieser letzte Punkt bringt mich aus meinem Kopf und in sein Herz: Er stellt seine Fähigkeit zu lieben infrage.

Ich dagegen tue das nicht, denn ich bin schon seit langer Zeit Zeugin und Empfängerin seiner Liebe. Wenn er so denkt, muss tief in seinem Inneren etwas entzwei gegangen sein. Ich denke an die Momente, als ich mich ganz am Boden fühlte. Wie war das für mich? Habe ich da meine Fähigkeit zu lieben angezweifelt? Vielleicht. Aber ich habe herausgefunden, dass ich Liebe zu mir selbst und zu meiner Umgebung fast unmittelbar erzeugen kann, wenn ich mich schöpferisch betätige. Insbesondere, wenn ich etwas Schönes hervorbringen kann.

Schönheit zu würdigen und zu pflegen ist etwas, das ich schon mein Leben lang schätze. Und ich empfinde Hochachtung für die, die Schönheit erschaffen. Meine Mutter und meine Großmütter haben mich das gelehrt. Sie hatten einen Sinn für die Dinge – für schöne Dinge. Und sie haben ihn mir sehr ernsthaft nahegebracht. Und das hatte nichts mit Snobismus zu tun. Es ging eher um Ästhetik und Familienstolz. Um Tradition. Das Interesse am Vermächtnis einer Generation an die nächste. Wie ein Staffelstab aus Porzellan, Kristall und Sterlingsilber.

Nur dass es sich hier um keinen Staffellauf handelt. Eher um eine Evolution von Prinzipien und Vorsätzen, angefangen bei der Mayflower über den Unabhängigkeitskrieg und den Bürgerkrieg bis über die Zeit der Siedler hinaus. Sie sollten mal die vielen Bibeln sehen, die ich im Regal stehen habe, eine stammt noch aus dem 17. Jahrhundert. Oder die handgefertigten Spitzen von so vielen jungen Frauen für so viele

Aussteuern. Das Teeservice und die verspielten besonderen Silbersachen speziell für Toast oder Rosinenbrötchen oder Bratensoße. Das alles passt zwar kaum zu meinem Leben in Montana, doch es steht für die Schönheit meiner Kindheit, und ich habe es geliebt, liebe es bis heute. Denn für mich besitzen diese Dinge nicht nur Schönheit. Sie bedeuten Sicherheit. Wenn Teerosen in einer polierten Silbervase neben meinem Bett standen oder der Tisch mit bestem Limoges und Steuben und irischem Leinen gedeckt war, dann wusste ich meine kleine Welt in Ordnung, zumindest solange mein Schlaf mit Rosenduft oder das Festmahl im Kreis der Familie eben dauerte.

Ich habe versucht, diese Schönheit in meinem Haus und Garten in Montana zu replizieren, auch wenn meine Großmütter dabei sicherlich gelegentlich im Grab rotierten. Aber die fünfzehn Jahre, die ich inzwischen in Montana verbracht habe, haben mich eben auch eine neue Form von Schönheit erkennen gelehrt. Ich halte die Augen danach offen, wenn ich draußen in der Natur bin. Ein herzförmiger Stein kann ebenso schön sein wie ein handbemaltes Porzellanherz. Und ein Stückchen grünes Moos kann sich genauso weich anfühlen wie Seidenchenille. Die Schönheit der Natur hat mich in ihren Bann gezogen. Und je länger ich hier lebe, desto verbundener fühle ich mich dem Schöpfer dieser Schönheit. Wen auch immer man darunter verstehen mag.

In was für einer herrlichen Welt leben wir doch, in der Schönheit etwas Subjektives ist. Sie liegt wahrhaftig im Auge des Betrachters. Diese Tatsache an sich birgt unermessliche Hoffnung. Mir ist egal, wie jemand zur Schönheit steht. Mir ist nur wichtig, dass sie bewahrt wird. Und erschaffen. Das ist mir wichtig, und ich habe es bereits an meine Kinder weitergegeben. Denn wenn wir Schönheit hervorbringen, dann gleichen wir uns unserem Schöpfer an. Und wenn wir Schönheit empfangen, dann empfangen wir »sein Reich« in seiner besten Form. In diesem gottgleichen Akt erschaffen und empfangen wir uns selbst, da gibt es keine Trennung zwischen uns und den anderen oder dir und mir. Vielleicht bedeutet genau das, wirklich lebendig zu sein. Zu leben. Unserer wahren Natur zu entsprechen. Vielleicht ist es das, was meinem Mann fehlt. Und der Grund, warum er meint, mich nicht lieben zu können.

Deshalb möchte ich auch, dass meine Kinder heute Schönheit umgibt.

Doch jetzt kommen wir zum schmerzlichsten Punkt – zu dem Rätsel, das mir den inneren Konflikt meines Mannes offenbart und meine Selbstverpflichtung, nicht zu leiden, auf die härteste Probe überhaupt stellt. Seine letzten Worte, bevor er den Müll wegbringen ging, lauteten: »Ich will einfach eine Frau ohne irgendwelchen Ballast.«

Also … stellt er tatsächlich seine Liebesfähigkeit infrage? Oder nur seine Fähigkeit, mich zu lieben? Ich zermartere mir das Hirn bei dem Versuch, sein Gefühlschaos aufzudröseln – und am liebsten würde ich auf die Schönheit und die Gedanken an sein schlappes Herz pfeifen und sofort in Verbitterung verfallen.

Ich komme zu folgendem, nicht gerade erhebendem Schluss: Mein Mann, der Vater meiner Kinder, glaubt, dass es irgendwo da draußen jemand gibt, der besser für ihn ist als ich. Jemand, der unversehrt an diesen Punkt des Lebens gelangt ist. Folglich muss er an Märchen glauben. Und an Märchenprinzessinnen. Vielleicht sogar auch an Märchenprinzen. (Und das, obwohl er sich vor Pferden fürchtet.) Aber diese Denkweise führt zu nichts, und so verbiete ich sie mir selbst. Ich lache sogar bei dem Versuch, mir einen Menschen ohne »Ballast« vorzustellen.

Warum schaffe ich es zu lachen – mich an diesem Morgen nach Ruhe zu sehnen und sogar ein gewisses Maß davon zu erreichen? Gibt es auch nur die geringste Hoffnung auf einen schönen Tag mit meinen Kindern? Warum stöbere ich nicht in den Büchern auf meinem Nachttisch nach unterstrichenen Stellen, nach ein paar inspirierten eigenen Randbemerkungen? Ich würde sie als prophetische Rettungsringe bezeichnen, die ich mir an irgendeinem anderen Morgen präventiv selbst zugeworfen habe. Früh am Morgen, mit Tee und vielen kuscheligen Kissen um mich herum – und einem leise schnarchenden Ehemann neben mir, noch bevor die Welt richtig aufgewacht war. Warum? Weil ich weiß, was sie alle auszudrücken versuchen. Unter ihrem heiligen Feigenbaum, auf ihrem Berg Golgatha, in ihrem indischen Aschram oder in ihrer Kellerkirche, wo sich die Anhänger bei schlechtem Kaffee versammeln. Ich weiß es. Endlich weiß ich es. Man muss das Leiden beenden. Oder eben nicht. Das ist alles. Jeder hat die Wahl.

Und ich kann es nicht oft genug wiederholen: Ich bin fest entschlossen, mit dem Leiden aufzuhören. Als ich erfahren habe, dass mein Mann mich mit großer Wahrscheinlichkeit nicht liebt, war die Sache entschieden.

Sie brauchen also gar keine weiteren Bücher mehr. Na gut, dieses hier vielleicht noch. (Als Hardcover, das ich am liebsten neben meinen vierzehn anderen, zu diesem Zeitpunkt meines Lebens noch nicht veröffentlichten Romanen publiziert sähe. Natürlich für einen immensen Honorarvorschuss, mit ungeheurem Presseecho und einer Welttournee. Ach, und bevor ich's vergesse, mit einem Pulitzer. Oder auch nicht. Das ist mir eigentlich nicht mehr wichtig. Ich habe ja mit dem Leiden aufgehört. Tatsächlich. Habe ich Sie überzeugt? Bin ich davon überzeugt? Nun, wir werden es ja sehen, nicht wahr?)

Bevor wir hier völlig in Sarkasmus abgleiten, lassen Sie mich noch eines sagen: Ja, mir ist durchaus bewusst, dass es noch viel schlimmeres Leid gibt als das hier beschriebene. Und ja, es stimmt, dass ich im weißen Tennisdress in einem stinkfeinen Country Club in Chicago aufgewachsen bin, eine Prep School in New England besucht habe und Debütantin war, auch das. Aber glauben Sie mir, all diese Faktoren erleichtern einem das Glücklichsein nicht. Nicht in dem Sinne, wie ich Glück verstehe. Nicht frei. Genau genommen verleiten einen solche Dinge sogar dazu, vorzugeben, man sei glücklich. Und diese Täuschung bedeutet natürlich wieder Leid. Leid ist übrigens ein relativer Begriff; es kommt immer darauf an, wie betroffen man letztlich persönlich ist – und das ist man ziemlich, wenn man – wie ich – die Welt verändern möchte. Aber bevor wir uns dem großen Horizont widmen können, müssen wir dort beginnen, wo wir Kontrolle und Verantwortung haben, das ist mal wieder der erste Punkt, um anzusetzen.

Das gilt für Sie genauso. Für Sie und mich. Wir brauchen einander, zumindest auf den Seiten dieses Buches. Da müssen wir jetzt gemeinsam durch. In welcher seelischen und geistigen Verfassung befindet sich denn Ihr Ehemann/Ihre Ehefrau/ Ihr Partner/Ihre Partnerin/Ihr Freund/Ihre Freundin/Ihr Kind/ Ihr Bruder/Ihre Schwester/Ihre Mutter/Ihr Vater/Ihr Verwandter? Und sind Sie sich da ganz sicher?

In diesem Moment meines Lebens besitze ich zum ersten Mal überhaupt Fingernägel und nicht nur gerötete Stummel, wie ich sie sonst liebevoll zu nennen pflege. Unbewusst habe ich mit einer vier Jahrzehnte währenden Gewohnheit gebrochen. Ich habe einfach neulich hinuntergeblickt und gesehen, dass ich welche besitze. Und sobald ich mit diesem Kapitel fertig bin, werde ich mir, anstatt sie alle wieder abzubeißen, meinen ersten Termin für eine Maniküre buchen.

Bislang war ich der Ansicht, Glück sei ein Mythos, den sich die Leute bei Walt Disney ausgedacht haben. Wir waren mal in Disney World. Und hatten uns für das Abendessen mit Dornröschen angemeldet, doch das sah aus, als hätte es schon ein paar Psychopharmaka geschluckt. Nicht gerade glücklich jedenfalls.

Mir ging es ähnlich. Ich hätte mir gewünscht, Onkel Walt hätte im Magic Kingdom ein paar alkoholische Getränke vorgesehen. Nicht mal bei den Piraten der Karibik gab es irgendeinen Drink mit Rum. Aber diese Vorstellung hatte damit zu tun, dass ich Glück damals noch für eine Art Ausrede hielt. Oder mit anderen Worten: etwas, das man von außen in sich hineinholen musste. Und das selbst für den Fall, dass es je existiert hatte, am Ende von Disney gekillt worden war.

Genauso hielt ich Freiheit für eine Ausrede. Und wenn der eigene Mann der Mülltonne und der Bar oder seiner Bürocouch oder sogar einer anderen Frau den Vorzug vor einem selbst gab und das nicht das Bedürfnis weckte, sich und vielleicht auch ihm eine Kugel in den Kopf zu jagen … dann war man nur eines: eine dumme Nuss. Eine dumme Nuss, die ein bescheuertes Leben führte. Und so läuft es nun einmal.

Also gießen Sie sich ein Glas ein und jammern Sie ihrer ballastlosen, mit 41 immer noch ranken und schlanken Freundin die Ohren über Ihren Mann voll. Es ist wahrscheinlich dieselbe, die jetzt gerade in irgendeinem billigen Motel am Stadtrand neben ihm liegt und Komplimente über ihren immer noch knackigen Po, ihre glatten Wangen und ihre immer noch beachtlichen Beine einsackt.

O nein! Nicht die Opferrolle! Ich bin entgleist. Ich … ich … kann mich einfach nicht zurückhalten.

Dieser Mistkerl!

Atmen. Koch dir einen Tee.

*Ich will aber nicht atmen. Und ich will auch keinen Tee.
Ich will Kaffee! Schwarz und stark und ... aufbrausend.
Ich will, ich will, ich will! Wie soll ich diese Strategie nur
jemals in die Praxis umsetzen?*

Aber ich weiß ... man darf nur von einem Moment zum
nächsten schauen. Und dann wieder zum nächsten.

<hr />

9.30 Uhr. Derselbe Morgen.

Meine zwölfjährige Tochter kommt weinend zu mir, weil eine
ihrer besten Freundinnen nicht mehr mit ihr spricht. Sie sagt,
das geht schon seit Wochen so, und sie würde es nicht mehr
aushalten. Es macht sie vollkommen fertig, und sie braucht
einen Rat.

Da erzähle ich es ihr. Die Theorie, meine ich. Das mit dem
Leiden. Nicht, dass die Liebesfähigkeit ihres Vaters infrage
gestellt ist.

Und sie versteht es. Sie leidet, weil sie beschlossen hat, ihr
Glück von etwas abhängig zu machen, auf das sie keinen Einfluss hat. Und während sie noch zitternd und schluchzend auf
der Treppe sitzt, kann ich genau sehen, dass sie es wirklich
begreift. Leiden macht keinen Spaß. Es gefällt ihr kein bisschen. Viel lieber wäre sie glücklich. Danach geht sie nach
oben und wäscht sich das Gesicht.

Ich will hier aus naheliegenden Gründen nicht viel über
meine Kinder schreiben, aber so viel immerhin: Was wäre
gewesen, wenn Ihnen jemand genau das schon im Alter von
zwölf Jahren gesagt hätte? Wenn Sie Ihr ganzes erwachsenes

Leben in dem Wissen geführt hätten, dass wir die Wahl haben? Und dass wir uns für die Freiheit entscheiden können, indem wir uns einfach selbst verpflichten, mit dem Leiden aufzuhören.

Aus diesem Grund beschließe ich, nach dem morgendlichen Schreibpensum mit den Kindern zur Gärtnerei zu fahren und Pflanzen für unsere Terrakotta-Töpfe im Innenhof zu besorgen. Wir werden hochrankende Süßkartoffeln mit hellgrünen und violetten Blüten kaufen und hohes Präriegras dazupflanzen. Vielleicht auch ein paar weißblühende Clematis, die an der Hausmauer hinaufranken sollen. Wir werden trotz allem etwas Schönes schaffen. Aber nicht, um ihm eins auszuwischen.

Während des gesamten Frühstücks fragt keiner von beiden, wo ihr Vater ist, und ich sage es ihnen auch nicht. Sie vermuten wohl, dass er gestern spät nach Hause gekommen und schon früh wieder zur Arbeit gegangen ist. Es beruhigt mich, dass sie meine Bürde nicht mit mir teilen müssen. Dass es nicht ihre Sorge ist. Noch nicht. Es beruhigt mich, daran zu denken, dass ich heute mit ihnen etwas Schönes erschaffen werde. Insbesondere angesichts der aktuellen Umstände. Es beruhigt mich auch, dass ich meiner Tochter gerade die Perle der Weisheit geben konnte, die zu finden ich 41 Jahre gebraucht habe. Und dass meine Kinder heute etwas über Botanik lernen werden, über das Erzeugen und Wahrnehmen von Schönheit.

Aber soll ich Ihnen etwas sagen? Ich will gar nicht ruhig sein. Ich will auf diese Lebenseinstellung pfeifen und lieber wütend sein und leiden! Ich will wollen.

Ich will, dass mein Mann nach Hause kommt. Dass er sich entschuldigt. Mir sagt, dass er mich liebt. Und sich eine Tasse Kaffee einschenkt.

Atmen, ermahne ich mich selbst. Erinnere dich daran, dass du nicht seine Fähigkeit zu lieben infrage stellst. Du stellst auch seine Liebe zu dir nicht infrage. Du betrachtest das Ganze nicht als Notfall. Du kennst deinen Mann in diesem Moment einfach besser als er sich selbst. Das hat nichts mit dir zu tun. Noch nicht. Du wirst das durchstehen. Zumindest für den Moment. Atme.

In diesem Augenblick weiß ich, dass ich immerhin das schaffe. Einfach atmen.

Aber ich kann nicht »einfach atmen«! Ich ersticke! Ich bin schwach und klein und verängstigt. Oder etwa nicht?

Und dann erinnere ich mich an eine Stelle in einem Buch, das mir schon früher in schweren Zeiten eine Hilfe war.

Es heißt *The Cloud of Unknowing*.

Darin fordert ein anonymer christlicher Mystiker des 14. Jahrhunderts seinen Leser auf, ein Wort auszuwählen. Ein einziges. Und es an sein Herz zu binden. Dieses Wort beginnt in dem Menschen zu arbeiten und bringt ihn auch durch die schlimmsten Zeiten. So oder so ähnlich verspricht es zumindest dieser anonyme Autor.

In meinem Leben habe ich das schon mit einigen Wörtern gemacht. Gott, Liebe, Hoffnung, Wahrheit, Freude, Gnade, Schönheit, Wunder, Hingabe, Freiheit.

Mein aktuelles ist viel einfacher als alle bisherigen. Es hat nichts Göttliches und bezeichnet auch keinen Gemütszustand. Es ist ein Tätigkeitswort. Es ist schlicht und ergreifend: atmen.

Aus *The Cloud of Unknowing*

Nimm einfach ein kurzes Wort, am besten aus einer Silbe oder zwei ... So ein Wort wäre Gott oder Liebe. Wähl dir eines, das dir zusagt ... und binde dieses Wort so an dein Herz, dass es, was auch immer geschieht, dort bleibt. Dies Wort soll dein Schild und Speer sein, ob du im Frieden oder im Kampf reitest. Mit diesem Wort bist du gewappnet gegen Wolke und Finsternis über und unter dir. Mit diesem Wort vermagst du Grübeleien jeglicher Art abzuwehren und in einem Meer des Vergessens zu versenken. Und sollte irgendein Gedanke dich bedrücken und solltest du dich beständig fragen, was du anders hättest machen sollen, dann antworte ihm mit keinem weiteren Wort als mit ebendiesem. Sollten dir deine Gedanken aufgrund ihrer großartigen Lernfähigkeit anbieten, das Wort zu analysieren und dir seine Bedeutung zu enthüllen, dann sag deinen Gedanken, dass du es so behalten möchtest, wie es ist ... Es geht nicht um Analyse oder Erhellung ... Denn niemand vermag Gott wirklich zu durchdenken. Daher ist es mein Wunsch, alles aufzugeben, was ich darüber denken kann, und mich für die Liebe zu entscheiden, die man nicht denken kann. Gott lässt sich lieben, aber nicht denken. Mit der Liebe vermag man ihn zu erfassen und zu umfangen, aber nicht mittels Gedanken.

Ich liege in meinem Arbeitszimmer auf dem Rücken am Boden.

Denn niemand vermag Gott wirklich zu durchdenken. Mit der Liebe versucht man ihn zu erfassen und zu umfangen.

Mir ist klar, dass eine solche Krise von einem nicht einmal erwartet, an Gott zu denken. Wie man Schriftstellern manchmal rät, geht es darum, über das Nachdenken hinauszukommen. An einen Ort des Vergessens nämlich. Vielleicht sogar noch über das Erschaffen, Empfangen und Anpassen hinaus. Vielleicht verlangt diese Art von Krise vom Individuum, von meinem Mann und mir, dass wir alles ablegen bis zum bloßen Kern unseres Wesens. An einen Ort, an dem es nur noch das Schlagen des Herzens gibt. Und das Atmen. Getragen von Liebe.

Ich lese es noch einmal.

Und dann mache ich es. Einfach … atmen.

Rilkes Welt und Rumis Feld

Ein, zwei Stunden, bevor wir in die Gärtnerei
aufbrechen. Noch ein Becher Tee.

Obwohl ich grundsätzlich versuche, nicht zu sehr in der Vergangenheit zu leben, scheint es mir gerade jetzt wichtig zurückzublicken. Auf unsere Anfänge. Das hilft mir, eine Vorstellung davon zu bekommen, was jetzt vor uns liegt. Dieses Zitat wurde bei unserer Hochzeit vorgetragen:

Liebe ist zunächst nichts, was aufgehen, hingeben und sich mit einem Zweiten vereinen heißt (denn was wäre eine Vereinigung von Ungeklärtem und Unfertigem, noch Ungeordnetem ...?), es ist ein erhabener Anlass für den Einzelnen, zu reifen, in sich etwas zu werden, Welt zu werden, Welt zu werden für sich um eines anderen willen, es ist ein großer, unbescheidener Anspruch an ihn, etwas, was ihn auserwählt und zu Weitem beruft.

Rilke, noch einmal

Auch wenn wir vor dem Altar der Episkopalen Kirche in dem Vorort von Chicago standen, in der ich getauft und konfirmiert worden war und im Chor gesungen hatte – ich im Hochzeitskleid meiner Mutter, er in einem schwarzen Cut, umgeben von gut vierhundert Gästen am regnerischsten Tag, seit ich mich erinnern kann (Regen und Hochzeit: viel Glück. Messer und Hochzeit: viel Pech. Ich finde, es sollte umgekehrt sein) ... und auch wenn uns danach auf dem Empfang im Country Club ein dreizehnköpfiges Swing-Orchester erwartete – und zwar in dem Country Club, in dem F. Scott Fitzgerald angeblich die Inspiration zu seiner Daisy in *Der Große Gatsby* bekam ... und auch wenn wir dort händchenhaltend einander über lavendelfarbene Rosen hinweg in die Augen sahen und wussten, dass wir unsere Eltern in jenem Moment unseres Lebens überaus glücklich machten ... da wussten wir doch verdammt genau, dass wir in Wirklichkeit eigentlich Komplizen waren.

Na gut, vielleicht nur sanfte Rebellen gegen die Institutionen, denn schließlich haben wir uns nach gemeinsamen sechs Jahren der Institution Ehe gebeugt. Wir wagten, unser Temperament von ihr dämpfen zu lassen. Obwohl wir nichts so liebten wie dieses Temperament. Bei jedem Satz des Eheversprechens war das unser privater Subtext. Wir hatten ein Lieblingszitat: »Jenseits von richtig und falsch liegt ein Feld. Dort treffen wir uns.« Rumi, der islamische Mystiker, war unser heimlicher Zeremonienmeister, dort am Altar, an jenem verregneten Tag. Auf Rumis Feld waren die Regeln der Institutionen nur noch Pfützen, in denen sich die Sommerwolken spiegelten – Pfützen, durch die wir Hand in Hand platschend rannten.

»Warum brauchen wir die Institution Ehe dann überhaupt?«, fragten wir uns. Unsere Antwort lautete: Am Ende des Tages wäre es schön, hineinzugehen, sich abzutrocknen, die Jacke in einer vertrauten Umgebung aufzuhängen. Sicher.

Traditionell. Wir sagten nie, dass wir etwas gegen Tradition hätten. Nicht, wenn es um Familie ging. Wir hatten selbst in der Auseinandersetzung mit den schlimmsten Pessimisten keine Angst vor der Ehe. Für uns war das kein unerforschtes Territorium. Am Tag unserer Hochzeit beschritten wir einen Weg, den viele unserer Lieben schon vor uns gegangen waren. Wir waren die Nachzügler – beide, mit mindestens sieben Jahren Altersabstand. Gemeinsam hatten wir schon zahlreiche Hochzeiten besucht. Den Polterabend feierten wir weniger mit den Brautjungfern und Trauzeugen als mit unseren jungen Neffen und Nichten – zwölf an der Zahl. Wir betraten geheiligtes Familienterritorium. Und das gefiel uns. Wir liebten es sogar.

Unsere Geschwister waren älter – in einigen Fällen sogar viel älter. Diese Kluft innerhalb einer Generation ist der Tatsache geschuldet, dass unsere Eltern den Zweiten Weltkrieg miterlebt haben. Sie wurden vor oder mitten in der Großen Depression geboren. Die Zigaretten- und-Cocktails-Generation mit den unbequemen Schuhen war nicht so versessen auf eine 2,2-Kind-Familie. Wenn es also am Ende noch den einen oder anderen Nachzügler gab, machte das nicht viel. Das Kind würde damit schon zurechtkommen.

Unsere Brüder und Schwestern wurden in der Gegenkultur der Sechziger groß und verpassten unseren Eltern einen Crashkurs in Sachen Haschisch, Miniröcke, LSD, Grateful Dead und Anti-Patriotismus. Das wirkte sich so aus, dass, bis wir selbst so weit waren, alles, was wir bieten mussten, um uns das elterliche Wohlwollen zu sichern, eine einigermaßen akzeptable Haarlänge sowie das Vermeiden allzu schrecklicher Peinlichkeiten in der Öffentlichkeit war.

Folglich konnten wir uns de facto fast alles erlauben – er in seiner New Yorker Vorstadt, ich in meiner Chicagoer. Das liebten wir aneinander – und entdeckten es auch sofort in den Augen des anderen, als wir uns zum ersten Mal sahen: Wir beide hatten gern unseren Spaß. Und wir liebten es, damit durchzukommen.

Gleichzeitig war es in den Siebzigern für uns Nachzügler aber auch ziemlich einsam gewesen, denn bei allem hatte man sich quasi als Einzelkind gefühlt. Als hätten wir den ganzen Spaß versäumt. Als mein Mann und ich uns kennenlernten, durchschauten wir einander in dieser Hinsicht sofort. Wir waren in unserer Kindheit oft einsam gewesen. Man hatte sich nach den älteren Geschwistern gesehnt, die in Internaten oder schon auf dem College waren. Wir hätten uns Gesellschaft gewünscht. Dass die Familie zusammenkam. Kein Wunder also, dass wir beide so scharf darauf waren, in nicht zu ferner Zukunft eine eigene zu gründen.

Außer älteren Eltern und Geschwistern und gut betuchten Verhältnissen waren unsere Väter noch mit Überziehern aus Wollstoff und weichen Filzhüten zur Arbeit gefahren und hatten in exklusiven Herrenclubs in der Innenstadt ihr Mittagsschläfchen gehalten und zu Abend gegessen. Unsere gutangezogenen Mütter waren großartige Gastgeberinnen und hatten uns beigebracht, ordentlich Guten Tag zu sagen und das richtige Besteck zu benutzen. Man hatte uns in verflixte Sommerlager geschickt, später auf Internate in Neuengland und schließlich auf ein privates College in Ohio zum Studium der freien Künste. Dort lernten wir uns dann kennen.

Ich hatte damals schlimmen Liebeskummer, weil eine dreijährige Beziehung plötzlich in die Brüche gegangen war. Und nachdem ich einige Wochen im abgedunkelten Zimmer verbracht hatte, überredeten mich meine Freundinnen, mit zu einer Studentenverbindungs-Party zu kommen. Ich ging zu jenem Zeitpunkt meines Studiums eigentlich nicht auf solche

Feste. Ich hatte gerade ein Jahr in Florenz studiert und zum ersten Mal in meinem Leben Unkonventionalität und echte Inspiration erfahren. Und im Vergleich zur Renaissance wirkte die ganze College-Studentenverbindungs-Szene, ehrlich gesagt, ziemlich blass. Doch da war er. Und sah aus wie der David von Michelangelo. So attraktiv und selbstsicher und talentiert.

Mein Mann ist kein kantiger Typ. Er hat lockiges Haar. Rundliche Muskeln. Ein strahlendes Lächeln. Seine Schwestern und seine Mutter besitzen das gleiche Lächeln, was mich manchmal ganz schön irritiert, weil ich es inzwischen gewohnt bin, dieses Lächeln zu sehen und automatisch zu denken: *Meine Güte, einfach zum Küssen.*

Das dachte ich mir auch schon an jenem Abend, als ich oben an der Treppe in dem Haus der Studentenverbindung stand, in das Partygewühl hinunterschaute und zu meiner Freundin sagte: »Wie heißt denn der Junge da?«

Aber ich wartete nicht einmal ihre Antwort ab, sondern lief die Treppe runter, ging zu ihm und sagte: »Hi, ich bin Laura.«

»Ich weiß, wer du bist«, sagte er. »Jeder weiß, wer du bist.«

»Dann magst du wohl Theater«, sagte ich freudig überrascht. In den ersten Semestern hatte ich im Hauptfach Theater und Film studiert, bevor ich das Schreiben für mich entdeckte.

»Nicht unbedingt«, erwiderte er. »Ich meinte damit eigentlich nur, dass … du wunderschön bist.«

Ich errötete. Was schon etwas heißen sollte, bei einer grässlich auf Political Correctness fixierten Feministin, die wegen ihrer Überzeugung gegen ein diskriminierendes Image aus ihrer Studentinnenverbidnung ausgetreten war.

Und dann biss mich Mickey Jagger – sein Labradormischling mit dem roten Halstuch.

Also brachte er mich als Gentleman zu mir nach Hause, versorgte meinen Daumen wie einer der Betreuer im Sommercamp mit einem Schmetterlingspflaster, küsste meinen Daumen und ging.

Der Rest ist Geschichte. Mehr oder weniger jedenfalls.

Wenn Leute mich fragen, warum ich meinen Mann liebe, dann gerate ich nicht ins Schwärmen. Ich bin ein WASP. Und zwar eine kluge Vertreterin dieser Gattung. Eine moderne Frau mit sehr klar umrissenen Karrierevorstellungen. Von Frauen wie mir erwartet man nicht, dass wir davon schwärmen, warum wir einen Mann lieben. Man erwartet von uns, dass wir uns ein bisschen wie Lesben, ein bisschen zickig und exzentrisch benehmen. Wofür brauchen wir überhaupt Männer?! Darauf antworte ich mit dem Trinkspruch an meinem Hochzeitstag. Der ist kurz und knackig. Ich sage: »Er ist wie ein Betreuer im Sommercamp.« Das ist ein Wahnsinnskompliment, denn ich war in jeden einzelnen meiner männlichen Betreuer in den Ferienlagern verknallt. Ich liebe es, Spaß zu haben. Allerdings mit überschaubarem Risiko.

Wir versicherten einander, wir wären wie zwei Heißluftballons. Wir würden uns über die Institutionen erheben, aus denen wir stammten, und irgendwohin weit weg fliegen und Spaß haben und in vollen Zügen das Leben genießen. Ich nannte ihn meinen strahlenden Hengst, er mich das hübscheste Mädchen auf der Party.

Ich schwärmte den künftigen Genies am Finanzmarkt und den späteren Charity-Ladies vor, was für coole Männerprojekte er noch vorhätte: Helikopter fliegen, tauchen am Great Barrier Reef, den Mount Everest besteigen.

Er gab damit an, wie sicher ich mir sei, Schriftstellerin zu werden. Dass ich bereits mit meinem ersten Roman begonnen hätte. Er lobte sogar mein gebärfreudiges Becken, was manche Frauen sicher als Beleidigung aufgefasst hätten. Aber mir gefiel, dass es für ihn vorstellbar war, dass eine Frau Mutter und Autorin sein könnte. Ich wusste schon damals, dass ich beides wollte.

Mir gefiel auch, was für ein guter Autofahrer er war. Kompetent und kontrolliert. Aber er liebte auch die Geschwindigkeit. Ich hatte schon immer ein Faible für Tempo. Bei Pferden, Autos, Booten. Da ich das Gefühl hatte, von so vielen Zwängen in eine hübsche, kleine Schachtel gepresst zu werden – in Tiffany-Blau, ob es mir passte oder nicht ... Da empfand ich Geschwindigkeit als etwas Befreiendes. Er hatte etwas Befreiendes.

Anders als mich schien ihn der soziale Druck nicht zu bekümmern. Er war der Typ Mann, dem nicht alles unter die Haut ging. Der Typ, der Dinge regeln kann. Gelassen. Fähig. Aber auch mit ein bisschen Lust an der Gefahr, was mir sehr zusagte. Wir drehten die Musik von Steely Dan laut auf und rasten über die Landstraßen rund um unser College. Dabei brüllten wir »Bodhisattva«, ohne auch nur einen Schimmer davon zu haben, was das Wort bedeutete. Ich war nicht wie »die anderen Mädels«, sagte er. Mehr »wie ein Kumpel«. Ich empfand das als großes Kompliment, weil es mir zu verstehen gab, dass er mich nicht nur attraktiv und klug fand, sondern in mir auch einen Freund sah. Und Freundschaft ging ihm über alles.

Ich hatte noch nie eine vergleichbare Beziehung gehabt. Mit ihm zusammen zu sein war so leicht. Und mir wurde klar, dass ich schon eine Menge Zeit meines Lebens mit Dingen verbracht hatte, die schwer waren, auch wenn ich mich zu ihnen hingezogen fühlte. Es kam mir vor, als könnte ich mit diesem Mann überall hingehen. Alles sein. Und alles wäre in Ordnung. Er würde hinter mir stehen. Für ein Mädchen, das drauf und dran war, ihr gesellschaftliches Gefüge zu verlassen, schien mir das ziemlich bedeutend.

Und lassen Sie mich Ihnen ganz ehrlich sagen: Selbst Khakihose und ein Hemd von Brooks Brothers schadeten ihm nicht, eine ziemlich gute Figur zu machen. Für mich war das gleichbedeutend mit dem Versprechen: *Wir werden niemals total ausflippen, Baby.* Ich wollte nämlich niemals total ausflippen. Ich wünschte mir einfach nur ein vernünftiges Abenteuer.

Unseres begann in einem Auto. Eigentlich kann man unsere ganze Beziehung daran aufhängen, dass er hinter dem Steuer sitzt und ich auf dem Beifahrersitz Platz genommen habe. Oder anders ausgedrückt: Ich hatte nie einen Grund, ihm in seinen Fahrstil reinzureden. Denn es macht viel aus, wenn man sich keine Gedanken darüber machen muss, wer fährt. (Ganz ruhig. Damit will ich nicht sagen, dass er der Fahrer in unserer Beziehung wäre. Nur im Auto. Das ist eine Rolle. Eine Fähigkeit. Ein Feeling. Es liegt ihm einfach. Und für mich ist es auch in Ordnung. Ich habe auf dem Beifahrersitz schon Romane geschrieben.)

Inzwischen weiß ich, dass es in einer Beziehung, die sich in Richtung Ehe entwickelt, eine Vereinbarung gibt, auf die beide beteiligten Parteien sich einigen, egal, ob man das laut ausspricht oder stillschweigend übereinkommt. Unsere lautete ungefähr so: Wir hielten uns für Glückskinder – in einer Welt mit überwältigend vielen Möglichkeiten für Freuden und Wunder an Orten, die wir uns noch nicht einmal erträumt hatten. Und die würden wir gemeinsam entdecken.

Selbst in unseren ersten gemeinsamen Jahren wussten wir, dass wir ein wenig draufgängerisch waren, und wir wollten das so. Gleichzeitig war uns aber auch klar, dass wir, egal, ob miteinander oder nicht, beide die Absicht hatten, eines Tages verheiratet zu sein und Kinder zu haben. Und zwar irgendwo in einem Haus, das sich nicht zu sehr von denen unterscheiden würde, in denen wir aufgewachsen waren. Vielleicht ein bisschen künstlerischer und moderner und lässiger, aber gleichwohl gut ausgestattet. Schön im Sinne der Schönheit, die unsere Mütter uns gelehrt hatten, und auch auf eine neue Weise schön – Schönheit, wie wir sie uns selbst erschaffen würden, weil wir sie uns selbst, wie auch alles andere, angeeignet hätten. Wir waren schon voller Vorfreude auf diese Entdeckungsreise zu uns selbst. Wir hießen diese uns noch unbekannte Schönheit bereits willkommen. Und wir wünschten uns Kinder, um sie als Vermächtnis weitergeben zu können.

Sie sollten Klavier und Gitarre spielen können, im Sommer Erdbeerflecken an den Händen haben und braungebrannt sein. Im Ofen würde ein Braten schmoren, auf der Fensterbank Blumen wachsen, ein Hund würde mit einem Ball im Maul gelaufen kommen, und das Küchenradio würde anspruchsvolle Sendungen spielen.

Wir redeten über diese Dinge, wie ich das von den wenigsten Zwanzigjährigen vermuten würde. Zumindest nicht von den zwanzigjährigen Rebellen – die ganz wild darauf sind, ihren geschützten Bereich hinter sich zu lassen. Und schon gar nicht von zwanzig Jahre alten, privilegierten und großzügig ausgestatteten Rebellen. So, hier wird die Sache jetzt konkreter.

Wir hatten in dieser Frühzeit unserer Beziehung nämlich hochfliegende Pläne. Er würde Naturfotograf werden. Oder Flieger in Alaska. Oder Trips zum Heliskiing in den Rockies organisieren. Oder Tauchexpeditionen in der Karibik oder vor Australien. Und ich würde Romane schreiben. Wir würden die Welt bereisen. Und irgendwie wären wir reich. Würde das Geld uns vielleicht nicht wie von Zauberhand auf unserem total individuellen Lebensweg folgen? Oder, besser gesagt, belohnte die Welt nicht mutige Abenteurer, die der mit Geld verbundenen Bequemlichkeit den Rücken kehrten? Natürlich tat sie das.

Und eines Tages würden wir uns mit dem ganzen Geld, das uns vom »Büro für die Finanzierung wagemutiger Ex-WASP-Abenteurer« in Kuverts um die ganze Welt nachgeschickt worden war (meines würde aus der Spezialabteilung Repräsentanten der vereinten Eliteromanciers stammen) irgendwo ein Zuhause als unsere Basisstation bauen. Und wir würden Kinder haben.

Wir würden immer noch kreuz und quer durch die Weltgeschichte reisen – aber eben mit ihnen im Schlepptau. Das würde uns nicht einschränken. Wir würden kein bisschen nachlassen. Schließlich hatten wir bereits gesehen, wozu unsere Geschwister mit ihren Kindern in der Lage waren. Selbst als egozentrische Heranwachsende hatten wir zwangsläufig mitbekommen, wie aus den von uns wie Rockstars verehrten Geschwistern Mamis und Papis und Hausfrauen und Geschäftsmänner geworden waren. Auch die hatten schließlich gelernt, wie man eine Fahrgemeinschaft für die Kleinen organisiert, bei Fußballturnieren den Schiedsrichter gibt und prächtige Familienessen zu Thanksgiving auftischt.

Das sah alles wundervoll aus. Das wollten wir auch. Nur nicht sofort.

Alles war möglich. Wir fühlten uns so stark. Gemeinsam waren wir unschlagbar. Mein Bauchgefühl sagte mir das, und seines tat bei ihm das Gleiche. Mehr steckte meines Erachtens eigentlich nicht dahinter. Wir waren überzeugt davon, einfach alles erreichen zu können. Wir würden in Hochform ganz erwachsen werden, und zwar zusammen. Und so würden wir total souverän in die nächste Lebensphase starten. Gemeinsam. Und wir würden das alles hinkriegen, weil wir uns in unserer Beziehung nicht aneinanderklammerten. Wir waren gut im Alleinsein … zusammen. Rilkes Wächter der Einsamkeit des anderen.

Von Küchenschaben, der Weisheit eines Werbe-Gurus und einer kleinen Brauerei

Gleicher Tag. Früher Abend.
Ganz schön langer Tag heute.

Die Blumentöpfe sind bepflanzt, der Patio für den Sommer hergerichtet. Teakholztisch und Sessel, Sonnenschirm, Liegen … alles aufgestellt und bereit. Die Kinder spielen auf der Wiese vor dem Haus Fußball, die Obstbäume dienen als Torpfosten.

Ich habe mich in mein Büro davongestohlen – ins Refugium meines schreibenden Ichs. Wie viele leere Seiten hier schon gefüllt und bearbeitet wurden. Mir kommt es fast vor, als hätte ich all die Jahre nur geschrieben, um genau diese leere Seite füllen zu können. Die Romanautorin in mir möchte wissen: *Wie geht die Geschichte weiter? Wie wird sie enden?* Dabei kann ich rein gar nichts tun, um den Ausgang dieser Geschichte zu beeinflussen. Alles, was ich tun kann, ist, aufschreiben, wie es sich anfühlt. Was mir dazu im Kopf herumgeht. Und die Einzelheiten, wie sie sich mir darstellen.

Alles in der Hoffnung, dass es Ihnen hilft, falls Sie gerade unter einem ähnlichen Schmerz leiden. Ich wünsche mir ein wenig Erleichterung für uns beide.

Therapeutisch ist es bestimmt sinnvoll, über den Verlauf der Beziehung zu meinem Mann nachzudenken. Wer waren wir vor Jahren? Wie sind wir an den Punkt gelangt, an dem wir uns heute befinden? Die Vorstellung, dass wir ein Team sind, dem ich weiterhin angehöre, hilft mir. Vor allem, wenn ich bedenke, dass es inzwischen früher Abend ist und er immer noch nicht angerufen hat. Ich muss noch ein Kapitel über uns schreiben. Muss in den süßen, schweren und turbulenten Erinnerungen schwelgen. Ich muss von der Nacht, als wir uns als Träumer und Verschwörer kennenlernten, bis hin zu diesem Leben in Montana erzählen.

Ich denke an die Zeit zurück, als wir nach Boston zogen. Unter all den denkbaren Orten für ein Abenteuer entschieden wir uns ausgerechnet für – Boston. Die traditionsreiche, kopfsteingepflasterte Beantown mit den Walen vor der Küste.

Warum wir dort hinzogen?

Weil uns ein winziges Detail entgangen war: Wir hatten keine Ersparnisse und kein Einkommen.

Und warum sonst?

Weil wir in Boston liebe Schwestern und Schwäger hatten und Nichten und Neffen und jederzeit verfügbare Waschmaschinen. Auch den einen oder anderen Kombi, falls wir ihn brauchen sollten. Sonntagsessen mit den älteren Geschwistern, die wir als Kinder verpasst und nach denen wir uns immer gesehnt hatten. Schwestern, die als Ersatzmütter fungierten – die sich an unsere ersten Schritte und ersten Wörter erinnerten, denen wir jedoch nie auf Augenhöhe begegnet waren. Wir waren nie in ihre Geheimnisse eingeweiht gewesen, hatten ihnen nie bei den Hausaufgaben geholfen, nie vorgelesen. Oder ihre Haare gekämmt. Ich weiß nicht genau, wie sehr er sich das als kleiner Junge gewünscht hat, ich habe mich jedenfalls unendlich danach gesehnt. Ich verzehrte mich nach diesen versäumten Momenten – den gemeinsamen Mahlzeiten am großen Esstisch. Boston war also so etwas wie die letzte Runde ums Haus, bevor wir zu unserer großen Reise aufbrachen.

Und trotz all unserer Luftschlösser und hochfliegenden Pläne waren wir immer noch auf die finanzielle Unterstützung unserer Väter angewiesen und auf die Gutmütigkeit, mit der unsere großen Schwestern unsere Wäsche mit erledigten. Darin unterschieden wir uns nicht von den meisten College-Absolventen, die wir kannten. Nur dass unsere Freunde sich erfolgreich erste Jobs im Bankbusiness oder als Hilfskräfte in Kanzleien suchten, um sich auf die Law School vorzubereiten.

Doch diese Sorte Jobs sagte uns, die wir so große Träume hatten, nicht zu.

Um also unsere Sucht nach Sushi und anderen (untergeordneten) Ausgaben zu bestreiten, jobbten wir abends in einer beliebten Kneipe am Boston Garden, wo die Leute nach den Spielen hingingen. Der Laden nannte sich Scotch 'n Sirloin – mit Betonung auf dem 'n. Die Trinkgelder dort waren hoch, ebenso die Frisuren, die Absätze und die Klientel – tatsächlich gehörten viele zur Mannschaft der Boston Celtics. Alles sehr schnieke und lippenstiftlastig.

Aus irgendeinem Grund hielten die Eigentümer es für zwingend, dass die Cocktailkellnerinnen wie Männer angezogen waren – mit Smoking, roter Fliege und Kummerbund – die Kellner dagegen wie UPS-Fahrer – braun in braun. Meine Einschulung bestand mehr oder weniger aus einem Satz: »Du gehst an den Tisch und sagst: ›Guten Abend. Welchen Cocktail wollt ihr?‹«

»Und wenn die Leute keinen Alkohol möchten?«, fragte ich, ganz Studentin der Geisteswissenschaften.

»Dann bring sie dazu. An Sprudelwasser verdienen wir nämlich nix.«

Tagsüber brauchten wir unsere Zeit. Er musste noch ein paar Scheine am College machen, und ich hatte ein Buch zu schreiben.

Ich weigerte mich nämlich, eine zweite Karriere neben der als Cocktailkellnerin zu starten, obwohl der Druck durchaus groß war. Aber ich wusste, dass ich Schriftstellerin war. Punktum.

Es mag der Hinweis genügen, dass mich, gerade als ich versucht war, jedermanns Drängen, doch endlich eine Karriere mit dem Schreiben von Slogans für Keksfirmen zu beginnen, der ehemalige Geschäftsführer einer großen Werbeagentur aus Chicago in seinem Gartenatelier Platz nehmen ließ und mir ein paar mahnende Worte mit auf meinen Lebensweg gab.

Er zog an seiner filterlosen Camel und meinte: »Du bist eine Buchautorin. Das kann ich an dem Feuer in deinen Augen sehen, wenn du davon sprichst.« Dann deutete er mit seiner Zigarette auf mich, kniff die Augen zusammen und fügte streng hinzu: »Lass dir von niemand einreden, Schriftsteller müssten pragmatisch sein und einen Job in einer Werbeagentur annehmen! Schreib Bücher! Ich wünschte, ich hätte damals, als ich in deinem Alter war, auf mein Herz gehört.«

Und dann sagte er Worte, die bis heute zu den wichtigsten in meinem Leben gehören: »Es gehört zu den schwierigsten Aufgaben, sich von den gesellschaftlichen Erwartungen unabhängig zu machen und herauszufinden, was einen wirklich glücklich macht. Denn das hier« – er streckte die Arme aus und deutete auf sein kunstvoll umgebautes Gartenhaus und den riesigen Rosengarten sowie den Rest der North Shore von Chicago –, »das will doch der Großteil der Welt.« Er beugte sich vor, zog wieder an seiner Zigarette, sodass der Rauch ihn fast verhüllte. »Aber wenn du dir deinen eigenen Weg suchst und damit Erfolg hast … dann weiß ich, dass du ein Genie bist.«

Diese Worte habe ich mir unzählige Male ins Gedächtnis gerufen. Inzwischen ist der Mann tot. Doch er hat mir Stecklinge von seinen Storchschnabelpflanzen gegeben, die immer noch jedes Jahr in meinem Garten in Montana blühen. Und jedes Jahr versichern sie mir aufs Neue, dass ich eine Buchautorin bin und dass es mutig von mir war, das über mein Sozialprestige zu stellen. Selbst wenn ich mir in dieser Hinsicht nicht immer so sicher bin.

Angesichts unserer großen Träume und leeren Taschen entschieden wir uns – bevor wir genug Geld beisammen hätten, um die Welt zu bereisen –, es mit einer Doppelhaushälfte in Allston, Massachusetts, zu probieren. Wir waren glücklich in unserem bescheidenen Zuhause, auch wenn es etwas schäbig war. Wir wollten es sogar schäbig. Schließlich waren wir Rebellen, nicht wahr? Wenn wir schon keine fabelhaften Auswanderer sein konnten, dann würden wir wenigstens primitiv hausen.

In kürzester Zeit waren aus uns überhebliche Trottel geworden, aber darauf sind Sie vermutlich auch schon gekommen.

Das erste Kunstobjekt in unserem Wohnzimmer war ein riesiges Stück Treibholz, das wir von einem Strand bei Cape Cod heimgeschleppt hatten. Unser erster Esstisch war ein Kühlschrankkarton mit einem darüber drapierten alten Quilt, den wir bei einem Garagenflohmarkt erstanden hatten. Wir waren stolz darauf. Irgendwie hatte es aber auch der Silberleuchter meiner Urgroßmutter zu uns geschafft, und wenn er auf dem Quilt und dem Pappkarton stand, bereitete mir das ein großes satirisches Vergnügen. Vor allem, wenn das Wachs vom Leuchter überallhin tropfte und der Tisch roch, als würde er sich gleich selbst entzünden. Ich fühlte mich unstet und dramatisch wie Anne Sexton oder Sylvia Plath oder Anaïs Nin oder Isadora Duncan oder Sid Vicious oder all die anderen in der Art.

Nur dass ich das gar nicht war.

Ich war vielmehr jemand, der gegen ein Taschengeld Häuser und Kinder hütete und pünktlich zur Arbeit erschien.

Ich wäre gern unangepasster gewesen. Doch dazu fehlte mir der Mut – so einfach war das. Auf die Annehmlichkeiten meiner Gesellschaftsschicht zu verzichten, meinen ersten Roman zu schreiben, am Abend als Cocktailkellnerin zu arbeiten und spätnachts mit der U-Bahn nach Hause zu fahren … das kostete mich schon allen Mut, der mir zur Verfügung stand. Doch das hätte ich natürlich nie zugegeben. Niemals.

In der Welt, aus der ich stamme, ist es schon ein schweres Verbrechen, sich etwa nicht die Beine zu rasieren. Ein schweres Verbrechen, das ich beging und für das ich gerne bereit war zu bezahlen. Also ein Esstisch aus Pappe … Ach, was soll's. Vielleicht werden Sie mich später verstehen, in dem Kapitel, in dem ich beschreibe, wie meine Version des Daseins als WASP aussieht. Oder vielleicht könnten Sie jetzt schon einwilligen, mir zu verzeihen, dass ich privilegiert war und trotzdem die Kühnheit besitze zu behaupten, dass ich in meinem Leben je Schmerz erfahren habe. Das wäre nett von Ihnen. Dann würde ich dieses verdammte Kapitel über die WASP-Society nämlich gar nicht erst schreiben müssen. In diesem Punkt bin ich ein wenig empfindlich. Denn ich hasse nichts mehr als das »Armes-kleines-reiches-Mädchen«-Syndrom. Dabei kann ich Ihnen versichern, dass ich unter einigen der reichsten Leute der Welt aufgewachsen bin. Und ein Schmerz ist ein Schmerz, ist ein Schmerz.

Früher pflegte ich sogar zu sagen, ich sei dankbar dafür, kein Vermögen zu besitzen. Dafür, dass es in unserer Familie keinen großen Besitz gab – der mich in Versuchung gebracht oder sogar gezwungen hätte, in jener Welt zu verbleiben. Kein Erbe in den Händen einer launischen alten Witwe, die auf eine Urenkelin bestand, die nach ihr benannt würde, oder Ähnliches! Natürlich genoss ich meistenteils die gleichen Privilegien wie meine Freunde. Aber genau betrachtet waren meine Mittel ziemlich beschränkt.

Reich war ich nur, was Porzellan, Kristall, Silber, Sofas mit stockfleckigem Chintzbezug und wackelige Mahagonimöbel anging. Kohle gab es dagegen nicht viel. Oder anders ausgedrückt: Ich würde wahrscheinlich in jeden Mayflower-Nachfahren vorbehaltenen Privatclub des Landes hineinkommen, aber ich weiß nicht genau, ob ich diesen Monat meine Therapeutin bezahlen kann. (Gerne erinnere ich übrigens meine Mutter daran, dass unsere dreizehn Vorfahren aus der *Mayflower*-Zeit allesamt Rebellen waren, die ihre Heimat verlassen hatten, um ein neues Leben zu beginnen.)

Mein Mann spricht gern von »vornehm, aber mittellos«.

Die Wahrheit ist, dass mir nie daran lag, reich zu werden. Oder zumindest nicht steinreich wie die anderen Familien in meiner Jugend. Ich brauchte nur so viel auf dem Konto, um den Preis dafür zahlen zu können, der Welt den Rücken zu kehren, der meine Mutter ihr ganzes Leben gewidmet hatte – natürlich mit der expliziten Absicht, auch ihre Kinder, die ungehinderten Zugang zu jener Welt genießen würden, ganz darin aufgehen zu lassen. Lässt sich das mit Geld bezahlen? Oder haben Sie diesen Preis etwa schon einmal bezahlt? Vielleicht verstehen Sie mich jetzt besser. Gut so. Ich danke Ihnen. Demnach muss ich besagtes Kapitel also nicht schreiben.

Aber ich träume immer noch von unserem kleinen Leben als Auswanderer in Allston. Wir waren so hungrig nach Drama, ohne dass in unserem Leben irgendetwas wirklich dramatisch gewesen wäre. Aber uns gefiel die Vorstellung, dass wir es erschaffen könnten. Als würden wir Filmkulissen bauen, strichen wir die Zimmer in stimmungsgeladenen Farben. Eines im Indigoblau romantischer Komödien, ein anderes in Psychothriller-Rotbraun. Beinahe hätte man uns gekündigt, nachdem wir die Küche ziegelrot angemalt und den alten Holzboden mit schwarz-weiß-gewürfeltem Linoleum bedeckt hatten. Aber hey, wir wollten eben, dass es wie in einer Sushibar aussah – rot und schwarz. Wir mochten eben Rot und Schwarz. Hach, und welche Dramen konnten sich entspinnen, wenn ein Paar über seine ganz private Sushibar verfügte.

Vielleicht übertrieben wir es mit der Vorstellung von einem primitiven Leben ein wenig. So mussten wir in der Anfangszeit in Boston bei Licht schlafen, um uns die Küchenschaben vom Leib zu halten. Und im Keller hauste damals ein Typ, der nachts herumschrie und den ganzen Tag lang einen Einkaufswagen durch Boston schob. Irgendwie war er mit dem Vermieter verwandt, der die andere Hälfte des Doppelhauses bewohnte. Wir nannten ihn nur den Penner-Bruder. Immer wieder trafen wir ihn in unserer Haushälfte an, als hätte er einen Schlüssel dafür besessen oder ein unbändiges Verlangen nach Sushi verspürt. Zum Glück war und ist mein Mann groß und kräftig. Das Ganze war, wie meine Großmutter zu sagen pflegte, »sub-par«, weit unter dem Durchschnitt. Sehr im Stil des Psychothrillers Bates Motel. Viel Geschrei – »Shut up, Mothaa« – in härtestem Bostoner Akzent und zu allen Tages- und Nachtzeiten.

In unseren Augen waren das so was wie Abtrünnigen-Flitterwochen vor den echten Flitterwochen, die wir in nicht allzu ferner Zukunft tatsächlich für möglich hielten. Dann würden wir auch eine Brautparty veranstalten, und alles würde zusammenpassen, an glänzenden Handtuchhaltern aus Chrom würden mit Monogramm bestickte Handtücher hängen, gerade so, als wären sie durch Zauberkraft dort gewachsen. Dann würden wir auch Sommergäste erwarten, die zu Hause ihre eigenen Handtücher mit Monogramm hängen hätten, als wäre dies das Selbstverständlichste der Welt.

Obwohl, rebellierten wir nicht noch gegen diese Handtücher mit Monogramm und alles, was sie repräsentierten?

Wie man sich leicht denken kann, waren wir ziemlich verwirrt.

Wir waren so verwirrt, wie es wohl jeder ist, der sein ursprüngliches soziales Umfeld verlässt. Oder wie der Werbe-Guru mich gewarnt hatte. Es war eben nicht leicht, sich bei der Gestaltung des eigenen Lebens als Genie zu erweisen. Nein, Boston war ein zu schlüpfriges Terrain für uns. Es gab zu viele Einladungen zu Partys von Leuten, die sich bereits in ihrem Erfolg im Geschäftsleben sonnten. Mit kostspieligen Haarschnitten, Designer-Schuhen und Haushälterinnen. Denn so gern wir unsere Familien und Freunde auch mochten, sie hatten sich nun mal definitiv für eine Welt entschieden, der den Rücken zu kehren wiederum wir wild entschlossen waren. Das machte alles noch verwirrender. Wir wussten, dass wir uns von ihnen abnabeln mussten, wie bequem es ansonsten auch gewesen wäre. Denn nur so konnten unsere Träume wahr werden.

Also begannen wir, uns ein Leben an einem anderen Ort auszumalen.

Aber wo sollten wir hin? Wir wollten ja nicht vollkommen von der Bildfläche verschwinden. Eigentlich reichte uns schon irgendein Ort, der von den Versuchungen unseres »Zuhauses« weit genug weg war.

»Wie wär's denn mit Seattle?«, sagte ich eines Tages, als ich gerade in der Zeitschrift *Outside* las. Damals redeten gerade viele Leute von Seattle. Und wundersamerweise – kaum dass wir begonnen hatten, uns mit den Namen dieser Stadt vertraut zu machen, da bot sich uns auch schon ein Hausmeisterjob für ein Appartementhaus im atemberaubend schönen Queen Anne Hill, mitten in Seattle. Ihn würden die Berge und das Wasser inspirieren, damit er endlich herausfände, was er im nächsten Abschnitt seines Lebens tun wollte. Und ich würde mehr Zeit zum Schreiben finden, da unsere Miete mit dem Hausmeisterjob abgegolten wäre.

Seattle verhieß uns eine Welt der tausend Gelegenheiten. Vielleicht würden wir dort endlich weiterkommen. Vielleicht würde ich Schriftstellern, Malern und Musikern begegnen. Meinem Schlag Menschen. Vielleicht würde es mir gelingen, einen Roman zu veröffentlichen, und dann würden wir eher früher als später die Welt bereisen. Vielleicht käme ich so sogar noch einmal nach Italien.

Das konnten wir alles in Angriff nehmen – und das Beste aus beiden Welten genießen. Und natürlich wir beide zusammen. Wir waren doch Glückskinder, oder etwa nicht?

Und so unglaublich überzeugt von uns selbst.

Ehe. Kinder. Immer häufiger sprachen wir über diese Optionen.

Aber zunächst einmal mussten wir uns in der Welt bewähren. Vor allem, da wir uns für den unkonventionelleren Weg entschieden hatten. Wir selbst kannten jedenfalls niemand, der sein Glück damals in Seattle versucht hätte. Nicht 1989.

Damals gab es gerade diesen ungeheuren Bier-Boom im Nordwesten der USA, und so nahm er trotz seines Abschlusses in Journalistik einen interessanten Job bei einer kleinen regionalen Brauerei an. Die Abenteuer in der Welt des Bieres erschienen ihm mit 23 deutlich reizvoller als die Arbeit bei einer Zeitung. Damit gehörte er auf einen Schlag zu den coolsten Typen in unserem Freundeskreis.

Ich richtete mir meine Schreibstube in dem Zimmer unserer neuen Wohnung ein, von wo aus ich den Blick über den Lake Union und die Skyline von Seattle genießen konnte. Gleichzeitig beschloss ich, in einem unkonventionellen Café zu schreiben, das voll von Möchtegern-Schriftstellern war, die sich handschriftliche Notizen machten und dazu becherweise vom damals wohl besten Kaffee der USA tranken. Das war zu der Zeit, als es erst wenige Starbucks-Filialen gab – noch bevor sie das Logo änderten, indem sie der Meerjungfrau den Schwanz abschnitten und die Brustwarzen bedeckten, also auch bevor Nordamerika lernte, vier Dollar für einen Becher Kaffee auszugeben.

Im Laufe der nächsten Jahre bewegten wir uns im Norden von Seattle. Ich hatte drei verschiedene Büros. Eines, das fast komplett verschrägt war und in dem ich kaum stehen konnte, mit einem winzigen, zersprungenen Fenster an einem Ende und einem Holzbock als Schreibtisch.

Gerade das liebte ich besonders. Offensichtlich diffundierte LSD durch die Wände, denn ich schrieb darin ein Buch über eine Frau, die Elfen sehen konnte. So funktionierte Seattle für mich. Weit offen und ohne Druck. Und so wandelte sich auch mein Schreibstil von wütend zu verspielt. Irgendwann wäre vielleicht sogar Dankbarkeit herauszulesen, aber das würde noch einige Jahre dauern.

Während ich eifrig schrieb, war er eifrig dabei, die kleine Brauerei zur am schnellsten wachsenden ihrer Branche im ganzen Nordwesten zu machen. Aus ihm wurde so etwas wie eine regionale Berühmtheit. Folglich hatten wir selbst im beliebtesten Lokal nie ein Problem, einen Tisch zu bekommen. Und wo auch immer wir hingingen, man ließ uns nie für unser Bier bezahlen. Und das Bier war ziemlich gut.

Es war der Traum von Mittzwanzigern.

Ich schloss mich einer Gruppe von Autoren an, bekam signalisiert, dass ich tatsächlich schreiben könne, und begann, meine Manuskripte zu verschicken. So lernte ich die Welt der Verlagsabsagen kennen. Es kamen aber durchaus nicht nur Formbriefe. Ich erhielt sogenannte gute Absagen. Und zwar viele davon. Handgeschriebene Notizen mit ermutigenden Worten, etwa »Sie sind eine talentierte Autorin, auch wenn es diesmal nicht geklappt hat«. Oder: »Schreiben Sie weiter!« Meine Lieblingszeile war und ist bis heute: »Das könnte gut sein, wenn Sie dreihundert Seiten rauskürzen.« Genau das tat ich dann. Und beinahe wäre auch etwas daraus geworden. Doch am Ende fand die Lektoratskonferenz meine Hauptfigur nicht liebenswert genug. Unter allen Charakteren in all meinen Büchern besaß ausgerechnet diese die stärksten autobiografischen Züge. Das muss man erst einmal verkraften – nicht liebenswert auf den Stapel mit Absagen gepackt zu werden – und trotzdem den Kopf nicht in den Ofen stecken.

Ja, schön langsam formte sich aus diesen ganzen Ablehnungen so etwas wie Scham. Ich erzählte niemand mehr, ich sei Schriftstellerin, denn ich hielt die Standardfrage darauf – »Und wo kann ich deine Bücher kaufen?« – nicht mehr aus. Trotzdem blieb ich dabei. Ich war eine Buchautorin, verdammt noch mal! Der Werbe-Guru hatte es in meinen Augen gesehen. Ich verbrachte viel Zeit mit dem Versuch, in meinem Spiegelbild das von ihm erwähnte Feuer meiner Augen zu entdecken. Ich würde mich nicht verkaufen und mein Glück mit einer lukrativen Karriere versuchen. Ich würde einfach mehr Nebenjobs annehmen. Ich hütete Kinder, half in einem Büro aus und arbeitete als Verkäuferin. Später fuhr ich auch

Sachen mit einem Lieferwagen aus. (Es war sicher nicht, was mein Vater gemeint hatte, als er scherzhaft einen Radioslogan aus den Vierzigern zitiert hatte – »Schreib, wenn du Arbeit findest«.)

Wir liebten Seattle. Es war eine Liebesgeschichte, die zu unserer eigenen passte. Die salzige Luft und die Fährschiffe, die Krabben von Dungeness und der Lachs aus dem Copper River, die Dahlien und Skagit-Tulpen, die Pfifferlinge auf dem Markt am Pike Place. In Seattle wuchs einfach alles – im Frühling blühten sogar die Fußabstreifer. Rundherum nichts als Berge – die Cascades, die Olympics und Mount Rainier ragten hinter den vom Regen frisch gewaschenen und oft mit Regenbögen versehenen Hügeln der Stadt auf. Es gab Sushi und das Sinfonieorchester, alternative Musik und jede Menge Coffee Shops. Meine Haut, meine Haare, ja, mein ganzer Körper fühlte sich nirgends besser und lebendiger an. *Ich* hatte mich nie lebendiger gefühlt.

Das Beste daran war, dass es in Seattle keine Snobs zu geben schien. Stattdessen war die Atmosphäre geradezu künstlerisch aufgeladen. Niemand schaute komisch, wenn ich erzählte, ich sei Schriftstellerin; ganz anders als in Boston. Die Leute nahmen mich ernst. Wir nahmen einander alle ernst. Es fühlte sich an wie eine ganze Stadt voller Menschen, die sich allesamt gerade neu erfanden. Und die Stadt spiegelte dieses Bemühen wider. Jede Ecke pulsierte vor lauter Ausdruckskraft. Sogar die Kanaldeckel waren Kunstwerke. Durch den Regen wirkte alles ein wenig getragener. Als müsse man sich darüber im Klaren sein, dass ein heftiger Guss alles fortspülen könnte. Ich glaube, wir fühlten uns damals alle ein wenig wie Filmstars und setzten voll und ganz auf die Verwirklichung unserer Träume. Wenn wir auch gelegentlich um drei Uhr morgens von Selbstzweifeln geplagt im Bett lagen.

Es lief nicht immer perfekt. Es gab eine Zeit, da mussten mein künftiger Mann und ich jeder seine eigenen Wege gehen – unsere Flügel ausbreiten, ganz für sich. So trennten wir uns. Und vergossen viele Tränen deswegen. Vorher hatte ich ihn noch nie weinen gesehen. Jahre später fand ich heraus, dass er sich damals in meine Wohnung geschlichen und mir einen Pulli geklaut hatte, um mich »riechen« zu können.

Wir gingen mit anderen aus. Aber bald vermissten wir einander. Wir fanden wieder zusammen, und es war besser denn je.

Mit Hilfe einer großartigen Therapeutin … beschlossen wir ein paar Jahre später zu heiraten. Das war ein sehr überlegter Entschluss. Wir fragten einander in einer ganz intimen Zeremonie an einem Flussufer, mit Kerzen und herzförmigen Steinen, die wir seit unserer Zeit in Boston gesammelt hatten.

Freunde fragten besorgt, wie wir heiraten konnten, nachdem wir uns doch bereits einmal getrennt hätten. Und sogar, Gott bewahre, eine THERAPEUTIN konsultiert hatten. (Viele dieser Freunde sind inzwischen geschieden. Fast alle von ihnen waren in Therapie.)

Eine Freundin von mir war besonders kategorisch und sagte: »Ich halte alle, die in den Westen ziehen, für schlichtweg verantwortungslos. Ich meine, vor was laufen die denn davon?« (Sie hätten ihr Gesicht sehen sollen, als ich ihr ein paar Jahre danach eröffnete, wir würden nach Montana gehen.)

Ich habe ihr damals übrigens nicht geantwortet, *wahrscheinlich laufen sie vor Leuten wie dir davon.*

Stattdessen habe ich ihr verziehen. Denn manchmal, wenn ich zu müde war, um zu rebellieren, und die Angst, so viele Privilegien aufzugeben, mir auf den Magen schlug … wenn meine Eltern, neben all ihren Versuchen, mich zu unterstützen und zu verstehen, ihrer Enttäuschung Ausdruck gaben und ihre Message eigentlich lautete, streich das Ganze und komm dahin zurück, wo du hingehörst … dann gab es Augenblicke, in denen ich ihnen glaubte.

An sich war ich aber ein böses Kind. Rebellen müssen so sein. Undankbare Bälger. Und dass ich mit meinem Cum-Laude-Abschluss an einem Privat-College Hilfsarbeiterjobs verrichtete, das konnte man ja nichts anderes als eine Dummheit nennen. Vielleicht sogar Verantwortungslosigkeit. Vor allem da es mir nicht gelingen wollte, ein Buch zu veröffentlichen. Und das »bei deiner Herkunft«!

Wen kümmerte es schon, dass man sich in jedem Moment die Finger wund schrieb, wenn man nicht gerade Windeln wechselte, Blumen ausfuhr oder doppelten, halb entkoffeinierten Mokka mit fettarmer Milch zubereitete. ICH hatte keinen ERFOLG. Dabei hätte ich Erfolg HABEN MÜSSEN. Und ich HÄTTE auch Erfolg … wenn ich mich … doch bloß … erwartungsgemäß BENÄHME. Und in einer Werbeagentur spritzige Slogans über Butterkeks-Kobolde schreiben würde.

Aber zurück zu Rilke und Rumi. Zum Traualtar.

Trotz unserer frisch zugelegten westlichen Identität entschieden wir uns auf Drängen meiner Eltern und nach reiflicher Überlegung für eine formelle Hochzeit, um dem, dem wir beide die meiste Zeit unseres bisherigen Lebens angehört hatten, die Ehre zu erweisen. Unseren Familien. Der Gesellschaft, aus der wir stammten. Den Freunden und ihren Familien, die uns mit großgezogen hatten. Es war wie unser letzter Abschiedsgruß, die letzte Runde durch unser Viertel.

Außerdem erschien es uns unfair, die Mehrzahl unserer Freunde und Verwandten zu zwingen, unsere abtrünnige Lebensweise in Seattle nachzuvollziehen. Wir wollten es unseren Lieben gern recht machen. Den Älteren in unseren Familien – von denen es so viele gab. Aber auch der Generation unter uns – den vielen Nichten und Neffen. Keinen von ihnen mochten wir durch unseren Trip westwärts brüskieren. Zudem waren uns die Annehmlichkeiten von »zuhause« ja durchaus noch lieb und teuer. Wir waren sogar unendlich dankbar dafür.

So feierten wir also auf unsere Kosten mit den Freunden in Seattle – mit ein paar Fässchen Bier und einer Reggae-Band. Danach ging es nach Chicago. Man traf sich in der Mitte. In meiner Vorstadt an der North Shore richteten meine Eltern sodann eine Hochzeit aus, die Mädchen wie mir dort »gebührte«, egal, ob das ihrer Lebensrealität nun entsprach oder nicht.

Es war wundervoll. Jedes Detail so perfekt, dass es selbst den Ansprüchen meiner Mutter genügte. Bis auf die cremeweißen Muscheln, die wir am Hood Canal gesammelt hatten und als Symbole für unser Leben im fernen Westen in die Blumenarrangements schmuggelten. Das bedeutete uns sehr viel.

Und wir schafften es sogar in die Hochzeitsrubrik der Zeitschrift *Town & Country*, wo man uns sowieso vermutet hätte. Kurz: alles fügte sich so, als wären wir nie fort gewesen. Die Flitterwochen verbrachten wir in Paris – das Hochzeitsgeschenk seiner Eltern an uns. Wir bedankten uns für unsere prachtvollen Hochzeitsgeschenke auf unserem Briefpapier von Crane mit dem neuen Monogramm, das für allerlei Irritationen sorgte, da ich meinen Namen nicht geändert hatte. Das gefiel uns. Trotzdem waren die sechs Anfangsbuchstaben wie ein neues Wort für uns.

Nachdem das alles vorbei war, kehrten wir glücklich nach Seattle zurück. Und hatten erst einmal für eine Weile zu tun.

Mit Hilfe seines Vaters kauften wir ein Haus – ein kleines zwar, aber immerhin unser eigenes. Mit einem Esszimmer. Ein Esszimmer mit einem richtigen Esszimmertisch und

Stühlen. Ein angemessener Platz für den Porzellanschrank meiner Großmutter.

Und nachdem wir mit Hilfe von Freunden und im Austausch für Bier – das Ganze dauerte, wie man sich denken kann, ein paar Monate – die Küche renoviert hatten, packten wir endlich die letzten Hochzeitsgeschenke aus. Damit war alles am Platz für das nächste Kapitel unseres Lebens. Wir wussten sogar schon, welcher Raum das Kinderzimmer werden sollte.

Es war unser erster Abend, nachdem alles fertig war. Ich hatte die spezielle *Pasta pomodoro* nach dem Rezept der Großmutter meiner italienischen Gastfamilie gekocht und servierte sie gerade in unserer nagelneuen Pastaschüssel, als mein Mann die eben erst eingehängte Küchentür aufstieß.

»Rat mal, was es Neues gibt! Ich hab gerade einen Job angeboten bekommen! Einen fantastischen Job! In einer neuen Brauerei. Mit einem tollen Chef, der mir auch ein gutes Gehalt zahlen will. Ein richtig gutes! Mit Gewinnbeteiligung! Und ich soll den Laden schmeißen. Du müsstest dann nicht mehr arbeiten, sondern könntest Vollzeit schreiben! Wir könnten uns ein hübsches Haus mit einem Stück Land dazu kaufen. Du könntest eine Mutter sein, die zu Hause bleibt und schreibt, genauso, wie du es dir immer erträumt hast.«

Mein Herz machte einen Sprung, und der Löffel mit der Pasta schwebte in der Luft. Ich malte mir ein Haus im Northwest-Craftsman-Stil aus, irgendwo am Lake Washington oder auf Bainbridge Island. Vielleicht an einem Strand, wo wir mit unseren künftigen Kindern Muscheln suchen oder sogar zu den San Juans segeln, Orcas und riesige orangefarbene und violette Seesterne beobachten konnten. Wir würden Teil des Establishments von Seattle, aber aus eigener Kraft und nicht dank unserer Eltern oder Vorfahren. Irgendwann wären wir eines dieser gediegenen älteren Paare, die nach den Sinfoniekonzerten durch die Stadt spazierten. Die Dame mit langem Cape, der Herr mit Hut. Die Schriftstellerin und ihr großartiger Gatte mit seiner Kette hervorragender kleiner Brauereien im ganzen Nordwesten. Unsere Kinder könnten gute Schulen besuchen und einige der Privilegien genießen, die auch wir hatten. Aber eben in Seattle. Und ohne den Druck, den wir hinter uns gelassen hätten.

»Da wäre nur noch eine Sache«, sagte er.

Ich sah ihn an. Ich kannte diesen Gesichtsausdruck. Ich ließ das Vorlegebesteck sinken.

»Wir müssten umziehen. In einem Monat. Nach ... Montana.«

In jenem Moment war ich mir, ehrlich gesagt, nicht einmal ganz sicher, wo Montana überhaupt liegt. Es war einer dieser riesigen rechteckigen Bundesstaaten – so wie North Dakota. Ich wusste ja kaum, wo sich Washington State befindet!

Meine Hochstimmung war dahin. Mein geliebtes Seattle. Meine lieben Freunde. Meine Autorengruppe. Ich ruhte hier mehr in mir selbst als je zuvor. Ich war ganz allein zum Kern meines Wesens vorgedrungen, umgeben von diesen Gewässern voller Wale. Ich wollte aus dieser Stadt nicht weg. Ich wollte meine wahre Natur nicht inmitten von nichts als Natur erneut suchen müssen!

»Wir müssten wohin ziehen?«, sagte ich.

Und dann fiel mir ein, dass ich erst eine Woche zuvor die blöde Idee gehabt hatte, mich, wie es meine Großmutter an jedem Tag ihres Lebens getan hatte, abends neben mein Bett zu knien und den lieben Herrgott – zu jenem Zeitpunkt in meinem Leben war das eine Annäherung an Jesus und gesichtslose, körperlose Liebe – zu ersuchen, mir doch bitte,

bitte die Chance zu gewähren, Vollzeit zu schreiben. Ich heulte wie ein Kind und stieß schluchzend hervor: »Ich habe es satt, diese unzähligen Jobs, die mich nirgendwohin bringen. Ich möchte Zeit haben, meine Bücher zu schreiben. Ich wünsche mir Babys. Und genug Geld, um bei ihnen zu Hause zu bleiben. Ich will endlich veröffentlicht werden.«

»Wir würden auch nicht ganz auf dem Land wohnen. Das ist ein Skiort«, sagte er – ein leidenschaftlicher Skifahrer – zu einem Mädchen aus Illinois.

Das deprimierte mich erst recht. Skifahren lag mir nicht. Ich hatte immer gesagt, ich wolle nicht zu diesen Hasch rauchenden, vermögenden Pseudo-Hippies gehören, die in einen Skiort zogen. Ich liebte die Großstadt. Die Natur liebte ich zwar auch, aber ich brauchte sie nicht unmittelbar hinter meinem Haus. Dort wünschte ich mir lieber Cafés, Kinos, Kunstgalerien und kleine Buchhandlungen. Seattle war für mich der perfekte Kompromiss. Hier besaß ich ein Haus mit Garten. Das war mir ländlich genug.

Doch rebellische Abenteurer lassen sich ein solches Angebot nicht entgehen. Nicht nachdem sie Gott eingeschaltet haben. Nicht wenn sie die große Reise im Blick haben. Und genau das hatten wir schließlich gemeint, als wir uns »zwei Ballons« nannten.

»Okay«, sagte ich.

Er sagte sogar am selben Abend noch mit gehobenen Augenbrauen und einer Stimme, die eine Oktave höher war als sonst: »Zwei Ballons.«

Was ich nicht sagte, war: *Ich dachte, wir wären hier für eine Weile gelandet.*

Einen Monat später lebten wir in dem riesigen, rechteckigen Staat, dessen Gesamtbevölkerung weniger als ein Drittel der Einwohnerzahl von Chicago beträgt: in Montana. Wo ich mich gerade befinde, am Abend des immer noch selben Tages. Mit einem Patio voller hübsch bepflanzter Töpfe. Meine Kinder sind in ihren Zimmern bei der Ferienlektüre, und ich frage mich, wo mein Mann sein mag. Fünfzehn Jahre danach. Fast aufs Datum genau an dem Tag, als wir in diesen schönen Bundesstaat zogen.

Etwas lässt mich vermuten, dass das Abendessen heute eher dürftig ausfallen und der DVD-Player als Babysitter fungieren wird. Dass ich mich bis in die frühen Morgenstunden in mein Arbeitszimmer zurückziehen und schreibend in den nächsten Tag hinüberretten werde. An dem dieses eheliche Mysterium hoffentlich enträtselt sein wird.

Montana

In den frühen Morgenstunden, so viel ist sicher.

Immer noch keine Nachricht.

Die Kinder mit einer Notlüge ins Bett gebracht. »Daddy arbeitet lange.« Na gut, keine Notlüge. Eine Lüge. Für die Wahrheit wird uns noch reichlich Zeit bleiben. Ich muss nur vorher erst einmal wissen, mit was ich es hier zu tun habe. In einer Familie, die größten Wert auf Ehrlichkeit legt, kommt einem diese Lüge vor wie eine Verschmutzung des sternenübersäten Nachthimmels.

Montana. Die Weite des Himmels. Ein wirklich richtig weiter Himmel. Etwas sagt mir, dass dieser Himmel schon viele Lügen verziehen hat.

Ich selbst sah ihn erstmals bei Tag. Aber auch im Zuge einer Lüge. Ich log mir damals den ganzen Weg durch Washington und Idaho vor, dass ich glücklich wäre, hierherzuziehen. Dass ich diesen Ortswechsel freudig als Antwort auf mein Bittgebet verstünde. Dass ich für dieses nächste Kapitel bereit sei. Doch ich verbarg nur mühsam meine Tränen, während ich ausgestreckt auf der Rückbank unseres Volkswagens Vanagon lag und so tat, als schliefe ich.

Als wir oben auf dem Hügel angekommen waren, von dem aus man in das Gletschertal hinunterblicken konnte, das unser Zuhause werden würde – die Ufer des Flathead Lake und rundherum die Berge –, flogen zwei Weißkopfseeadler so durchs Bild, dass man sie aus unserem Auto perfekt beobachten konnte. Ich erinnere mich, gescherzt zu haben, dass sei wie in dem Film *Die Firma*. Wahrscheinlich würde sein Boss in einem Hubschrauber ganz in der Nähe lauern, nachdem er gesagt hatte: *Lasst die Adler losfliegen.* Er wusste nämlich, dass ich nicht so versessen auf Montana war, wie er sich das von der Frau seines neuen Brauereidirektors gewünscht hätte.

Doch von Anfang an hielt Montana genau, was es uns verheißen hatte. Sein Job war klasse. Er war allgemein anerkannt. Er verdiente ausgezeichnet, insbesondere für die Verhältnisse in Montana. Ich hatte alle Zeit und allen Platz, die ich zum Schreiben brauchte. Das war vor allem deshalb perfekt, weil es schlichtweg keinerlei Ablenkungen gab. Zumindest keine städtischen. Und damit meine ich, überhaupt keine. Doch es war ein richtiger Ort, kein Retorten-Urlaubsort wie Vail, Colorado. Erst lebte man dort vom Holz, später von der Eisenbahn. Ein Ort, der sich laufend im Umbruch befand. Das imponierte mir von Beginn an. Hier gab es kein Blendwerk. In mehrerlei Hinsicht entsprach es also dem Platz, nach dem ich schon mein Leben lang gesucht hatte.

Trotzdem fühlte ich mich orientierungslos. Es kam mir vor, als wäre ich zumindest in ein anderes Land gezogen, wenn nicht gar auf einen fremden Planeten. Keine Kunstgalerien, es sei denn, man stand auf kitschige Pferdemotive. Keine Modegeschäfte, es sei denn, man mochte Pullis mit Aufschriften. Damals bekam man hier noch nicht einmal eine *New York Times*. Ich machte den Fehler, einmal danach zu fragen. Nach viel Hin und Her lautete die Antwort: »Wahrscheinlich ist

Seattle der nächste Ort, wo Sie eine bekommen.« Und wenn man zu jener Zeit richtig gut essen gehen wollte, gab es nur Steak und Kartoffeln in diversen Variationen. Zudem existierten weder Internet noch Kabelanschluss. Mein Glück war die Buchhandlung. In der Anfangszeit meiner Karriere in Montana las ich viel – bevor die Natur mir zur größten Ablenkung, die ich mir vorstellen konnte, geriet.

In den ersten fünf Jahren kamen unsere Kinder zur Welt. Ein Mädchen und ein Junge, in dieser Reihenfolge. Wir entwarfen und bauten uns ein Bauernhaus auf zwanzig Morgen bestem Land außerhalb der Stadt, mit zwei Weihern, rundherum nur öffentlicher Grund … Hirsche, Truthähne, Kolibris, immer wiederkehrende Kanadakraniche, Säger, Schellenten und ein Seetaucher, der bis zum heutigen Tag jeden Sommer um sieben Uhr morgens über unser Haus fliegt. Gelegentlich strolcht auch ein Schwarzbär vorbei, nachts tun das die Kojoten. Wir selbst besitzen Pferde. Auch Hunde. Und eine Katze, die schon viel mehr als neun Leben gelebt hat.

Das gilt inzwischen vielleicht auch für uns.

Wir wünschten uns Abenteuer. Nun hatten wir eines. Vom weiten Himmel geliefert. Und nach fünfzehn Jahren sind wir immer noch in diese Art von Abenteuer verliebt – in ausgedehnte Gebirge, Seen und den atemberaubenden Glacier National Park, der nur ein paar Meilen entfernt liegt. (Damit man mir nicht vorwerfen kann, ich würde die Leute auf den Gedanken bringen, ebenfalls in unser kostbares Tal zu ziehen, will ich nur alle Leser warnen: Es gibt hier pro Jahr durchschnittlich weniger als 75 Sonnentage. Dafür natürlich tollen Schnee. Den kann man mit mehr Sonne allerdings auch in Colorado haben. Oder in Utah. Auch in Wyoming. Falls Sie uns trotzdem besuchen – dann werden wir Sie wie liebe Verwandte empfangen. Inzwischen gibt es hier sogar eine Sushibar!

Auch ein paar tolle Boutiquen und Kunstgalerien sowie unsere eigene Kaffeerösterei ...)

Doch es dauerte eine Weile, bis diese Liebesgeschichte sich entspann. Wir hatten mit Skeptikern zu kämpfen. Ich war die Schlimmste unter ihnen.

Seattle war eine Sache. Dort gab es Jobs. Microsoft sowieso, aber damals begann auch Starbucks im großen Stil zu expandieren, sodass es bald an jeder Straßenecke in Seattle eine Filiale gab, in der man bei Bedarf jobben konnte.

»Aber Montana?«, fragten viele. Und ich fragte es mich auch.

Ja. Montana, hörte ich es von irgendwoher tief in meinem Inneren.

Da konnte selbst ich zugeben, mich zu fürchten. Aber ich forderte es von mir selbst und dachte dabei an die Frauen der frühen Pionierjahre, die ihren Männern auf der Jagd nach Gold und Land gefolgt waren.

»Ich liebe es, hier zu sein. Ich kann schreiben. Meine Kinder laufen barfuß ums Haus. Es gibt keinerlei gesellschaftlichen Druck«, pflegte ich zu sagen.

»Und wenn etwas passiert? Gibt es dort denn Krankenhäuser?«, wurde zurückgefragt.

»Natürlich gibt's dort Krankenhäuser.«

Aber wir wussten alle, dass die nicht mit denen vergleichbar wären, die sie aufsuchen würden – die mit den besten Ärzten. Wo die absolut »verantwortungsvollen« Leute hingingen.

»Und wenn er seinen Job verliert? Was dann? Da draußen wächst die Arbeit doch auch nicht auf Bäumen. Wie wollt ihr dann eure Hypothek bezahlen? Ist es nicht naiv, alles auf eine Karte zu setzen?«

»Es wird schon gutgehen«, war meine Standardantwort. Aber eigentlich war ich mir dessen gar nicht so sicher. »Vielleicht fangen meine Bücher bald an, sich zu verkaufen. Unser Leben hier ist gut. Mehr könnten wir gar nicht verlangen. Und ich habe endlich genug Zeit zum Schreiben!«

Der Erstling war allerdings schon mal durchgefallen. Inzwischen hatte ich bereits viele Romane verfasst. Ich war die junge Frau, die sich einen Roman nach dem anderen von der Seele schrieb, sich damals aber keineswegs mehr sicher war, ob ihr überhaupt noch irgendjemand glaubte, dass sie Schriftstellerin sei. Kolibris sind tolle Augenzeugen und auch die Hunde zu den Füßen, aber nicht wenn man versucht, etwas zu erreichen, das man in einen Lebenslauf schreiben könnte. Für eine Vita braucht man Verdienste. Und wie das Leben so spielt – Essays, Artikel und Kurzgeschichten in der Regionalpresse und Rezensionen anderer Autoren zählen nicht dazu. Auch respektvolle Absagen kann man in keinem Lebenslauf zitieren.

Ich versuchte, das alles zu ignorieren und mich auf meine kleine Familie und mein Schreiben zu konzentrieren. Denn abgesehen von den Absagen aus der Verlagsbranche lief es ziemlich gut. Ich habe diese Phase unseres Lebens häufig als Schöpfungsmodus bezeichnet. Damals schufen wir die Basis für die Persönlichkeiten unserer Kinder. Mein Mann baute an seiner Karriere, ich an meinen Büchern. Ich rechtfertigte das fehlende Einkommen aus meinen Aktivitäten mit Aussagen wie »Gott sei Dank komme ich nicht ausgerechnet jetzt groß raus. Meine Kinder brauchen mich noch. In dieser Phase ihres Lebens könnte ich sie doch nie wegen einer Lesereise allein lassen!« Es war Zeit zum Leben. Zum Säen. Nicht zum Ernten. Und wie ich schon sagte, verdiente er gutes Geld, also war es machbar, nur von einem Einkommen zu leben.

Doch dann kam nach acht Jahren auf einmal alles anders.

Für meinen Mann waren die Zeiten im Brauereigeschäft vorbei, und ihm bot sich die neue Chance, zusammen mit einigen Freunden, die das Gleiche schon an einem ähnlich abgelegenen Ort erfolgreich getan hatten, eine Personalvermittlungsfirma zu gründen. Es klang nach einem brillanten Geschäftsmodell und dank Internet war es dazu auch nicht mehr nötig, den Firmensitz in einer Großstadt zu haben. Er konnte also hart arbeiten und trotzdem noch ein paar Abfahrten im nächsten Skigebiet machen. Oder im Sommer noch eine Runde Golf spielen und einfach die Jahreszeiten genießen. Er würde sein eigener Chef sein. Er konnte alles haben, so wie wir es uns immer ausgemalt hatten: Geld und Abenteuer und Unabhängigkeit.

Was sie in ihrem Businessplan außer Acht gelassen hatten, war etwas, womit niemand gerechnet hatte: der 11. September.

Der traf seine Branche richtig hart. Er arbeitete die nächsten sieben Jahre wie ein Hund, ohne damit den verdienten finanziellen Erfolg zu erzielen. Und das forderte seinen Tribut.

Meine bescheidenen Erfolge mit dem Schreiben deckten gerade mal die Kosten für mein Hobby – das Reiten – ab, und die sind in dieser Gegend nicht besonders hoch.

Die Lage war trostlos. Unsere Ersparnisse und Investitionen schmolzen dahin. Und vorsichtig ausgedrückt, fühlte sich keiner von uns beiden mehr wie ein Glückskind. Eins nach dem anderen opferten oder schränkten wir unsere privaten Annehmlichkeiten ein – die Reitstunden, die Haushaltshilfe, die Personal Trainer, die Bio-Lebensmittel, die Mitgliedschaft im Fitnessstudio, die Restaurantbesuche. Es war relativ einfach, darauf zu verzichten. Wir rühmten uns sogar, solchen Luxus doch gar nicht zu brauchen. Dennoch waren wir daran gewöhnt gewesen.

Mit dem Haus war das schon anders. Das würden wir nicht verlieren. Er versprach mir, wir hätten genügend Ersparnisse, um es zumindest noch ein paar Jahre zu halten. Gleichzeitig sah ich jedoch den Zweifel in seinem Blick, jedes Mal, wenn er von einem Termin bei der Bank zurückkam.

Es gab Leute, die uns sagten, es sei an der Zeit, endgültig unsere Zelte abzubrechen. Endlich vernünftig zu werden und »nach Hause zurück« zu kommen, in die Welt, für die wir eigentlich bestimmt waren.

Wir erwarteten kein Mitleid, aber wir waren auch keineswegs bereit, eine Wertung zu akzeptieren.

Wir waren uns durchaus der Tatsache bewusst, dass wir uns selbst in diese Lage gebracht hatten, als wir uns entschieden hatten, diesen absolut nicht alltäglichen Job an diesem absolut nicht alltäglichen Ort anzunehmen. Ich denke nur, dass wir beide nicht damit gerechnet hatten, uns dermaßen in diesen Flecken Erde zu verlieben. Dafür klangen uns nun die alten Sprichwörter in den Ohren. *Wie man sich bettet, so liegt man. Man muss die Dinge so nehmen, wie sie kommen. Man erntet, was man gesät hat.*

Es gab auch Leute aus dem Leben, das wir hinter uns gelassen hatten, die unser Scheitern geradezu als Genugtuung empfanden und mir auf vielerlei Weise zu verstehen gaben, sie hätten mich doch vorgewarnt.

Da hieß es sogar, ich hätte bei der Wahl meines Ehemannes eben klüger sein müssen. Dass mir ein Typ zugestanden hätte, der einen Hedgefonds managt und für das nötige Einkommen sorgt, um uns ein Haus in der Vorstadt und ein weiteres an irgendeinem Strand zu finanzieren, dazu noch Mitgliedschaften in zwei Country Clubs, die nun einmal wesentlicher Bestandteil der gesellschaftlichen Verpflichtungen und Gepflogenheiten in diesen Kreisen sind. Dass ich meinen Kindern die gleichen Privilegien schuldig wäre, die ich selbst genossen hätte – mindestens Privatschulen, wenn schon nicht Internate.

Nur um das ausdrücklich klarzustellen: Er hätte dieser Mann sein können. Er wollte es nur nicht. Und ich wiederum hätte so einen Mann nicht gewollt.

Und ich wollte ihn immer noch nicht.

Außerdem halten wir die Erziehung, die unsere Kinder genießen, nach wie vor für wertvoll. Denn unsere Kinder sind glücklich, so wie sie leben. Und damit kommt man schon weit. Von Berggipfeln zu U-Bahntunneln, von den Seminarräumen in Harvard bis zu Kanus, die kleine Flüsse hinunterschippern.

Eleanor Roosevelt hat einmal gesagt: »Niemand kann dich ohne deine eigene Zustimmung herabsetzen.« Und eine gute Freundin von mir hier in Montana meint immer, wir werden nur dann in unseren Gefühlen verletzt, wenn wir die Gemeinheiten, die jemand über uns verbreitet, tatsächlich für wahr halten. Wenn wir solchen Leuten also recht geben.

Und genau das war unser Problem. Tief in unserem Inneren begannen wir, ihnen zuzustimmen. Vielleicht war das Ganze nur so eine Art Spritztour. Dann wäre es jetzt hoch an der Zeit, damit Schluss zu machen und umzukehren. Vielleicht war es auch Zeit, die weisen Worte des Werbe-Gurus zu vergessen und richtig Geld zu verdienen, damit unsere Familie bei Kasse blieb. Aber womit? Alles, was ich wirklich konnte, war Mutter sein und schreiben.

Vielleicht fände ich einen Job als Lehrerin an einer Privatschule – irgendwo, wo man keine pädagogische Ausbildung verlangte. Wie sich das wohl anfühlen mochte? Vor lauter privilegierten Kids zu stehen, als gescheiterte Rebellin, die sich ausgerechnet an eine der Institutionen verkaufte, der sie selbst den Rücken gekehrt hatte? Wenn ich bloß daran denke, bekomme ich schon Herzrasen.

Das Schlimmste an der ganzen Situation war jedoch, dass mein Mann so niedergeschlagen und mutlos war. Er hatte aufgehört, Hallo und Auf Wiedersehen zu sagen, wenn er kam und ging – was immer öfter der Fall war.

Ich vermisste unsere Abenteuerjahre. Als wir noch Hand in Hand über Rumis Feld gelaufen und durch die Pfützen darauf geplatscht waren. Nun besaßen wir ein Zuhause, in das man heimkehren, in dem man sich abtrocknen und seine Jacken aufhängen konnte. – Aber wo war er jetzt?

Zur Tür hinaus.

Inzwischen schweifte sein Blick ins Leere, wenn ich von meinen Büchern sprach. Von meinen Absagen, selbst wenn es immer noch »gute« waren. Oder von meinen neuen Ideen, die ich trotz allem noch hatte. Das schmerzte mich am meisten. Er hatte nie viel Belletristik gelesen, aber dennoch war er stets ein aufmerksamer Zuhörer gewesen und hatte mir mit Begeisterung geholfen, die Handlungen meiner Geschichten zu ordnen. War das alles nur aufgesetzt gewesen? Wo war mein Partner geblieben? Nun lastete alles schwer auf meinen Schultern. Dabei war ich immer davon überzeugt gewesen, er würde unter allen Umständen an mich glauben. Und dass unsere Liebe größer sei als alle widrigen Umstände. Konnte eine erfolglose Karriere einen Menschen wirklich so fertigmachen? Ihn? Mich?

Hin und wieder äußerte ich kleine Bitten und formulierte diese bewusst so einfach ich konnte, weil ich wusste, dass er zu Rechtfertigungs-Tiraden neigte. »Stell dir mich – oder unsere Ehe – als einen Garten vor«, sagte ich beispielsweise. »Den musst du eben auch hegen und pflegen.«

Doch das machte alles nur noch schlimmer.

Eines Morgens wies er mich deutlich zurecht, bevor er wieder einmal grußlos verschwand. Er sagte: »Wie soll ich dich oder meinetwegen auch unsere Ehe hegen und pflegen, wo ich es nicht einmal schaffe, für mich selbst zu sorgen?«

Diese Aussage sprach Bände.

Meine Reaktion darauf: Zurückschalten in den puren Überlebensmodus.

Ich begann, mein Leben in Montana mit anderen Augen zu sehen. Versuchte, mir vorzustellen, wie es wäre, die Zelte abzubrechen. Diesen Ort der Schönheit zu verlassen, den wir uns geschaffen hatten. Dieses Bauernhaus, in dem wir fünfzehn Jahre lang Truthähne zu Thanksgiving, Gänse zu Weihnachten, Rippchen an Silvester und Lämmer zu Ostern gegessen haben. Würden unsere Vorfahren, von deren Geschirr wir bei diesen Festmahlen gespeist hatten, uns nicht ermutigen zu bleiben? Selbst wenn alles dagegen sprach. An unserem Land festzuhalten? An unserem Haus? Sie wussten genau, was es bedeutete, Vertrautes aufzugeben. Um seine Träume zu verwirklichen. Und sie hochzuhalten, selbst wenn man das Gefühl hatte, sie soeben platzen zu sehen. Würden sie uns nicht ermahnen zu kämpfen, um unser Zuhause zu bewahren? Weil es so viel symbolisierte?

Da war die umlaufende Veranda, auf der wir zahllose Gewitter beobachtet und gehofft hatten, einer schlimmen Feuersaison zu entgehen. Der Küchengarten gleich neben dem Haus mit seinem vielen Rittersporn, den Rosen und Kräutern. Zwanzig Morgen Wald und Wiesen, wo ich mit meinen Pferden ausgeritten war und wir als Familie Schlitten und Langlaufski gefahren und gerodelt waren. Wir alle liebten dieses Stück Land wie einen Verwandten. Es war unser Lehrer gewesen, wie die weisen Indianerhäuptlinge, deren Seelen immer noch durch diese Wälder geistern.

Und dann das Zimmer, das ich mein Eigen nenne – meine kaffeebraune Schreibstube mit dem Schreibtisch voller Glücksbringer und Postkarten von unseren Reisen in Montana und an andere Orte. Meine Traumküche mit den Arbeitsflächen aus Marmor, die schon abgestoßen und ein bisschen fleckig sind, weil die Jahre, in denen wir aus Zitronensaft selbst Limonade gemacht haben, ihre Spuren hinterließen. Die Edelstahlgeräte, die nie so ganz sauber sind, weil immer gierige Kinderfinger Spuren darauf hinterlassen, auf der ständigen Suche nach Essen, in das – wie meine Kinder zu sagen pflegen – Mama »wieder ein bisschen Liebe reingekocht hat«. Und was würde aus meinem liebsten Freund? Dem italienischen Ofen, der für zahllose Mahlzeiten sorgte und die Worte hervorrief, die ich so gern höre: »Mama, was riecht denn hier so gut?« Die perlgraue Holzdecke und Vertäfelung, die dunkel gemaserten Böden aus Kiefer und Lärche – versehen mit den Spuren von Hundekrallen. Im Laufe der Jahre waren es sechs verschiedene. Gute Hunde.

Und die überdachte Veranda. Die allein ist schon ein heiliger Ort unserer Familie, mit der Liege für heiße Sommernächte, auf der wir uns alle zusammenkuscheln, um den Kröten im Sumpf zu lauschen und bei Kerzenschein Karten zu spielen.

All die Kartoffeln, die wir im Garten ausgebuddelt, die eigenen Karotten, die wir eingewintert haben, die Hütten, die wir im Wald gebaut haben. Die vielen Nachbarschaftsfeste. Das soll alles vorbei sein?

Nein. Das konnten wir einfach nicht zulassen.

Fünfzehn Jahre.

Und so sitze ich jetzt hier also um zwei Uhr morgens. Erschöpft vom Revue-passieren-lassen unseres gemeinsamen Lebens und sehe deutlicher denn je das Auf und Ab unserer »goldenen« Jahre. Dabei frage ich mich immer noch, wo mein Mann sein mag. Ob er in Gedanken bereits fortgezogen ist. Und ob wir bei ihm sind, wo auch immer er sein mag.

Jetzt begreifen Sie bestimmt, warum ich mir nicht vorstellen kann, ohne die Natur in meinem Garten zu leben, nicht wahr? Und ich meine echte Natur – fruchtbar, erhebend und besänftigend, und das alles in einzigartiger Stimmung, die ich allmorgendlich genieße. Als erste Waschung, vor meiner Haustür, egal, ob es friert oder nebelverhangen oder noch dunkel ist.

Ich kann mir auch nicht vorstellen, dass meine Kinder keine von Erdbeeren rot verfärbten Finger haben und nicht barfuß über die Wiese laufen, Marshmallows an der Feuerstelle grillen und mit den Nachbarskindern im Wald spielen.

Selbst wenn wir uns im Moment nicht gerade vom Schicksal verwöhnt fühlen, weiß ich, dass unsere Kinder es tun. Sie wissen, dass Montana sie zu etwas Besonderem macht. Besonders im besten Sinne. Und dass sie zwischen der Welt, die ihre Eltern zurückgelassen haben, und ihrem gegenwärtigen Zuhause hin und her wandern können. Und sie spüren die Freiheit, die es bedeutet, auf keine von beiden beschränkt zu sein.

Im Laufe der Jahre haben uns Freunde aus dem Mittleren Westen, von der West- und der Ostküste besucht. Sie alle standen entgeistert auf unserer Türschwelle. Selbst die eingefleischten Skeptiker. Wie konnten wir die Kühnheit besitzen, alles aufzugeben, hatten sie sich gefragt. Aber sobald sie ankommen, begreifen sie es. »Ihr habt es so schön hier«, sagen sie und wirken auf der Stelle betrogen von ihrem Leben an privilegierten Orten, die noch Stunden zuvor wie das Beste vom Besten schienen. Ein Swimmingpool im Country Club und ein Naturlehrpfad in der Vorstadt wirken neben dem, was Montana wie eine perfekte Gastgeberin mühelos bietet, fast ein wenig lächerlich. Ich glaube, dass gerade die von Montana »infizierten« Besucher es besonders bedauern würden, wenn wir von hier fortmüssten.

Ich selbst würde es aber gar nicht »Kühnheit« nennen (es war eine gewisse Neugierde, ein Erkundungsdrang). Wenn ich es jetzt genauer betrachte, wie in diesen Kapiteln, dann war es eher … nun, am liebsten würde ich es »das Glück der Narren« nennen, doch das trifft es auch nicht. Es war vielmehr etwas in unserer Geisteshaltung, dass wir in dem Augenblick, als wir einander das erste Mal sahen, beim jeweils anderen erkannten. Ich bin mir nicht sicher, ob wir ohne einander auch hier hergekommen wären. Wohl nicht so unbeschadet. Nicht mit so vielen verwirklichten Träumen. Zumindest was die Kinder, das Haus und das Land angeht. Ich wage es allerdings, Folgendes zu behaupten: Wenn ich diesen Zwanzigjährigen, die sich an jenem ersten Abend, als sein Hund mich biss und wir im Haus seiner Studentenverbindung um das Bierfass herumstanden, zum ersten Mal in die Augen schauten, damals irgendwie hätte sagen können, dass wir eines Tages so viel zu verlieren hätten, wäre wohl keiner von uns beiden total überrascht gewesen.

Denn darum war es schon in unserem allerersten Gespräch gegangen: um Familie, die Zukunft, unsere Eltern aus der Generation des Zweiten Weltkriegs, über unsere älteren Geschwister, die eben noch auf Grateful Dead abfuhren und auf einmal Babys, Karrieren, Häuser und VERANTWORTUNG hatten. Wir teilten einander diese Fakten wie verführerische Aktivposten mit, als wollten wir einer den anderen mit unseren prosperierenden Familien beeindrucken – die wiederum überzeugt von der Idee Familie waren. Wir legten also die Trümpfe sofort auf den Tisch – unsere Könige, Damen und Buben.

Aber das hätten wir damals natürlich nicht zugegeben. Meine Güte, das haben wir schließlich niemand gegenüber je getan, schon gar nicht unter uns laut ausgesprochen. Wie schrecklich profan. Aber genauso war es.

Das erste Geschenk, das ich von ihm bekam, war eine Kaffeemaschine. Eine wirklich hübsche. Eine, von der er hoffte, sich damit noch jahrelang seinen morgendlichen Cappuccino zuzubereiten. Genau die, die er am Morgen vor zwei Tagen noch benutzt hat.

In diesem Augenblick meines Lebens blättere ich in meinen alten Büchern und Tagebüchern. Ich lese noch mal das Rilke-Zitat, das auf unserer Hochzeit vorgetragen wurde. Ich sehe die verwegenen Unterstreichungen und Sternchen, die ich als Braut um die Stelle »Welt zu werden für sich um eines anderen willen« gemacht habe. Meine erste Ausgabe von *Briefe an einen jungen Dichter* kaufte ich mir, als wir in Boston lebten. Im Harvard Coop. Damals arbeitete ich als Cocktailkellnerin und beendete gerade meinen ersten Roman. Dieser Rilke-Band liegt im Moment vor mir. Meine Handschrift wirkt rundlich, und meine Randnotizen klingen hochtrabend. Sachen wie »typisch für eine Gruppe von Gleichaltrigen« oder »Ja – wusste ich schon«.

Tat ich das wirklich?

Wir hatten noch Welten zu werden, wie Rilke uns am Tag unserer Hochzeit mahnte, sechs Jahre nach unserem ersten Abend, heute vor fünfzehn Jahren. Um noch einmal auf das Zitat zurückzukommen: Wir waren reifende Einzelne und dabei, etwas in uns zu werden, Welt zu werden. Das ist keine geringe Aufgabe. Und wir sind Dummköpfe, wenn wir glauben, das innerhalb einiger weniger Jahre hinzubekommen.

Wenn ich in meinen Tagebüchern blättere – von der Zeit als Jugendliche bis in meine Dreißiger –, dann ist alles voll damit. Es geht wieder und wieder darum, bis ich mich entschloss, mich mit meinem Leben darüber hinwegzusetzen. Denn ich hatte das Gefühl, in diesen alten Institutionen zu ersticken. Vor allem in dieser Kombination aus WASP-Gesellschaft, elitärer Bildung und Protestantismus. Wobei es jedoch nicht bedeutete, dass ich die Menschen und Orte dieser Institutionen nicht trotzdem liebte. Und gerade das verwirrte mich so. Ich vermute, dass daher auch der Werbe-Guru mir prophezeite, es würde so hart werden. Ich interessierte mich für Liebe. Diese Botschaft von Jesus hatte ich klar und deutlich vernommen: »Liebe den Herrn deinen Gott aus ganzem Herzen, mit deiner ganzen Seele und mit all deiner Kraft und mit all deinem Geist ... Liebe deinen Nächsten wie dich selbst.« Dieser letzte Satz hatte es in sich – er fordert schließlich unumwunden, dass man auch sich selbst lieben muss.

Aber wie sollte ich das lernen? Ich hatte nicht den Eindruck, als würden die Institutionen, vor deren Altären wir gelernt hatten, unser Haupt zu neigen, gerade diesen Aspekt der Selbstliebe besonders betonten. Mir schien es vielmehr so, als würden sie etwas betonen, das sich fast wie Verzagtheit, wie Furcht anfühlte. Dass wir winzige, gefallene, bedürftige Wesen wären und uns beständig unter Kontrolle haben müssten, damit nicht alles ganz schrecklich endete ... gleichzeitig aber auch, dass wir privilegiert wären und daher Großes zu leisten hätten. All das wiederum nur, wenn wir dem vorgezeichneten Weg folgten. Mir läuft es heute noch beim bloßen Gedanken daran kalt den Rücken herunter. Aber irgendwie dämmerte mir schon recht früh, dass Furcht unser eigentlicher Feind ist.

Ich erinnere mich sogar noch genau an den Moment, als mir dieser Gedanke bewusst wurde. Also blättere ich durch meine Tagebücher aus der Highschool-Zeit, bis ich fündig werde:

Heute ist hier in Connecticut ein strahlender Herbsttag,
alles scheint rot oder orangefarben zu sein. Ich schwänz-
te das Feldhockey-Training und machte einen Wald-
spaziergang, weil wir im Englischunterricht Salingers
»Franny und Zooey« lesen und ich dieses eine Zitat
nicht finden konnte. Dabei ist es die entscheidende Stel-
le des ganzen Buches! Und ich wusste, dass ich sie fin-
den sollte, nach all dem Grübeln und Beten zu genau
diesem Thema. Hier ist die Stelle: »Jesus wusste – wuss-
te –, dass wir das himmlische Königreich in uns tragen,
im Innern, wohin wir nie blicken, weil wir so verflucht
dumm und sentimental und fantasielos sind. Man muss
eben ein Sohn Gottes sein, um dieses Zeug zu wissen.«
Plötzlich blieb ich wie angewurzelt stehen und dachte:
Es liegt nur daran, dass wir alle zu feig sind hinzu-
schauen!

Dann machte ich auf dem Absatz kehrt und rannte zu meinem
Studentenwohnheim zurück, während der Begriff himmli-
sches Königreich in meinem Kopf kreiste. Dort angekommen,
schlug ich sogleich mein Tagebuch auf und schrieb: »Letztlich läuft alles darauf hinaus: Liebe und Furcht. Und Liebe ist
größer als Furcht.«

Jetzt streiche ich mit den Fingern über meine Teenager-
schrift. Und lasse Salinger – einem halben Juden und halben
Katholiken mit buddhistisch-hinduistischem Einschlag – die
Ehre, meine erste echte Erleuchtung bewirkt zu haben.

Ich erinnere mich noch daran, wie atemberaubend ich das
damals fand. Ich schrieb einen ganzen Hausaufsatz darüber,
was meinen Dozenten sicher ungeheuer amüsiert hat. (Mit
ganz vielen Ausrufezeichen …) Alles über diese phänomena-
le Neuigkeit! Denn es bedeutete ja, dass Jesus mich gar nicht

zwingend aufforderte, meinen Blick auf die Kirche oder auch nur auf ihn zu richten, sondern letztlich … darauf, was wir vom himmlischen Reich in uns selbst entdecken – also die LIEBE! Ich könnte das auch! Und Salinger wiederholte nur Jesus' Standpunkt – dass ich einzig und allein hinsehen musste … in mich hinein! Ich konnte ein Gefäß der Liebe sein! Und Liebe war grenzenlos! Was bedeutete, dass … ich, das irgendwie auch war!!!

Dieser Typ, den ich auf jener Party am College getroffen hatte, wirkte, als würde er diese Grenzenlosigkeit verstehen. Vielleicht sogar besser als ich, weil ich zu viel nachdachte. Genau deshalb wollte ich mich mit ihm zusammentun. Kinder haben und sie diese Art Freiheit von Beginn an lehren – genau wie Crosby, Stills, Nash und Young es verordnet hatten. Ich wollte, dass sie ihr wahres Wesen kennenlernten.

Außerdem wollte ich Schriftstellerin sein und ein anstrengendes, gutes Leben führen und alles in mich aufnehmen und es alles niederschreiben und den Menschen damit helfen. Wie Cynthia Ozick, als sie schrieb: »Ich wollte nutzen, was ich war, sein, wozu ich geboren war – keine Karriere machen, sondern ein geradliniges, gänzlich unmissverständliches Wesen sein, eine Schriftstellerin.«

Und schließlich, nach so vielen Jahren, hatte ich die Chance, in Rilkes Welt zu faulenzen … auf Rumis Feld. Ich hatte Zeit zum Schreiben. Um darin den Schnittpunkt von Herz und Verstand und Handwerk zu finden. Ich wollte genau die Mutter werden, genau die Ehefrau, zu der ich bestimmt war. Umgeben von offener Landschaft und ungezähmter Wildnis. Ich begriff die Einsamkeit und Unsentimentalität der Natur als Gegenstück zu meinen früheren rastlosen Jahren. Ich war an jenem exotischen Ort meiner Träume angelangt, in dem himmlischen Reich in meinem Inneren. Eigentlich ziemlich überraschend, aber durchaus nicht zufällig. So wie ich nie geglaubt hatte, etwas sei zufällig geschehen.

Ist es jetzt vorbei?

Bitte blättern sie ans Ende des Buches und sagen Sie mir, dass unsere Geschichte eine Erfolgsstory sein wird. Wir bekommen, was wir wollten, nicht wahr? Wir haben es durchgezogen, nach ein oder zwei harten Phasen. Entgegen aller Wahrscheinlichkeit. Und wir haben weder unser Land noch unser Haus aufgeben müssen, um das zu erreichen. Und dann sagen Sie mir bitte noch, dass ich das alles unbeschadet überstanden habe.

Was jedoch das Wichtigste ist: Sagen Sie mir, dass wir uns immer noch wie verrückt lieben.

Noch vor ganz Kurzem schien es mir, als wäre das so.

Bis der Mann, der in allem, was wichtig schien, mein Partner war – zwei Ballons –, der Mann, der mein Ehemann und der Vater meiner Kinder wurde, mir eröffnete, er sei sich nicht sicher, ob er mich noch liebe. Und das hoch in den Bergen im Nordwesten Montanas.

Aber ich glaube ihm nicht.

Ich tu's einfach nicht.

Der blaue Duesenberg
meines Vaters

Am nächsten Tag, um die Mittagszeit.

Er hat angerufen. Endlich. Er war draußen in der Hütte seines Kumpels am See. Dort gibt es keinen Handyempfang. Darum hat er nicht angerufen. Er braucht noch etwas Zeit zum Nachdenken. Ein paar Tage. Keinerlei Entschuldigung.

Ich weiß, dass Nachdenken im Moment wohl das ist, was er am wenigsten tun sollte. Er hat in letzter Zeit schon zu viel nachgedacht. Aber das sage ich natürlich nicht.

Ich beende das Gespräch möglichst schnell, damit ich nichts sage, was ich hinterher bereue.

Danach verbringe ich eine gute Stunde mit dem Versuch, Trost bei den Tellern, Silbersachen und Mokkatässchen aus dem Geschirrschrank meiner Großmutter zu finden. Das ist eine alte Gewohnheit von mir.

Schon als Kind liebte ich es, ihr dabei zuzusehen, wie sie schöne Dinge dort herausnahm und sie wie berühmte Vorfahren bei ihren Namen nannte. Limoges, Herend, Steuben, Royal Crown Derby. Sie gab sie mir auch in die Hand. »Sei vorsichtig.« Das war eine ernsthafte Angelegenheit, und ihr Blick warnte mich, wenn sie ein Stück in meine kleinen Hände legte. Dann fuhr ich mit den Fingern darüber, prägte mir seine Form ein und wusste, dass ich vermutlich eines Tages glückliche Hüterin dieses Schatzes sein würde.

Dabei dachte meine Großmutter nicht materialistisch. Darum ging es ihr gar nicht. Auch meiner Mutter und der anderen Großmutter nicht, deren Pretiosen nun ebenfalls in diesem Schrank verwahrt sind. Allerdings schätzten die Frauen in unserer Familie ihre zerbrechlichen Kostbarkeiten. Wie schon gesagt, man gab auf sie acht und reichte sie weiter, und so existieren sie bis heute. Sie flüstern einer Generation nach der anderen zu, dass es eine Familie gibt. Das bedeutet einen gewissen Trost. Gibt einem ein Gefühl von Sicherheit. Seit langer, langer Zeit. Und wenn man es aus diesem Geschirrschrank holt und damit den Tisch deckt, dann existiert diese Familie und all ihr hart erarbeiteter und ererbter Trost bis heute fort, wenn auch im Rahmen einer neuen Familie, die der Tradition Ehre erweist.

Diese Pretiosen brauchte ich als Erinnerung, denn einen Großteil meiner Zeit als Kind fragte ich mich, wann endlich alle nach Hause kämen. Wann wir »eine ganze Familie« wären, wie ich es nannte.

Wenn ich meine Geschwister vermisste, tröstete ich mich oft damit, dass ich durchs Haus streifte und mir solche schönen Dinge zusammentrug. Handbemalte Porzellanfiguren, Kerzenleuchter aus geschliffenem Kristall, Silbergefäße, die mich an Flaschengeister im Märchen erinnerten. Das brachte ich alles ins Esszimmer, wo ich mich bäuchlings unter den Esstisch legte und mit den Sachen spielte. Dabei stellte ich mir vor, alle Erwachsenen wären um mich herum versammelt. Ihre glänzenden seidenbestrumpften Beine und hohen Absätze sowie die Bügelfalten und geputzten Herrenschuhe würden mir anzeigen, dass endlich »die ganze Familie« zu Hause wäre. Also ergibt es durchaus Sinn, wenn ich heute ins Esszimmer gehe, an den Geschirrschrank trete und diese Familienamulette in die Hand nehme. Ich stelle mir meine Großmutter vor, wie sie sie an ihrer Schürze blank reibt. »Sei vorsichtig.«

Gerade jetzt würde ich nur zu gern mit ihr reden. Sie zum Thema Ehemänner befragen. Doch der Geschirrschrank ist das, womit ich ihr am nächsten sein kann.

Ich liebte sie von Herzen. Noch bevor ich ein Teenager wurde, lebte sie einige Zeit bei uns, und ich half, sie zu versorgen – ich fütterte sie, führte sie zur Toilette und schmuggelte sie, entgegen den Warnungen meiner Eltern, mit ihrer Gehhilfe über den rutschigen Marmorboden in die vordere Halle, wo ihr altes Steinway-Spinett stand. Dessen Elfenbeintasten bereits ihre mit Altersflecken übersäten Finger erwarteten. Das Ganze machte vor allem mir Freude.

Sie war eine einfache Frau, bescheiden und stolz darauf, altmodisch zu sein. Sie war die Tochter eines Schweinezüchters. Umso bemerkenswerter, dass sie drauf und dran gewesen war, Opernsängerin zu werden. Doch dann wurde sie von ihrem Professor an der Northwestern University sexuell belästigt. Daraufhin brach sie ihr Studium ab und gründete mit ihrem College-Schwarm eine Familie. Ihr erster Sohn erlitt bei der Geburt einen Hirnschaden, danach kam mein Vater, den sie schrecklich verhätschelte – ihre einzige andere Freude waren die Solopartien im örtlichen Chor der Presbyterianer.

Angesichts ihrer zahlreichen gescheiterten Träume war sie eigentlich niemand, der sein ganzes Herz an einen Schrank mit vergänglichen Sammelstücken hängt. Aber andererseits war sie sentimental und neigte dazu, Dinge persönlich zu nehmen. Also bin ich mir nicht so sicher, wie sie es fände, dass ihr Hochzeitsservice nun Seite an Seite mit dekorativen Dingen von allen Teilen der Familie steht. Die von ihrer reiselustigen Tante Imari geerbten Mokka-Sammeltassen waren ihr wichtig, doch ihr ganzer Stolz war das Haviland-Service der bescheidenen Farmersfrau aus Illinois, dessen Goldränder von unzähligen Sonntagsessen schon ganz verblasst sind.

Während ich ungefähr eine Stunde lang mit den Fingern über zierliche Henkel von Teetassen glitt und dünne Porzellanteller gegen das Licht hielt, das durchs Fenster hereinfiel, fragte ich mich, ob meine und die anderen Mütter auch Trost bei ihren zerbrechlichen Kostbarkeiten gesucht hatten, wenn ihre Herzen in winzige Scherben zu zerspringen drohten. Ich schwöre, dass ich den alten Schmerz gespürt habe, der in dem Geschirrschrank steckte.

Dann fiel mein Blick auf die knapp zwanzig Zentimeter lange Narbe im Holzboden des Esszimmers, die mein Vater, ihr Sohn also, bei einem Besuch zu Thanksgiving hinterließ, als er seinen Stuhl etwas zu heftig zurückschob. Ihm war das damals ungeheuer peinlich. Ich war dagegen froh. Denn damit hatte er eine Spur in meinem Haus hinterlassen, die mir bliebe, wenn ich ihn schon nicht mehr hätte. Heute fuhr ich mit dem Finger darüber und vermisste ihn. Zu gern hätte ich seine Stimme gehört.

Doch das ist unmöglich. Denn inzwischen ist er gestorben. Wenn ich die Telefonnummer meiner Kindheit wählen würde, hätte ich vielleicht meinen Stiefvater am Apparat. Auch ein netter Mann. Und ich freue mich für meine Mutter, dass sie ihn hat. Trotzdem ist es für mich immer noch hart.

Vielleicht haben Sie die Widmung am Anfang des Buches gesehen:

»Für meinen Vater – Hier ist dein blauer Duesenberg. Auch wenn ich nicht glaube, dass du dort, wo du jetzt bist, ein Auto brauchst. Und schon gar nicht in meinem Herzen. Danke, dass du immer an mich geglaubt hast.«

Diese oder ähnliche Worte habe ich jedem Buch vorangestellt, das ich je geschrieben habe. Was bedeutet, dass man diese Geschichte nicht erzählen, aber vor allem nicht verstehen kann, ohne einiges über meinen Vater zu wissen. Er starb ziemlich genau heute vor vier Jahren.

Jetzt blicke ich auf sein Foto aus dem Zweiten Weltkrieg an der Wand neben meinem Schreibtisch und überlege mir dabei, welche Gedanken wohl gerade im Kopf meines Mannes kreisen, denn das tun sie so sicher wie die Moskitos rund um seine Angelrute. Was würde mein Vater wohl zu diesem Drama sagen, dass sich an einem schönen Sommertag zuträgt, während meine Kinder bei den Nachbarn jenseits des kleinen Waldstücks spielen. Ich kann sie auf dem Trampolin springen und schreien hören: »Spritz mich doch nass!« Ein Hahn kräht zur Mittagsstunde. Und so wie ich diese Bande aus Nachbarskindern kenne, ist es inzwischen ein nasser Hahn.

Dies ist genau der Moment, in dem ich meinen Vater im Büro anrufen würde – ein Privileg, das man nicht hoch genug schätzen kann.

Seine Sekretärin würde den Anruf entgegennehmen und mich im Gegensatz zu meiner Mutter, die mich auch sprechen wollen würde, direkt zu ihm durchstellen.

Er würde sich mit seiner Bürostimme melden, und ich würde sie imitieren, woraufhin sein Ton sofort weicher und er sagen würde: »Aaaaaah, Laura. Hallo.« Ich würde hören, wie sein Mund sich zu einem Lächeln verzog, und zwar durch die Telefonleitung aus der Michigan Avenue in Downtown Chicago bis dorthin, wo ich mich gerade befand: an einem Münztelefon im Internat, in einem Studentenwohnheim am College, in einem italienischen Postamt oder eben in einem Zimmer in Montana, wo es bis auf den verrückten Hahn ganz still war.

»Du hast also beschlossen, deinen alten Dad anzurufen.« Stellen sie sich in etwa Jimmy Stewart vor. »Yep –« Ich würde sofort wieder verstummen, weil mir die Tränen kämen, obwohl ich mir fest vorgenommen hätte, nicht zu weinen.

Da würde seine Stimme noch eine Spur sanfter. »O-oh. Was hat denn mein kleines Mädchen?«

Und dann würde ich einfach losheulen und eine Zeitlang schluchzen und ihn mir in seinem Geschäftsanzug vorstellen. Ich würde mir wünschen, an seinem Hals zu schnuppern und mit ihm im University Club Mittagessen zu gehen und danach nebeneinander in rotledernen Ohrensesseln ein Päuschen zu machen, wie damals in dem Sommer, als ich Praktikantin am Art Institute war.

»Weißt du, was ich gerade vor mir habe?«, würde er wie jedes Mal sagen.

»Was?« Ich würde meine Nase putzen und längst wissen, was er sagen würde, und vielleicht hätte ich ihn sogar genau aus diesem Grund angerufen.

»Das alte Stück Holz, das du mir vor langer Zeit geschenkt hast. Mit dem aufgeklebten Foto eines Oldtimers darauf. Erinnerst du dich daran?«

Das würde mich nur noch heftiger weinen lassen, weil ich ihn in meiner Vorstellung mir zuzwinkern sähe. »Natürlich erinnere ich mich daran. An deinen blauen Duesenberg.«

Dann würde er mich aufziehen. »Also, ich wäre dann schön langsam bereit für einen echten.«

Das brächte mich unter Tränen zum Schmunzeln, und er würde kichern. Aber wir beide wüssten, dass unser alter Pakt noch galt, der da lautete: Ich werde berühmt und kaufe ihm sein absolutes Traumauto, einen blauen Duesenberg von 1930.

Darauf hatten wir uns viele Jahre zuvor geeinigt. Und es ging dabei weniger um das Auto. Eher um seinen unerschütterlichen Glauben daran, dass ich in gewisser Weise so brillant wäre, dass die ganze Welt davon Kenntnis nehmen musste.

Mein Vater pflegte immer zu behaupten, eines Tages würde ich berühmt. Er wünschte es mir. Als ich zur Welt kam, war er fünfzig. Meine Mutter hatte er mit vierzig geheiratet, was für seine Generation ziemlich spät war.

Von Beginn an wussten wir also beide, dass unsere gemeinsame Zeit begrenzt wäre.

Und die Tatsache, dass an meiner Schule die meisten mit fünfzehn auf Prep Schools nach Neuengland gingen, machte die Sache noch schlimmer. Denn vor diesem Hintergrund rechnete ich mir aus, dass uns nur etwa fünf gute gemeinsame Jahre blieben. Väter fielen schließlich mit sechzig beim Rasenmähen tot um. Ich wusste von ein paar solchen Fällen. Und wenn ich das Ganze in meinem kleinen Kopf drehte und wendete, dann kam ich zu dem Schluss, dass wir uns schon glücklich schätzen mussten, wenn wir diese fünf Jahre überhaupt erlebten.

Wenn man dann auch noch die gesellschaftlichen Verpflichtungen meiner Eltern berücksichtigte, hieß das, dass ich ihn an den beiden Abenden des Wochenendes missen musste. Außerdem ging mir der halbe Sonntag in der Kirche durch die Lappen, auch wenn ich dort immerhin mit ihm zusammen Choräle singen, seine große Hand halten und mit dem goldenen Siegelring an einem seiner dicken, trockenen Finger spielen konnte. Ich drückte auf seine erhabenen, violetten Adern. Dann funkelte er mich an, weil ich Unsinn machte, doch sein Funkeln war nie besonders furchterregend.

Ich denke, unsere begrenzte gemeinsame Zeit war auch der Grund dafür, warum ich ihm am Abend jedes Werktags entgegenlief und rief »Daddy ist da!«. Ich sprang auf seinen Arm, und er trug mich die Treppe hinauf. Doch auch wenn ich mich in seinen Armen sicher fühlte und mir seiner besonderen Vaterrolle so gewiss war, spürte ich doch immer eine gewisse Traurigkeit im Hinblick auf unsere Zukunft. Also klammerte ich mich noch fester an ihn, während er mich ins Elternschlafzimmer trug und dort auf die Ottomane plumpsen ließ, damit er seine »Arbeitskleidung« anziehen konnte.

Diese war so vorhersehbar wie seine übrige Garderobe: Budapester Schuhe sowie Anzüge und klassische Herrenmäntel von Brooks Brothers für Downtown und die Kirche; Gucci-Slipper, Sportsakkos und bunte Krawatten für Dinner- und Cocktailpartys. In der übrigen Zeit: Khakihosen und weiße, ungestärkte Button-down-Hemden – im Sommer mit kurzen, im Winter mit langen Ärmeln. Dazu noch cremefarbene Wollsocken, die meine Mutter liebevoll stopfte, und als sein Markenzeichen Dirty Bucks mit Grasflecken, die er allabendlich wie gute alte Freunde aus seinem Schrank holte. Er liebte sie so sehr, dass ich sie einmal sogar fotografierte, als sie mit Grasschnitt übersät wie ein alter Golden Retriever treu auf der Fußmatte vor der Garage auf ihn warteten. Ich rahmte das Foto und schenkte es ihm zu Weihnachten. Er war zu Tränen gerührt.

»Erzähl mir, wie es war, als du klein warst«, bettelte ich und hielt meine Hand an die rote Bürste des Schuhputzapparates, der unter dem Dachfenster stand.

Dann begann er eine Geschichte aus der Industriestadt am Ufer des Mississippi, die er so geliebt hatte – noch mehr als seine Dirty Bucks. Doch er pflegte immer hinzuzufügen: »Dir hätte es dort nicht gefallen. Es war ganz anders als die North Shore von Chicago.«

Für mich klang Granite City, Illinois, gerade deshalb so exotisch, weil es nicht die North Shore von Chicago war. Exotisch wegen seines industriell geprägten Kleinstadtmilieus, wo die Leute ins Lichtspieltheater gingen, für einen Penny Bonbons kauften, die Kinder mit selbstgebauten Seifenkisten fuhren und ihre Väter in der Fabrik besuchten.

Vor allem war es in meinen Augen jedoch ein magischer Ort, weil es meinen Vater hervorgebracht hatte.

Die Tatsache, dass er jetzt ein echter Gentleman war (mit gediegener Garderobe und einem Schuhputzapparat) und dass er mit Tränen in den Augen davon erzählte, wie er in leer stehenden, halb verfallenen Wohnungen gespielt hatte, und dass sein geliebtes Zuhause in einer Straße lag, die nicht einmal bedeutend genug für einen Namen war (man nannte sie damals einfach C-Street) … all das gab mir die Gewissheit, dass mein Vater etwas ganz Besonderes war. Wie gesagt: Stellen Sie sich Jimmy Stewart vor, und ein wenig Andy Griffith und Dick Van Dyke (der ja, wie mein Vater gern erwähnte, in Danville, Illinois, aufgewachsen war und von meinem Bruder wie ein lange verschollener Bruder verehrt wurde).

Nie werde ich den Abend vergessen, als ich ihm entgegenlief und auf seinen Arm sprang, er mich jedoch auf dem Küchenboden wieder absetzte. »Du bist jetzt zu groß, als dass ich dich noch tragen könnte.« Das war der Anfang vom Ende von etwas, das ich in meinem ganzen Leben nie mehr besitzen würde.

Elternliebe ist eine ganz besondere Liebe. Sie ist jahrelang Vorbild dafür, wie wir uns später selbst lieben sollten. Ganz tief in meinem Unterbewusstsein war mir das damals bereits klar. Doch aufgrund meiner Schätzung blieb meinem Vater eben nicht mehr viel Zeit. Er war schließlich fünfzig Jahre älter als ich. Wie konnte ich da von vielen Jahren ausgehen?

Von jenem Tag an schwebte eine Art Damoklesschwert über meiner Kindheit.

Die Liebe meines Vaters zu mir war einzigartig und berührte mich bis ins Mark. Die Zuneigung meiner Mutter war anders. Sie hatte mehr mit Lernen zu tun: mit Zeitplänen und Sozialkompetenz und angemessenem Verhalten. Für mich war seine Liebe das große Vorbild. Und doch war er derjenige, der mich wohl am ehesten verlassen würde. Tief in mir spürte ich, dass ich, was bedingungslose Liebe anging, wohl bald auf mich allein gestellt wäre. Also tat ich gut daran, zu lernen, wie ich mich selbst liebte, und zwar flott … oder es zumindest vorzugeben, bis ich es tatsächlich beherrschte. Und genau das tat ich, viele Jahre lang … in permanenter Vorbereitung auf dieses Verlassenwerden. Warum nur war er nicht zwanzig oder dreißig gewesen, als ich zur Welt kam, wie die meisten anderen Väter?

Seiner guten Gesundheit zum Trotz waren meine Befürchtungen doch nicht ganz unrealistisch. Gelegentlich klagte er beiläufig über Herzschmerzen und -rasen, weigerte sich jedoch, deshalb einen Arzt zu konsultieren. An vielen Abenden lag er auf dem Teppich in der Bibliothek und hielt sich die Brust, während meine Mutter und ich ihn anflehten, den Notarzt rufen zu dürfen.

»Untersteht euch! Wenn ihr das tut, bekomme ich tatsächlich einen Herzanfall. Wagt es bloß nicht. Das ist nur eine kleine Herzattacke. Das geht von selbst vorüber.« Und das tat es auch. Also gewöhnte ich mich daran, bei ihm zu wachen und nicht den Notarzt zu verständigen, während ich mich sorgte, dass es diesmal mit ihm zu Ende ginge.

Ich wuchs also mit der Angst auf, von meinem Vater verlassen zu werden. Von dem Menschen, der sagte, ich sei etwas Besonderes. So besonders, dass ich es verdiente, berühmt zu werden.

Es trug auch nicht gerade zu meiner Beruhigung bei, dass meine Schwester und mein Bruder auf Internate gingen, als ich sieben war. Da blieben nur meine Mutter, ich und mein Vater zurück, von dem ich mir sicher war, er könne in jeder Sekunde tot umfallen. Ach, wie würde ich mir wünschen, in der Zeit zurückgehen und diesem kleinen Mädchen sagen zu können, dass sie noch weitere 31 Jahre mit ihm vor sich hätte. Denn mir widerstrebt die Vorstellung, dass ich mich vielleicht weigerte, mich selbst so zu lieben, wie mein Vater es tat … einfach um ihn irgendwie am Leben zu halten.

Die Liebe einer Tochter zu ihrem Vater kann sehr groß sein, und meine war es ganz offensichtlich. Nicht nur weil er mich so liebte. Sondern weil ich ihn vergötterte. Er war mein Held, und das wusste er auch. Er war ein ganz besonderer Vater. Er arbeitete nicht in der Finanzbranche. Er war auch kein Anwalt oder Arzt. Er arbeitete im Eisenbahngeschäft. Als Kind kam mir das wildromantisch vor. Ich liebte es, dass er mit Eisenbahnen zu tun hatte. Dass die Träger und Bremsbalken, die in seiner Fabrik produziert wurden, in den Güterzügen steckten, die ich als Kind von meinem Schlafzimmerfenster aus in der Ferne über die Trasse der Milwaukee-Bahn rattern hörte. Denn wenn ich mich dann so fühlte, als sei ich der einzige Mensch auf der ganzen Welt, der noch wach war, wusste ich, dass es noch einen Lokführer da draußen in der Nacht gab, der die Signalpfeife betätigte, und zwar nicht zuletzt wegen der Firma meines Vater und deren Trägern und Bremsbalken. Es beruhigte mich auch zu wissen, dass der Zug noch fahren würde, wenn er nicht mehr da wäre.

Ich liebte es auch, wie er roch, wenn er von der Arbeit heimkam, ein bisschen nach Druckerschwärze und Haarcreme der Marke Vitapointe – er nannte sie »Greasy Kid Stuff«. Ich liebte es auch, wie er als erste Amtshandlung jeden Abend die Sohlen seiner Schuhe mit einem Papierhandtuch abwischte – so ordentlich, so bedächtig. Ich liebte auch die Vorstellung, dass er jahrelang jeden Tag auf seinem Weg durch die Stadt die drei selben Menschen grüßte – eine blinde Frau im Rollstuhl am Bahnhof, einen irischen Verkehrspolizisten auf der State Street und den koreanischen Ladenbesitzer in seinem Bürogebäude, bei dem er sich täglich einen Becher Kaffee kaufte.

Nachdem mein Vater tatsächlich gestorben war, fuhr ich nach Downtown, um diesen Dreien mitzuteilen, dass Mr. Munson nicht mehr kommen würde. Alle drei knickten einen Moment lang ein und gaben kurz ihre übliche großstädtische Abwehrhaltung auf.

Ich sah auch gern zu, wenn mein Vater sich den Mantel zuknöpfte. Er hatte so bedachtsame Hände, die sich langsam bewegten. Und er war von Natur aus dankbar. Das war es wohl, was ich am meisten an ihm liebte.

Schließlich war er ein Kind des Ersten Weltkriegs, und sein Charakter hatte sich zu Zeiten der Großen Depression ausge-prägt. Deshalb trödelte er am Telefon auch nicht. »Ihre drei Minuten sind um«, pflegte er zu sagen und imitierte den Ton der Telefonvermittlungsdamen seiner Jugend. Er ließ auch nie etwas auf seinem Teller übrig und aß sogar das Knochenmark und alles Fett. Auf dem Gehsteig hob er Abfall auf. So pas-sierte es meist, wenn ich beim Spazierengehen seine Hand hielt, dass er in der anderen eine zerbeulte Coladose oder ein Süßigkeitenpapier trug.

Jeden Abend, wenn er vom Bahnhof nach Hause spaziert war, machte er eine Runde durch unser schmuckes Zuhause im georgianischen Stil und trat dann mit einem Grinsen durch die Küchentür. »Weißt du eigentlich, was für ein Glück wir haben?« Und dabei küsste er meine Mutter auf die Wange.

Mein Vater war ein Autonarr. Er liebte solide amerikanische rote Cabriolets. Und er besaß auch eines, solange er noch Junggeselle war, bis es der praktischen Vernunft meiner Mutter zum Opfer fiel. Danach war er in Sachen Automobile im Prinzip zu Kombi-Limousinen verdammt. Gesprochen hat er aber nach wie vor von seinem Traum: einem blauen Duesenberg.

Er liebte es, nach der Gartenarbeit auf der Terrasse hinterm Haus zu sitzen und eine Cola zu trinken. Ich leistete ihm Gesellschaft und ließ meine kleinen, knubbeligen, aufgeschlagenen Knie von unseren Gartenmöbeln der Marke Brown Jordan baumeln (wir besaßen solche, die auf der Rückseite der Oberschenkel ein Streifenmuster hinterlassen). Dann sagte er gern: »Eines Tages, Laura, wenn du berühmt bist ... dann wünsche ich mir von dir einen blauen Duesenberg aus dem Jahr 1930. Mit Weißwandreifen.«

Was ich daraufhin empfand, reichte von Verlegenheit bis Erwartungsdruck, weil ich hoffte, in dem, was später einmal mein Beruf wäre, gut genug zu sein, um meinem Vater – nur ja – bloß diesen Duesenberg schenken zu können.

In einem Jahr gab ich zu seinem Geburtstag mein Bestes. Ich schnitt ein Foto von einem blauen Duesenberg aus einer seiner Oldtimer-Zeitschriften aus. Dann suchte ich mir in der Garage ein altes Stück Holz und schnitt daraus mit einer rostigen Handsäge eine passende Form zurecht. Auf sie klebte ich das Foto und überzog das Ganze mit Klarlack. Dann schrieb ich mit Kreide noch auf die Rückseite: »Hier hast Du Deinen blauen Duesenberg. Vorläufig. Mehr folgt in Kürze.«

Nachdem mein Vater gestorben war, räumte meine Mutter sein Büro in Downtown Chicago aus. Er hatte bis zum Tag seines Schlaganfalles gearbeitet und war einen Monat später im Alter von 86 Jahren gestorben. Sie schickte mir einige

Andenken von den Wänden und seinem Schreibtisch, aus den Schubladen und seiner Aktentasche. Einige Kurzgeschichten von mir, was mich überraschte, denn mein Vater war kein leidenschaftlicher Leser gewesen. Einen Kirchenzettel mit dem Text einer Predigt – mein Vater schwärmte für »gute presbyterianische Predigten«. Wenige Fotos, die ich von ihm gemacht hatte – eines davon auf einem Pferd in Wyoming, als er zum letzten Mal geritten war. Und das mit dem Duesenberg beklebte Holzstück, das er fast dreißig Jahre lang als Briefbeschwerer benutzt hatte.

Nun liegt es auf dem Tisch, an dem ich schreibe. Immerhin war es ja mein Vater, der mir die Vorstellung in den Kopf gesetzt hat, ich könnte eines Tages jemand wirklich Bedeutender sein. Wegen ihm strebe ich immer noch jeden Tag danach.

Das war ein Segen. Und auch ein Fluch. Denn wie soll man sich danach noch mit einem unbedeutenden Leben zufriedengeben? Wie könnte man seinen Vater enttäuschen? Wie hält man es aus, erst der Liebling seines Vaters zu sein und es letztlich nicht weiter gebracht zu haben, als zu einer irgendwie gescheiterten Existenz in einem Bauernhaus in Montana mit einem Stapel unveröffentlichter Romane im Schrank und viel zu sagen, das aber den Leuten offenbar egal ist, die Autoren so berühmt machen, dass diese es sich leisten können, ihren Vätern Duesenbergs zu kaufen. Selbst wenn sie längst gestorben sind.

Als ich beschloss, Schriftstellerin zu werden und mit einem Mann nach Westen zu ziehen, der nicht das geringste Interesse an Hedgefonds zu haben schien, da machte mein Vater sich Sorgen um mich.

Mir gefiel es damals, dass mein Vater sich sorgte.

Und zwar weil ich wusste, dass es ihm insgeheim doch gefiel. Nämlich mit dem Teil seines Wesens, der sich auch

sicher war, ich würde berühmt. Der mich berühmt sehen wollte. Der wollte, dass ich wie seine Mutter mein vertrautes
Umfeld verließ – nichts anderes hatte schließlich auch er als
junger Mann getan, als er seine kleine Industriestadt verließ,
um auf die Harvard Business School zu gehen und von dort
schließlich an die noble North Shore of Chicago zu ziehen.

Es gab noch einen Grund, warum er unsere kleine Stadt in
den Bergen mochte: weil der Zug hier durchfuhr. Der Empire
Builder von Chicago nach Seattle. Als junger Mann – Jahre
vor seiner Hochzeit, Jahre vor meiner Geburt – war er die
Strecke oft gefahren. Er stieg aus, um dem Vorsteher des Gü-
terbahnhofs einen Besuch abzustatten und logierte im alten
Hotel Cadillac. Wenn er dann auf einen Drink im Hanging
Tree Saloon saß, hörte er, wie sich Aussteiger und Wanderer
darüber unterhielten, ob unser Ort irgendwann für Skifahrer
erschlossen würde. Als ich hierherzog, wollte er sofort wissen, ob es inzwischen dazu gekommen war.

Ich kann Ihnen gar nicht sagen, wie oft ich seither das
Stück Gehsteig zwischen den Stellen, wo sich einst das Cadillac und der Hanging Tree befanden, abgelaufen bin und daran
gedacht habe, dass er als junger Mann dort entlanggegangen
sein muss. Und schon immer empfand ich es als poetisch und
zugleich als Ironie des Schicksals, dass die Brauerei, wegen
der mein Mann hierherkam, exakt an der Stelle des Cadillac
steht.

Manchmal, wenn ich meinen Vater sehr vermisse, spaziere
ich zum Güterbahnhof und sehe zu, wie die Wagons rangiert
werden. Ich male mir aus, wie er aus dem Zug steigt und sich
noch halb in Chicago fühlt, sich umsieht und beim Betrachten
der Berge auf einmal die Kraft und Freiheit der Wildnis verspürt – an einem Ort, den seine Tochter eines Tages so gut
kennen wird.

Er war ein Träumer. Und ich bin mir sicher, dass diese zahl-reichen mit dem Zug zurückgelegten Meilen einige seiner besten Träume heraufbeschworen, insbesondere sobald er die Berge erreichte. Die Berge sind gut für Träume. Vielleicht würde eines Tages ein erfolgreicher Geschäftsmann aus ihm. Vielleicht würde er in eine gute Gegend außerhalb der Stadt ziehen, eine hübsche Frau heiraten und erfolgreiche Kinder bekommen. Vielleicht würde eines von ihnen irgendwann sogar berühmt. Den letzten Satz versuche ich nicht zu denken, wenn ich neben dem Güterbahnhof stehe und meinen Vater vermisse.

Er sah Carol Burnett oder Marie Osmond oder Carly Simon und sagte: »Das könntest du auch, Laura.« Er sah Jane Pauley und später Katie Couric und meinte wieder: »Das könntest du auch.« Und wenn er Julia Roberts sah, hörte ich erneut: »Das könntest du auch.«

Als ich ihm im Laufe der Jahre immer deutlicher machte, dass ich gar nicht vorhatte, Fernsehmoderatorin oder Schau-spielerin oder Sängerin zu werden, dann sah er jedes Mal ent-täuscht drein. Seine Zeit lief ab, und immer noch keine berühmte Tochter und kein blauer Duesenberg, der inzwi-schen zum Symbol für eine ganz bestimmte Sache geworden war: Stolz. Mein Erfolg würde auch der seine sein.

Schließlich erklärte ich am Eltern-Wochenende meines letzten Jahres am College klar und deutlich, dass ich Schrift-stellerin werden wollte. Nein, nicht fürs Fernsehen schreiben. Oder für Werbeagenturen oder fürs Kino. Nein, auch keine Autorin von Kriminal- oder Liebesgeschichten. »Nein, Dad. Ich werde Belletristik schreiben. Literarische Texte. Ich werde davon schreiben, was zwischen den Menschen passiert. Ich glaube, dass das den Leuten helfen kann. Ich habe so viel, das ich sagen möchte. Und du weißt doch, dass ich eigentlich schon als kleines Mädchen mit dem Schreiben angefangen habe. Mein erstes Tagebuch habe ich in der vierten Klasse begonnen. Mit elf habe ich meinen ersten Gedichtband verfasst. Endlich habe ich herausgefunden, was ich sein möchte.« Doch er nahm es mir nicht so recht ab.

Meine Mutter war eher indifferent. Sie war aber auch nicht diejenige, die mich berühmt sehen wollte. Letztlich, so denke ich, wünschte sie sich einfach eine Tochter, mit der sie sich verstand.

»Wie wäre es denn mit der Schauspielerei?«, beharrte er. »So wie Julia Roberts. Du weißt doch, dass du mindestens so gut ...«

»Ich will aber nicht den Rest meines Lebens damit verbringen, mir Sorgen um mein Aussehen zu machen. Was für ein Leben soll das denn sein? Ich will auch keinen Beruf, in dem man fallengelassen wird wie eine heiße Kartoffel, sobald man die Mitte seines Lebens erreicht hat. Es sei denn, man ist Meryl Streep.«

»Also, du bist doch hundertprozentig so gut wie Mer ...«

»Dad. Ich möchte Schriftstellerin werden. Ich möchte etwas tun, das nicht per se glamourös ist. Etwas, das meinem Wesen am besten entspricht. Das mir auf Dauer Integrität ermöglicht.« Ich erinnere mich, all diese Dinge mit Tränen der Leidenschaft in den Augen vorgebracht zu haben. Wie man sieht, war ich also vom Schreibfieber befallen worden. Aus heiterem Himmel.

Ich hatte feste Pläne, als ich mich für meinen Abschluss im Fach Film für den Kurs Drehbuch anmeldete. Doch als der Lehrer uns aufgab, eine dreißigminütige Szene zu schreiben und ich es rastlos und schlaflos mit Mühe schaffte, ein abendfüllendes Stück zu verfassen – da wurde mir klar, dass ich dreieinhalb Jahre lang das falsche Fach studiert hatte.

Es half mir, dass mein Filmprofessor auf mein »Meisterwerk« ziemlich heftig reagierte: »Das ist doch kein Kino! Bringen Sie das den Idioten an der Englischfakultät!« Allerdings muss ich zugeben, dass es sich damals nicht sehr hilfreich anfühlte, schon gar nicht, als ich die Vier minus sah, die er mir dafür gegeben hatte.

Als ich dann mit rotem Gesicht und verzweifelt vor dem Schreibtisch des Dekans der Englischfakultät stand – unter dem Arm einen dicken Packen von mit zweizeiligem Abstand beschriebenen Blättern (damals ahnte ich natürlich noch nicht, dass ich den Großteil der kommenden zwanzig Jahre in diesem Zustand verbringen würde) –, da erkannte ich meine Berufung.

»Wo zum Teufel haben Sie gesteckt?«, sagte er, während er die Seiten überflog. Am nächsten Tag saß ich bereits in »Schreiben für Fortgeschrittene« und verfasste meine erste Kurzgeschichte, die mir eine Eins plus und einen dritten Platz in einem landesweiten Schreibwettbewerb einbrachte. Das erzählte ich meinen Eltern an jenem Wochenende auch.

Trotzdem sahen die beiden mich ziemlich konsterniert an. Irgendwie überstieg das ihr Vorstellungsvermögen – ein Leben als Schriftstellerin. Sie kannten nicht einmal jemand, der jemanden kannte, der Schriftsteller war.

Vielleicht entschied ich mich ja gerade deshalb dafür.

Ich bin mir nicht sicher, ob mein Vater das mit dem Schreiben je verwunden hat. Ein Faktum der Literaturgeschichte hatte er jedoch stets präsent: »Agatha Christie erhielt über zwanzig Absagen, bevor ihr erstes Buch veröffentlicht wurde.« Das sagte er mir immer wieder.

Doch im Laufe der Jahre bekam ich weit mehr als zwanzig Absagen, und irgendwann hörte er auf, mich nach dem blauen

Duesenberg zu fragen. Ich bin sicher, dass er das tat, um mich nicht zu kränken.

Trotzdem hatte er bis zu seinem Tod den Briefbeschwerer auf seinem Schreibtisch. Und ich weiß, dass ihm dieses alte Stück Holz mit dem verblichenen Foto so viel bedeutete wie ein echtes Auto.

Mein Vater war mein Fürsprecher. Er kannte mich durch und durch. Er wusste um meine komplexe, leidenschaftliche, leicht melancholische Natur. Er kannte mein ausgeprägtes Faible für Abenteuer, lautes Gelächter und lange Gespräche. Zu gern zitierte er eine meiner Lehrerinnen im Internat, die über mich gesagt hatte:»Laura ist ein offenes Buch.« Viele Menschen aus WASP-Kreisen hätten dem hinzugefügt »und vielleicht sollte sie es hin und wieder schließen«. Doch mein Vater war nicht so.

Er las meine Bücher nicht wirklich. Er war eher der *Reader's Digest*-Typ. Doch er hörte mir bereitwillig zu, wenn ich ihm in Familienferien davon erzählte, ihm Ausschnitte vorlas, selbst wenn er die Hälfte davon verschlief. Das machte mir auch nichts aus. Wissen Sie, wie wertvoll jemand ist, der so viel Vertrauen in einen setzt, dass er das fertige Produkt nicht einmal zu sehen braucht? Ich hoffe, Sie wissen das. Und ich hoffe, ich bin nicht die Einzige, die solches Glück hatte.

Ebenso vielsagend war es auf der Intensivstation, wo ich die letzten Wochen seines Lebens mit ihm durchlitt. Eines Abends sahen wir uns einen Film der Marx Brothers an, den ich ausgeliehen hatte: *A Night at the Opera*. Er lachte unter seiner Sauerstoffmaske:»Ach, Laura, das bringst nur du fertig. Du und ich, wir hatten schon immer den gleichen Sinn für Humor.« Dann blickte er zu mir auf, zog sich die Maske vom Gesicht und sagte:»Du hast mich immer verstanden.«

»Du mich auch, Dad«, sagte ich und versuchte, nicht zu weinen.

Als er wenige Wochen darauf starb, war meine Trauer geradezu lähmend. Ich wusste, was jetzt für mich anstand: diese alte verdammte Liebe zu einem selbst. Und nach zwanzig Jahren konsequenten Ignorierens, unter einer drückenden Schuldenlast und mit einem zunehmend mutlosen Ehemann … da war ich mir nicht sicher, ob ich auch nur dazu imstande wäre, die ungefähre Richtung auf etwas zu, das der Liebe zu mir selbst nahekam, einzuschlagen. Denn genau genommen hatte ich diese lediglich vorgetäuscht, bis sie hinter meiner eigenen Kulisse kaum noch existierte.

Man muss froh sein, wenn man in seinem Leben auch nur einen einzigen Menschen hat, der einen wirklich versteht.

Ich hatte zwei davon: meinen Vater und meinen Mann.

Wenn ich doch jetzt meinen Vater anrufen und ihm dafür danken könnte, dass er so an mich geglaubt hat. Und wenn ich ihn doch nur fragen könnte, was ein deprimierter 40-jähriger Mann denkt, wenn seine Karriere im Eimer ist und er bis zum Hals in Schulden steckt. Wenn dieser Mann glaubt, seine Frau nicht mehr zu lieben. Wenn es doch eigentlich … darum geht, dass er sich selbst nicht liebt.

Ich weiß, was er mir sagen würde. Er würde sagen: »Du brauchst deinen Schlaf. Geh ins Bett. Morgen ist ein neuer Tag.«

Das italienische Heilmittel

6 Uhr. Nächster Tag.

Kann nicht schlafen. Wieder in meinem Arbeitszimmer. Dampfender Becher Tee neben mir. Muss schreiben.

Es ist, als ob man jemand zur Rede stellen möchte und geraten bekommt, zuerst den »bösen Brief« zu schreiben. Den soll man anschließend wegwerfen und einen neuen schreiben. Dieses Buch ist der »böse Brief«. Obwohl ich mir gar nicht sicher bin, ob es so böse ist. Ich muss darin einfach nur ehrlich sein, wenn es mir etwas nützen soll. Oder Ihnen. Ich wünschte, Sie könnten heute Morgen auf einen Tee vorbeikommen und mit mir auf meiner überdachten Veranda sitzen. An Sommermorgen ist es dort sonnig. Wir könnten über verwirklichte Träume reden. Wir könnten über Italien sprechen.

Ich finde es faszinierend, wie sich dieses Muster zu wiederholen scheint: Gerade wenn man sich stark und glücklich fühlt und beschlossen hat, sich endlich selbst zu verwirklichen, dann geschieht ein Unglück. (Seien Sie also bloß vorsichtig, wenn sie die Spielregeln ändern. Vielleicht will die Welt Sie gar nicht so glücklich sehen.)

Anders ausgedrückt: Ich glaube, dass die Unzufriedenheit meines Mannes in direktem Zusammenhang mit der Tatsache steht, dass ich mir gerade einen einundzwanzig Jahre alten Traum verwirklicht habe. Diesen habe ich aus eigenen Mitteln bezahlt, ihm auch angeboten, mitzukommen, was er ablehnte. Immerhin gab er mir seinen Segen, es allein zu machen, was ich dann auch tat. Nach einundzwanzig Jahren voller Sehnsucht reiste ich erneut nach Italien – an den Ort, an dem ich schon ein Jahr meines Lebens verbracht und erstmals wirklich zu mir selbst gefunden hatte.

Jahrelang hatte ich mir Italien jeden Tag, jede Woche aufs Neue ausgeredet. Mein halbes Leben lang. *Jetzt nicht. Die Kinder sind noch zu klein. Wir sind zu knapp bei Kasse. Der Dollar steht so schlecht.* Trotzdem blieb es einer meiner größten Wünsche, noch einmal an diesen Ort und zu diesen Menschen zurückzukehren, die mein Leben so verändert hatten.

Wir alle hegen doch solche absichtlich unerfüllten Träume. Hier können Sie Ihren hineinschreiben _____. Vielleicht wollen Sie Ihr ganzes Leben lang schon Klavierspielen lernen. Und Sie besitzen sogar ein Klavier. Und es scheint Sie aus dem Wohnzimmer anzustarren und zu singen: *Du kannst mich nicht spielen ... du kannst mich nicht spielen ... deine Tochter kann's ... aber du kannst es nicht ... du hast deine liebe Großmutter enttäuscht.* Sie haben sich an diese spottende Stimme gewöhnt, auch wenn Sie sie im Stillen verfluchen, aber aus irgendeinem Grund ertragen Sie sie.

Für mich war Italien zum Symbol der nahen und dennoch unerreichbaren Glückseligkeit geworden. Wenn Sie so wollen: eine Übung in selbst auferlegter Entbehrung.

Ich selbst sah das zunächst natürlich nicht so. Denn es gibt ja Zeiten, in denen wir unser Möglichstes tun, um uns die

Karotten vor die Nase zu halten, sie aber bloß nicht in unseren Mund zu lassen.

Doch mit Hilfe einer guten Therapeutin begann ich zu erkennen, dass ich mich offenbar zum Leiden entschlossen hatte, was sich auch durchaus umsetzen ließ, denn ich fühlte mich hundeelend. Ich tat mir selber leid und fühlte mich als Opfer von Kräften, auf die ich keinerlei Einfluss hatte. Mit anderen Worten, ich brauchte keine Verantwortung für mein Glück zu übernehmen. Denn Glück war in meinen Augen ein Gebilde, das der Wind herbeiwehen würde, wenn ich es denn verdient hätte. Und zu mir geblasen würde es von den Lungen der Verlagswelt. Das war ja etwas, das ich nicht herbeiwinken konnte. Nichts, wofür ich mich entscheiden konnte. Und angesichts der beruflichen Situation meines Mannes stand es wohl außer Frage, dass ich nicht so schamlos egoistisch sein durfte, mir Italien zu gönnen. Vielleicht klappte es mit unserer alljährlichen Reise an einen wärmeren Ort in den Frühlingsferien. Oder mit einem weiteren preiswerten Pferd. Einem neuen Paar Reitstiefel. Aber sicher nicht mit dem ultimativen Vergnügen. Nicht mit Florenz und der einheimischen Familie, die mich wie eine der ihren aufnehmen und mit Zuneigung nur so überschütten würde.

Selbst wenn man bedachte, dass ich gerade erst meinen Vater verloren hatte und die bisher größte Niederlage meiner Karriere hatte hinnehmen müssen – vier Monate lang hatte ich eines meiner Bücher für die Lektorin eines bedeutenden Verlags um ein Drittel gekürzt, nur um letztlich doch abgelehnt zu werden, weil ich eben nicht berühmt war. Ich war nur eine Hinterwäldlerin aus Montana, die sich selbst, ihren Mann, ihre Kinder und ganz besonders ihren Vater enttäuscht hatte. Letzterer war erst kürzlich ohne seinen blauen Duesenberg gestorben.

Eine Reise nach Italien, um meinen Seelenfrieden wieder-
herzustellen? Nein. Lieber hier im Kummer versauern, wo ich
immerhin klares Wasser und frische Luft hatte. Aber ich hielt
den Zustand nicht allzu lange aus. Ich bin einfach nicht so gut
darin, mich elend zu fühlen.

Nach Monaten der Therapie – bei der ich systematisch alle
Fälle durchgegangen war, in denen ich mich im Laufe der
Jahre fürs Leiden entschieden hatte – brachte ich eines Tages
eher zufällig Italien zur Sprache. »Ich habe dort vor einundzwanzig Jahren gelebt. In Florenz. Es war mein Junior Year
am College. Und ich habe es geliebt. Dort habe ich mich zum
ersten Mal absolut glücklich gefühlt. Befreit, ich selbst zu
sein. Das einzige Mal in meinem bisherigen Leben. Seither
bin ich nicht mehr dorthin zurückgekehrt. Und ich vermisse
es permanent.« Plötzlich brach ich in Tränen aus. »Tut mir
leid. Ich kann nicht glauben, dass ich jetzt heule. Ich klinge
doch wie ein verzogenes Kind.«

Therapeuten wissen mit solchen Kommentaren umzugehen
und nehmen plötzliche Tränenausbrüche ernst. Meine Therapeutin riss die Augen auf und sagte sichtlich verärgert: »Tun
Sie das nie, nie wieder.«

»Ich weiß schon, ich sollte mich nicht selbst schlechtma-
chen, aber … «

»Nein. Ich meine, enthalten Sie sich selbst nie, nie wieder
Italien vor. Und das ist mein voller Ernst.«

So absurd und gekünstelt das auch klingen mag, sie sah
mich an, als hätte ich gerade ein Grab geschändet. Als hätte
ich eine alte Dame bestohlen oder einem Blinden ein Bein
gestellt. »Tun Sie das nie, nie wieder.« Was sie damit sagen
wollte, war: Verbringen Sie nicht noch einmal Ihr halbes
Leben damit, sich etwas vorzuenthalten, dass Sie so von Herzen lieben. Welcher Idiot würde so etwas schon tun?

Einer, der sich schon an seine tägliche Dosis Selbsthass gewöhnt hat. An Leiden. An Scham. (Agatha Christies zwanzig Absagen sind aus meiner Sicht ein netter verdammter Spaziergang im Park.)

Doch plötzlich, in diesem Behandlungsraum, spürte ich im Nu das Ende des Leids – so nah. Und auf einmal wusste ich, dass meine Rückkehr nach Italien den Ball ins Rollen bringen würde.

Lassen Sie uns die Zeit noch einmal ein Stück zurückdrehen.

Wie Sie inzwischen bereits wissen, habe ich ja nicht immer in Montana gelebt. Ich war nicht von Anfang an Naturliebhaberin mit einem Faible für Pferde, Berge, Flüsse, Seen … große Weiten. Nur zur Erinnerung: Mein Leben fing äußerst adrett an. Im Abschlussjahrbuch meines Internats wurde mir prophezeit, ich würde eines Tages Abteilungsleiterin bei Laura Ashley in Greenwich, Connecticut. Das sagt eine Menge aus, oder nicht? Doch irgendwann als älterer Teenager weigerte ich mich, weiterhin Lilly Pulitzer zu tragen und ging in Second-Hand-Läden einkaufen, trug auffällige Hüte und klobige Schuhe. Ich schnitt mir die Haare kurz, wurde blass und ein bisschen zu dünn. Ich wollte sehen, was das Leben außer Studentenverbindungen und Country Clubs noch für mich bereithielt.

Denn ich hatte langsam den Verdacht, dass es mir, Gott bewahre, bestimmt sei, irgendeine Art von Künstlerin zu werden. Und das bedeutete nicht, die Rolle der Marian in der nächsten Aufführung von *The Music Man* der örtlichen Theatergruppe. Ich wollte eher das, wovon Joni Mitchell sang. Mit anderen Worten: »Wreck my stockings in some jukebox dive«. Der einzige Ausweg, den ich sah, um dorthin zu gelangen, war das Auslandsstudium. Begierig ergriff ich diese Chance.

Auf Anraten meiner Mutter beschloss ich, dass Italien der passende Ort für mich wäre. Nicht so brav wie Paris, so starr wie Wien oder so sauber und herausgeputzt wie Salzburg. Nein, ich wollte es schlampiger. Also ging ich für ein Jahr nach Florenz.

Meine Interessen waren weniger akademischer Natur oder den berühmten florentinischen Lederprodukten geschuldet. Und ich suchte auch nicht explizit nach einem feurigen italienischen Liebhaber. Vielmehr sehnte ich mich nach Abenteuern. Allerdings nicht von der Sorte »Im Notfall zücke ich meine Kreditkarte«, wie das viele andere Mädchen aus meinem Studienprogramm taten. Ich wollte Sachen machen wie einen Monat lang mit dem Rucksack durch die Türkei reisen. Dabei vielleicht ein paar Teppiche kaufen und auf Bahnhöfen gleich darauf schlafen. Ich wollte nach Prag. Wollte sehen, was es mit den Unruhen in Jugoslawien auf sich hatte. Kurz: Ich wollte einfach aus diesem vorgestanzten Vorzeige-Leben ausbrechen, das mich veranlasst hatte, zunächst auf das bereits erwähnte private College für Geisteswissenschaften zu gehen. Weg mit dem Druck! Ich wollte endlich mal unappetitlich und gammelig sein. Mir die Achselhaare wachsen lassen. Und ich wollte definitiv nicht in den prunkvollen Trompe-l'œil-Fluren unserer italienischen Schule herumhängen, Marlboro Lights rauchen und dazu Cola Light trinken!

Ich hatte mich auch deshalb für diesen Studiengang entschieden, weil eine Studentin, die ich vom College kannte, gerade so von dort zurückgekommen war, wie ich mir das später für mich vorstellte. Mit Wahnsinns-Lederstiefeln, einem Faible für blutroten Lippenstift und Geschichten von nächtelangem Haschrauchen auf Kirchenstufen mit Zigeunern. Mit anderen Worten: Ich war unerträglich, keinen Deut besser als alle anderen. Aber ich fühlte mich überlegen und dachte, Italien hielte ein Heilmittel für mein rastloses Herz parat.

Zudem hatte ich mich für das Programm auch wegen der Familie entschieden. Die junge Frau hatte bei einer fantastischen Familie gelebt und erzählte Geschichten von Wochenenden auf dem Land in der Toskana. In einer Villa. Vom Pastasoße-Kochen mit der Großmutter, vom Feigenpflücken mit dem Vater, vom Einkochen der Feigenmarmelade mit der Mutter und von Festen in anderen toskanischen Villen, die sie mit der Schwester und dem Bruder besucht hatte und auf denen man Fasanen über offenem Feuer gegrillt hatte.

Sie erzählte mir auch von Cousins, vom Onkel, der ein berühmter Künstler war, und davon, wie sie alle gemeinsam im Frühling die Ferien in ihrem Haus auf der Insel Elba verbracht und ihre amerikanische Studentin eingeladen hatten, sie dorthin zu begleiten. Sie erzählte, was für eine normale Familie das sei. Ganz ohne Vorurteile, so unbelastet, lässig und liebevoll.

Sie schilderte in den schönsten Farben, wie diese Leute am Mittelmeerstrand Zelte mit Karabinern an glatten Felsen befestigten und dann den ganzen Tag mit Essen und Sonnenbaden verbrachten. Sie erzählte mir von ihrer Stadtwohnung und dass diese zu Fuß ein ganzes Stück von der Schule entfernt sei, doch wenn man jeden Tag zu Fuß hin und zurück ginge, würde man sogar abnehmen, auch wenn man so viel äße wie nie zuvor im Leben. Auch dass es entlang des Weges zahllose Cafés gäbe, in die man auf einen Espresso oder Macchiato oder ein Glas Wein, Grappa oder Prosecco einkehren könne.

»Und allein schon die Düfte wären ein Grund, nach Florenz zu gehen«, sagte sie. »In den Straßen reiht sich ein märchenhafter Geruch an den nächsten, manchmal stinkt es auch verrottet und gammelig, dann riecht es sofort wieder süß und blumig, danach sauer und verpestet oder würzig und antik.«

Ich hatte damals gerade Anaïs Nins Erotika gelesen und gefiel mir selbst in der Rolle der Sinnlichen (brrr – ich weiß). Dieses Bild von Italien sprach mich daher ungeheuer an, sodass ich mich bewarb, einen Platz in dem Studienprogramm bekam, bei der von mir gewünschten Familie untergebracht wurde und ein Jahr bei ihr lebte. In dieser Zeit unternahm ich all die Dinge, von denen ich zuvor gehört hatte, mied die anderen Amerikanerinnen und schüttelte alle inwendigen und äußerlichen Fesseln der WASP-Society ab. Stattdessen schwelgte ich in der Atmosphäre einer Stadt, einer Kultur und einer Familie, die für mich den ersten Freiraum bedeuteten, den ich je erlebt hatte.

Ich nutzte jede sich mir bietende Gelegenheit, um ohne meinen Baedeker durch die Straßen von Florenz zu streifen, wie die Romanfiguren des im Jahr zuvor verfilmten *Zimmer mit Aussicht*. Beim Spaziergang durch die Gassen verlief ich mich absichtlich, während aus meinem Walkman »O Mio Babbino Caro« in die Kopfhörer schallte. Dann blieb ich irgendwann stehen und blickte mich genau um. Ich wollte keinen einzigen Wasserspeier übersehen, keinen kleinen, improvisierten Altar, keine frische Feige. Zwischen den Unterrichtsstunden lag ich am Forte Belvedere im Gras, schaute über die Stadt und las Dante oder Machiavelli. Ich freundete mich sogar mit einem Priester an, der für Dantes Kirche zuständig war. Wir suchten sie abends gemeinsam auf, saßen in einer Kirchenbank und sprachen über Gesù Cristo.

Tagsüber klapperte ich meine Lieblingsplätze ab: die Uffizien, Orsanmichele, Santa Croce – wo ich an die Gebeine der vielen Berühmtheiten der Renaissance unter meinen Füßen denken musste. Am Abend kletterte ich über die Brüstung der Ponte Santa Trinità, saß auf einem der steinernen Vorsprünge und schaute auf den Arno und den beleuchteten Ponte Vecchio. Mit einem *fiasco* aus Chianti trank ich auf meine Zukunft und gelobte, niemals ein mittelmäßiges Leben zu führen. Denn für den Rest meiner Tage würde ich den inspirierenden Funken der Renaissance in mir tragen.

Und tatsächlich reiste ich in die Türkei, nach Prag, Jugoslawien, nach Griechenland. Es würde zu weit führen, hier mehr davon zu erzählen. Und meine Gastfamilie war natürlich traumhaft (wie Sie auch im nächsten Kapitel noch erfahren werden).

Doch während das Jahr verging und ich mich auf die Rückkehr in die Welt einstellen musste, die ich so gern zurückgelassen hatte und ohne die ich so glücklich und frei hatte sein können – da begann mich der alte Horror wieder heimzusuchen. Genau gesehen, hatte ich wohl doch nur Glück gehabt. Eigentlich verdiente ich meine Gastfamilie gar nicht. Ihre Zuneigung zu mir wäre gar nicht echt, sondern vielmehr obligatorisch – immerhin wurden sie ja von der Schule bezahlt. Dass all meine Erlebnisse gar nichts Besonderes seien. Auch ich sei weder besonders individuell oder mutig, nur weil ich die Studentenverbindungs-Partys und BMWs zeitweilig zurückgelassen hatte. Und die intensive Beschäftigung mit den Schätzen der Renaissance garantiert eben auch keinen tollen ersten Job, wenn man gerade frisch vom College kommt, und verspricht auch nicht fest die persönliche Befreiung von repressiven Institutionen. Ich würde immer eine Rebellin sein, mich aber wohl nie wirklich befreien können.

Der Grund dafür war folgender: Egal, was meine Eltern, Geschwister und Großeltern letztlich über meine Entscheidungen für mein weiteres Leben dächten, ich wusste ja selbst noch nicht, wie ich mich dazu bringen sollte, alles abzustreifen. Selbst mit der Freiheit Italiens in meinem Herzen. Das sollte noch weitere ein bis zwei Jahrzehnte dauern. Ich selbst war schon immer meine strengste Richterin.

Letztlich sollte erst Montana mich zu meiner Verteidigung inspirieren. Erst dort würde ich zu der Einsicht gelangen, dass es weder schlecht noch falsch wäre, zu dieser Reise aufzubrechen. Auch nicht gut oder richtig. Und das ist genau die Sorte Freiheit, die ich meine. Denn abgesehen von Italien ist Montana der einzige Ort, an dem ich mich je absolut frei gefühlt habe, an dem ich ganz ich selbst sein konnte. Huch, klingt pathetisch, ich weiß!

Aus irgendeinem Grund, der gar nichts mit der Realität zu tun hat, scheint es mir jedoch leichter, sich für geliebte Orte von einst zu öffnen – und Italien hat meiner Seele nun mal am besten getan. Es war fast, als würde sie dort auf mich warten, in einem Glockenturm verwahrt, bis ich sie holen käme. Das sagte ich mir wenigstens selbst. Dabei sind die Geschichten, die wir uns selbst erzählen und nach denen wir unser Leben ausrichten, meist sowieso unglaublich. Vielleicht kennen Sie das von sich selbst.

Hätten Sie mich erst vor kurzer Zeit kennengelernt und hätten wir dann Gelegenheit gehabt, ein wenig zu plaudern, dann hätten Sie wohl Folgendes erfahren: Ich habe einmal in Italien gelebt. In Florenz. Ein Jahr lang. Vor langer Zeit also. Ein Jahr lang schöpfte ich aus dem Vollen und überfraß mich geradezu, um mich anschließend einundzwanzig Jahre danach zu verzehren.

Typisch für dieses »Hungern« ist wohl, dass ich mich mit Italien wie mit einem schützenden Cape umgab, das allerdings weniger schützte als vielmehr verbarg. Ein Fantasiecape. Ein wahrhaftig großartiges. Wie von Prada. Und eingehüllt in diesen Zaubermantel schreibe ich tagtäglich an meinen Romanen. Ich reite darin. Und koche. Und bestelle den Garten. Kurz gesagt: Ich tue alles, was mir und nur mir gehört. Doch in diesem Cape steckt auch eine Sehnsucht. Genau genommen besteht es aus feinster Seide und kaschmirgefütterter Sehnsucht.

Meine Therapeutin und mein Schriftstellerfreund haben recht: Es gibt einen Riesenunterschied zwischen sehnen und erschaffen. Zwischen loslösen und anknüpfen.

Ich habe das selbst herausgefunden, als ich in diesem Juni endlich wieder nach Italien reiste.

Dazu kam es, weil ich es, wie so viele andere Dinge, einfach nicht mehr hören konnte. Oder ich mich, mit anderen Worten, selbst überwunden habe. Oder freundlicher ausgedrückt: weil ich mir selbst nicht mehr im Weg stand.

Zufällig lief mir im Lebensmittelgeschäft eine Freundin über den Weg, die geradezu strahlte. Ich machte ihr ein Kompliment, und sie erwiderte: »Das muss an den drei Wochen Italienurlaub liegen, die wir gerade gemacht haben.« Und das von einer Frau mit zwei Jobs, einem Kleinkind, die kein Wort Italienisch spricht und auf dem ganzen Stiefel keine Menschenseele kennt.

»Ich würde ja alles geben, um noch einmal dorthin zu reisen. Weißt du, ich habe mal ein Jahr lang dort gelebt.« Bu-huu.

Sie sah mich verständnislos an und sagte unverblümt: »Dann fahr doch! Was hindert dich denn?«

Ich überlegte einen Moment und ließ meine gesammelten Ausreden im Stillen Revue passieren. Doch angesichts ihrer leuchtenden Augen lösten sie sich allesamt in nichts auf. »Eigentlich weiß ich das, offen gestanden, auch nicht.«

Ich fuhr nach Hause und in null Komma nichts (denn genau so passieren solche Sachen ja) rief ich bei der Fluggesellschaft an und erfuhr, dass wir genug Meilen gesammelt hatten, um alle zusammen zu fliegen. Dann kontaktierte ich meine ehemalige Gastfamilie und hörte, dass sie ihre Villa auf dem Land in ein Bed & Breakfast umgewandelt hatten und uns einen Riesenrabatt gewähren würden. Außerdem boten sie uns auch noch ihr Auto an, Gratisverköstigung an ihrem Familientisch jeden Abend, einen Kochkurs, Transfer vom und zum Bahnhof und versicherten mir, wie sehr sie sich freuten, mich vermisst und gar nicht verstanden hätten, warum ich sie in all den Jahren nie besucht hatte. All das und dazu meine Sehnsucht aus einundzwanzig Jahren ließen mich in Tränen ausbrechen und sofort buchen.

Zunächst ging ich von einer Reise zusammen mit meinem Ehemann aus. Schließlich hatte ich ihm mehr als ein halbes Leben lang damit in den Ohren gelegen. Außerdem besitzt er neben der amerikanischen auch noch die Schweizer Staatsangehörigkeit. Insgeheim hatten wir uns vorgenommen, das irgendwann zu nutzen und in Europa zu leben. Ich hatte mir in meiner Fantasie schon ausgemalt, dass diese Reise eine Art Türöffner zu dieser Möglichkeit sein würde.

Doch er beharrte darauf, arbeiten zu müssen. Außerdem sei die ganze Unternehmung viel geeigneter für unsere zwölfjährige Tochter. Er würde gerne mit unserem Achtjährigen zu Hause bleiben, sofern ich vorab genügend Spielverabredungen und Sommerlager organisierte, damit der Junge tagsüber beschäftigt sei.

Ich war erst einmal enttäuscht, doch dann dämmerte mir, dass ich mich ohne meinen Mann auf keinerlei erwachsenes Desinteresse an der Renaissance gefasst machen musste. Natürlich würde eine Zwölfjährige in der Schlange vor den Uffizien vermutlich auch ein bisschen maulen, aber das war kalkulierbar. Ein 41-jähriger Mann dagegen, der verschlief, während es Märkte zu besuchen galt oder Cafés zu frequentieren, florentinisches Essen zu genießen, Skulpturen mit Tränen der

Rührung zu bewundern und Gemälde mit den Worten »Mein Gott, in Hunderten von Jahren hat sich nichts verändert« oder »Sieh dir mal ihre Zehennägel in den Sandalen an – das könnten ja meine sein« zu bestaunen, hätte mir, ehrlich gesagt, das Herz gebrochen – so wie jegliche Ablehnung, ob gegen die Zehennägel, die zahlreichen Espressi, die Teller voller Pasta und Innereien und Kaninchen und Fisch in Salzkruste ....

Also sagte ich nur: »Schön. Klasse. Perfekt. Ich danke dir.«

Vielleicht sagen Sie sich jetzt: *Na, ich weiß schon, wo das hinführt. Kein Wunder, dass sie glücklich war. Und gelassen. Schließlich hat sie den ganzen Juni in der Toskana zugebracht. Mit ihrer geliebten Tochter. Nach vier Wochen Afghanistan hätte das sicher anders ausgesehen.*

Aber eigentlich hat es damit gar nichts zu tun. Also bleiben Sie cool. Gießen Sie sich ein Glas Chianti ein. Oder noch besser: einen Barolo. Dazu eine schöne Bruschetta mit Tomate und Basilikum. Das Brot vorher mit Knoblauch einreiben und richtig grünes Olivenöl darüberträufeln. Machen Sie es sich damit irgendwo bequem, denn wir haben noch eine Menge Arbeit vor uns. Wir müssen nämlich herausfinden, wo sich unsere Partner befinden. Und das meine ich nicht nur im geografischen Sinne. Was natürlich bedeutet, dass wir auch uns selbst gründlich unter die Lupe zu nehmen haben. Verdammt.

Ich werde jetzt eine ganz schöne Anstrengung unternehmen, aber sie wird der Mühe wert sein. Was wäre gewesen, wenn ich mir Italien schon Jahre zuvor gegönnt hätte? Wenn ich mir dieses Land alljährlich den Juni über gegönnt hätte? Egal, wie meine finanzielle Situation das verkraftet hätte. Egal, wie es um mein Italienisch stand. Egal, wie alt meine Kinder gewesen wären. Egal, ob meine italienische Familie sich um mich gekümmert hätte oder auch nicht. Was, wenn ich mein ganzes

Geld zusammengekratzt und eine kleine Villa südlich von Florenz zur Miete gefunden hätte und dort hingereist wäre? Jedes Jahr. Zwanzig Jahre lang. Wer wäre ich dann heute? Was würde ich mir wünschen? Was hätte ich dann geschaffen?

Das ist wie bei Ihnen und dem vorlauten Klavier in Ihrem Wohnzimmer.

Die Antwort mag hypothetisch sein. Aber es lohnt sich dennoch, die Frage zu stellen. Weil ich Ihnen sagen kann, wer ich ohne Italien war. Und wenn ich Italien sage, dann wissen Sie, dass es nicht zwingend Italien sein muss. Es könnte eine andere Destination oder etwas vollkommen anderes sein, etwas, wonach wir uns verzweifelt gesehnt haben und wovon wir viel zu lange glaubten, es nicht zu verdienen.

Um dieser Sache wirklich auf den Grund zu gehen, lassen Sie uns eine noch größere Anstrengung wagen: Wenn wir uns selbst unsere größten Träume vorenthalten, wie positionieren wir uns dann für den Umgang unserer Ehemänner mit uns? Oder anderer Menschen, die uns nahestehen? Oder aller, mit denen wir zu tun haben? Wenn wir unsere eigenen Bedürfnisse vernachlässigen, wie sollen dann andere auf uns eingehen? Was erzeugen wir dadurch? Weitere Vernachlässigung?

Denken Sie doch bitte eine Minute lang darüber nach.

Ich möchte hier kurz unterbrechen und auf mein gegenwärtiges Leben zurückkommen. Darin habe ich einen Ehemann, der in der Krise steckt. Und ich werde mein Bestes geben, um nur mit den Hunden im Wald spazieren zu gehen, ohne ihn vierzehnmal auf seinem Handy anzurufen. Denn auch wenn er gesagt hat, am See gäbe es ohnehin kein Netz – ich würd's tun, um einfach nur seine Stimme auf der Mailbox zu hören. Ich liebe seine Stimme. Das ist dieselbe Stimme, die einst gesagt hat: »Ja, ich will.« Dieselbe, die kürzlich gesagt hat, dass er nicht mehr will.

Ich werde durch den Wald laufen und versuchen, nicht nachzudenken.

Ich werde den riesigen Fels aufsuchen, der mir seit Jahren als eine Art Schrein dient. Ich suche ihn auf, um kleine Dankesgaben dort abzulegen. Weniger um etwas zu erbitten, sondern einfach um kleine Geschenke aus der Natur in der faustgroßen Vertiefung an seiner Frontseite zu deponieren: rotes Weinlaub im Herbst, einen kleinen Rehknochen, mit trockenem Gras zu einem Kreuz zusammengebundene Zweige.

Nur dass ich diesmal nicht mein übliches *Ich ergebe mich, was die Buchveröffentlichung angeht, in mein Schicksal* oder *Ich danke für mein erfülltes Leben* murmle. Diesmal sage ich etwas Neues. Diesmal wird es etwas wirklich Unvorstellbares sein: *Ich ergebe mich in mein Schicksal, was die Möglichkeit angeht, ob mein Mann mich je wieder lieben wird.*

Doch ich bezweifle, dass ich die dazu nötige Würde aufbringe. Eher vermute ich, dass ich einfach die Stirn an sein Moos und seine Flechten pressen, auf die im Lauf der Jahre zusammengetragenen bescheidenen Gaben – all die Hoffnungen, Danksagungen und die Ergebenheit – blicken und meinen Kopf hin und her bewegen werde. Und ich werde nur einen Gedanken haben: *Bring ... ihn ... nach Hause.*

Erleuchtung

Am darauffolgenden Tag.

Ich sitze hier in meinem Arbeitszimmer – wieder in den frühen Morgenstunden, während die Kinder noch schlafen, und frage mich, was genau mein Mann unter »ein paar Tagen« verstehen mag. Inzwischen sind es schon zwei. Bedeutet es, dass er heute die Einfahrt heraufkommen wird, nachdem er zwei Tage lang am See gesessen, geangelt und nachgedacht hat? Und wird er dann etwas Gutes äußern? Oder etwas sehr Schlimmes? Oder heißt »ein paar Tage« eigentlich *Ich komme überhaupt nicht mehr nach Hause*?

Ergib dich dem Schicksal, denke ich, genau wie ich es gestern dachte, als ich durch den Wald lief. Doch der Wald war zu dominant, geradezu fordernd. Als ob er von mir verlangt hätte, mich auf die Knie zu werfen. So wie ich es damals, an jenem Abend in Seattle, getan hatte, als ich um genügend Zeit und Platz betete, um schreiben und Kinder bekommen und alles unter einem Dach vereinbaren zu können. Heute scheint mir, dass die Kraft jener Bitte nicht daher kam, dass ich so sehr flehte, sondern eher aus dem Knien als Geste der Schicksalsergebenheit. Doch das habe ich gestern einfach nicht fertiggebracht.

Stattdessen drehte ich mich um und rannte nach Hause – durch den vom Sonnenlicht gefleckten Sommerwald. Dabei benutzte ich die Trampelpfade des Wildes und einige weitere, die mein Mann als Spazierwege freigeschnitten hat. Doch dann verließ ich auch die und stolperte über den von Ästen, die wie riesige Zahnstocher aussahen, übersäten Waldboden bis auf die Lichtung, durch meinen Garten, die Haustür, die Stufen hinauf, in mein Zimmer … zu meinem Koffer.

Dort begann ich die Sachen von unserer Italienreise auszupacken.

Ich hielt meine Schuhe in der Hand und betrachtete sehnsüchtig ihre Sohlen – ramponiertes Leder, das noch eine Woche zuvor die Straßen von Florenz berührt, von den Steinstufen des Mercato Centrale poliert und von den Gässchen in der Toskana weich gemacht worden war. Das war wirklich erst wenige Tage her, als meine Schritte noch leicht und sorglos waren, nicht schreckhaft und verzagt wie vorhin im Wald.

Mein Gott, ich bin so müde. Bestraft er mich jetzt dafür, dass ich meinen Traum verwirklicht habe?, dachte ich beim Auspacken. Es macht mich ganz krank, wie ich versuchen muss, einigermaßen würdevoll wieder Mama von zwei Kindern zu sein – zwei Kindern, die sich fragen, was mit Daddy los ist – neben dem Haushalt und dem Versuch, meinem Sohn wieder näherzukommen, der sich nach dem ganzen Italienintermezzo ziemlich vernachlässigt fühlt. Und obendrein noch die Folgen der voller Panik und als Folge des Jetlags durchwachten Nächte.

Wenigstens kann ich den Kindern jetzt sagen, wo er ist. Wo er sagt, dass er ist. Ich versuche, nicht in den Nachthimmel zu schauen und mich zu fragen, ob er mich vielleicht obendrein noch belügt.

Das Auspacken half jedenfalls.

In der Psychologie ist ja auch viel von »Auspacken« die Rede. Meistens macht das keinen besonders großen Spaß. Etwa wenn ich mich an den Reitlehrer mit der roten Afromähne erinnere, der mich aus mir bis heute unbekannten Gründen via Megafon als »reiche Zicke« beschimpfte. Oder an den Klavierlehrer mit den zwölf Katzen, der versucht hat, sich an eine ranzumachen, während man »Lara's Theme« aus *Doktor Schiwago* spielte.

Doch was ich gestern auspackte, während die Kinder im Wald spielten (Gott sei Dank haben wir diesen Wald), das war ein Koffer voller Schätze. Handgeschöpftes Papier von Il Papiro am Arno. Stapel von Seide aus einer winzigen, mit Weinlaub bewachsenen Manufaktur, deren Stoffe den Palast der Grimaldis in Monaco und den Kreml zieren. Flaschen mit toskanischem Olivenöl, tütenweise getrocknete Cannellini-Bohnen und ein Bündel Schals in Edelsteintönen vom Markt als Weihnachtsgeschenke.

Ich wickelte auch ein Fläschchen mit einem Kräutertonikum aus, das ich in einer *Farmacia* aus dem 17. Jahrhundert gekauft hatte. *Digestivo* stand darauf. Gegen Magenbeschwerden. Ich schraubte es auf und nahm einen kleinen Schluck. Nur einen kleinen, denn ich wusste, ich würde das Tonikum noch brauchen, je nachdem wie meine eheliche Turbulenz ausging.

Ich saß auf dem Boden meines Schlafzimmers und hatte meine Schätze um mich herum ausgebreitet wie ein kleines Mädchen seine Beute nach dem Ostereiersuchen. Ich dachte an Italien. Auch wenn er es wohl versucht hatte, war der Zauber ungebrochen. Er war einfach zu stark.

So war unsere Reise gewesen – diese Wiedervereinigung mit Italien in Begleitung meiner Tochter: stark. Und doch absolut normal. Natürlich. Nicht erschütternd, sondern geerdet.

Besänftigend. Kraftspendend. Stetig. Fließend. Schön. Erfüllend. Ruhig. Entspannend. Real. Ganz selbstverständlich.

Das Erste, was mir in Italien auffiel, waren die Bäume. Wenn man zwanzig ist, nimmt man von Bäumen keine Notiz. Man schaut nicht aus dem Flugzeug und denkt – wow, ich wusste gar nicht, dass das Mittelmeerklima so viele Koniferen hervorbringt. Vielleicht hat das etwas damit zu tun, wo man die letzten zwanzig Jahre gelebt hat. Ich persönlich hatte die meiste Zeit in Montana verbracht, umgeben von Bäumen, großteils Koniferen, daher fiel es mir wohl von oben auf. Jedenfalls gab es eine Menge Bäume da unten. Und Terrakotta-Dächer. Und enge Dörfer mit Piazza in der Mitte und Kirche und Campanile.

Ich bemerkte auch, und das kam mir ebenfalls seltsam vor, dass ich da in diesem stählernen Flugapparat saß, den Leonardo da Vinci sich erträumt hatte, als er sich mit an seinen Rücken geschnallten Flügeln von den Hügeln rund um Florenz stürzte. Gleich würde ich auf einem Flughafen landen, der sich, aus meiner Perspektive betrachtet, nur ein paar Zentimeter von den dicht gedrängten Häusern entfernt befand, unter deren Dächern Leonardo wahrscheinlich dereinst die Entwürfe zu seinem Flugapparat auf die Serviette in einer Trattoria skizzierte.

Als Nächstes bemerkte ich, dass die Dinge auch in Italien viel reibungsärmer vonstattengingen als zwanzig Jahre zuvor. Die Automatisierung hatte auch vor diesem altehrwürdigen Land nicht Halt gemacht. So gibt es inzwischen überall Bankomaten, die Leute benutzen Handys und Laptops. Auf diese Weise können sie die allgemeine Genervtheit darüber, sich schmale Gässchen mit Vespas teilen zu müssen, nun wenigstens insofern abbauen, als sie einem Freund via telefonino davon berichten. Das macht es zudem erträglicher, endlos in der Schlange zu warten, seinen ganzen Charme auszuspielen (in dem Wissen, dass man ohne ihn vielleicht gleich noch einmal anstehen muss und selbst dann sein verloren gegangenes Gepäck noch nicht quittiert bekommt). Es gibt zwar durchaus Regeln, aber eben auch mindestens ebenso viele Ausnahmen davon. Und die Sache mit dem Charme funktioniert. Das war das Nächste, was ich bemerkte und woran ich mich erinnerte: Charme.

Verschwunden waren dagegen die *papagalli*, die einen im Vorbeigehen mit ihren eindeutig zweideutigen Avancen neckten. Nichts mehr mit *Ciao, bella*, also. Ich fragte einen Taxifahrer danach, und er erklärte mir unumwunden, dass die italienischen Frauen sich verändert hätten. Sie hätten dem Treiben ein Ende gemacht. So hat sich ein ganzes Phänomen verflüchtigt. Das macht die paar Schritte vom Bahnhof zum Taxi eindeutig angenehmer. (Auch wenn ich als 41-jährige, die ihren zwanzig Jahre alten Körper vermisst, zugeben muss, dass ich insgeheim doch ein klein wenig darauf gehofft hatte, öffentlich als attraktive Frau wahrgenommen zu werden. Aber sei's drum.)

Doch anstatt durch Anstößigkeiten unangenehm auf sich aufmerksam zu machen, waren die Italiener, wie meine Tochter es formulierte, »wie eine große Umarmung«. Ich hätte es nicht treffender ausdrücken können.

Todmüde und ohne Gepäck kamen wir in Milano Malpensa an und begaben uns schon mit einer bangen Vorahnung zum Bahnhof Milano Centrale. Wir hatten bereits bezahlte Tickets für einen Expresszug, der, wie man uns sagte *non esiste*. Von allen Leuten, die uns begegneten – vom Panini-Verkäufer in dem Zug, den wir schließlich nahmen, über den Taxifahrer, der uns um Mitternacht zu unserem kleinen Hotel brachte, bis hin zu dem alten Mann, der uns die vier Schlüssel erklärte, die wir brauchten, um in unser Zimmer zu gelangen – waren zwei kurz davor, uns ihre privaten Telefonnummern zu geben, nur für den Fall, dass wir Hilfe bräuchten. Die anderen taten genau das. Italien ist immer noch altmodisch. Und die Italiener sind immer noch wie eine herzliche, lange Umarmung. *Un abbraccio.* Was ja bereits andeutet, dass wir die Geste erwiderten.

In knapp einem Monat Italien sammelte ich eine ganze Seite Kontaktadressen. Noch nie habe ich Visitenkarten schneller und mit weniger Zurückhaltung von Hand zu Hand gehen sehen als in diesem Juni in Italien. Ich besitze nun die E-Mail-Adressen eines bekannten Bildhauers, eines Kutschers, eines Taxifahrers in Mailand (weil er darauf beharrte, die beste *Gelateria* sei nicht in Florenz, sondern in seinem Viertel in Mailand, wo er uns sogar gratis hinfuhr, um es uns zu beweisen) ... die E-Mail-Adresse eines Paares, das wir in einem Restaurant kennenlernten und das alles über Miami und Las Vegas erfahren wollte, kurz bevor wir uns über eine riesige, blutige *bistecca fiorentina* hermachten, zudem die eines italienischen Grafen, den ich bei einem Fest auf einem Weingut kennenlernte und der fasziniert von Grizzlybären war, dann die einer Dame aus Israel, der meine Schuhe gefielen, und von vielen anderen mehr.

Außer dem Charme fiel mir noch der unübersehbare Stolz auf. Ein Stolz, der irgendwie viel weniger gebrochen wirkte, als ich es in Erinnerung gehabt hatte. Und zwar Stolz nicht nur auf die explosive Denkfabrik, die Italien vor rund fünfhundert Jahren gewesen ist. Vielmehr handelte es sich um etwas Neues. Etwas Nonchalantes. Etwas ein wenig Herablassendes. Und das äußerte sich so: »Der Dollar geht in den Keller, der Ölpreis steigt? Na und? Und was soll's, wenn ihr euren Präsidenten hasst? Was soll's, wenn ihr euch wegen des Krieges schämt, in den er euch hineingezogen hat?« Bei aller Umarmung war da doch auch ein schwaches Glitzern in den Augen, weil die größte Weltmacht gegenwärtig und vielleicht auf Dauer versehrt war. Zweite Geige. Und das tun sie so en passant wie eine Witwe eine Freundin tröstet, wenn diese sich über die Untreue ihres Gatten beklagt.

So gesehen, kam ich vielleicht ebenso angeschlagen wie die USA nach Italien. Vielleicht sogar gebrochen. Ich sehnte mich nach Umarmung, nach Mitgefühl. Und ich wollte die Umarmung auch erwidern. Um mir selbst zu beweisen, dass ich nach dem Tal, das ich nach dem Tod meines Vaters durchschritten hatte, auch wieder für mein seelisches Gleichgewicht sorgen konnte.

Ich reiste mit meiner Tochter, weil es mir wichtig war, dass sie mich so glücklich sah. Außerdem setzte ich darauf, dass Italien auch sie heilte. Denn selbst wenn das hier nicht ihre Geschichte ist, so kann ich doch behaupten, dass meine Tochter die Realitäten des Lebens durchaus schon kennt. Sie hat die Auswirkungen von beruflichem Stress auf ihre Eltern erfahren. Sie hat gesehen, wie diese sich manchmal selbst verleugneten. Sie hat ihre Mutter in lähmender Trauer erlebt – eine Mutter, die unter dem Verlust ihres Vaters litt. Sie hat am eigenen Leib die kleinen Dramen der Vorpubertät zu spüren bekommen, und sie weiß, dass sie sich bald all den Herausforderungen wird stellen müssen, auf die wir sie vorbereitet haben. Ich brachte sie nach Italien wie man in anderen Kulturen seine Heranwachsenden zu heißen Quellen oder weisen Frauen führt. Und Italien hatte seinen Zweck voll erfüllt.

Erste Sehenswürdigkeit: *David*. Natürlich. Denn auch wenn ich in diesem Museum schon einmal drei Stunden lang einem Kunsthistoriker gelauscht habe, der die geschichtliche

Bedeutung dieser Skulptur erklärte … seien wir ehrlich: David ist scharf. Trotz der Erläuterung, die ich meiner Tochter über die Bedeutung der Nacktheit in der Kunst gab, muss ich zugeben, dass ich einfach eine Schwäche für David habe.

Im College hatte ich eine Postkarte von ihm über meinem Bett hängen. Kein Paul McCartney, kein Jim Morrison. David. Das war auch das Bett, in dem ich den nackten Po meines Mannes zum ersten Mal sah. Ich sagte ihm, er sähe aus wie der von Michelangelos *David*. Ich bat ihn, genau die gleiche Pose einzunehmen, und er machte es.

Zwanzig Jahre danach stand David da in all seiner Pracht. Nackt, alabasterfarben hält er in seinem eigenen Mausoleum Hof. Ich liebe es, die Leute dabei zu beobachten, wenn sie hinter ihm stehen. Egal, wer man ist – egal, welchen Geschlechts, welcher sexuellen Orientierung oder Herkunft –, seinen tollen Hintern bemerkt jeder. Manche gestehen es mit einem Lächeln ein. Andere benehmen sich, als würden sie gerade einen interessanten Zeitungsartikel lesen und heben nur eine Augenbraue. Wieder andere erröten und verziehen sich ganz schnell. Besonders wenn sie zwölf sind.

Daher drehte auch meine Tochter nur eine schnelle Runde und verschwand dann in einem anderen Saal. Ich dagegen musste eine Weile auf seiner Rückseite stehen bleiben. Und das nicht nur aus offensichtlichen Gründen.

Seit ich meinen Mann kennengelernt hatte, hatte ich den David nicht mehr gesehen. Seit ich meinem Mann gestanden hatte, er erinnere mich an eine der meist bewunderten Skulpturen der Welt. Ich musste also mein zwanzig Jahre altes Männerbild überdenken. Vielleicht auch das Bild, das ich von meinem Mann hatte.

Meine Reaktion war jedoch eine Enttäuschung. Keine Spur von Erotik. David sah irgendwie genervt aus. Fast wie lebendig begraben. Nicht unähnlich meinem Mann in seiner gegenwärtigen Verfassung.

Vielleicht vermisst David den Regen und die Abgase, den Taubendreck, den sein alter Job als Wächter vor dem Palast der Medici mit sich brachte. Vielleicht ist ihm auch unwohl, weil man ihn quasi als König in seinen eigenen Palast (die Galleria dell'Accademia) gestellt hat. Jetzt wird er von Sklaven flankiert. Von Michelangelos Sklaven.

Ich mochte schon immer Michelangelos Vorstellung, dass seine Skulpturen sich bereits im Stein befinden, so wie die Seele im menschlichen Körper. Daher ließ Michelangelo seine Sklavenstatuen unvollendet, um zu zeigen, wie sehr wir Sklaven unserer selbst sind.

Vielleicht erscheint mir der David auch deshalb anders, weil er im Unterschied zu mir während all der Jahre so unbelastet dasteht. Er wurde vollendet und aus seinem Marmorblock befreit, bis auf die Füße. Also ... vielleicht doch nicht ganz befreit. Aber das ist eben der Preis, den es zu bezahlen gilt, wenn man ein Abgott ist. Ich frage mich, was meinem Mann wohl durch den Kopf ging, als ich ihn mit dieser Skulptur verglich. Fühlte er sich wie ein König? Wie eine aus dem Stein befreite Statue? Dazu bestimmt, eines Tages zu stürzen?

Mit zwanzig verbrachte ich viel Zeit mit der Betrachtung der Sklaven. Besondere Aufmerksamkeit schenkte ich Atlas, dem das Gewicht seines »unbefreiten« Kopfes schwer auf die Schultern und Hände zu drücken scheint. In jenem Jahr damals in Florenz stand ich vor diesen geplagten Gestalten und dachte: *Das bin ich. Alles Gewicht und der ganze Erwartungsdruck lasten auf meinen Schultern.*

Diesmal war es anders. Ich fand es traurig, sie zu sehen. Mein Mitgefühl für sie kam mir alt und geringer vor. *Seid ihr immer noch hier? Unbefreit? Mein Gott, wisst ihr, es gibt da etwas, das sich Therapie nennt. Die meisten Krankenkassen übernehmen die Kosten dafür. Es funktioniert wirklich großartig. Und du meine Güte, eure Rücken müssen euch doch schon schier umbringen. Ich habe da die Telefonnummer von einem tollen Chiropraktiker.*

Wieder draußen im Getümmel von Florenz war ich froh, mich unter echten Menschen zu bewegen, ob versklavt oder befreit, aber immerhin am Leben. Wir schoben uns durch Touristengruppen auf unser nächstes Ziel zu: die Uffizien.

Inzwischen kann man sich Eintrittskarten reservieren lassen, was aus dem zweistündigen Anstehen von damals einen fünfminütigen VIP-Gang vorbei an nickenden Museumswärtern macht, die einen für diese weise Voraussicht zu mögen scheinen.

Ich liebe diese altvertrauten Hallen – ursprünglich war es die Privatgalerie für Cosimos fantastische Renaissance-Sammlung im Medicipalast. Ich kann mir gut vorstellen, wie die Vorfahren der Caterina de'Medici sie des Abends durchstreiften.

Wir bewegten uns langsam und blieben begeistert, wie ich es bereits einmal erlebt hatte, im Botticelli-Raum stehen. Die Geburt der Venus war verblichen und stumpf, denn als ich sie das letzte Mal sah, 1986, während meines Jahres in Florenz, da war sie frisch restauriert und mir so lebendig und rosig erschienen. Jetzt wirkt sie glaubwürdiger auf mich, sie ähnelt mir – ein bisschen ausgebleicht vielleicht, die verstrichenen zwanzig Jahre haben sie ein wenig ermüdet. Und die Nackten der Renaissance lassen meine Figur aussehen, als würde ich zumindest eine halbe Muschelschale verdienen.

Ich frage mich, was passieren würde, wenn David und Venus sich Auge in Auge gegenüberstünden. Vielleicht etwas Ähnliches wie zwischen mir und meinem Mann an dem

Abend vor ein paar Tagen, als er mir sagte, er sei sich nicht sicher, ob er mich noch liebe. Müde ... gefallene ... Abgötter. Ein guter Rat nebenbei: Halten Sie sich bloß niemals für »Glückskinder«. Und gründen Sie keine Ehe darauf.

Da ist es viel besser, an Florenz zu denken. An das Gefühl beim Spazieren durch die alten Gassen. Gehen und schwitzen und nicht zunehmen. Keine Magenbeschwerden spüren. Auch nicht diesen Schmerz an meiner rechten Bauchseite, der mir das sichere Gefühl vermittelt, bald an etwas Schrecklichem und Schmerzhaftem zu sterben. Mich nicht darum kümmern, was vor mir liegt, und nicht wissen zu müssen, wie ich im Bedarfsfall aus einer prekären Situation komme. Nicht darüber nachdenken, was in meiner Handtasche ist – ob ich meine Notfallsachen wie Hustenbonbons oder homöopathische Beruhigungspillen dabeihabe. Meine Obsession mit Lippenbalsam vergessen. Was die Welt der Neurosen angeht, halte ich mich selbst für relativ schwach betroffen, aber das heißt nicht, ich würde mich frei davon fühlen.

Erst in Florenz war mir erstaunlich befreit zumute.

Ich konnte es kaum erwarten, nach Hause zurückzukehren und diesen Gemütszustand mit meinem deprimierten Mann zu teilen. Um seine eigene Heilung anzuregen. Als seine Frau, die in besserer Verfassung denn je ist.

Ich wünschte mir ein Foto von mir, auf dem dieses Gefühl der wiederentdeckten Lebendigkeit zu sehen war. Diese Ruhe und Glückseligkeit. Ich wollte schon nach meiner Kamera greifen, ließ es dann aber doch bleiben. Ich brauchte dieses Bild nicht. Ich bin mit meiner Tochter hier. Wir müssen es niemand beweisen. Wir haben es schon vor David bezeugt oder, was noch besser war, vor den Sklaven. Auch vor der verblichenen Venus. Ebenso vor Donatellos trägem David, der gerade auf dem Bauch liegend im Bargello von Frauen in weißen Laborkitteln restauriert wurde, die mich an die Kosmetikerinnen von Clinique im Kaufhaus erinnerten. Außerdem vor Perseus, den Sabinerinnen in der Loggia, dem Neptun am Brunnen.

Hallo zusammen, rief ich ihnen aus tiefstem Herzen, aber stumm zu. *Ich bin wieder da. Und ihr würdet Montana lieben. So viele Bäume.*

Als mir die folgende Erkenntnis dämmerte, war das einer der tiefsinnigsten Momente in meinem Leben.

Es war der Morgen unseres letzten Tages.

Und ich hörte doch tatsächlich eine Stimme. Ich weiß – o Gott – aber nicht so eine. Ich meine das ernst. So war es. Ich hörte eine Stimme. Es war meine eigene, die mir offensichtlich etwas vom bereits erwähnten Glockenturm zurief und mir gleichzeitig so nah erschien wie das Kissen unter meinem Kopf.

Es war eine echte Erleuchtung – eine große, das wage ich zu behaupten. Quasi eine Fortsetzung der Erleuchtung im Internat, als ich endlich begriff, was Salinger am Ende von *Franny und Zooey* gemeint hatte. Dazu, wo das himmlische Reich liegt. Damals war ich schätzungsweise noch nicht alt genug, um etwas so schmerzlich zu vermissen wie in den letzten zwanzig Jahren. Außerdem weiß ich inzwischen nicht mehr so genau, was ich damals in jener Seminararbeit mit den vielen Ausrufezeichen genau geschrieben habe.

Ich lag also an unserem letzten Tag in Florenz noch im Bett, schaute auf meine mit offenem Mund schlafende Tochter, hörte einen Hund bellen und stellte mir vor, dass er auf einem alten Balkon irgendwo über den Straßen von Florenz stand. Vespas knatterten vorbei, höfliches *Buongiorno* war zu vernehmen, dazu der Geruch nach Kaffee und, ja, nach Erschöpfung und etwas sehr Altem.

Was ich nicht verspürte, war die erwartete Panik, weil ich wusste, dass ich all das zurücklassen musste. Das verzweifelte Verlangen, noch ein einziges Mal allein in diese Welt jenseits der massiven hölzernen Fensterläden und unseres winzigen Balkons einzudringen – mich zu fühlen wie mit zwanzig und voller Energie. Der Rausch, in meine alten Fußstapfen zu treten, in einen Zustand von Abenteuerlust zu verfallen. Doch ich musste nirgendwohin. Es genügte, im Bett liegend meine schlafende Tochter zu betrachten.

Mit einer Stimme, die nicht die einer Zwanzigjährigen, aber auch nicht die einer Vierzigjährigen war, hörte ich leise und noch ein wenig heiser: *Es ist alles da. Das war es schon immer.*

Vergiss Puccini. Vergiss Michelangelo. Sie bat mich zu vergessen, wie der anonyme Autor des 14. Jahrhunderts, der *The Cloud of Unknowing* verfasst hat, es bereits empfahl. Ein Meer des Vergessens. Vergiss Alter, Gesellschaftsschicht, Karriere, Familienstand und sogar Mutterschaft.

Es war eine Stimme, die aus meinem tiefsten Innern kam. Aus meiner durch und durch wahren Natur. Meinem schlichtesten und ehrlichsten Selbst: *Es ist alles da*, sagte sie zu mir. *Es ist in dir.*

Das war ein Moment der Erleuchtung. Es war das andere Ende des Regenbogens im Hinblick auf das, was ich Jahre vorher für den elegant gemeinen Kommentar meines schreibenden Freundes gehalten hatte: »Der einzige Unterschied zwischen veröffentlicht und nicht veröffentlicht zu werden ist das Veröffentlichtwerden.«

Bis zu jener morgendlichen Erkenntnis in Italien hatte mich diese Bemerkung verrückt gemacht. Bis ich beim Aufwachen mit dem Geschenk des Verstehens bedacht wurde.

Ich hatte mir also selbst etwas geschenkt, wonach ich mich verzweifelt gesehnt hatte – etwas, das ich mir ebenso lange gewünscht hatte wie eine Buchveröffentlichung. Der Unterschied bestand darin, dass Italien etwas war, dessen Ausgang ich, abgesehen vom Ungemach beim Reisen, selbst kontrollierte. Ich war für dieses Glücksgefühl verantwortlich. Für meine eigene Kraft zu lieben, die glücklich macht. Daran gibt es auch nichts Verrücktes. Wie ja auch meine Therapeutin mir beteuert hatte.

An jenem letzten Morgen, während ein Hund bellte und meine Tochter neben mir schlief und ich den Kaffeeduft roch, da begriff ich es endlich. Und ich verspürte keine Unruhe, wie beim Anblick eines Stücks Seetang, das einem die Strömung sogleich wieder entreißt, und das – schon bei seinem Eintreffen, aufgrund der Gewissheit des sogleich bevorstehenden Abschieds – ein trauriges Gefühl der Wehmut und der Unbehaustheit verbreitet. Nein.

Es fühlte sich ganz natürlich an. Normal.

Was für eine Verschwendung: All die Jahre des Sehnens … des Leidens, weil man etwas nicht besaß – etwas, das sich so natürlich anfühlt. So natürlich und selbstverständlich wie das Aufwachen im eigenen Bett, im eigenen Zimmer, im eigenen Haus, bevor die Gedanken ins Bewusstsein dringen. Der ganze Kummer beginnt, wenn wir die Augen aufschlagen und zu denken beginnen. Dinge wollen. Über den Verlauf unseres Tages und die Menschen, die darin eine Rolle spielen, grübeln. Und wenn wir es ganz schlecht erwischen, dann beginnt der Kummer schon, wenn unsere Augen noch fest geschlossen sind.

Fortan beschloss ich, mich immer daran zu erinnern, dass mich der Moment des Erwachens mit seiner Einfachheit überrascht. Mir meinen wahren Charakter bewusst macht. Und mir mein gelassenes, unbelastetes Selbst präsentiert.

Endlich verstand ich, was mein schreibender Freund gemeint hatte. Er war kein bisschen gönnerhaft gewesen. Oder spirituell besonders erleuchtet. Er sagte nur, dass unser Glück – unsere Fähigkeit zu lieben, im Einklang mit uns selbst und allem anderen zu leben – nicht außerhalb von uns selbst zu finden ist. Unser Glück liegt nicht außerhalb von uns selbst. Es ist so natürlich wie das Aufwachen, weil in der Ferne irgendwo ein Hund bellt. Wie den Duft von Kaffee wahrzunehmen. Oder das eigene Kind neben sich schlafen zu sehen. Selbst wenn man weiß, dass ein Tag voller Herausforderungen vor einem liegt. Selbst wenn man weiß, dass man fortmuss. Wenn das Bett, in dem man gerade aufwacht, ganz anders ist als das, in dem man am nächsten Tag die Augen aufschlagen wird.

Es ist wichtig, sich in dieser meditativen und doch wachen Trance darauf zu besinnen, wer man ist. Nicht darauf, wo in der Welt man sich befindet, wo man sein möchte, zu sein verdient hat oder nicht.

Doch was, wenn es gar keinen Sehnsuchtsort gibt? Wenn man bereits dort ist, egal, wo man sich befindet, wo man aufwacht? Ist das nicht eine Entlastung für den eigenen Kopf? Vielleicht haben diese Autoaufkleber – There is no there there – ja doch recht. Was, wenn es dort überhaupt kein Dort gibt? Vielleicht hätte ich demnach überhaupt keinen ganzen Ozean überwinden müssen.

Meine Güte, das klingt alles so nach *Der Zauberer von Oz*. Eigentlich nervt es mich schon fast.

Meine Erleuchtung lässt sich jedenfalls so zusammenfassen: Unser Glück liegt nicht außerhalb von uns selbst. Es ist ganz bei uns. In uns. Wo es immer schon war.

Und das bedeutet – wenn ich hier in meinem Arbeitszimmer in Montana sitze, den Koffer ausgepackt habe und meine neuen Fingernägel auf meine uralte Tastatur einhämmern, während eine Postkarte von einem Renaissance-Jesus darunterliegt, dazu die von ein paar Propheten und von meinem Mekka, dem Duomo in Firenze, während meine Kinder noch in ihren Betten schlafen, während mein Mann noch verschwunden ist und vielleicht auch gerade an einem Ort mitten in der ursprünglichen Natur aufwacht –, dann ist es die ganze Zeit über hier. Hier. In diesem Moment meines Lebens.

Ich wusste es. Ich musste nur nach Italien, um mich dessen noch einmal zu vergewissern.

Keine Zeit der Gnade

Der dritte Tag nach »ein paar Tage«.

Immer noch keine Spur vom Ehemann. Nachts quälen mich Jetlag und Ruhelosigkeit. Ich wälze mich herum und wandere durch die vom Mondlicht perlmuttfarben erleuchteten Räume unseres Hauses. Und so, wie ich in Italien die Stimme vernahm, die sagte: *Es ist alles da ... es ist in dir*, so höre ich jetzt: *Vertrau mir. Und geh wieder schlafen.* Und das tue ich dann auch.

Als ich an diesem dritten Tag ohne ihn aufwache, öffne ich meine Augen, die sofort herumwandern, als suchten sie etwas. Ich wehre die entsprechenden Gedanken ab, blinzele und schaue bewusst auf die imposanten Koniferen vor meinem Fenster, die in der diesigen Morgendämmerung grauviolett aussehen. Doch hinter mir lauert eine mächtige Kraft. Sie übt Druck auf meinen Verstand aus. Versucht, mich zu der Erkenntnis zu zwingen, dass etwas fehlt, das mir lieb und teuer ist. Dass ich mich fürchten sollte.

Und dann ist sie auch schon da, diese verdammte Erkenntnis. Das Bewusstsein. Wie ein Rudel Hyänen, das es auf die geschwächte Antilope abgesehen hat. Und ich weiß – ich weiß, dass ich allein in meinem Bett bin. In unserem Bett. Unserem King-Size-Bett.

Da erblicke ich meine Schätze, die ich wie Glücksbringer auf der breiten Fensterbank ausgebreitet habe. Ich muss lächeln, weil da noch ein anderer Gedanke auftaucht, aber ein gutmütiger, ein alter, der mir sehr vertraut ist – vielleicht genügt er, um die Leere im Bett neben mir auszufüllen. Jedenfalls bringt er gute Neuigkeiten:

Es muss mir gut gehen.

Denn ich habe Lust zu kochen.

Ich möchte etwas total Aufwändiges zubereiten. Etwas, das ich schon immer kochen wollte, wozu mir aber bislang die Zeit, das Wissen oder, speziell hier in Montana, die Zutaten fehlten. Ich möchte ein Cassoulet machen.

Das wollte ich schon immer einmal. Aber auf traditionelle Weise – wie es in Toulouse üblich ist. Das dauert allerdings Tage. Aber die, wird mir gerade klar, habe ich jetzt ja. Ich wünsche mir ein kompliziertes, langes Projekt, das in hemmungsloser Schlemmerei endet – dessen Ergebnis genossen und verdaut wird und schließlich im Abwassertank verschwindet. So eine Koch-Orgie mit zahllosen Ingredienzen scheint mir perfekt für die Stimmung, in der ich mich gerade befinde: gebeutelt vom Jetlag, im Krieg mit meinem Verstand und mit aller Macht darum ringend, etwas für meinen Seelenfrieden zu tun.

Also schlüpfe ich in meinen Bademantel und husche die Treppe hinunter, um den Tiefkühlschrank nach diversen Zutaten zu durchsuchen, die ich genau für diesen Anlass in der Metzgerei am Ort besorgt habe: Schweinelende, Knoblauchwürste, Lammschulter und -knochen, gesalzene Schweineschwarte und Schweinshaxen. Ich nehme alles heraus und lege es zum Auftauen auf die Arbeitsplatte, während ich im

Kühlschrank noch nach zwei ganz besonderen kulinarischen Sünden suche – Pancetta und Prosciutto.

Danach hole ich aus der Tiefkühltruhe in der Garage noch die Ente, die uns unser Nachbar letztes Jahr zu Weihnachten geschenkt hat. In einem Tontopf in der Speisekammer habe ich noch Gänseschmalz – Nebenprodukt des Jagdglücks eines anderen Freundes. Erinnerung an ein anderes Festessen. Das ist auch etwas, das ich an Montana liebe. Wir sind stolz auf selbst gemachte Geschenke aus dem, was die Natur uns bietet – getrocknete Morcheln, Gläser mit eingekochten Früchten – Heidelbeere, Felsenbirne, Zimthimbeere. Geräucherte Renken und Forellen. Truthahn und Elch als Trockenfleisch und Würste.

Das werde ich alles verarbeiten, egal, ob er hier sein wird, um es zu genießen, oder nicht. Ich werde im Esszimmer mit der Tischwäsche meiner Großtante decken und mein bestes Silber und Porzellan aus dem Geschirrschrank holen. Ich werde aus dem Vollen schöpfen wie bei einem Weihnachtsessen. Das wird ein Festmahl.

Außerdem weiß ich, dass er eines ganz sicher liebt … mein Essen. Vielleicht kann ich ihn damit nach Hause locken.

Die Kinder und ich stehen in der Küche und haben ein prächtiges Durcheinander angerichtet. Mein eigentlich schon ziemlich cooler Sohn trägt eine geblümte Schürze, während meine Tochter die Jazz-CDs nach der passenden Hintergrundmusik durchsucht. Die beiden wissen, dass heute der Tag sein könnte, an dem Daddy von seinem Campingausflug zurückkommt, und sie sind Feuer und Flamme, um ihn mit unseren Kochkünsten zu beeindrucken.

Wir hören einen Geländewagen in die Einfahrt rollen, und die Hunde schlagen nicht an. Das kann nur eines bedeuten: Er ist da.

Die Kinder stürmen los und zur Vordertür hinaus.

Ich möchte mir auch die Schürze abnehmen und mir das Fett von den Händen wischen, um gelassen und gut auszusehen, aber die Schürze muss dranbleiben – ich bin gerade mitten in der Zubereitung meines Entenconfit. Wenigstens in der Küche werde ich also gebraucht. Ich arbeite weiter und warte. Dabei versuche ich, nicht an George Bailey zu denken und an die Frage, ob mein Mann während des Angelns, Campens und Grübelns wohl Besuch von seinem eigenen Clarence, seinem Schutzengel, hatte.

Ich bleibe ganz ruhig und nehme die herrlichen toskanischen Cannellini-Bohnen in Augenschein, die ich in einer Glasschüssel auf der Küchentheke eingeweicht habe. Und ich versuche, von dem zu zehren, was ich mir nach so vielen entbehrungsreichen Jahren erst kürzlich gegönnt habe. Ich erinnere mich daran, wie ich mich während der letzten Tagen in Italien fühlte – mir fällt meine Erleuchtung ein und dass ich kein Beweisfoto brauchte und dass ich dieses neue Ich annehmen und die neue Geisteshaltung sich festigen lassen wollte. Denn den harschen Worten meines Ehemannes zum Trotz habe ich vor, eben diese neue Geisteshaltung den ganzen Sommer über weiterzupflegen. Innerhalb meiner Familie. Und vor allem gegenüber meinem Mann. Vor allem in Anbetracht seiner Zurückweisung.

Ich muss mir selbst glaubhaft machen, dass es sich hier nur um eine schlechte Phase in unserer langen Ehe handelt. Also hole ich tief Luft und nehme die Schultern zurück, wie mein Vater das immer gemacht hat, bevor er einen Kunden anrief. Ich wiederhole für mich sogar den Satz, den er dann immer zu sich selbst sagte: »Schultern zurück, Munson.« Dabei fällt mir auf, dass ich vorher so krumm dastand wie ein altes Weib.

Ich sage mir, wie wahrscheinlich es ist, dass er mit guten Neuigkeiten hereinkommt. Und dass ich dann die Chance hätte, eine Ehe mit ihm weiterzuführen, in der ich für mein eigenes Glück absolut allein verantwortlich wäre. Egal, wie es mit meiner Schriftstellerkarriere oder mit ihm weitergeht. Auch unabhängig davon, welche Veränderungen uns bevorstehen – das mögliche Ende dieses von uns allen so geliebten Alltags, weil wir unser Haus aufgeben und karrieremäßig noch einmal ganz von vorne anfangen müssen.

Während ich an meiner Arbeitsplatte stehe, ruhe ich in mir und fühle mich stark und mutig. Geradezu strahlend. Absolut lebendig.

Und dann taucht er auf. Schmutzig und ungepflegt und gut aussehend.

Ich muss an den Augenblick denken, als ich ihn zum ersten Mal sah. Es fühlt sich für mich immer noch so an, als wäre er mein Freund, der immer lustig und cool daherkommt. Und Sachen sagt wie: »Ich weiß, wer du bist. Jeder weiß, wer du bist.« Am liebsten würde ich mich in seine Arme werfen, aber seine distanzierte Stimmung hält mich davon ab, und das ärgert mich.

Schultern zurück, Munson, denke ich. Ich bin doch kein altes Weiblein.

»Daddy, du hast unsere Italienfotos noch gar nicht gesehen!«, ruft meine Tochter, und ihre Stimme klingt so glockenhell wie ein Campanile auf einer kleinen Piazza. »Ich hab sie auf meinen Laptop geladen. Kann ich dir die Slideshow zeigen?«

Er setzt sich in seinen Sessel neben dem Herd, wie jemand, der sein altes Revier beansprucht. Es gefällt mir, dass er in diesem Haus einen eigenen Sessel hat. Er riecht nach Rauch von offenem Feuer. Darüber bin ich froh. In schwachen Momenten hatte ich mich gefragt, ob er wirklich beim Camping sei. Ja, ich gestehe, dass ich es bezweifelt habe.

Bis jetzt hat er mich noch keine Sekunde lang angesehen.

Unser Sohn klettert auf seinen Schoß. »Daddy, hast du einen Fisch gefangen?«, sagt er, als würde er gerade seinem Superhelden begegnen (und genau das ist er für ihn).

»Ein paar«, antwortet er. »Aber nichts, was sich aufzuheben lohnte«, sagt er und klingt erschöpft.

Unsere Tochter klappt auf dem Hocker sitzend ihren Laptop auf und beginnt unsere Fotos zu kommentieren. »Das ist die Küche der Familie, bei der Mom gewohnt hat. Die sind alle so nett. Das ist deren Ofen. Er wird mit Holz befeuert. Und das da ist die Mama. Sie hat uns gezeigt, wie man Tiramisù macht. Und ihre Tomatensoße. Und das ist der Vater. Hat er nicht total liebe Augen? Er ist Kunstschmied.«

Ich riskiere einen Blick. Er versucht, sich interessiert zu geben. Aber ich sehe den Schmerz in seinem Blick. Mein Mut sinkt, und ich schaue schnell wieder auf den Kupfertopf, der auf dem Herd steht. Darin liegen Entenbeine, die ganz schwach köcheln und aus denen in fünf Stunden ein Confit geworden sein wird.

»Ich koche Cassoulet«, sage ich und klinge wie zum Äußersten entschlossen. Mehr habe ich nicht zu bieten, außer diesen Fotos, die ihn aber nicht sehr zu beeindrucken scheinen.

Der Blick meiner Tochter klebt auf den Bildern, und sie berichtet weiter von unserer Glückseligkeit »… das ist die Glasbläserei, zu der wir mit einem Wassertaxi vom Canale Grande aus gefahren sind, da haben sie vor unseren Augen ein Pferdchen aus Glas gemacht und es mir geschenkt. Einfach so! Und Moms Italienisch war wieder da!«

Ein blöder kleiner Scherz kommt mir über die Lippen, bevor ich mich besinnen kann. »Mein Italiener leider nicht«, sage ich.

Mein Mann lacht, und ich lache auch. Wir lachen sonst gerne über irgendwelche albernen Sachen. Das machen wir seit zwanzig Jahren. Ich versuche, seinen Blick aufzufangen, während wir noch lächeln, weil ich weiß, dass er diese Art von Humor mag – lieber als Cassoulet und Italien. Aber er ist schon wieder auf Distanz gegangen.

Da klingelt das Telefon. Es sind die Nachbarskinder, die sich mit unseren Kindern in ihrer Hütte treffen wollen. Als sie rauslaufen, bedaure ich es. Oder besser gesagt, ich spüre Angst. Sie waren unsere Puffer. Aber es ist besser, dass sie nicht da sind, wenn wir das Gespräch führen, das unausweichlich ist.

Das ist die Gelegenheit, und wir wissen es beide nur zu genau.

Er schaut mich an, als hätte er mich noch nie gesehen. Als würde er versuchen, mich in die Frau zu verwandeln, von der er sich ausgemalt hatte, sie in seinem Haus, in seiner Küche anzutreffen. Diejenige, die dafür verantwortlich ist, dass es ihm so schlecht geht. Aber ich glaube, ich habe ihn überrascht mit meinen Küchendüften und der Veteranenschürze und meiner Lässigkeit.

»Wir müssen uns unterhalten«, sage ich zu ihm.

Er nickt.

Heftige Panik erfasst mich. Sie fühlt sich weiß und heiß an. Trotzdem nehme ich seine Hand, staune über seinen festen Griff, und gemeinsam gehen wir auf die Veranda.

Dort reden wir.

Er weint. Er sagt, er hätte viel nachgedacht. Er fühlt sich, als könne er nicht atmen. Er muss auf sein Bauchgefühl hören. Er weiß, was er zu tun hat. Es ist das Schwerste, was er je zu jemand sagen musste. Etwas, von dem er nie geglaubt hätte, es sagen zu müssen. Aber er möchte nicht mehr in meiner Nähe sein. Er glaubt nicht, dass er mich noch liebt. Er möchte allein sein. Er weiß, dass die Kinder das verstehen werden.

Sie werden begreifen, wie sehr er sich danach sehnt, wieder glücklich zu sein. Er wird sich in der Stadt eine Wohnung suchen. Er sagt tatsächlich: »Deine Schriftstellerei führt doch zu nichts. Du rennst nur wieder und wieder mit dem Kopf gegen die Wand, und ich halte das einfach nicht mehr aus. Ich hätte wohl nie eine Schriftstellerin heiraten dürfen.«

Das soll der Grund für die ganze Geschichte sein? Er geht mich wegen meiner erfolglosen Karriere an? Und was ist mit meinen anderen Erfolgen? Er muss sich doch bloß umsehen, und schon hat er sie in 3-D und Technicolor vor Augen. Er muss doch nur in die Augen der Kinder schauen. Ich habe so viel anderes erreicht. Außerdem hat er schon seit Ewigkeiten nichts mehr von mir gelesen. Nur weil sich kein Verlag dafür findet, heißt das doch noch lange nicht, dass meine Arbeit wertlos ist.

Ich möchte mich verteidigen. Über die Verlagsbranche lamentieren. Ihm Kopien all meiner »guten« Absagebriefe vorlegen. Ihn daran erinnern, dass im Gegensatz zu den meisten Autoren mein Zuhause kein Irrenhaus ist, sondern ich doch ziemlich ausgeglichen bin. Kein weiblicher Bukowski oder so etwas.

Aber ich habe mir schließlich schon so oft gesagt: Manchmal wird man nur missverstanden, wenn man sich selbst erklären will. Und so bahnt sich mein Italien-Gefühl einen Weg durch alte Scham und neue Panik.

Ich bleibe ruhig. Denke an die Venus. Geboren aus den Tiefen des Meeres und von freundlichen Winden ans Ufer geweht. Ich denke an mich vor zwanzig Jahren, als ich mich so frisch befreit, fast wie neugeboren fühlte. Dann denke ich daran, wie ich mich heute, mit 41, fühle, nachdem ich meinem früheren Ich quasi Auge in Auge gegenübergestanden bin. Ich wiederhole stumm für mich: *Es ist alles da, es ist in dir*. Nein, ich werde mich nicht leidend zurückziehen. In die Tiefen dieses Ozeans. Er kann mit meinem ausbleibenden beruflichen Erfolg nicht umgehen? Oder eher mit seinem eigenen?

»Das nehm ich dir nicht ab«, sage ich.

Er starrt mich entgeistert an.

»Nein. Das nehm ich dir nicht ab.« Ich erkläre ihm, dass ich glaube, das Ganze hätte mehr mit ihm zu tun. Er hält es mit sich nicht mehr aus. Er bezieht Stellung. Das ist an sich ja eine gute Sache. Nötig und erfreulich. Ich weiß, was es bedeutet zu leiden. Ich sage: »Ich bin mir gar nicht sicher, ob es hier überhaupt um mich geht. Aber wie auch immer«, füge ich hinzu, »wir haben so viel in diese Ehe investiert, und zwei kleine Seelen und Herzen stehen auf dem Spiel.«

Ich schreie nicht: *Aber ich liebe dich!* Oder *Brich mir nicht das Herz!* Ich bleibe cool. Das Verkünden meiner Liebe würde ihn im Moment höchstens verärgern. Meine Liebe steht hier sowieso nicht zur Diskussion. Stattdessen sage ich ihm, er solle doch nur mit einem Rucksack für ein paar Monate in ein Land der Dritten Welt reisen, was er sich schon lange mal vorgenommen hat. Oder zusehen, dass seine Eltern ihm zu seinem bevorstehenden Geburtstag einen Trip zum Great Barrier Reef sponsern. Sie sind bekannt dafür, solche Unternehmungen ihres Nachwuchses zu finanzieren. Denn sie glauben an die heilende Kraft des Reisens und würden darin eine ausgezeichnete Investition in das Wohlergehen ihres Sohnes und folglich für den Fortbestand seiner Ehe und die Lebensqualität ihrer Enkelkinder sehen. Vielleicht sollte es auch eine Reise zum Fischen nach Alaska sein. Das ist sein Italien.

»Du brauchst ein Abenteuer«, sage ich und klinge wie die Zwanzigjährige, die er einmal geliebt hat.

»Machst du Witze? Ich kann meine Eltern doch nicht um Geld für einen Vergnügungstrip angehen! Sie würden mich doch für total unverantwortlich halten.«

Ich hüte meine Zunge, doch dann platzt es aus mir heraus: »Dann nimm etwas von unseren Ersparnissen. Das ist eine Investition in unsere Zukunft. Vielleicht das wichtigste Geld, das wir je ausgegeben haben.«

Er sagt, er wisse, was passiert, wenn er das täte. Er käme zurück und wüsste, dass er fortmuss. Oder er würde erst gar nicht zurückkommen.

»Großartig«, sage ich und versuche, nicht sarkastisch zu klingen. »Wenn das dann deine Erkenntnis ist.« Was ich jedoch bezweifle. Aber das denke ich nur. Stattdessen sage ich: »Wie willst du das je herausfinden, ohne es auszuprobieren? Eine Reise, die du allein unternimmst, wäre für die Kinder tausendmal leichter zu verstehen als eine Junggesellenbude in der Stadt – und dann trifft man seinen Daddy zufällig beim Einkaufen im Supermarkt, wo er wie all die anderen geschiedenen Väter unseres kleinen Ortes mit Tiefkühlpizza in seinem Einkaufswagen rumstrolcht. Es ist nicht altersgerecht, von ihnen zu erwarten, dass sie sich um dein Glück sorgen. Das geht einfach nicht. Sie würden darin nur eines sehen: Dass man sie im Stich lässt.« Ich versuche, nicht gemein zu werden. Doch es fällt mir schwer. Bewusst denke ich an die Hügel der Toskana.

»Es gibt hier so viele Graustufen«, sage ich zu ihm. »Du scheinst nur die Möglichkeiten Kämpfen oder Fliehen zu sehen. Nur Schwarz oder Weiß, und du redest wirres Zeug. Dabei haben wir so viele Möglichkeiten. Und wir müssen sie gemeinsam durchgehen. Wie einen geschäftlichen Auftrag.«

»Es gibt noch einen Grund, warum ich nicht wegkann. Ich kann meinen Geschäftspartner nicht im Stich lassen. Nach allem, was wir da hineingesteckt haben, kann ich ihn nicht so mir nichts, dir nichts sitzen lassen. Das kann ich ihm nicht antun.«

Ich weiß, dass sein Business in den letzten Zügen liegt. Ich weiß, dass es nur noch eine Frage von Monaten sein kann, bis sie sowieso zumachen. Und dass er das eigentlich schon vor Jahren hätte tun sollen. Es macht mich wütend, dass er dafür quasi zur Mund-zu-Mund-Beatmung als Reanimationsmaßnahme bereit ist, für unsere Ehe dagegen nicht. Auch nicht für sich selbst. »Aber mich kannst du sitzenlassen? Uns? Die Kinder? Was wir gemeinsam aufgebaut haben?«

Er schweigt.

Ich höre heulende Motoren von der Einfahrt.

»Wer kommt denn da?«

Ein paar Kumpels von ihm. Sie gehen Motocross fahren.

Er sagt, er liebe mich, und beeilt sich, zu ihnen zu kommen. Diese Worte verwirren mich jetzt völlig.

Und dann ruft er wieder nicht an. Und kommt auch an diesem Abend nicht mehr nach Hause. Ich bin mir ziemlich sicher, dass er es diesmal nicht auf das fehlende Handynetz schieben kann.

In meinen schlimmsten Momenten denke ich, es wäre leichter, wenn er einen schlimmen Unfall auf seinem Motorrad hätte und sterben würde. Trauer scheint mir um so vieles erträglicher als Verlassenwerden – für uns alle, die er zum Wohl seines »Glücks« zurücklassen will.

Am nächsten Tag grille ich die Würstchen und setze das gekochte Fleisch mit den gekochten Bohnen bei schwacher Hitze zusammen auf. Ich beschließe, dass wir das Cassoulet Sonntagmittag essen werden – gemäß der Tradition meiner Großmutter aus Illinois. Warum auch nicht? Warum sollen wir auf meinen Mann warten? Wir brauchen Zerstreuung.

Dann koche ich mir Tee und setze mich allein auf die Veranda und genieße den kräftigen Geruch nach bodenständigem Essen. Außerdem denke ich über das Glück nach.

Was bedeutet es, glücklich zu sein? In diesem Moment meines Lebens bin ich mir nicht sicher, ob es nicht lediglich ein kleiner Schritt zu weniger Leid ist. Ich kann mich zu diesem kleinen Schritt entschließen – auch wenn mein Verstand mit aller Macht versucht, mir einzureden, ich müsse doch verdammt noch mal durchdrehen!

Und während ich so dasitze, fallen mir meine alten Tagebücher ein. Und ich denke an Freiheit, nicht bloß Glück. Vielleicht ist diese Phase meiner Ehe eine echte Chance, endlich zu verstehen, was Freiheit ausmacht. Denn ich habe mich in meinem ganzen Leben noch nie so unterdrückt gefühlt wie gerade jetzt. Die alten Institutionen, die mir als junges Mädchen so zu schaffen machten, sind ein Klacks dagegen. Freiheit. Nicht nur befreit von Leid oder Sehnsucht. Sondern frei, mein wahres Wesen zu akzeptieren und mich darin einzurichten, so, wie ich es in meinen alten Tagebüchern gefordert habe. Vielleicht ist Glück ja nur ein Nebenprodukt des höheren Werts der Freiheit. Ich denke, man spricht dann eher von »Frieden«. Genau den wünsche ich mir. Ich wünsche mir Frieden.

Ich kuschle mich mit Decken und Kissen auf die alten Matratzen. Und dann versuche ich mich an die weisen Worte zu erinnern, die ich zuletzt gehört habe. Sie fallen mir rasch wieder ein. Es war in einem Garten in der Toskana. Erst vor wenigen Wochen. Und sie kamen aus dem Mund eines Mannes. Das erscheint mir wichtig. Vielleicht als Versuch, unwirksam zu machen, was ich erst kürzlich aus dem Mund eines anderen Mannes gehört habe.

Es begann mit einer Nachtigall.

Als begäbe ich mich auf eine Zeitreise, habe ich auf einmal alles präsent. Ich sitze schweigend mit einem Becher Kaffee neben dem Mann, der vor über einundzwanzig Jahren mein italienischer Vater war. Gemeinsam schauen wir auf die Hügel rund um Florenz, und ich wünschte, mein Italienisch wäre besser. Er weigert sich nach wie vor, auch nur ein Wort Englisch zu lernen, außer *Hamburger*, was er in verächtlichem Ton ausspricht. Doch ich bin wild entschlossen, mein Italienisch auszuprobieren, denn ich habe ihm so viel zu sagen. Etwa, dass ich oft von ihm geträumt habe, und nun sitzen wir tatsächlich hier zusammen. In meinen Träumen kann er allerdings Englisch und versteht mich. Er hört, sieht und versteht mich, und alles ist so voller Leben in diesen Bergen, in denen sein Zuhause liegt.

Doch nun sind wir in der Realität und haben eine beachtliche Sprachbarriere zu überwinden. Ich möchte ihm erzählen, dass ich in Montana ein ähnliches Zuhause besitze. Dass er und seine Familie mich inspiriert haben, mit ihren ausgiebigen Abendessen, bei denen über Politik und andere Ereignisse in aller Welt debattiert wurde. Oder auch die Generationen von Frauen, die nicht nur nach Familienrezepten, sondern immer auch mit der Liebe, die sie für ihre Familie empfanden, gekocht haben. Ich erinnere mich noch an die großmütterliche Warnung der *nonna*, niemals gegen den Uhrzeigersinn umzurühren: »Du willst die Soße doch nicht verstören!« Ihr Stolz auf die Geschichte ihres Landes und dass sie hart arbeiten, um ihren Besitz zu erhalten, haben mich beeindruckt und angespornt.

»Ich erinnere mich noch an meinen ersten Tag hier«, sage ich in meinem besten Italienisch. »Damals konnte ich noch kein Wort Italienisch, und du hast mich zum Feigenbaum geführt und eine Feige gepflückt. Dann bist du zu einem anderen Baum gegangen, hast eine Walnuss gepflückt, sie mit den

Händen geknackt und dann die Nuss in die Feige gesteckt. Anschließend hast du mich aufgefordert, das mal zu kosten.«

Ich schaue ihn an und sehe, dass ihm Tränen übers Gesicht laufen. Erst lässt er sie fließen, dann wischt er sie mit den Daumen fort. »Das war im September«, sagt er. *Era settembre.* Er kann die Monate nach den reifenden Früchten bestimmen.

»Ich habe gehört, dass du jetzt eine berühmte Schriftstellerin bist«, sagt er.

»Nein. Nein, nein, nein.« Dabei wackle ich energisch mit dem Zeigefinger, so wie das die Italiener gern tun. Trotzdem fühlt es sich unglaublich gut an zu wissen, dass ich irgendwo auf der Welt einen »Vater« habe, der glaubt, ich hätte inzwischen eine gewisse Berühmtheit erlangt. Am liebsten würde ich ihn dafür umarmen. Stattdessen sage ich: »Nicht berühmt. Meine kurzen Texte werden relativ häufig veröffentlicht. Aber nicht meine Romane – noch nicht. Das ist sehr schwer. So viel Herzblut auf jeder Seite … und dann liegen sie nur stapelweise in meinem Büro.«

Er lächelt und hält mich wohl für bescheiden.

»Ich bin nicht berühmt.« *Non sono famosa.* So ist diese Familie eben – sie trauen einem stets das Beste zu, niemals etwas Schlechtes. (Erinnert uns das an jemand? In Bezug auf Väter bin ich wirklich ein Glückskind.)

Ein rascher Blick in seine Augen erklärt die Tränen. Vielleicht hat der Grund, warum er niemals von hier fortgehen würde, warum er nie Englisch lernen oder einen Hamburger essen wird, damit zu tun, was passiert, wenn er einer 19-jährigen Amerikanerin eine Feige zu kosten gibt. Damit, was in diesem Moment und im weiteren Verlauf ihres Lebens mit ihr passiert.

»Ich kann sehen, dass du deine Arbeit liebst. Und das ist es, was zählt«, sagt er.

»Stimmt. Deshalb mache ich auch weiter. Ich liebe das Schreiben.« Ich muss an meinen Mann denken. *Was liebt er eigentlich?* Ich dachte, ich wüsste es.

»Du musst mit deinem Ehemann wiederkommen«, sagte mein italienischer Vater, als hätte er meine Gedanken gelesen.

»Vielleicht war es besser, diese Reise ohne ihn zu machen. Das ist etwas sehr Persönliches. Ich habe so lange darauf gewartet. Außerdem wollte er sowieso nicht mitkommen.«

Er lächelt und zündet sich eine Zigarette an. Er kennt die Männer.

Ich frage ihn, was sein Geheimnis ist – für eine so lange, liebevolle Ehe.

Er steht langsam auf und legt mir eine Hand auf den Rücken. Dabei wirkt es fast so, als würde er sich einer Anziehungskraft ergeben, die er beständig spürt und die ihn in seine von Rosmarin- und Weinstöcken fast zugewachsene Werkstatt lockt.

Stumm führt er mich unter dem Türstock durch und drückt dabei wie ein Polizist bei einem Delinquenten leicht meinen Kopf nach unten. Dann stehen wir in der kleinen Hütte, die randvoll mit Werkzeugen ist. Die Männer in seiner Familie arbeiten schon seit vier Generationen als Kunstschmiede. Ich fühle mich geehrt, denn ich selbst lasse nur selten jemand in meine Werkstatt.

Gleichzeitig bin ich fasziniert. »Gerade schreibe ich an einem Buch, in dem eine der Figuren ein Schmied ist. Die Geschichte spielt vor vielen, vielen Jahren im Westen der USA. Vielleicht kannst du mir bei einer Sache helfen, mit der ich nicht so gut zurechtkomme.«

Damit hat er nicht gerechnet. Er hat zwar schon die unterschiedlichsten amerikanischen Mädchen erlebt, die sich allesamt für Italien interessierten, doch nach Metallverarbeitung hat ihn noch keine gefragt. Er legt den Kopf schräg – was für seine Verhältnisse schon eine große Geste ist.

»In meinem Buch verliert der Held seinen Verstand, wird … *pazzo*, und um zu beweisen, dass er noch okay ist, beginnt er, den Anfangsbuchstaben ›P‹ in den Kopf jedes einzelnen seiner handgeschmiedeten Nägel zu hämmern. Ist das überhaupt machbar? Ich hoffe es zumindest, denn das ist eine wichtige Stelle in meinem Buch, und eine, die ich sehr mag.«

Da tritt er an ein Regal und nimmt ein Glas herunter – ein Einweckglas, das wie in meinem Buch voller Nägel ist. Ich halte es, während er noch nach einem Werkzeug kramt. Er drückt es mir in die Hand, und ich sehe, dass es ein Stempel ist. Mit einem R. Dem Anfangsbuchstaben seines Familiennamens.

»Das braucht man, damit die Liebe zur Ehefrau bestehen bleibt«, sagt er und sieht sich in seiner Werkstatt um. »So wie du deine Bücher.«

Jetzt bin ich diejenige mit Tränen auf den Wangen. Denn mir wird klar, dass meinem Mann momentan die Leidenschaft für seine Arbeit fehlt.

Dann ist der Gesang eines Vogels zu hören, und er schaut auf.

Ich sehe mich ebenfalls suchend um. Menschen, die auf Vögel achten, lauschen alle in derselben Sprache und immer im Präsens. Es scheint mir nur folgerichtig, dass auch er ein solcher Mensch ist.

»Eine Nachtigall«, sagt er. *Usignolo.* »Wie Florence Nightingale. Sie wurde hier geboren, weißt du. Daher hat sie ihren Namen. Ihr Grab befindet sich in Santa Croce.«

Ich halte die Nägel in meinen Händen und bin mir sicher, dass auch ihr jemand eine mit Walnüssen gespickte Feige zu essen gegeben hat, als sie noch ein junges Mädchen war.

»Was ist dein Mann von Beruf?«, fragt er und verräumt einige Werkzeuge.

»Früher war er Leiter einer Brauerei. Das liebte er. Aber jetzt vermittelt er Leuten Jobs. Und diese Arbeit mag er nicht. Er ist nicht glücklich. Das ist ihm irgendwie … nicht handfest genug«, sage ich und umklammere das Glas mit den Nägeln, während ich an meinen Schrank voller Manuskripte denke.

»Männer brauchen ihre Arbeit.«

Am liebsten würde ich sagen: *Stimmt schon, aber ich bin eine Frau, und ich brauche meine Arbeit auch.* Allerdings habe ich hier einen altmodischen Italiener vor mir. Also gebe ich ihm eine altmodische italienische Antwort. Die Ehe ist schließlich auch etwas sehr, sehr Altmodisches.

»Aber sie brauchen doch auch ihre Frauen, nicht wahr?«

Er lächelt. »Natürlich.« *Certo.* Und dann umarmt er mich, wie man eine Ehefrau umarmt, die gerade Anzeichen für Beziehungsprobleme zeigt.

»Ich bin mir sicher, dass du eine gute Ehefrau bist«, sagt er. So wie er sich auch sicher ist, dass ich eine berühmte Schriftstellerin bin.

In diesem Moment berührt mich das tief. Es fühlt sich an, als sei mein leiblicher Vater in eine Gastrolle in dem Italien geschlüpft, das ich mir selbst zum Geschenk gemacht habe. Als würde er einfach noch gern eine Randbemerkung machen. Diese Männer sagen mir etwas Altmodisches, aber vielleicht auch Zeitloses: *Männer brauchen ihre Arbeit.* Was ja nicht bedeutet, dass wir Frauen das nicht auch tun. Aber es lohnt sich, darüber nachzudenken, vor allem wenn ich an den allabendlichen Gesichtsausdruck meines Mannes denke, wenn er von der Arbeit nach Hause kommt.

Ich bedenke, wie stolz mein italienischer Vater auf seine Nägel und handgeschmiedeten Kerzenhalter und Bettgestelle ist. So stolz wie mein Vater auf die Eisenbahnteile war, deren Patente seine Firma besaß. So stolz wie ich mich fühle, wenn ich wieder ein Buch vollendet habe, selbst wenn es nie jemand lesen wird.

Stolz.

Wann habe ich meinen Mann das letzte Mal stolz gesehen? Nicht seit er die Brauerei verlassen hat. Vor acht Jahren. Dabei geht es um nichts anderes: Stolz. Berechtigter, guter Stolz, der das Selbstwertgefühl trägt.

Ich habe am Ende eines Tages zumindest Manuskriptseiten in der Hand. Egal, ob der Text darauf je veröffentlicht wird. Und was hat er?

Mein Gott, ich wünschte, ich könnte ihm ein bisschen Stolz auf einem Teller servieren und ihn wie mit dem Cassoulet, an dem ich zwei Tage gekocht habe, damit aufpäppeln.

Doch das vermag ich nicht.

Die Dinge zu nehmen, wie sie eben kommen, genau das bedeutet diese Einsicht. Er muss seinen Stolz ganz allein wiederfinden. Und ich habe mich wohl noch nie so hilflos gefühlt wie jetzt gerade, auf meiner Veranda, mit dem inzwischen erkalteten Tee. Mein Rücken schmerzt, die Schürze ist fettig und fleckig, und in meiner Küche sieht es auch wie nach einem komplizierten operativen Eingriff.

Aber dann erinnere ich mich daran, was ich unter Kontrolle habe: meine Arbeit, meine Rolle in dem ganzen Szenario, meinen Stolz. Ich bringe immer noch herrliche Sachen zustande, wie das Cassoulet, egal, ob und wie er darauf reagiert.

Und nun? Wieder ein Tag, an dem meine Kinder sich fragen, wo ihr Vater ist. Und welche Ausrede soll ich ihnen heute anbieten? Ich habe ganz ehrlich keine. Mir war keine vergönnt. Wie viel Wahrheit können sie verkraften? Was soll ich ihnen bloß sagen? Soll ich lügen und behaupten, er sei gestern spät nach Hause gekommen und heute Morgen früh zur Arbeit aufgebrochen? Ich will mich von ihm nicht zur Lügnerin machen lassen. Aber was nun?

Als hätte er meine Gedanken gelesen oder zumindest gespürt, klingelt auf einmal das Telefon. Er hat wohl beschlossen, seine Position durchzugeben.

Offenbar ist er also nicht mit seiner Geländemaschine tödlich verunglückt. Er entschuldigt sich. Sagt, er wäre gestern mit seinen Kumpels nach dem Biken noch lange unterwegs gewesen. Habe in seinem Büro geschlafen und käme in ein paar Stunden nach Hause.

»Sollen wir zum Essen mit dir rechnen?«, frage ich. Wenigstens das muss ich tun, den Kindern zuliebe. »Es gibt das Cassoulet.«

»Ja«, sagt er demütig. Ich kann seiner Stimme anhören, wie leid es ihm tut, dass wir das durchmachen müssen. Aber ich höre auch heraus, dass er glaubt, keine andere Wahl zu haben.

Also belasse ich es dabei. Ich beschimpfe ihn nicht, weil er nicht angerufen hat. Vielleicht hätte er das gern. Denn das würde es ihm möglicherweise leichter machen. Aber ich bin mir sicher, dass er auch so weiß, was er falsch gemacht hat. Ich weigere mich, in die Rolle der Unterdrückerin zu schlüpfen.

Stattdessen beende ich das Telefonat abrupt und stelle das Cassoulet zum Fertigkochen in den Ofen, auch wenn ich nicht weiß, ob ich ihn beim Wort nehmen kann. Auch wenn es mir plötzlich so wichtig scheint, dass er diese kulinarische Kreation kostet. Dass er meine Liebe spürt, und sei es nur auf dem Umweg über den Magen. Gleichzeitig weiß ich, wie lächerlich das ist.

Dann höre ich die Kinder im Flur. Ich habe noch ein paar Augenblicke, um die Fassung wiederzugewinnen.

Sie kommen in die Küche gestürmt. »Ist es fertig?«, jubilieren beide und laufen, beide noch in ihrem zerknitterten Pyjamas, zum Ofen. Sommerferienstimmung.

»Fast!« Ich versuche, gut gelaunt zu wirken. »Wir werden es zu Mittag essen!«

»Lass uns warten, bis Daddy es auch sehen kann«, sagt mein Sohn und späht durch die Ofenscheibe auf den hübschen Kupferbräter.

»Wo steckt Daddy eigentlich? Er wird es noch verpassen!«, sagt meine Tochter und klingt, als würde sie es verschmerzen, wenn dem so sein sollte.

Zum Glück kann ich zumindest das erwidern: »Er hat gesagt, er wird zum Essen da sein.« Die Antwort auf seinen Verbleib spare ich aus. Vielleicht kann sie ihm die Frage nachher selbst stellen.

Gütiger Gott, was hat Mary Bailey zu ihren Kindern gesagt? Ich versuche krampfhaft, mich an irgendeine der vielen lehrreichen Szenen aus *Ist das Leben nicht schön?* zu erinnern, aber alles, was mir einfallen will, ist, dass mein Vater sich am Ende des Films, als der Weihnachtsbaum in buntem Lichterglanz erstrahlte, immer die Augen ausheulte.

Also hole ich tief Luft und lächle ein falsches Lächeln, das sie gewiss nicht täuschen kann. »Daddy macht im Moment eine harte Zeit durch. In seiner Arbeit. So geht es im Moment vielen Leuten im ganzen Land. Vielen Leuten ... überall auf der Welt. Wir müssen Geduld mit ihm haben. Erinnert ihr euch, wie schwer es für mich war, nachdem Großvater gestorben war? So ähnlich ergeht es Daddy gerade.«

Die beiden sehen mich besorgt an.

»Aber egal, was passiert … wir lieben euch, und alles wird wieder in Ordnung kommen.« Ich fühle mich, als würde Mary Bailey mich anstupsen, und so füge ich noch hinzu: »Kommt, lasst uns jetzt den Tisch decken, als würde die Königin von England zum Mittagessen kommen. Auch wenn wir nur unter uns sein werden.«

Und selbst wenn ich gelernt habe, Trost in der Schönheit der Natur zu finden – heute will ich den Trost meiner Kindheit. Ich möchte mich mit den schönen Dingen meiner Mutter und Großmütter trösten lassen. Ich will alles so auf dem Esstisch arrangieren, dass es Sicherheit, Zuversicht, ein Zuhause verspricht. Früher versicherten diese Sachen mir, dass das Haus sich bald wieder mit Eltern, Großeltern, größeren Geschwistern aus dem Internat oder vom College, Tanten und Onkeln, Cousins und Cousinen füllen würde. Und dass ich dabei sein dürfte – alt genug, um mit der kostbaren Pracht umzugehen, selbst wenn das bedeutete, dass ich kratzige Kleider tragen, meinen Mund halten und die Ellbogen vom Tisch nehmen musste.

Alte Tränen treten mir in die Augen, weil ich mich an die vielen Stunden erinnere, die ich als kleines Mädchen unter unserem Esstisch zugebracht und darauf gewartet habe, dass »die ganze Familie« zurückkehrt. So viel von meiner Kindheit ist mit Warten auf dieses Ereignis vergangen.

Daher fällt es mir in meiner gegenwärtigen Situation besonders schwer, den Tisch so festlich zu decken.

Aber wir tun es trotzdem. Denn es wird auch für mich immer wichtiger. Als würde ich mir selbst durch diese Tafel versichern und versprechen, dass ich zurechtkommen werde – egal, ob er mich verlassen wird oder nicht. Sicher, getröstet, beheimatet. Genauso, wie ich es meinen Kindern versprochen habe.

Das bläue ich mir mit jedem Stück Silberbesteck, mit jeder gestärkten und gebügelten Serviette, mit jedem makellosen Kristallglas ein. Nicht nur in meinen Kopf, auch in mein Herz. Und so decken wir diesen wunderbaren Tisch – für vier.

Meine böse Zwillingsschwester Sheila

Der letzte Junitag.

Er kam zum Essen nach Hause. Schlang sein Cassoulet wortlos in fünf Minuten runter. Stand vom Tisch auf, ließ sein Gedeck einfach stehen und fläzte sich dann auf die Wohnzimmercouch, um Baseball zu schauen.

Normalerweise spielen wir nach solchen Festessen alle zusammen noch irgendein Gesellschaftsspiel. Normalerweise trägt er auch seinen Teller in die Küche. Normalerweise räumt er dann sogar die Küche auf. An diesem Tag jedoch nicht. Es war der kleinste gemeinsame Nenner. Und zwar mit voller Absicht.

Wie um ihn zu ermutigen, um ihn zu Hause zu halten, kuschelten sich die Kinder zu ihm auf die Couch. Unser Sohn gab mit seinen Kenntnissen der Tabelle an; meine Tochter tat so, als würde sie sich für Baseball interessieren.

Ich saß am Esszimmertisch inmitten meiner funkelnden Pretiosen und sah sie mir unverwandt an, bis die Kerzen heruntergebrannt waren. Die ganze Zeit über grübelte ich über seine Motive nach.

Das ist ein Tanz, den er da vollführt. Und zwar ein aggressiver. Es ist ja in Ordnung, sich für eine Weile in seinem Schmerz zu ergehen und sich wie ein sterbender Hund zu verkriechen. Solche egozentrischen Extratouren halte ich aus. Aber er scheint sich für etwas anderes entschieden zu haben, und ich kann es deutlich sehen. Er versucht, mich wütend zu machen. Dann kann er in die Rolle des Opfers einer zänkischen Ehefrau schlüpfen. Er möchte offenbar sein Sündenregister erweitern, das – wie auch das meine – so unspektakulär ist, dass man damit keinen noch so bescheidenen Seifenopernfan hinter dem Ofen hervorlocken könnte. Ich schätze mal, wir sind eher der gewöhnliche Morgenradiohörer-Typ. Wenn Sie echtes Drama wollen, müssen Sie also doch den Fernseher einschalten. Aber so etwas erwarten Sie von mir doch ohnehin nicht, oder? So gemein würden Sie doch niemals sein, nicht wahr? Sie sind doch meine Freundin, ja? Und Freunde spionieren schließlich nicht die Verfehlungen der anderen aus, habe ich recht? Sie vergeben und vergessen. Wie Ehemänner. Und Ehefrauen. Sie wissen, was sie etwas angeht und was nicht. Stimmt's?

Außerdem denke ich nicht in Kategorien wie »Sünde«. Nicht in meiner Ehe. Und nicht in diesem Buch. Meine Philosophie, meine Botschaft lautet eher, dass man versuchen sollte, verantwortlich und gesund mit dem zu leben, was *ist*. Erinnern Sie sich? Wir wollten ja nicht parteiisch sein. Sie und ich. Mein Ehemann und ich. Hier und Jetzt.

Und in diesem großen Raum, der genügend Luft zum Atmen lässt, bin ich an diesem Tanz, den er da gerade vollführt, nicht beteiligt. Vielleicht an dem größeren, der unsere Ehe umfasst, doch diesen speziellen kann ich auslassen.

Ich kann mich dafür entscheiden, hier drüben sitzen zu bleiben und zu versuchen, mich auf meine Angelegenheiten zu konzentrieren, getreu meinem Vorsatz, nicht zu leiden. Dagegen anschreiben, wenn Benommenheit oder Panik mich erfassen wollen, egal, ob dieses Buch je den Weg an die Öffentlichkeit finden wird. Zumindest kann ich es auf meinen Nachttisch legen. Und das brauche ich immer dringender.

Heute Morgen kommt mein Mann in mein Arbeitszimmer. Er fragt mich, ob ich nicht den Rest des Sommers mit den Kindern bei guten Freunden in deren Sommerhaus in Wisconsin verbringen möchte. Das wäre die beste Lösung, die ihm eingefallen ist, damit die Kinder nicht den Eindruck bekämen, er würde uns im Stich lassen.

Ich erwäge es. Schaue, ob mir dieser Vorschlag passt. Wie ein Kleidungsstück probiere ich ihn an. Immerhin bedeutet er, dass er eingesehen hat, wie die Kinder es auffassen würden, wenn er auszieht. (Wie ich mich fühle, wollen wir erst einmal außer Acht lassen.) Und er scheint erkannt zu haben, dass fortzubleiben und nicht anzurufen und einfach nicht nach Hause zu kommen unseren Kindern die falsche Botschaft vermittelt.

Trotzdem ist an seinem Vorschlag, ich solle mit den Kindern das Feld räumen, irgendetwas faul.

»Ich habe meine Traumreise gerade hinter mir. Ich bin vor Kurzem erst wieder nach Hause gekommen. Hierher. Ich fühle mich stark und gelassen. Kann mich um mich und unsere Kinder kümmern. Außerdem möchte ich den Sommer gern in Montana verbringen. Mein Pferd reiten und im Garten arbeiten und schreiben. Du hast Probleme, also fahr du.« Ich erkenne, dass das noch ein Kampf mit sehr harten Bandagen werden wird, dessen Ausgang alles andere als gewiss ist.

Trotzdem rufe ich meine Freundin in Wisconsin an. Es erscheint mir wichtig, verschiedene Optionen zu haben. Rettungsleinen. Ich erzähle ihr, was los ist. Sie ist der erste Mensch, dem ich mich anvertraue, denn darüber zu reden heißt, es offiziell zu machen.

»Natürlich kannst du kommen. Aber ich finde, dass du recht hast, wenn du darauf beharrst zu bleiben. Das ist schließlich auch dein Zuhause. Ich würde ihn hochkant rausschmeißen.«

»Das ist aber nicht meine Strategie«, sage ich. »Ich will diese Krise durchstehen. Versuchen, die Nerven zu bewahren. Ich bin mir nur nicht sicher, welche Forderungen ich stellen kann. Etwa … wenn er nachts nicht nach Hause kommt. Und auch nicht anruft.«

Ich höre, wie sie am anderen Ende der Leitung vor Wut schäumt. »Ich sage dir, was du fordern kannst! Du kannst fordern, dass er verdammt noch einmal erwachsen wird und Verantwortung übernimmt!«

»Stimmt, aber das kann er im Moment eben nicht. Er hat vollkommen den Überblick verloren. Erst mal muss er mit sich selbst klarkommen, bevor er sich um uns kümmern kann. Ich habe ihm geraten, zum Tauchen nach Australien zu fahren, was er ja schon immer einmal tun wollte.«

»Okay, und was hat er gegen den Trip einzuwenden? Warum kann er das nun wieder nicht?«

»Er sagt, es sei zu teuer. Aber wenn er wirklich wollte, würde er es schon hinkriegen. Ich glaube allerdings, dass er sich lieber in seinem Kummer vergräbt. Meine Güte, ich habe zwanzig Jahre gebraucht, um noch mal nach Italien zu fahren. Ich verstehe, wie das ist, wenn man irgendwie feststeckt.«

»Und ich sage dir jetzt mal was – es gibt nicht viele Ehefrauen, die so viel Verständnis für ihre Männer aufbringen.«

»Ja, da magst du recht haben – aber ich bin dazu bereit, wenn ihm das hilft, wieder Zugang zu seinen Gefühlen zu finden. Ich will sein Herz erreichen. Ich liebe ihn. Und du weißt, dass ich nach dem Tod meines Vaters vor ein paar Jahren auch nicht gerade leicht zu haben war.«

»Was redest du denn da? Willst du damit etwa sagen, dass du das verdient hast? Hör zu, du hast damals um deinen Vater getrauert. Nach der Absage dieses großen Verlags, der dir eigentlich signalisiert hatte, dass man dich groß rausbringen würde! Und der dann gekniffen hat, bloß weil du kein verdammter Promi warst! Das hab ich nicht vergessen, Süße! Aber hey – du warst trotzdem noch zuverlässig! Du bist nicht die ganze Nacht weggeblieben, ohne anzurufen!«

»Schon, aber dafür bin ich die ganze Nacht aufgeblieben und habe in meinem Arbeitszimmer geheult und Wein getrunken. Ich hab mir die alten Home-Videos meines Vaters reingezogen und mich schriftstellerisch als die totale Niete gefühlt. Mein Gott, ich vermisse ihn immer noch. Ich habe nach seinem Tod viel zu viel getrunken. Damals war es sicher kein Spaß, mit mir zu leben.«

»Na und? Jeder hat mal eine schlechte Phase. Bist du deshalb nicht mehr liebenswert? Und hast du vielleicht jemals versucht, jemand anderem die Schuld für all das in die Schuhe zu schieben? Wenn ich mich recht erinnere, hast du dich selbst zu einer Therapie verdonnert! Das war für dich eine Kleinigkeit. Aber Männer sind ja solche Flaschen, das schwör ich dir. Wahrscheinlich legt er es darauf an, dass du ihn rausschmeißt, damit du die Böse bist und er sich als das arme Opfer betrachten kann. Ich versprech dir, dass er nicht im Traum gedacht hätte, dass dabei ein Australientrip für ihn rausspringt. Eigentlich ist das sogar eine brillante Strategie von dir, meine Liebe.«

»Das hoffe ich auch, selbst wenn ich gleichzeitig weiß, dass ich die Dinge nehmen muss, wie sie kommen. Das ist sowieso eine gute Lebenseinstellung, egal, was passiert. Aber für mich ist das etwas absolut Neues. Und ich beherrsche diese Methode noch nicht besonders gut. Und warum auch immer, aber die Italien-Reise wirkt noch sehr nach. Ich will einfach noch ein bisschen Schonfrist, verstehst du?«

»Tja, das wäre nett gewesen. Schon interessant, was passiert, wenn man sich endlich einmal gönnt, was man sich so lange gewünscht hat. Ich würde dir raten, schau auf dich. Gib ein gutes Beispiel. Bitte ihn um rein gar nichts. Gib ihm gar keine Gelegenheit, dir irgendwas abzuschlagen. Das muss er schon selbst tun. Aber natürlich gibt es hier immer ein Gästezimmer für dich, und wir können den Sommer gern gemeinsam verbringen, mit Kochen und Lesen auf dem Steg. Unsere Kinder hätten eure bestimmt liebend gern als Spielkameraden hier. Aber ich denke, du solltest ausharren. Ich kenne euch beide nun schon so lange. Ich glaube an eure Ehe. Und ich mag euch beide sehr.«

»Ich danke dir. Das bedeutet mir unheimlich viel. Du bist eine tolle Freundin.« Ich weiß, dass das die Wahrheit ist. Und mir wird klar, wie dringend ich meine Freunde in dieser Phase brauchen werde. Statt mich einzuigeln, wie ich es nach dem Tod meines Vaters und meiner geplatzten Veröffentlichung getan habe. Sich derart zurückzuziehen kann gefährlich werden.

Obwohl ich natürlich weiß, dass ich das letztlich allein durchstehen muss. Und weiß, dass das auch sein muss, wenn ich wirklich auf den Grund der Geschichte vordringen will, wenn ich mich tatsächlich verpflichte, frei zu sein. Ich will mich nicht mit Richtig und Falsch herumschlagen. Mit Gut und Schlecht. Vielmehr möchte ich alles tun, um meine wahre Natur im Hier und Jetzt auszuleben.

Ein paar ausgewählte Freunde sind dennoch gerade jetzt unverzichtbar. Als Resonanzboden, wobei ich darauf vertrauen können muss, dass sie mich nicht verurteilen und auch nicht so tun, als hätten sie alle Antworten parat, oder ihn sogar zur Rede stellen. Vor allem müssen es Freunde sein, die unparteiisch sind und ihn nicht verteufeln. Denn immerhin, und das wollen wir schließlich nicht vergessen, liebe ich diesen Mann. Deshalb muss ich die geeigneten Freunde mit Bedacht aussuchen. Diese Freundin zählt sicher dazu. Zu schade, dass sie mehr als tausend Meilen von uns entfernt wohnt.

»Meinst du, ich kann ihn wenigstens bitten, sich nach Kräften zu bemühen? Soll ich ihm raten, sich einen Therapeuten zu suchen? Ich meine, das ist doch nicht zu fassen! Dass er alles einfach wegschmeißen will, ohne sich auch nur darum zu bemühen!«

»Nicht bei der Strategie, für die du dich entschieden hast. Ich würde es nicht tun. Lass ihn jetzt einfach schmoren. Steh es durch, so wie du es gesagt hast. Offen gesagt, klingt beides nach der Hölle. Aber andererseits habe ich dich noch nie so gelassen erlebt. Ich bin wirklich platt.«

»Stimmt. Manchmal bin ich sogar glücklich. Ich habe nämlich etwas herausgefunden, zu dem mir meine eigenen Erfahrungen mit zwanzig verholfen haben. In Italien. Glück kann nur aus uns selbst kommen.«

Sie ist einen Moment lang sprachlos, doch dann meint sie: »Ich bin wirklich stolz auf dich.«

»Ich auch.«

Aber nicht zu stolz, den ganzen Tag in einem Spaßbad zu verbringen, das ich fünfzehn Jahre lang gemieden habe, und zwar wegen all der übergewichtigen Menschen, die es dort hinzieht und die an Ort und Stelle Junkfood verdrücken. Ich tue das, weil meine Kinder es sich gewünscht haben – allerdings fühlt es sich an wie ein Schock für die Sinne, nach einem Monat Italien mit köstlichem Gelato und dem Gesang von

Nachtigallen. Ich sehe sogar mit eigenen Augen, wie ein Kind im Nichtschwimmerbecken Durchfall bekommt – zum Glück sind meine Kinder gerade nicht im Wasser. Der Bademeister, den ich darauf aufmerksam mache, meint nur: »Das Chlor neutralisiert das schon.« Und alle Kinder planschen einfach weiter. Es gibt wirklich nicht die geringste Verbindung zwischen diesem Vergnügungspark und unseren Vergnügungen in Italien. Und doch, *es ist alles bereits da*, nicht wahr?

Auch wenn wir uns keinen Fastfood-Exzess leisten, muss ich mir danach etwas Gutes tun. Wie eine typische Amerikanerin gönne ich uns etwas, das eigentlich unsere Mittel übersteigt: Sushi. Wie in den alten Zeiten, als Geld keine Rolle spielte. Nur dass damals hier noch nicht so viele Möglichkeiten geboten waren, es auszugeben. Es kommt mir vor wie ein schlechter Scherz, dass wir dank wohlhabender Großstädter, die hierhergezogen sind, nun endlich auch eine florierende Sushibar am Ort haben. Sie gehört auf die kleine Liste großstädtischer Annehmlichkeiten, die es inzwischen auch an diesem Ort mitten in den Bergen gibt. Heute Abend ist sie genau das, was der Doktor mir empfehlen würde. (Unser Bankberater eher nicht, aber was soll`s? Warum nicht heute mal über die Stränge schlagen? Das muss doch auch mal drin sein? Was haben Sie sich denn gegönnt, als Sie zum letzten Mal das Gefühl hatten, die Welt um Sie herum ginge in Scherben? Na gut, vielleicht gar nichts, vielleicht gehören Sie ja zu der Sorte Frau, die sich eine Einkaufsliste schreibt, bevor sie zum Supermarkt fährt, und dann tatsächlich nichts anderes in ihren Einkaufswagen packt. Ich bewundere Sie zutiefst.)

Offenbar hat mein Mann sich das Gleiche gedacht, denn während ich mit den Kindern in der Schlange stehe, um unsere Bestellung in Empfang zu nehmen, spüre ich eine sanfte Berührung an meinem Rücken. Es kitzelt, und ich drehe mich um. Da steht er. Auch er will sich wohl mit Sushi trösten. Ich hätte es wissen können.

»Daddy! Können wir mit dir nach Hause fahren? Bitte!«, betteln sie und scheinen ganz ausgehungert nach ihm.

Ich vergegenwärtige mir, dass Daddys Zuhause immer noch auch das meine ist. Ihres. Unseres. »Ich habe nichts dagegen«, sage ich.

Beide Bestellungen sind gleichzeitig fertig, und er zückt seine Geldbörse und sagt zu der Kellnerin: »Ich übernehme das.« Für mich fühlt sich das so gut an, so schmerzlich gut, dass er immerhin noch bereit ist, für mein Essen zu bezahlen, dass mir auf der Stelle der Appetit vergeht.

Ich sehe zu, wie er beide Tüten nimmt, und es kommt mir vor, als nähme er gleichzeitig ein Stück von mir mit, während er durch die Tür verschwindet. Je ein Kind an jeder Seite, das sich an ihn schmiegt. Ich schwelge in diesem Bild von Einigkeit. Es ist so schön zu sehen, wie unsere Kinder ihren Vater nach Hause locken.

Dann trifft mich die Einsamkeit wie eine Welle. Ich brauche mein vertrautes Rudel, das über diesen kleinen Dreierclub hinausreicht. Eine Mutter oder ein Geschwister. Doch die sind alle weit weg, und bislang wollte ich ihnen nichts von der ganzen Sache sagen. Sie würden sich Sorgen machen. Und ihre Sorge fiele als Last auf mich zurück. Ich brauche eher jemand, mit dem ich mich hier vor Ort zusammensetzen kann und der sich das Ganze nicht so zu Herzen nimmt. Jemand wie meine Freundin in Wisconsin, die sich kein Urteil über mich oder ihn erlaubt, die mich umarmt und mir zuhört, wenn mir nach Reden zumute ist, und mich in Ruhe lässt, wenn nicht.

Da fällt mir genau der richtige Mensch dafür ein. Meine Freundin, die so viel von Pferden versteht und bei der mein Pferd eingestellt ist. Die beiden zusammen wären jetzt wohl die perfekte Medizin für mich. Plötzlich sehne ich mich ungemein nach meinem Pferd. Ich möchte meinen Blick in seine Augen versenken wie in eine Kristallkugel, seine samtige Nase in meiner Hand spüren.

Während ich zu ihrem Haus fahre, denke ich über ihr Leben nach. Sie wuchs in erbärmlicher Armut auf. Als Schlüsselkind einer achtköpfigen Familie, die in einem Einzimmerhaus ohne Strom und fließendes Wasser hauste. Ihre Schuhe waren löchrig. Wenn der Pick-up der Familie mal wieder streikte, ritt sie auf dem Pferd in die Stadt.

Als ich nach Montana kam, wagte ich Leuten wie ihr nichts von meiner Herkunft zu erzählen. Wie hätten sie mich oder meine Gefühle für authentisch halten sollen? Jede meiner Äußerungen wäre davon verzerrt oder beeinträchtigt worden. Und so, wie ich mich in den Kreisen, in denen ich meine Jugend verbrachte, gern als verträumte Künstlerin gab, so wollte ich auch in Montana als eine andere auftreten.

Diese Frau lehrte mich jedoch, dass es nur eine Wahrheit gibt. Schmerz ist Schmerz. Mitgefühl ist Mitgefühl. Und das menschliche Herz diskriminiert niemanden. Das tut nur unser Verstand.

Ich beschloss, sie an diesem Abend daran zu erinnern, was sie mir beigebracht hatte. Und ich nahm mir vor, dass mein Besuch von Dankbarkeit und Zuneigung herrühren sollte. Dass ich meine Probleme nicht bei ihr abladen würde, auch wenn sie eine der besten Zuhörerinnen ist, die ich kenne. Aber ich will endlich auch einmal Abstand zu meiner ehelichen Zerreißprobe gewinnen, selbst wenn es nur für ein paar Stunden ist.

Sie begrüßt mich auf ihrer Veranda mit einer Umarmung. Mit scharfem Blick bemerkt sie dabei sogleich, dass ich bekümmert bin. »Du siehst aus, als könntest du einen Ausritt in die Wälder vertragen«, sagt sie.

Die Sonne steht noch hoch am Himmel, und ich rufe zu Hause an, um meinem Mann Bescheid zu geben. Denn sie hat recht. Einen Ausritt in die Wälder brauche ich dringender denn je.

»Willst du dein Abendessen nicht?« Er klingt seltsam ungläubig. Aber ich weiß, dass das weniger mit meiner Abwesenheit, sondern eher mit dem Verschwenden von Geld, das wir eigentlich nicht besitzen, zu tun hat.

»Stell es mir in den Kühlschrank. Ich werde in ein paar Stunden da sein. Jetzt brauche ich noch etwas frische Luft.« Ich finde das ziemlich harmlos ausgedrückt. Denn ich brauche wirklich mal eine Auszeit. Von all diesen Gefühlen und Gedanken. Und ich weiß, dass diese Vierbeiner perfekt sind, um meine Panik zu vertreiben.

Als wir unsere Pferde satteln, sie ihren schwarzen Araber und ich mein rotbraunes Morgan Horse, klimpern Windglockenspiele im Hintergrund und Perlhühner gackern. »Ich möchte mich bei dir für etwas bedanken, das du mir einmal gesagt hast. Auf einer Reitwanderung vor ein paar Jahren. Es war Herbst, und wir sind die Salish Mountains hinaufgeritten. Die Espen standen damals in Flammen. Und wir sprachen über Liebenswürdigkeit und Scham. Erinnerst du dich?«

Sie lächelt. »Natürlich tue ich das. Das werde ich niemals vergessen.« Bei ihr muss man nicht lange um den heißen Brei herumreden, und sie ist sehr einfühlsam.

»Du hast mir an jenem Tag ein Geschenk gemacht, und ich wette, du kannst dir gar nicht vorstellen, wie ungeheuer viel es mir bedeutet hat.« Ich steige auf mein Pferd und bin erleichtert, den vertrauten Körper unter mir zu spüren.

»Ein Geschenk?«

»Ja. Du hast mir damals ein paar sehr persönliche Dinge anvertraut. Stört's dich, wenn ich davon anfange?«

»Kein bisschen.«

»Du hast mir berichtet, wie du dich als Kind für euer Haus, deine Schuhe, deine Kleider und für die Tatsache, dass ihr arm wart, geschämt hast.« Ich schaue sie prüfend an, um zu sehen, ob es ihr tatsächlich nichts ausmacht.

Ihre Augen blinzeln mir strahlend zu, und sie sitzt ebenfalls auf. »Das war kurz nach dem Tod deines Vaters. Erinnerst du dich an die Eule, die damals so dicht vor uns aufflog? Ich bekomme jetzt noch eine Gänsehaut, wenn ich daran denke.« Gänsehaut ist für sie so eine Art Lackmustest für Wahrhaftigkeit.

Meiner sind Tränen, und die kommen mir in diesem Moment. Ich weiß, dass sie damit sagen will, das sei quasi ein Besuch meines Vaters gewesen. So etwas könnte ich im Moment auch gut brauchen. »Das war ein Virginia-Uhu. Und das mitten am Tag.«

»So was sieht man nicht oft«, fügt sie hinzu.

Ich weiß, dass man den Einheimischen hier in Montana besser nicht widerspricht, wenn sie so etwas sagen. Doch sie gehört nicht zu den Leuten, die einen krampfhaft von ihrer Sicht der Dinge zu überzeugen versuchen.

Wir reiten den Bergrücken hinauf und schweigen für eine Weile. Unsere Pferde sind ein wenig ungestüm, weil sie ihre Herde so kurz vor der Zeit der Fütterung verlassen sollen. Meist bleibt uns das, was wir während dieser gemeinsamen Ausritte nicht aussprechen, dennoch in Erinnerung. Sie ist so eine Freundin.

Schließlich sage ich: »Und erinnerst du dich auch an die Scham, die ich dir gestanden habe?«

»Na klar. Das war eine der traurigsten Geschichten, die ich je gehört habe. Du hast gesagt, du hättest dich immer vor Leuten geschämt, die ihr Leben lang knapp bei Kasse sind, weil du selbst mit tollen Reisen, an teuren Privatschulen und mit allem, was man sich für Geld nur kaufen kann, aufgewachsen bist. Es kam dir deshalb vor, als würde es dir nicht zustehen, dich zu beklagen oder schlecht zu fühlen.«

Ich behalte für mich, wie oft ich mich damals schlecht fühlte, als ich doch in scheinbar so glücklichen Umständen lebte. »Ich weiß noch, dass ich Angst hatte, du würdest auf der Stelle kehrtmachen und ohne mich davongaloppieren. Es hat mir viel bedeutet, dass du mich damals nicht verurteilt hast. Dafür möchte ich dir heute noch mal danken.«

»Aber warum hätte ich das tun sollen? Du hast mich schließlich auch nicht verurteilt, als ich dir von meiner Kindheit erzählte. Wir haben uns ausgetauscht. Ehrlich ausgetauscht. Außerdem hast du mir ein Geschenk gemacht, als du mir deine Geschichte anvertraut hast. Das war für mich eine Gelegenheit, nicht engstirnig zu denken. Und die Chance, Einblick in eine fremde Welt zu nehmen. Denn als Kind – und sogar als Erwachsener – glaubt man ja gern, dass andere es besser haben als man selbst. Vor allem reiche Leute.« Sie zeigt auf einen Weißwedelhirsch und lächelt, als würde sie einen alten Freund wiedererkennen. »Und nur weil du viele teure Sachen besitzt, heißt das ja nicht, dass deine Probleme nicht echt wären. Reiche Leute können auf ihre eigene Weise arm sein.«

Diese Frau macht die Welt tatsächlich zu einem besseren Ort. Sie ist auf einem Terrain zu Hause, das die wenigsten auch nur zu betreten wagen. Sie lebt in Liebe. Sie kennt ihr wahres Wesen. Sie kommt dem Freisein so nahe, wie ich das noch bei keinem anderen Menschen gesehen habe.

»Danke für dein Verständnis«, sage ich und beobachte, wie der Hirsch, nachdem er sich unserer Harmlosigkeit versichert hat, fortfährt, im Gebüsch nach Futter zu suchen.

Sie führt uns zu einem Bestand von Gelbkiefern, dann querfeldein einen steilen Hang hinauf. Sie kennt keine Furcht, und ich frage mich, ob die Armut das bei einem Menschen bewirkt. Denn mit Privilegien hat Furchtlosigkeit sicher nicht das Geringste zu tun.

Dann dreht sie sich um, blickt mir ins Gesicht, und wir bleiben stehen. »Es ist schwer, wenn man sich anders fühlt als die Leute, von denen man umgeben ist. Darum erlaube ich mir kein Urteil über andere Menschen. Und das ist auch der Grund, warum ich Pferde liebe. Sie leben ausschließlich in der Gegenwart. Sie haben mich so viel über die Freiheit gelehrt, die damit einhergeht. Und frei von Vorurteilen zu sein, das ist sowieso etwas sehr Gutes.«

Gern würde ich ihr von meinem Mann und der Lebensphilosophie erzählen, nach der ich mich zu richten versuche, aber vielleicht ist es besser, erst einmal ganz allein über das Urteilen nachzudenken. Denn gerade mein eigenes Urteil lockt mich in schwachen Momenten in die Falle. »Ich versuche auch, über niemand zu urteilen«, sage ich. »Selbst wenn mir das nicht immer gelingt. Doch ich gebe mir große Mühe darin, weil ich immer eine ziemlich lautstarke, aggressive, gemeine Richterin in meinem Kopf hatte, die den ganzen Tag nur herumsaß und mir mit ihrem Richterhammer ins Gesicht schlug. Deshalb stehe ich Richtern ziemlich skeptisch gegenüber. Die in meinem Kopf nenne ich übrigens *Meine böse Zwillingsschwester Sheila.*«

Sie lacht. »So eine hatte ich auch. Die Pferde haben mir geholfen, sie loszuwerden. Ich denke, wir sind selbst unsere unerbittlichsten Richter.«

»Ich weiß. Ich habe in letzter Zeit ziemlich viel über das Urteilen nachgedacht. Auch über Freiheit und das wahre Selbst. Das Leben im Hier und Jetzt. Ich liebe die Natur Montanas. Mir kommt es vor, als würde sie von uns verlangen, ganz in der Gegenwart zu leben. Denn sie ist so schön und gefährlich und wild. Das merkt man vor allem beim Reiten. Vor allem, wenn man mit dir unterwegs ist.« Als der Wald sich lichtet und in eine Wiese übergeht, reite ich mit meinem Pferd an ihre Seite. Vor uns steht eine alte, verfallene Scheune im Licht der untergehenden Sonne. Daneben ein Gewirr aus Stacheldraht und ein verrosteter alter Traktor. Das sieht aus, als hätten sich die dazugehörigen Menschen nachts unbemerkt davongemacht. Wieder einer von diesen Momenten.

Sie beugt sich über die Mähne ihres Arabers und tätschelt seinen Hals. »Ist das nicht wunderbar, dass wir aus so verschiedenen Welten kommen und so enge Freundinnen sind? Ich urteile nicht über dich, du urteilst nicht über mich. Weil wir uns hier treffen.« Sie legt eine Hand auf ihr Herz. Menschen, die einem anderen Menschen in die Seele schauen, bemerken keine Zäune.

»Weil wir auf demselben Pfad unterwegs sind.« Ich weine schon wieder und spiele mit der Mähne meines Pferdes. »Mein Vater hat immer gesagt: Die Menschen sind überall gleich.«

»Woher du kommst, sagt nichts darüber aus, wie liebenswert du bist, Laura.«

Liebenswert. Der Liebe wert. Oder von Scham erfüllt. Ich kam her, um heiter und dankbar zu sein, doch intuitiv hat meine Freundin mich an den Altar meines Schmerzes geführt. Mich auf die Knie gezwungen. Und sie hat meine schlimmste Angst dieses Sommers ausgesprochen: Dass mein Ehemann mich tatsächlich nicht mehr für wert hält, geliebt zu werden.

Ich möchte ihr von ihm erzählen. Berichten, wie ungeliebt ich mich fühle. Doch stattdessen sage ich nur: »Ich glaube, das war genau der Moment, als ich das Gefühl hatte, ganz ich selbst zu sein, an jenem Tag auf dem Reitausflug. Und ich habe mich wie eine echte Bewohnerin von Montana gefühlt. Danke dafür.« Ich strecke meine Hand nach ihrer aus und halte sie ein bisschen länger, als man das für ein normales Dankeschön täte.

Sie hält sie ganz fest.

Dieser Händedruck macht mich glücklich. Und zwar nicht nur als ein Schritt raus aus meinem Kummer, sondern richtig glücklich. Wenn das Herz sich weit öffnet und man meint, ein wenig zu fliegen.

Später, als wir wieder am Stall angekommen sind, bedanke ich mich noch für den heutigen Ausritt und – aber das weiß sie sowieso –, für diesen Glücksmoment. Ich schaue noch sehr lange in die Augen meines Pferdes, bevor ich mich auf den Heimweg mache.

Doch mein Glück währt nicht lange. Eigentlich nur ein paar Meilen auf der Landstraße. Es scheint, als würde meine Windschutzscheibe mich verhöhnen – die für Montana üblichen von Steinschlägen verursachten spinnennetzartigen Risse erinnern mich hämisch an den Zustand meiner Ehe. Und als ich in unsere Zufahrt einbiege, muss ich erst einmal eine Weile an der Wiese bei den Briefkästen stehen bleiben und versuchen, mich durch gutes Zureden von der Klippe des gewaltigen Leids zu entfernen. Denn das macht mich wirklich verrückt: Es ist, als würde man jemand beim Ertrinken zusehen, obwohl man weiß, wo der Rettungsring ist. (Ich weiß – *Die Sucht gebraucht zu werden.* Ich habe das Buch gelesen.) Doch irgendetwas tief in meinem Innern glaubt nicht, dass man jemand nicht helfen kann, indem man darauf beharrt, dass er sich um eine Form von intensiver, professioneller Selbsthilfe bemüht.

Zugleich weiß ein tiefer liegender, weiserer, vom Reiten inspirierter Teil von mir, dass die Menschen selbst darauf kommen müssen, was gut für sie ist. Sonst wäre es auch nicht von Dauer. Wenn es wirklich authentisch und nicht nur eine Gefälligkeit sein soll oder gar eine Lüge. Ich will keinen Jasager als Mann. Einen, der sich mir in allen Bereichen unterordnet – nach außen hin. Der den Mythos »Ich bin doch ein lieber Junge« bedient. Und ich will auch nicht in die Rolle gedrängt werden zu urteilen, wer gut und wer böse ist. Denn unterm Strich weiß ich, was aus den lieben Jungs wird. Sie verwandeln sich in böse. Außerdem möchte ich sowieso keinen lieben Jungen. Ich möchte einen Partner auf Augenhöhe. Der es gut mit sich selbst meint. Und mit mir.

Eine Minute lang fühle ich mich ganz in Ordnung. Ich habe mir gut zugeredet. Ich habe fast meine italienische Verfassung erreicht.

Aber dann falle ich wieder um: Es geht ja nicht nur um ihn. Er nimmt unsere ganze Familie mit hinaus auf diese stürmische See.

Mein Gott. Was soll bloß aus uns werden? (Panik.)

Ich sitze in meinem Geländewagen, kurz davor, die Nerven zu verlieren. Ich beginne mir das auszumalen: Ich allein, mitten im Winter, meine Kinder »sind bei ihrem Dad«, wie man das auf dem Schulhof immer wieder sagen hört.

Das wird mir nicht passieren! So wird die Kindheit meiner Kinder nicht aussehen! Und was, wenn ich dann ganz allein bleibe? Wie soll ich mitten in diesem gottverlassenen Montana jemand Neuen finden? Ich bin schließlich nicht mehr jung und knusprig. O mein Gott, ich werde einsam sterben! Das Haus verlieren. In irgendeiner dreckigen kleinen Bude in der Stadt hausen. Ich werde mein Pferd verkaufen müssen. Einen rostigen alten Subaru fahren. Er wird dagegen eine andere heiraten ... eine mit Geld. Sie lernen sich auf einer Party nach einem Golfturnier kennen. Die Kinder werden sie lieber mögen. Weil sie ihnen Schnickschnack bietet, wie Fernseher im Auto und Doughnuts zum Frühstück. Sie wird sie niemals zwingen, ihre Karotten aufzuessen! Oder den Hund zu füttern. Sie wird auch tolle Haare haben. Meine Tochter wird es lieben, sie ihr zu flechten. Und mein Sohn wird ihre weichen, collagengepolsterten Küsse mögen.

Das Biest – es beginnt in mir zu brüllen und zu toben und seine Ketten zu zerreißen. Dieses alte Biest, das ich schon erlegt zu haben glaubte. Es macht mir Angst, dass es noch am Leben ist.

Deshalb ziehe ich Närrin mich wieder dorthin zurück, wo ich mich auch nach dem Tod meines Vaters verkrochen habe. Und dann trinke ich, als alle schon schlafen, viel zu viel Rotwein und heule mir beim Ansehen alter Fotos die Augen aus. Am nächsten Morgen tut es mir leid.

Während ich noch im Bett liege, rührt sich das Biest wieder – ein Kater scheint ihm nicht nur nichts auszumachen, es scheint, dass dieser Zustand es sogar noch anstachelt. Meine böse Zwillingsschwester Sheila, von der ich meiner Freundin am Abend zuvor bei unserem Ausritt erzählt habe. Sheila ist eine alte Bekannte. Vielleicht die älteste, die ich habe. Vielleicht kennen Sie sie ja auch. (Und bitte verzeihen Sie mir, falls Sie Sheila heißen. Ich habe wirklich keine Ahnung, wie ich ausgerechnet auf diesen Namen gekommen bin.)

Offensichtlich war die Konstellation der Höllenplaneten in mir am Vorabend gerade günstig, und so – tataa – ist es ihr, meiner Therapie zum Trotz, gelungen, auf ihrem Besenstiel daherzufliegen. Sie erinnert mich an Samanthas brünette Gegenspielerin Serena in *Verliebt in eine Hexe*. Und an diesem Morgen keift Sheila so laut wie zuletzt vor Jahren.

Du Idiotin! Du kannst es dir nicht leisten, zu viel zu trinken. Du kannst dir nicht erlauben, verkatert zu sein! Du kannst dir

rein gar nichts herausnehmen, was dir selbst schadet. Lass
ihn den Scheißkerl sein. Das ist doch nicht deine Rolle! Jetzt
schwing deinen Hintern aus dem Bett, sieh zu, dass du nach
unten kommst, und brat dir ein paar Scheiben Speck! Und
wenn du auch nur einen Schimmer davon hast, was dir guttut,
dann wirfst du auch noch ein paar süße Teilchen zum Aufba-
cken in den Ofen.

Wenn Sheila eines genau von mir weiß, dann, dass ich Verlassensängste habe. Und jetzt liege ich da und frage mich, wie
viel von meinem derzeitigen Schlamassel ich via selbsterfül-
lende Prophezeiung meiner schlimmsten Befürchtung zu verdanken habe. Dabei hasse ich diesen Gedanken. Das ist so, als
wenn Leute sagen, sie hätten sich ihren Krebs selbst zuzuschreiben. Sheila hat mir übrigens jahrelang eingeredet, wenn
ich Krebs bekäme, dann hätte ich ihn sogar verdient.

Speck und süße Teilchen hin oder her, er schläft bis elf.
Irgendwann gehe ich doch hinauf in unser Schlafzimmer, um
nachzusehen, ob er noch lebt. Da stößt er einen markerschüt-
ternden Wahnsinnsschnarcher aus, der ihn selbst hochschre-
cken lässt. Trotzdem mault er mich an, ich hätte ihn aufge-
weckt. So bleibt er erst einmal auf der Bettkante sitzen.

Ich gehe in die Dusche, und als ich herauskomme, sehe ich,
wie er draußen in einer Einfahrt liebevoll und sorgsam seine
Golfschläger im Kofferraum seines Geländewagens verstaut.

Ich widerstehe dem Drang, hinauszulaufen und ihn zu bitten dazubleiben. *Es ist doch Wochenende. Wir könnten eine*
Wanderung im Glacier National Park machen. Oder den Man-
gold ernten, den wir am Muttertag gepflanzt haben. Oder
unsere violetten Kartoffeln. Außerdem sind schon Bohnen reif!
Aber ich trockne mich nur langsam ab, spüre die Bürste
über meine Kopfhaut schrappen und die Seide der schlabbri-
gen Pyjamahose, die ich wieder anziehe. Denn verdammt

noch mal, er wird ja nicht da sein. Also kann ich mit meinen Kindern rumgammeln und dabei aussehen, wie ich will.

Ich höre sein Auto wegfahren.

Unten schauen sich die Kinder Zeichentrickfilme im Fernsehen an. Sie zwitschern im Chor: »Dad ist zum Golfen! Sollen wir dir sagen.« Und es klingt, als würden sie sich ehrlich für ihn freuen. Ich bin stolz, dass sie noch keine Verlassensängste zu kennen scheinen. Noch nicht.

Nachdem ich den Tag auf der stickigen Veranda an eine Citronella-Kerze geschmiegt und mit jeder Mücke, die je das Licht der Welt erblickt hat, verbracht habe (weil die Tür zu unserer Mückenschutzverkleidung rund um die Veranda seit sieben Jahren zerbrochen ist) und nach zwei Runden Monopoly, als die Kinder und ich bereits Geld aus der Bank klauen und uns anschließend sogar damit bewerfen, da ruft er an und vermeldet, er sei nun fertig mit Golfen. Er würde jetzt auf den Bauernmarkt fahren. Mein Territorium.

Ich sage ihm, wir hätten auch vor, hinzukommen. Wir brauchen Tomatensetzlinge. Diese Bemerkung hat ebenso viel mit unserer Zukunft zu tun wie mit den Tomaten selbst. Am Vortag habe ich gesehen, wie er den Pflaumenbaum goss. Also sieht er doch noch eine Zukunft für uns, nicht wahr?

»Wir könnten uns dort treffen«, sage ich. Fünf ängstliche kleine Wörter.

»Oh«, macht er nur und klingt nicht, als hätte er Lust auf einen gemeinsamen Bummel über den Markt. »Vielleicht fahre ich auch direkt zum See.«

Ich möchte auch, dass er an einen See fährt … in Australien.

Ich wünsche mir, dass er den Kopf schüttelt, wie ein Hund, der aus einem See auftaucht, und sagt: *Du hast recht. Das war eine bescheuerte Idee. Ich habe Mist gebaut. Ich liebe dich. Das Leben, das wir hier führen, ist so kostbar. Und der 4. Juli steht vor der Tür. Du liebst doch den 4. Juli. Das war der Lieblingsfeiertag deines Vaters, und das spült die ganzen Erinnerungen hoch. Wir werden zur Parade gehen und uns alle liebhaben, und ich werde dich ansehen und dich lieben, wie ich dich nie zuvor angesehen und geliebt habe. Es wird alles wieder gut sein mit uns. Wir werden zusammen alt, und wir werden durch die Weltgeschichte reisen, wie wir es uns mit zwanzig vorgenommen haben, und wir werden nach Italien fahren, und ich werde mit deinem italienischen Vater zusammensitzen und etwas über Nägel und Familieninitialen lernen. Und über Arbeit, die man in die Hand nehmen kann. Und darüber, wie Ehemänner die Liebe zu ihren Frauen bewahren, indem sie zuerst für ihren eigenen Seelenfrieden sorgen.*

Ich wünsche mir, dass er sich mit beiden Daumen Tränen aus den Augen wischt.

Die supercoole Gattin

Juli.

Es gibt keine Zufälle. Das muss ich nun ein für alle Mal glauben. Das ist meine Chance.

Es ist also kein Zufall, dass ich eine Freundin habe, deren Mann gerade eine Helikopterschule eröffnet hat. Nur ein Stück die Straße vor unserem Haus hinunter. Wirklich nur einen Steinwurf entfernt. Wie ich vielleicht schon erwähnt habe, träumt mein Mann, schon seit ich ihn kenne, vom Hubschrauberfliegen, also seit zwanzig Jahren.

Ich lasse ihm die Info per E-Mail zukommen – wie einem alten Kumpel – wie das Mädchen, das er vor zwei Jahrzehnten auf der Fassbier-Party kennengelernt hat.

»Hey, Kumpel – du hast bestimmt schon von der Heli-Schule gehört, die gerade aufgemacht hat. Der Mann meiner Freundin betreibt sie. Am Wochenende soll es eine Hubschrauber-Schau an der Kreuzung von Highway und Route 40 geben. Sie werden Viersitzer dahaben und diese kleinen Schweizer. Erinnerst du dich an deinen Traum vor langer Zeit – von Heliskiing-Trips in die Rockies??? Nun, voilà. Ich würde sagen: Mach's!«

Dann wartet man auf eine Antwortmail, in der er schreibt, er glaube, das könne sein Ausweg sein. Hubschrauber fliegen. Professionell. Oder auch nur als Hobby. Man schlägt ihm vor, dass er das Schlagzeug einpackt, das er gekauft, aber nie aufgebaut hat – quasi als Trommelwirbel zu Beginn seiner Heliflieger-Laufbahn. Und dann irgendwo landen und ordentlich auf die Tonne kloppen.

Stattdessen erhalte ich eine E-Mail von ihm, in der es heißt, dass er auszieht. Sein Freund habe ein Haus in der Stadt gekauft. Darin würde er wohnen, bis wir »alles geregelt haben«. Ich sitze wie vor den Kopf geschlagen in meinem Arbeitszimmer, starre auf den Bildschirm und versuche, das zu verarbeiten.

Dann höre ich wieder die Stimme der Erleuchtung. Allerdings sagt sie diesmal: *Vertrau mir. Geh es langsam an.*

Kurz darauf sitze ich mit einer anderen speziellen Freundin auf deren Veranda. Diese Frau hat zwei Ehemänner verloren – einen bei einem Unfall bei Holzfällarbeiten, den anderen an den Alkohol. Sie rät mir: »Du darfst nicht in Panik geraten. Denn wenn dir das passiert, kannst du gar nichts mehr erreichen.«

»Ich weiß. Aber ich bin doch auch eine starke Frau, oder? Ich kann ihn doch wenigstens in die richtige Richtung lenken. Mit inspirierenden E-Mails über Hubschrauber, Abenteuer und Therapeuten … das kann ich doch, nicht wahr? Ich kann noch an Wunder glauben. Aber ich bin mir nicht sicher, ob ich noch an meinen Mann glaube.«

»Warum konzentrierst du dich nicht darauf, im Moment nur dich selbst zu lenken?«

»Und wenn es da eine andere Frau gibt?«, jammere ich und weiß, dass ich damit gegen meine eigene Überzeugung verstoße.

»Steiger dich da nicht hinein«, sagt sie streng. »Das tut dir absolut nicht gut.«

Ich versuche zuzulassen, dass ihre Worte sich lindernd auf die Wunde legen, die beständig neu aufbrechen will. »Ich wünschte nur, er würde eine Therapie beginnen.«

»Zu dieser Einsicht muss er kommen, Laura«, sagt sie fast schon in scharfem Ton, der mir zu verstehen gibt, ich solle mich um meine eigenen Angelegenheiten kümmern. Sie war jahrelang bei den Angehörigen der Anonymen Alkoholiker und weiß genau, was ihre Angelegenheit ist und was nicht. Deshalb habe ich mich ja auch entschlossen, ihr zu erzählen, was mit meinem Mann los ist. Sie besitzt die Fähigkeit, mir zu helfen, durch dieses Dilemma durchzukommen, wozu einige meiner engsten Vertrauten nicht imstande wären.

Trotzdem kann ich es mir nicht verkneifen, ihm einen Brief zu mailen, in dem steht, dass ich ihn liebe und an ihn glaube und der Überzeugung bin, er brauche Hilfe, und dass ich einen tollen Therapeuten wüsste. Ich nenne ihm den Namen und die Telefonnummer. Dieses Risiko bin ich bereit einzugehen. Anrufen muss er dort allerdings selbst. Ich beende die E-Mail mit dem Satz: »Deine Seele schreit förmlich danach, dass Du Dich eingehend um sie kümmerst.«

»Ja, vielleicht«, mailt er zurück. Aber kein Wort über den Therapeuten.

Ich erzähle meiner Therapeutin, dass er in die Stadt ziehen will. Sie rollt mit den Augen. Bestimmt hat sie schon die eine oder andere hässliche Scheidung miterlebt, und offenbar fängt es immer so an, dass der Typ sich eine eigene Wohnung in der Stadt sucht. »Können Sie ihm stattdessen nicht vorschlagen, dass er für eine Weile allein verreist?«

»Das habe ich schon. Er sagt, er könne es sich nicht leisten, so lange Urlaub zu nehmen. Und er sagt, es sei zu teuer. Was soll ich da noch sagen? Ich fühle mich so hilflos, wenn ich das alles einfach über mich ergehen lasse.«

Sie greift in einen Ordner und zieht ein Blatt Papier heraus. »Stellen Sie keinerlei Forderungen, aber geben Sie ihm das hier. Und nehmen Sie sich eine Minute, um es sich jetzt gleich durchzulesen.«

Sie hat es von der Website Divorce.com. Es ist eine Liste all der Dinge, die ein Paar im Rahmen einer verantwortungsvollen Trennung zu entscheiden hat. Punkte wie *Wer benutzt welche Kreditkarte?* Oder: *Wenn du mein Haus betreten hast, dann hinterlass mir dazu eine Nachricht auf einer Tafel; natürlich nur, wenn ich dir die Schlüssel gegeben habe.*

»Ich weiß nicht einmal, wo mein Hausschlüssel ist!«

Diese Liste versetzt mich in Panik. Sind wir wirklich schon so weit? Muss man nicht erst noch eine Menge viel schlimmerer Dinge durchgemacht haben, bevor es diese Fragen zu beantworten gilt? Ich habe doch noch nicht mal einen Teller nach ihm geworfen! Oder einen Koffer gepackt und wutschnaubend für ein Wochenende das Haus verlassen. Ich habe ihm nie gesagt, ich würde ihn hassen. Ich hasse ihn auch nicht. Ich liebe ihn. (Vielleicht habe ich ihn ein paarmal als verdammten Vollidioten beschimpft, aber passiert das nicht jedem mal?)

»Ich glaube, wir haben vorher noch so viele Möglichkeiten«, sage ich zu ihr. »Mir kommt es vor, als hätte er noch nicht einmal ernsthaft versucht, um unsere Ehe zu kämpfen. Er hat mich nur in diesen elenden Pfuhl hineingeritten, der ausschließlich aus seinem Schmerz besteht, und ich gehöre da überhaupt nicht hin! Ich bin der Sündenbock! Damit er sich mit seinem Mist nicht auseinandersetzen muss!«

»Geben Sie ihm die Liste. Bitten Sie ihn nur, sie sich durchzulesen. Das ist alles.« Ich liebe diese Frau einfach. Sie hat einen Plan. Und dabei ruhen ihre Hände still verschränkt in ihrem Schoß.

»Ich sage es ganz ehrlich, in den letzten paar Jahren habe ich irgendwie immer befürchtet, dass erst alles schlechter werden muss, bevor es besser wird«, sage ich. »Aber an eine Scheidung hätte ich im Traum nicht gedacht. Und er, glaube ich, auch nicht.«

»Zeigen Sie ihm einfach diese Liste von Punkten, die er bedenken sollte, wenn er sich auf verantwortungsvolle Weise trennen will. Das ist eine Strategie.« Sie zwinkert mir zu.

Aha. Eine Strategie. Sie möchte, dass ich ihm einen Mordsschrecken einjage. Meine böse Zwillingsschwester Sheila horcht bei dem Wort Strategie auf. Ich höre sie ekstatisch aufseufzen, und das macht wiederum mich misstrauisch. »Bedeutet das nicht, ein Spiel zu spielen? Ich mag eigentlich keine Spielchen.«

»Nein. Nicht zwingend. Es ist nur eine Strategie, um mit dem umzugehen, was er auf die Agenda gesetzt hat. Er will eine Trennung. Sie halten ihn für einen verantwortungsvollen Menschen. Nun, hier steht nur, wie man sich auf verantwortungsbewusste Weise trennt. Wenn er das wirklich möchte. Zeigen Sie ihm die Liste. Das Strategische besteht in diesem Fall darin, dass die Wahrheit von einer seriösen Webseite zum Thema Scheidung stammt. Nicht von Ihnen.« Sie hebt die Augenbrauen.

»Dann kann er mir keinen Vorwurf machen. Und er kann nicht das Opfer spielen. Schließlich ist das mit dem Ausziehen ja seine Idee.«

»Stimmt genau. Wenn er ausziehen will, dann sieht verantwortungsvolles Verhalten so aus. Diese Strategie funktioniert nicht bei jedem, aber ich glaube, für Sie ist es genau die richtige.«

Ich falte das Blatt zusammen und stecke es in meine Tasche. »Wann soll ich sie ihm geben?«

»Sie werden schon merken, wann es passt.«

Es kommt mir so vor, als würde die Liste ein Loch in meine Tasche brennen. Dann wird sie rauchend auf den Boden fallen. *Was ist das?* wird er fragen und sich die Finger verbrennen. Dann wird er über mich fluchen, weil ich derartiges Gefahrgut mit mir herumtrage. Ich beschließe, dass ich mir den Zeitpunkt der Übergabe gut überlegen will.

Am selben Abend sitzen wir zusammen, während die Kinder im Zimmer nebenan Hausaufgaben machen.

»Hast du meine E-Mail bekommen?«, sagt er.

»Ja. Du meinst die wegen … dem Haus in der Stadt?«

»Mhm.«

»Ich glaube, das wäre ein schrecklicher Fehler.« Ich schlucke und halte den Wasserfall aus Worten und Gefühlen zurück, der aus mir herauswill. Doch er bricht trotzdem hervor. »Ich weiß, du meinst, wir könnten uns das nicht leisten. Aber ich meine, dass du trotzdem lieber verreisen solltest. Such dir einen Billigflug nach Baja. Zelte am Strand. Geh ein bisschen tauchen. Lass dich inspirieren. Verdammt, fahr meinetwegen mit dem Auto, damit es billiger wird. Bleib für ein paar Monate dort. Ernähr dich von Instant-Nudelsuppe und den Fischen, die du angelst. Das würde so viel weniger kosten als zwei Kindern und mir das Herz zu brechen, nur weil du zu wissen meinst, was hinterher passiert – dass du gehen und nie mehr zurückkommen würdest. Wie kannst du dir da so sicher sein? Vielleicht findest du deine Mitte wieder. Im Moment hast du dein Gleichgewicht komplett verloren und gibst mir die Schuld dafür. Und ich nehm dir das alles nicht ab. Unternimm doch lieber eine Buschwanderung zu dir selbst, wie es die Aborigines tun.«

Er schüttelt nur den Kopf.

Oh, dann geht es ihm also gar nicht vorrangig um die Kosten. Dann ziehe ich jetzt meine Trumpfkarte. Und das ist nicht die Liste, sondern etwas viel Cooleres. Die Hubschrauber.

»Na schön, dann geh und komm nicht zurück«, sage ich. »Aber lern in der Zwischenzeit Helikopterfliegen. Das war doch immer einer deiner Träume! Wie groß ist denn die Wahrscheinlichkeit, dass in dieser Kleinstadt eine Hubschrauber-Flugschule aufmacht? Oder auch nur in Montana? Das ist doch geradezu perfekt! Hast du meine E-Mail bekommen? Dieses Wochenende findet eine Flugschau statt. Du könntest bei ihnen deinen Flugschein machen und dann eine Heliskiing-Truppe aufziehen. Etwas, das sich in dieser ländlichen Berggegend bestimmt rechnen würde! Das ist doch wie für dich gemacht! Du würdest mit etwas, das du liebst, Geld verdienen! Und vielleicht, weil es schließlich Freunde sind, würden sie dir so eine Art Stipendium gewähren oder sich auf ein Gegengeschäft einlassen – mit Brennholz oder irgendwas anderem. Vielleicht brauchen sie auch einen guten Verkäufer, und du könntest die Stunden und die Flugzeiten bei ihnen abarbeiten. Gerade in diesem Stadium könntest du ihnen eine Wahnsinnshilfe sein!«

Einen Moment lang wandert sein Blick zur Seite und schweift in die Ferne, als würde er das alles vor sich sehen. Seine eigene Heliskiing-Firma in den Rocky Mountains. Es scheint, als gäbe es ein Molekül Hoffnung, dass er es aus seinem Reich der Kränkung herausschafft. Um endlich einen seiner alten Träume zu realisieren.

Ich versuche, cool zu bleiben. Aber mein Gott, wie gern würde ich ihn anflehen. Gelegenheiten wie diese bieten sich in unserer Kleinstadt nicht jeden Tag. Ich denke an unser Haus. An die Kinder. Ich schlucke und sage: »Ich könnte mein Pferd verkaufen. Um ein bisschen Bargeld lockerzumachen. Nicht viel, aber es würde zum Lebensunterhalt beitragen. Ich könnte auch für ein paar Jahre mit dem Romanschreiben aufhören und nur noch als Freelancer für Zeitschriften arbeiten.«

»So mittellos sind wir ja noch nicht«, sagt er, als hätte ich ihn beleidigt. Dann sieht er mich an und hat etwas in seinem Blick, das rein gar nichts mit Dankbarkeit zu tun hat. »Nein. Ich weiß, was ich tun muss. Mein Kumpel hat jetzt ein Haus in der Stadt, und er würde mich umsonst darin wohnen lassen. Und so war es in meinem Leben schon immer. Ich lebe so vor mich hin, und alles ist in Ordnung … und dann beginnt alles, in die Brüche zu gehen … und dann muss ich einfach alleine irgendwohin und es bluten lassen. Das Stechen und Brennen ertragen.«

Ich bin sprachlos. Das klingt, als hätte er all das schon lange geplant. Es wäre nett gewesen, wenn er mir dazu eine Notiz hätte zukommen lassen, bevor ich mein Ehegelübde abgelegt habe. Gern würde ich sagen: *So, und wie lange dauert dieses Stechen und Brennen, dieses Blutenlassen für gewöhnlich?*

Ich denke an das Stechen und Brennen, das mir die Liste verursacht hat, und schaue kurz in Richtung meiner Tasche. Doch das ist jetzt nicht der richtige Zeitpunkt. Ich sitze nur da und schüttle den Kopf. Atmen. Ich wünschte, ich säße in Italien und würde mit meinem italienischen Vater auf der Terrasse Feigen essen. Vor circa zwanzig Jahren. Oder sogar vor ein paar Wochen.

Sheila meldet sich zur Abwechslung mal zu meiner Verteidigung zu Wort: Mein Gott, ich hätte nie geglaubt, dass dieser Typ sich je so total verantwortungslos aufführen würde. Ein

Haus in der Stadt, das seinem Kumpel gehört!? Verschone mich! Er hat ein oder zwei Dartscheiben, eine komplett veraltete Tauchausrüstung und ein paar versiffte Sofas, die für die Mäuse im Keller stehen … die ihm seine Eltern noch in Seattle gekauft haben, nachdem ihr euch getrennt hattet. Aber dann musstest du ja umfallen und dich wieder mit ihm zusammentun.

Ganz recht, Sheila. Weil ich ihn liebe. Was alles Rätselhaftes in einer Beziehung passiert, versteht niemand. Und es geht auch keinen was an, also halt die Klappe. Achte lieber darauf, wo deine Grenzen sind.

Na gut, ich erinnere dich ja bloß daran, dass du damals darauf bestanden hast, dass er zu einem Therapeuten geht, bevor ihr wieder zusammen wärt. Und er hat's gemacht. Und er war danach besser denn je! Also musst du dafür sorgen, dass er seinen Hintern hochkriegt und sich einen guten Seelenklempner sucht!

Sheila – du musst mal *Die Sucht gebraucht zu werden* lesen.

Doch als ob er sie an diesem Abend in unserer Küche gehört hätte (möglicherweise hat er in seinem Kopf einen eigenen fiesen Zwillingsbruder Bob, der in seinem Hirn rumhängt und ihm weismacht, vor sich hin zu leiden sei gar nicht übel), sagt er: »Bitte zwing mich nicht, zu so einem Seelenklempner zu gehen.«

Das begreife ich als meine Chance. Ich erkenne den Unterschied zwischen mir heute und vor siebzehn Jahren, als ich noch Ultimaten stellte, bettelte und heulte. Man beachte die zwischenzeitlichen Ergebnisse dieses Verhaltens. Die Wut, die sich über Jahre aufgestaut hat. »Hey, ich werde dich zu gar nichts zwingen. Das ist ja schon rein physisch unmöglich. Aber bei mir hat die Therapie Wunder bewirkt. Und ich kenne einen guten Therapeuten, falls du einen suchst. Er hat mit ein paar Jungs von hier gearbeitet, die du auch kennst. Die könntest du ja nach ihrer Meinung fragen.« Dabei belasse ich es, wie eine kleine tickende Stoppuhr.

Interessanterweise erwidert er darauf: »Das wäre vielleicht eine gute Idee.«

Wir sind uns auch einig, dass wir uns irgendwo ohne Kinder in Ruhe zusammensetzen und ein ausführliches Gespräch führen müssen.

Ich weiß, dass er im Sinn hat, bei dieser Unterhaltung die Sache mit seiner Junggesellenbude in der Stadt durchzuboxen.

Ich führe dagegen etwas ganz anderes im Schilde.

Er schläft heute Nacht auf der Couch. Ich schlafe in unserem Bett. Ein paarmal wache ich auf und lese mir die Liste durch. Niemals hätte ich gedacht, dass ich meine letzte Hoffnung aus einer Website namens Divorce.com schöpfen würde.

Ich kenne diesen Mann. Wenn er etwas nur genug will, dann bekommt er es auch irgendwie. Und da ist er nun, Auge in Auge mit einem seiner größten Träume, und er verwirft ihn, ohne sich die Sache auch nur näher anzusehen. Dabei bin ich überzeugt davon, dass er diesen Hubschraubertraum realisieren könnte.

Es scheint, als hätte er aufgegeben. Als *wolle* er sich stechen und verbrennen. Als habe er solche Träume auch nie geträumt. Als wären das lauter Lügen. Oder schlimmer noch, als fürchte er sich vor ihnen. Und nun hat er einen so dicht vor Augen, dass er geradezu überwältigt ist. Es scheint, als wolle er tatsächlich gar keinen Erfolg.

Wer ist dieser Mann? Ich erkenne ihn nicht wieder. Wo ist der Mann, der in Boston noch zusammen mit der Frau, die er liebte, seine Flügel ausbreiten wollte, um zu sehen, wohin sie ihn trügen?

Jetzt, in den frühen Morgenstunden, ist die richtige Zeit für meine Unzufriedenheit. Ich bewege mich auf einem schmalen Grat und drohe, Partei zu ergreifen. Und in diesem Moment würde ich mich natürlich für meine Seite entscheiden. Ich habe schließlich alles daran gesetzt, meine Träume zu realisieren. Zwar ist es mir noch nicht gelungen, meine Bücher zu veröffentlichen, aber immerhin habe ich viele geschrieben. Und ich habe meine Werkzeuge geschliffen, damit sie scharf und einsatzbereit sind. Diese Tatsache kann ich jede Nacht unter mein Kopfkissen legen. Ich bin stolz auf mich. Selbst wenn ich damit allein dastehe. Ich habe meinen Beweis erbracht. Am Ende des Tages.

Und was kann er sich selbst als Beweis vorlegen?

Habe ich vielleicht einen Schwächling geheiratet? Einen Loser? Jemand, dem es bestimmt ist, sich stechen und verbrennen zu lassen? Einen Menschen, der sogar seine eigene Fähigkeit zu lieben infrage stellt?

Die einzige Frage meines Vaters an ihn, als wir unsere Verlobung bekannt gaben, lautete: »Kannst du einen Job auch über einen langen Zeitraum hinweg halten?« Damals haben wir uns darüber amüsiert, so sehr glaubten wir an unsere Zukunft.

Ich kann von mir behaupten, dass alle meine Träume echte Ziele waren. Galt das für seine etwa nicht?

Ich fühle mich hintergangen. Ich hatte gedacht, wir wären Gleichgesinnte. Verwurzelt in unserer Liebe und unseren Träumen. Waren wir in Wirklichkeit nur wie die Hochzeitspärchen aus Wachs auf den Zuckergussplatten der Hochzeitstorten? Auf Halter gestützt und dazu bestimmt, irgendwann umzufallen? Und das noch nicht einmal gemeinsam? Irgendwo in den Höhen der Fantasie, nicht in der Realität geerdet? Und wurden wir dann, während die Jahre ins Land gingen, zum Schatten aus James Joyces Prophezeiung in *Ulysses*: »Zu ihrem maßlosen Verdruss entdeckten [sie], dass ihr Idol tönerne Füße hatte, nachdem sie ihn auf ein Piedestal gestellt [hatten]«?

Ich denke über das Unbehagen nach. Waren wir füreinander vielleicht nur irgendwelche Idole, Götzenbilder? Und mussten wir nach Jahren herausfinden, dass wir der Statue glichen, die der babylonische König Nebukadnezar im Traum sah: Der Kopf aus Gold, die Füße jedoch aus Eisen und aus Ton.

Ich muss an den Moment denken, als ich meinen Mann bat, wie *David* zu posieren. Vielleicht habe ich uns genau damals zu unserem späteren Absturz verdammt. Einem tiefen Absturz.

Mein Gott. Ich finds einfach schrecklich.

Mir ist, als ich an diesem Abend allein im Dunkeln liege, durchaus bewusst, dass Nebukadnezars Statue durch Schläge auf die Füße – ihren Schwachpunkt – zu Fall gebracht wurde. Vielleicht war unsere versteckte Schwäche einfach, dass wir uns für Glückskinder hielten. Für anders. Für etwas Besonderes. Was waren wir bloß für Idioten. Oder wie meine Großmutter es ausgedrückt hätte: »Verirrte Schäfchen.«

Zu unserer Verteidigung muss ich sagen, dass wir auf unserer Torte kein Hochzeitspärchen hatten. Wir hatten auch keine dorischen Säulen, um uns aufrecht zu halten. Wir glaubten nicht, dass die Institution Ehe und ihr gesellschaftlicher Rückhalt uns eine Stütze wären. Wir wollten uns gegenseitig und als Individuen stützen.

Ob wir trotzdem irgendwo in luftiger Höhe auf einer Scheibe aus Zucker standen? Glaubten wir, unsere Träume könnten sich sonst nicht erfüllen?

Welch eine Täuschung. Kein Wunder, dass die meisten Leute in ihren Zwanzigern heiraten. Und jetzt begreife ich, warum so viele ältere Paare sich barfuß an irgendeinem Strand das Ja-Wort geben. Ganz ohne Torte. Dafür mit viel Tanz und Rum.

Die giftigste Zutat in unserer Hochzeitstorte damals war also eine gehörige Portion Selbstüberschätzung. Wir meinten, dass die Kraft unserer Verbindung nicht nur auf unserer Liebe und dem Umstand, dass jeder von uns sich mit seiner ganzen Persönlichkeit auf den jeweils anderen einließ, beruhte ... und vielleicht auch auf dem unbedingten Glauben an den Mythos der Ehe ... sondern auf einem weitaus gefährlicheren Mythos. Nämlich dem, dass unsere Einmaligkeit, unser Privilegiertsein ein sicheres Versprechen bedeutete: Wir würden erfolgreiche Karrieren hinlegen, und der Erfolg würde uns treu bleiben, bis dass der Tod uns von ihm schiede. Diese Annahme ist wie eine Zyankalikapsel, die leider viel zu viele Verheiratete mit sich herumtragen. Und wenn man dann einmal die vierzig überschritten hat ... dann kann es passieren, dass man den Irrtum bemerkt.

Ich habe es deutlich vor Augen, während ich hier so in meinem Bett liege: Mein Mann hat auf diese Giftkapsel gebissen, als es beruflich mit ihm bergab ging. Er hat ihren Inhalt geschluckt und ist gesprungen. Und ich bin oben geblieben, bis mein Vater starb und meine eigene Karriere endgültig gescheitert schien. Und bin dann gesprungen? In der Hoffnung, ihn zu finden?

Allerdings habe ich ihn nicht gefunden.

Ich schätze, ich musste zuerst mich selbst finden. Genau das habe ich in Italien gefeiert.

Und wo ist er jetzt? Wo befinden wir beide uns? Wo bin ich? Bin ich wieder obenauf, während er unten liegt, mit dem

Gesicht im Zuckerguss, um mir das Opfer vorspielen zu können? Wie sehr hängt unsere Ehe eigentlich davon ab, wer von uns der Gefallene ist? Mir ist allein die Vorstellung schon ein Gräuel.

Dieses ganze Aufsteigen und Herabstürzen widert mich an. Ich möchte einen gleichrangigen Partner. Ich wünsche mir, in guten wie in schlechten Tagen und in allem, was dazwischen liegt, zu lieben und geliebt zu werden.

»Wie konnte es mit uns nur so weit kommen? Ich schäme mich für uns. So hatten wir nicht werden wollen.« Ich ertappe mich dabei, dass ich laut mit mir selbst rede. So, als könnten die Schatten, die das Mondlicht auf den Rasen wirft, mir eine Antwort darauf geben. Ist es mein Fehler? Habe ich das Wesen meines Mannes nicht ausreichend gewürdigt? Geht es hier tatsächlich um geplatzte Träume? Um eine gescheiterte Karriere? Oder kann man aus einer Liebe wie der unseren regelrecht herausfallen? Ist unsere Beziehung so angreifbar?

Ich schätze, ich bin eine Närrin. Denn ich dachte immer, dass Liebe, oder zumindest unsere Liebe, größer als Geld oder Arbeit oder Stolz wäre. Von jenem ersten Augenblick an, als wir uns in die Augen sahen, hatte ich immer das Gefühl, wir wären anders. Vielleicht war das ein Irrtum.

Meine Gedanken rattern weiter wie die Güterzüge in der Ferne, wenn ich nachts in meinem Kinderzimmer wach lag.

Ist das seine Vergeltung dafür, dass ich nicht so erfolgreich war, wie er das von mir erwartet hätte? Heißt das, weitergedacht, dass seine Liebe zu mir an Bedingungen geknüpft ist? Diese Vorstellung drückt mich noch tiefer in die Laken.

Sind meine Fehler die Ursache seiner fehlenden Zuneigung? Sind sie demnach unverzeihlich? Und spielt die Antwort auf diese Frage noch eine Rolle, wenn ich meine Unzulänglichkeiten eingestanden habe? Wie groß ist sein Bedürfnis, mir meine Fehler und Schwächen nachzuweisen? Ich laufe doch auch nicht herum und versuche, ihm etwas anzukreiden, selbst wenn er sein Möglichstes tut, mich zu verletzen.

Ist die Tatsache, dass ich selbst meine schärfste Kritikerin bin, denn zu gar nichts nütze? Oder das Wissen, zu diesem Zeitpunkt meines Lebens eigentlich schon auf so vieles stolz sein zu können. Doch stattdessen habe ich eher das Gefühl, in Scham zu ersticken.

Ich ziehe mir die Decke bis zur Nasenspitze und atme dreimal tief durch. Dann stelle ich mir meine Freundin vor, wie sie auf ihrem Araber sitzt und ganz in der Gegenwart lebt, so wie ihr Pferd es sie gelehrt hat. Ihren Richter und Kritiker hat sie vertrieben. Die Scham abgelegt.

Aber es ist einfach zu viel. Die Scham lastet heute Nacht zu schwer auf mir. Zäh wie ein heftiger Infekt. Ich schäme mich, weil mein Mann nicht mehr bei mir sein will. Weil meine Bücher nicht gedruckt werden. Weil wir, all unseren Träumen zum Trotz, jetzt derart verzweifelt dastehen.

Erfolg. Scham. Was macht einen erfolgreichen Erwachsenen aus? Einen erfolgreichen verheirateten Menschen? Welche Rolle hat Scham bisher in unserer Ehe gespielt? Ist es möglich, dass wir uns, obwohl wir den Standesdünkel hinter uns gelassen haben, immer noch davon bestimmen lassen? Denn so, wie wir jetzt dastehen und uns beide als Versager fühlen, haben wir unseren Erfolg an exakt den Maßstäben gemessen, gegen die wir eigentlich rebellieren wollten. Sollte es bei Erfolg nicht um Liebe gehen? Darum, wen wir lieben und wie wir lieben und wer uns liebt? Sollte dies nicht der Zeitpunkt sein, einander fest zu umarmen und sich gegen die Stürme des Lebens zu wappnen?

Mir wird wieder klar, warum ich versucht habe, diesen Erfolgsdruck zu überwinden. Weil er einen auffrisst. Zerreißt und zerbeißt und verschlingt. Es kommt mir vor, als säße irgendwo im Zimmer ein grausamer Puppenspieler, der sich die Seele aus dem Leib lacht und sich vollgefressen und rülpsend auf seinem Stuhl zurücklehnt, nachdem er sein Werk vollendet hat. Die feisten Finger hat er sorgsam auf dem Bauch gefaltet. Wenn ich jetzt nicht endlich einschlafe und diesem Wahnsinn sofort ein Ende mache, dann werden er und Sheila es noch auf masochistische, exhibitionistische und bizarre Weise miteinander treiben. Gleich hier, in dem Schatten des Mondlichts, während ich ihnen von meiner Fensterbank aus dabei zusehen muss.

Vertrau mir. Schlaf wieder ein.

Der Gott des 4. Juli

Das Wochenende vom 4. Juli.

Der vierte Juli ist in unserer Familie ein großer Feiertag. Paraden, gebackenes Hühnchen, Maiskolben, ein eigenes Feuerwerk und dann natürlich noch das große offizielle Feuerwerk auf einem Feld jenseits der Straße. Unsere Kinder nehmen sich Schlafsäcke mit und legen sich auf das Dach des Wagens, während wir in der Autoschlange stehen und Oh und Ah rufen. Das machen wir schon seit Jahren so.

Für mich ist es aber auch der Feiertag, an dem ich meinen Vater am meisten vermisse, der zu Hause in Chicago mit seinem Jaguar E Type Cabriolet in der Parade mitzufahren pflegte. Denn schließlich hatte er sich selbst ein Traumauto zugelegt. Er winkte, tippte sich an den Hut und schaltete – alles zusammen eine graziöse Abfolge von Gesten. Die Zuschauer liebten diesen Gentleman mit silbergrauem Haar in seinem heißen Flitzer und riefen ihm zu, doch mal aufzublenden.

Mein Vater verband mit dem 4. Juli mehr als nur Patriotismus. Und das, obwohl er durchaus mit feuchten Augen mitsang, wenn der Chor der Marinebasis vor Ort auftrat, und obwohl in seinem Autokassettenrekorder an dem Tag, als er seinen Schlaganfall erlitt, Marschmusik eingelegt war. Ihm ging es auch um Kleinstädte, Familienpicknicks und Verzauberung. Es war der Feiertag schlechthin, an dem unser wohlhabender Ort sich versammelte, öffentlich und privat. Und das brachte etwas an ihm zum Vorschein, von dem ich wusste, dass es direkt aus seiner Kindheit kam. Er identifizierte sich selbst mit diesem Tag, und in meinen Augen war er ebenfalls ganz typisch für diesen Teil seines Charakters. Es war ein Tag, um sich auf sich selbst zu besinnen. Dankbar. Und auch stolz. Stolz wie es einer typisch amerikanischen Main Street entsprach.

Und wenn er in seinem Jaguar saß und langsam dahinfuhr, wurde der 4. Juli für ihn noch ergreifender: Denn dann erzählte er davon, was in den Vereinigten Staaten von Amerika aus einem kleinen Jungen aus Granite City, Illinois, werden konnte.

Jeder, der ihn kannte, vergönnte ihm von Herzen, dass aus ihm, diesem kleinen Jungen, ein Erwachsener in diesem wunderschönen Auto geworden war.

Einmal durfte ich mit ihm in der Parade mitfahren. Auf diese Erinnerung greife ich immer dann zurück, wenn ich mich in einen glücklichen Moment versetzen will. Trotzdem sorgt die Erinnerung an diesen 4. Juli dafür, dass ich mich den ganzen Tag über bemühen muss, die Tränen fortzublinzeln.

Mein Ehemann weiß verdammt gut, dass ich am 4. Juli noch eine Menge Zuwendung brauche. Wir haben vereinbart, uns um gute Stimmung zu bemühen und den Tag als Familie zu begehen. Aber wir haben auch ausgemacht, uns am Nachmittag des 3. Juli zu einem Gespräch zusammenzusetzen, um noch mal über seinen geplanten Auszug zu reden. Um vier Uhr. Ich habe dafür gesorgt, dass die Kinder dann bei Freunden sind.

Ich war in meiner Therapiestunde und habe mir zurechtgelegt, was ich sagen will. Gelassen und großzügig. Reif und verantwortungsvoll. Ich werde ihm sagen, dass alle Beziehungen mal Pausen brauchen. Dass das eine gute und gesunde Sache ist. Ich glaube ihm, dass sein Bauchgefühl verlangt, dass er mehr Zeit für sich selbst hat – für seine ganz eigene Buschwanderung nach Art der Aborigines. Auch ich möchte, dass sich in unserer Beziehung etwas ändert. Ich wünsche mir diese so, dass sie für uns und unsere Familie funktioniert. Wir haben uns dazu entschlossen, eine Familie zu sein, und wir müssen dafür sorgen, dass sie funktioniert.

Dass er in die Stadt zieht, geht aus meiner Sicht nicht. Ich empfände es als extrem belastend. Als Gefahr für unsere Kinder, vor allem wegen der Botschaft, die es ihnen vermitteln würde. Seine Aussage, dass die Kinder begreifen werden, wie sehr ihr Vater sich danach sehnt, wieder glücklich zu sein, ist in meinen Augen ein ausschließlich rationaler und damit tödlicher Ansatz. Natürlich hat er sich selbst davon überzeugt. Wie könnte er sonst vor sich selbst eine so massive Kränkung für sie rechtfertigen? Sein Glück über das ihre stellen? Von ihnen erwarten, dass sie das wollen?

Natürlich könnten sie Verständnis vorgeben, um des lieben Friedens willen, aber er würde ihnen damit eine Wunde zufügen, die wachsen, eitern und ihr ganzes Leben infizieren würde. Unsere Tochter, die gerade am Beginn der Pubertät steht. Unseren Sohn, der noch zu klein wäre, um zu verstehen, warum Daddy ihm irgendetwas anderes vorziehen sollte.

Ich werde ihm erneut vorschlagen, allein irgendwohin zu verreisen. Oder noch besser: seinem Schmerz hier zu Hause auf den Grund zu gehen. Etwa indem er sich ein eigenes Zimmer über der Garage ausbaut. Ein Männerrefugium. Er könnte sein Schlagzeug dort aufstellen. In Therapie gehen. Allein

Wochenendausflüge unternehmen. Allerdings mit einem Zeit-plan, auf den die Kinder sich einstellen und auf dessen Ein-haltung sie sich verlassen können. Er könnte seine Zeit mit der Familie reduzieren, aber eindeutig ansagen, wann diese sein wird und wie sie für uns aussehen soll. Ich bin zu alldem bereit. Das ist alles, was ich vermag, um Ruhe zu bewahren. Meine Italienstimmung aufrechtzuerhalten.

Eine Stunde später, um fünf, ruft er an und sagt, er könne unseren Termin nicht wahrnehmen. Er ginge zu einer Party im Golfclub – »um den Kontakt zu einem potenziellen Arbeitge-ber herzustellen. Das kannst du mir wirklich glauben«, sagt er.

Den letzten Satz hat er von mir, und das bedaure ich jetzt. Er war dazu gedacht, Eindringlichkeit zu erzeugen, und nicht, um Verantwortungslosigkeit zu rechtfertigen.

Ich frage nur, ob er vorhat, heute noch nach Hause zu kom-men.

Er sagt: »Wahrscheinlich nicht.«

Ich frage ihn, ob er plant, morgen zur Parade zum 4. Juli zu kommen.

Er sagt: »Nein.«

Ich frage, ob er den Rest des Feiertags mit uns verbringen will – Grillen und Feuerwerk.

»Klar«, sagt er, als stünde es außer Frage, dass er das nicht versäumen möchte.

Ich frage, wann er zuverlässig da sein kann.

Er sagt: »Zwei Uhr.«

Ich sage ihm, dass er das den Kindern persönlich beibringen muss.

Dann gebe ich das Telefon an unsere Tochter weiter. Ich kann sehen, wie sie vor Enttäuschung das Gesicht verzieht und so tut, als würde sie eigentlich fernsehen. Auf den Fern-seher kann man sich immerhin verlassen.

Ich höre leise seine Stimme aus dem Hörer, als er erst ihr und dann unserem Sohn erklärt, dass er aus Arbeitsgründen verhindert ist.

Beide Kinder sagen, es sei in Ordnung. Sie sagen, sie würden es verstehen.

Und dann schreien sie einander an, ärgern und hauen sich den ganzen Abend über – beim Federballspielen, beim Backgammon und sogar während sie sich einen Film ansehen. Sie wollen einfach ihren Daddy.

Am nächsten Tag klingelt mittags mein Handy. »Fröhlichen Vierten!«, sagt er, als sei alles in Butter. »Was treibt ihr denn so?«

»Wir sind gerade bei der Parade angekommen.«

»Ich dachte, wir würden uns gegen Mittag zu Hause treffen«, sagt er. *Zu Hause* sagt er. *Zu Hause.*

»Nein. Wir hatten zwei Uhr ausgemacht.«

»Ach. Na gut, dann werd ich wohl zum See fahren und dort ein bisschen abhängen. Warum treffen wir uns nicht dort, um ein bisschen zu schwimmen und danach Raketen zu kaufen?«

»Dann ruf ich dich an, sobald wir auf dem Rückweg von der Parade sind. So gegen drei. Der Verkehr ist der Wahnsinn.«

»Okay – so gegen drei. Vielleicht fahr ich dann auch einfach schon los und kauf allein ein paar Raketen und sehe euch später zu Hause«, sagt er.

Zu Hause. Ich muss an den Tag denken, als er den Pflaumenbaum gegossen hat, den er bereits gedroht hatte, rauszureißen und zu ersetzen. Den Baum hatten wir an meinem fünfunddreißigsten Geburtstag gepflanzt. Zu Hause.

»Die Kinder würden bestimmt gern mit dir zusammen Raketen kaufen. Warum kann ich dich nicht einfach auf deinem Mobiltelefon anrufen, wenn wir kurz vor der Stadt sind?

Danach treffen wir uns an dem Stand mit den Feuerwerkartikeln.«

»In Ordnung.«

Weil er in letzter Zeit selten an sein Handy geht, betone ich das noch einmal ausdrücklich: »Sieh zu, dass du gegen drei das Telefon in Hörweite hast, ja?«

»Okay«, sagt er und klingt leicht genervt. Er mag es nicht, wenn man ihn so ermahnt. Und ich tue das auch nicht gern, aber im Moment scheint er solche Ermahnungen zu brauchen. Und außerdem ist heute schließlich der 4. Juli!

Die Kinder haben sich an der Bordsteinkante aufgestellt, versuchen, Bonbons aufzufangen, und winken mit Fähnchen, während ich etwas weiter hinten bei den Großen stehe. Familien, Paare. Ich bemühe mich nach Kräften, mich nicht einsam zu fühlen und mir nicht selbst leidzutun. Ich muss an alle Feierlichkeiten denken, die ich in meinem Vorort von Chicago versäume, wo ich so viele Leute kenne und am 4. Juli niemals allein wäre.

Stolz halte ich meine Tränen zurück, sodass sie sich nur in den Winkeln meiner Augen sammeln und meine Wimpern ein wenig zusammenkleben lassen. Zumindest fließen sie nicht. Von außen betrachtet gebe ich also das Bild einer glücklichen Mutter mit ihren Kindern auf der Parade ab, während ihr Mann nur eben die Straße hinauf für Hot Dogs und Cola ansteht.

»Wann treffen wir denn Dad?«, fragt mein Sohn später mit einer Tüte Süßigkeiten in der Hand. Sein rot-weiß-blaues T-Shirt der Chicago Cubs ist vom Spritzwasser der Feuerwehrautos tropfnass.

»Ich habe mit ihm ausgemacht, dass wir ihn um drei anrufen. Dann treffen wir uns in der Stadt und kaufen zusammen Raketen.«

Er ist ein prima Rechner. »Das ist in zehn Minuten. Man braucht von zu Hause vierzig Minuten. Also sehen wir ihn in fünfzig Minuten. Das ist weniger als eine Stunde. Und dann kaufen wir zusammen Feuerwerk! Er weiß genau, was man nehmen muss. Yippiiieh!«

Ich rufe um drei Uhr an. Er geht nicht dran. Fünf Minuten später versuche ich es noch einmal. Auch nach zehn und fünfzehn Minuten. Er lässt uns hängen.

Ich kann einfach nicht glauben, dass er diesen Feiertag verpasst. Das lässt nur einen Schluss zu: Er hat sich schon viel weiter von uns entfernt, als ich gedacht hätte.

Das mag seltsam klingen, aber wenn Sie jemand schon so lange lieben, dann verstehen Sie mich vielleicht: Es tut mir für ihn leid. Die Welt seines Schmerzes muss ein schrecklicher Ort sein, wenn sie ihn so fest im Griff hat, dass er dort an einem solchen Familienfest gefangen ist.

Ich muss an diesen Film mit Robin Williams denken, als der seine tote Frau in den Tiefen der Hölle sucht: *Hinter dem Horizont*. Und ich erinnere mich auch daran, dass die Szenen im Himmel für denselben Film gerade mal zehn Meilen von hier gedreht wurden: im Glacier National Park. Das gibt mir ein wenig Hoffnung. Ich befinde mich nicht in der Hölle. Ich bin hier, in den Bergen von Montana. Eine Mutter mit ihren wundervollen Kindern, am 4. Juli.

Wir kommen zu dem Stand, an dem die Raketen verkauft werden. Ich sage: »Also sollen wir vielleicht für alle Fälle schon welche kaufen? Ich wette, der Verkäufer kann uns ganz genau sagen, welche die besten sind.«

»Nein. Ich will auf Dad warten«, sagt mein Sohn traurig. »Ruf ihn noch mal an.«

Das tue ich. Er geht nicht ran.

Wir fahren nach Hause, in der Hoffnung, dass er dort auf uns wartet.

Das tut er nicht. Wir rufen ihn erneut an. Ohne Erfolg.

Die nächsten Stunden verbringen wir mit einem Würfelspiel namens Farkle auf der Veranda. Meine Tochter ruft ihn von ihrem Handy aus zehnmal an. Er geht nicht ran.

Mein Sohn sagt: »Dad verpasst den 4. Juli.«

»Wie geht es dir damit?«, sage ich und merke mir selbst meine monatelange Therapieerfahrung an.

»Ich finde, es nervt«, sagt er. Er ist acht. Kindermund tut Wahrheit kund.

»Los, kommt. Lasst uns Raketen besorgen«, sage ich. »Welche mögt ihr am liebsten?«

Seine Miene heitert sich auf, aber noch nicht vollständig. »Die mit den Fallschirmchen.«

Als wir um vier gerade das Haus verlassen wollen, ruft mein Mann an. »Ich dachte, ihr wolltet mich anrufen?«, sagt er in ziemlich scharfem Ton.

»Ich habe angerufen. Immer wieder. Du bist nur nicht drangegangen.«

»Na, ich hoffe, du hast nicht vergessen, dass ich meinem Freund um Viertel nach vier helfen muss, seine Eisskulptur zu der großen Party in die Stadt zu schaffen.«

Mein Gott, wie gern würde ich ihm auch dafür den Hals umdrehen. Aber ich sage ganz ruhig: »Ist schon in Ordnung. Wir müssen nur rasch los, um die Raketen zu besorgen. Das Essen ist vorbereitet, und wir wollen etwa um halb sieben essen.«

»Na, dann wartet nicht auf mich.«

Mein Herz fällt in die staubigste Ecke unseres Windfangs, wo ich gerade mit den Kindern stehe und auf das Echo seiner Worte lausche. Dabei sehen sie mich mit diesem Waisenkinderblick an, den ich eigentlich nur von Puzzles und Postkarten kenne. Nicht von meinen hübschen, pausbäckigen Kindern mit ihren sonnigen Gemütern!

»Wie bitte?!«, frage ich giftig zurück.

»Ich ruf dich gleich wieder an«, sagt er und legt auf.

Aber er meldet sich nicht mehr.

Nachdem wir die Raketen gekauft haben, fahren wir kurz bei einer Freundin vorbei, die Wackelpuddingtorte für meine Kinder hat und mich auf einen Spaziergang zum Fluss hinunter mitnimmt. Ihr Ehemann hat vor ein paar Jahren zunächst die Scheidung verlangt, sich dann jedoch noch eines Besseren besonnen. Heute ist er da und feuert noch vor Einbruch der Dunkelheit jede Menge Raketen ab.

»Glaubst du, da steckt eine Frau dahinter?«, sagt sie.

»Das bezweifle ich. Er ist im Moment viel zu durcheinander, als dass er da auch noch mit einer anderen Frau zurechtkäme.«

»Zerrt denn irgendwas an seinen Nerven, dass er sich so benimmt?«

»Geldsorgen. Er hat seinen Stolz eingebüßt, weil er sich beruflich als Versager fühlt.« Aus irgendeinem Grund muss ich nicht einmal weinen. Ich fühle mich sogar stark, während ich im Morast stehe und nach Mücken schlage.

Nach einer Stunde brechen wir wieder auf, weil wir uns sicher sind, dass er uns inzwischen zu Hause erwartet. Die Eisskulptur sollte längst an Ort und Stelle sein. Vielleicht hat er vor lauter schlechtem Gewissen sogar noch ein paar Extra-Raketen mitgebracht. Dann können wir wenigstens noch den Rest des Feiertags – in den Augen der Kinder auch den besten – zusammen genießen.

Aber er ist nicht da. Keine Nachricht auf meinem Handy. Auch nicht auf dem Anrufbeantworter zu Hause. Oder auf dem Mobiltelefon meiner Tochter.

Wir essen zu Abend und spielen wieder Farkle, bis es dunkel wird.

Dann gebe ich vor zu wissen, was ich tue, und zünde zum ersten Mal in meinem Leben Raketen. Große Raketen, mit Totenköpfen und Teufeln und Huren auf der Verpackung. Sie heißen Drachenfurz und Sexy Sister und Tödlicher Verfolger.

Es fällt mir schwer, nicht daran zu denken, am Lieblingsfeiertag meines Vaters: die Fahrt in seinem roten Cabriolet zur Parade, wehende Fähnchen, Dixieland Jazz und Bloody Marys auf einer Party danach mit lauter Freunden der Familie, alle in gestärkten rot-weiß-blauen Sachen. Alle braungebrannt. Pool-Hopping bis zum Einbruch der Nacht. Ein großes Orchester, das unterm Sternenzelt John Philip Sousa spielt. Glühwürmchen. Man liegt auf alten karierten Picknickdecken. Und dann das Feuerwerk. Mein Vater, wie ihm die Tränen kommen, als der Soldatenchor »O beautiful for spacious skies …« singt. Ich halte seine Hand und fange auch an zu weinen. Geborgenheit und Patriotismus.

Jetzt stehe ich so fern von Chicago, in Montana, unter diesen weiten Himmeln und zünde die Zündschnur von etwas an, das »Knochenbrecher-Arschtritt« heißt, renne los und ducke mich. Allein. Ich tue mir wahnsinnig leid und hasse mich gleichzeitig dafür. Weil ich mich dem Selbstmitleid ergeben habe.

Allerdings liegen die Kinder in ihre Schlafsäcke gekuschelt auf dem Rasen vor dem Haus und jubeln. Ich muss zugeben, dass sich das durchaus gut anfühlt. Zum ersten Mal bin ich die pyromanische Heldin. Yeah! Das fühlt sich wirklich gut an. Doch mit jeder Zündschnur, jeder aufsteigenden Leuchtkugel, jedem Knall und jedem Funkenregen vergesse ich, was mir gerade widerfährt, und schreie Ooh und Aah.

Aber danach ist es wieder still. Ich seufze und höre *Lass dir Zeit. Hab Vertrauen.* Vielleicht sind der Gott des 4. Juli und meine Italienstimme ein und dasselbe. Ich atme tief und denke an alles, was ich je in Bezug auf Gott geglaubt, gewusst und angestrebt habe. Die Ruhe, die mich danach überkommt, hat so gar nichts Explosives.

Dann meine ich, ihn die Auffahrt heraufkommen zu hören, und auf einmal will ich ihn gar nicht hier haben. Ich will die Heldin sein. Ich möchte sie auf das Feld jenseits der Straße zum großen Feuerwerk fahren. Sie mit Decken aufs Dach des Trucks schicken. Ich möchte diesen Abend für meine Kinder gestalten. Und ich möchte das Lob dafür erhalten.

Aber ich sorge mich umsonst. Blinder Alarm.

Wir erleben unseren patriotischen Moment auf dem Feld. Meine Kinder auf dem Autodach. Ich dagegen gelehnt. So versuche ich den Frieden von vorhin wiederzuerlangen, allerdings mit wenig Erfolg, vor allem angesichts des herzergreifenden Feuerwerks. Bewusst versuche ich, das andere, größere Feuerwerk zu ignorieren, das weiter unten im Tal stattfindet – dort, wo jedes Jahr die große Party steigt, zu der er die Eisskulptur geliefert hat. Dort, wo er jetzt mit größter Wahrscheinlichkeit steht und Oh und Ah macht. Ich frage mich, wie er das überhaupt aushalten kann, in dem Wissen, dass seine Kinder in diesem Moment ohne ihn sein müssen. Sie, und ich auch.

Zuhause krabbeln wir sofort zusammen ins Bett – in das große Bett meines Sohnes. »So was, Dad hat wirklich den 4. Juli verpasst«, sagt er traurig.

Das ist nicht alles, was er verpassen wird, denke ich.

Vielleicht ist er ja irgendwo da draußen und denkt sich gerade: Sie freuen sich für mich, weil ich mein Glück gewählt habe. Meine Wahrheit. Dies ist ein gutes Beispiel.

Ja, genau.

Ich bleibe bei ihnen, bis sie eingeschlafen sind. Dann sperre ich die Türen ab. Wenn er zu Hause ist, sperre ich niemals ab. Wir leben schließlich auf dem Land. Aber jetzt fühle ich mich so sicherer, und immerhin bin ich jetzt hier die einzige Erziehungsberechtigte. Ich bin für die Kinder verantwortlich. Dann wird mir klar, dass wir gar keine Schlüssel haben. Und ich möchte ihm ja nicht das Gefühl geben, dass ich ihn ausgesperrt hätte. Das entspricht nicht meiner Strategie. Also muss ich mich entscheiden: unsere Sicherheit oder seine Gefühle.

Es gibt unendlich viele Möglichkeiten, seinen Zorn zu erregen.

Ich komme zu dem Schluss, dass er schon einen Weg finden wird, hereinzukommen, wenn er das wirklich möchte. Daher lasse ich im Erdgeschoss ein paar Fenster offen, für den Fall, dass er unsere Gefühle tatsächlich über seine eigenen stellen sollte.

Hab Vertrauen. Geh schlafen.

Genau das mache ich jetzt.

Als ich aufwache, höre ich lautes Schnarchen und gehe in das Zimmer meines Sohnes. Dort schläft mein Mann neben den Kindern.

Er schläft bis elf. Wieder einmal. Aber wir wollen ja nicht Partei ergreifen, erinnern Sie sich? Wir versuchen wirklich, neutral zu bleiben, Sie und ich. Trotzdem nagt es an uns. Es reizt uns. Aber wir geben, verdammt noch mal, alles, um nicht zu leiden. Nicht nach dem gestrigen Tag.

Ich gehe nach unten und mache Frühstück. Kaffee für einen, nicht zwei. Frisch gebackene Semmeln und Speck und Brombeeren. Für drei, nicht vier, nein, drei. Na gut, vielleicht für vier.

Er kommt herunter, geht wortlos an mir vorbei und setzt sich zu meiner Tochter auf die Couch.

»Das war echt mies von dir«, sagt mein Sohn zu ihm.

»Ich weiß. Tut mir leid. Ich weiß, dass es dafür keine Entschuldigung gibt«, sagt er und schaut auch den Disneyfilm, den die beiden sich gerade ansehen. Es geht irgendwie um einen Sohn, der seinen Vater verlässt, weil der ihn belogen hat … und darum, dass sein Vater sich endlich besinnt und sich auf den Weg in den Dschungel macht, um ihn zu suchen. Der Film heißt *Tierisch Wild*. Ich schaue auch zu und hoffe, dass er dafür sorgt, dass mein Mann sich endlich besinnt.

»Erzähl uns von der Party«, sagt meine Tochter, die einen rührenden Versuch unternimmt, ihm eine Brücke zu bauen.

Er berichtet ihnen genau darüber. »Es war, als wäre Rummel in der Stadt. Ein Riesenrad und ein Karussell und eine Achterbahn – alle Attraktionen, die es auch auf einem Rummel gibt. Und dann war da auch noch diese berühmte Pop-Band. Die, die du auch auf deinem iPod hast. Und dann gab es bergeweise die größten und frischesten Shrimps, die ihr je gesehen habt. Außerdem waren da alle möglichen Hollywoodtypen. Und ein Ex-NFL-Quarterback, der wild abgerockt hat. Das Feuerwerk dauerte ewig – so, als wäre es für die Olympiade oder was Ähnliches.«

»Besser als das bei uns gegenüber?«, fragt mein Sohn und klingt, als hätte man ihn betrogen.

»Ach, viel besser. Die hatten ein Budget von zwei Millionen Dollar. Und es gab ein Riesenzelt mit Klimaanlage. Mit echten Flügeltüren. Wie die auf unserer Veranda.«

Unsere Veranda. Die, die er angeblich verlassen will.

»Wow …« Beide Kinder starren ihn ehrfürchtig an. Als habe er gerade höchstpersönlich das olympische Feuerwerk gezündet.

»Und gleich nachdem sie damit fertig waren, das Abendessen zu servieren, ging es mit Frühstück weiter – Speck, Eier, Lachs und Bagels. Einfach alles.« Und er sagt alles außer »ihr hättet dabei sein sollen«, und ich koche vor Wut und habe nicht vor, meinen Zorn zu verbergen. Er hat sich falsch verhalten. Und auch sein jetziges Verhalten ist jämmerlich. Da ist es mir egal, wie deprimiert er sein mag.

Ich bringe das Frühstück für die Kinder.

»Möchtest du einen Kaffee?«, frage ich ihn kühl. »Frische Semmeln?« Die Konsonanten springen wie Funken von meiner Zunge. Typische Feiertagsstimmung.

»Nee, ich hol mir dann schon was.« Er sieht mich nicht einmal an. Er ist gut darin, an mir vorbeizuschauen. Sonst müsste er ja auch der blanken Realität ins Gesicht sehen. Und egal, ob er sie nicht sehen kann oder nicht sehen will, ich trete den Rückzug an. Ich ziehe meinen Zorn zurück. Er würde nur verhindern, dass ihm die Wahrheit vielleicht im Laufe des heutigen Tages doch noch dämmert. Während er auf der Couch Wimbledon schaut und versucht, unsere Kinder mit seinem Trivialwissen über Tennis zu unterhalten und zu beeindrucken.

»Fährst du mit uns noch Raketen kaufen?«, betteln sie.

»Klar«, sagt er.

Ich lasse meine Wut im Abfallhäcksler des Ausgusses verschwinden. Spüle sie mit Wasser weg. Wut bedeutet Leiden. Insbesondere, wenn es sich um Wut handelt, die ich um meiner Kinder willen verspüre. Aber ich gebe mir redlich Mühe, sie verrauchen zu lassen und einfach tief durchzuatmen. Meine Kehle fühlt sich an wie ein verstopfter Abfluss. Ich muss husten.

An der Küchenspüle stoßen wir zusammen.

Ich erinnere mich daran, wie leid er mir gestern in seiner persönlichen Hölle getan hat. Trotzdem registriere ich mit einer gewissen Genugtuung den heftigen Sonnenbrand auf seinem Rücken. »Was möchtest du heute machen?«, sage ich und versuche, ruhig zu bleiben. Es wäre sinnlos, jetzt irgendwas Kompliziertes anzuschneiden, wo uns die Ereignisse des gestrigen Tages noch in den Knochen stecken und ein ganzes Wochenende vor uns liegt.

»Mmh«, er blickt auf seine Füße, die eindeutig aus Ton sind. »Wir sollten wahrscheinlich dieses Gespräch führen.«

»Ich glaube, dass es nach dem gestrigen Tag sehr, sehr wichtig ist, einen Familientag für die Kinder einzulegen. Oder gleich ein Familienwochenende. Und wir können uns dann ja am Montag unterhalten.«

Er gibt mir recht.

Und dann wird es sogar noch eigenartiger.

Die drei gehen zum Spielen hinaus auf unsere Veranda. Sie spielen Farkle, ich komme dazu und lege mich in den Liegestuhl. Ich liege da und bemerke, wie er mich nicht ansieht. Ich trage eine kurze Sommerhose aus Leinen und eine fast durchsichtige Bluse, die ich mir in Belize gekauft habe. Ich fühle mich hübsch. Ich habe mich frisiert. Ich trage Schmuck. Aber er nimmt nicht einmal Notiz von mir.

Das tut weh. Ich fühle mich wie eine Närrin und sage leise an alle gerichtet: »Ich werde ein bisschen rauf in mein Zimmer gehen und mich ausruhen. Holt mich, wenn ihr Raketen kaufen fahrt.«

Die Kinder nicken.

Ich lege mich auf mein Bett und lese das hier. Was ich bis jetzt geschrieben habe, bis zu dieser Seite. Ich lese und überarbeite den Text wie einen meiner Romane. Aber wozu? Wie groß stehen die Chancen, dass ich jemals mutig genug sein werde, auch nur zu versuchen, dass er veröffentlicht wird? Was für eine Vorstellung, dass sich irgendjemand anders für unsere Geschichte interessieren könnte. Oder für das, was mir im Kopf herumgeht. Oder dafür, wie ich mit dieser Krise umgehe. Was ja offensichtlich nicht funktioniert. Für keinen von uns. Ich fühle mich im Augenblick einfach zum Kotzen. Ich leide aus ganzem Herzen.

Da erinnere ich mich an mein Motto als Schriftstellerin. Ist es das »Hindurchschreiben« durch diese schwere Zeit, was mir eine gewisse Erleichterung verschafft? Oder erzeugt es noch mehr Schmerz? Ich weiß, dass Schmerz eine gute Orientierungshilfe ist. Aber ich habe ihn satt. Ich wünsche mir einen freundlichen Sherpa mit safran- und magentafarbenen Tüchern, der mir Tee anbietet und aus dessen Taschen Gebetsfahnen flattern.

Stattdessen sehe ich mir meine Italienbilder am Laptop an. Auf der Stelle muss ich lächeln und beginne »O Mio Babbino Caro« zu summen.

Dann höre ich ein Geräusch an der Schlafzimmertür. Erst quietscht es leise, anschließend wird die Tür geschlossen und der Schlüssel herumgedreht. Wir sperren nur ab, wenn wir Sex haben. Nur dann.

Es ist seltsam, weil ich mich ausgezogen habe. Denn es ist schwül, und ich hatte das Bedürfnis, nackt zu sein. Normalerweise bevorzuge ich ganz leichte Kleidung, selbst wenn es schwül ist. Aber jetzt liege ich nackt hier.

Er kommt her, steigt zu mir ins Bett und beginnt, mich zu küssen.

»Was tust du da?«, frage ich.

»Ich küsse dich.«

Es fühlt sich so gut an, begehrt zu werden, aber auf meinem Schoß läuft die Diashow weiter, und ich sitze reichlich verdreht in den Kissen, während er mich küsst. Ich frage mich tatsächlich, ob ich vielleicht eingeschlafen bin und das Ganze nur träume.

Ich erlaube mir sogar einen Scherz, weil ich das Gefühl habe, alles würde in Ordnung kommen. »Ich dachte, du verlässt mich. Da ist das hier eine ziemlich verwirrende Botschaft.«

Trotzdem erwidere ich seine Küsse, und wir schlafen miteinander. Der Sex ist ganz ordentlich, aber nicht überwältigend. Ich frage mich, ob das wohl Abschiedssex war. Jungs können einen nicht gut begrüßen, aber sie verstehen sich aufs Verabschieden. Ich hasse solche Klischees über Männer und Frauen. Aber dieses stimmt.

Auftritt: Der Gott des 4. Juli.

Unter dem Vorwand, noch mal Raketen zu kaufen, fahren wir zu dem Verkaufsstand, der zufällig an der gleichen Kreuzung steht, an der meine Freundin und ihr Mann ihre Hubschrauber-Vorführung veranstalten.

Ich umarme sie, und sie berichtet mir, sie seien total im Stress und völlig ausgebucht. Doch bevor ich auch nur Hoffnung schöpfen kann, hat sie ihn schon hinauf in die Luft gebracht, und ihr Mann sagt zu mir, wie gern er jemand wie meinen Mann einstellen würde, der von hier ist und so toll mit Menschen umgehen kann.

Ich erwidere, dass er sich gar nicht vorstellen kann, wie viel das für uns bedeuten würde. Ich versuche, den intensivsten Verzweifelte-Ehefrau-Ausdruck in meine Augen zu legen, und umarme ihn fest, dabei sage ich noch, wie schlecht es meinem Mann im Moment geht. Mehr sage ich nicht, sondern hoffe, dass er mich auch so versteht.

Er erzählt, dass es ihm auch schlecht ging. Bis er begann, Helikopter zu fliegen. Sein Gesicht strahlt, und er grinst. »Es ist traumhaft, wenn man sein Hobby zum Beruf machen kann! Das ist dann gar keine Arbeit. Ich fliege die Leute an zugefrorene Seen, an die man im Winter sonst nicht kommt, um Elche und Bären zu beobachten … danach fliege ich zum Abendessen nach Hause zu meiner Familie. Andere mögen Boote,

Motorräder oder eine tolle Skiausrüstung haben. Aber für mich ist das hier das Richtige. Ich habe es endlich gefunden.«

Das klingt nach dem Mann, den ich einst geheiratet habe, denke ich mir, spreche es aber nicht laut aus. Stattdessen sage ich in vollem Ernst, ohne scherzhaften Unterton: »Kannst du meinen Mann nicht bitte einstellen?« Ich mische mich also ein und bin mir dessen durchaus bewusst.

Er nickt. »Liebend gern.«

»Ist das Fliegenlernen wahnsinnig teuer?«, frage ich.

Er nennt mir die ungefähren Kosten, und es sieht ziemlich schlecht aus. Das ist wieder mal einer der Momente, in denen ich mir sehnlichst wünsche, dass meine Schreiberei erfolgreich und lukrativ wäre. Was für eine Ironie des Schicksals, wenn ausgerechnet dieses Buch veröffentlicht würde. Es hieße, dass der Zusammenbruch meines Mannes zugleich seinen kühnsten Traum erschwinglich machen würde. Im Moment kann ich mir das nicht einmal vorstellen, aber ich wäre dankbar dafür, wenn es nur diesem Mann, den ich liebe, helfen würde. Vielleicht ergänze ich mein Motto als Schriftstellerin noch um den Halbsatz: »und meinen Mann zu entlasten.«

Bis es so weit ist, ziehe ich in Erwägung, einen weiteren Kredit aufzunehmen.

Ich kann an nichts anderes denken als an die Zukunft meiner Kinder. Mit geschiedenen Eltern, einer unproblematischen Ersatzfrau, die er sich vielleicht sucht oder bereits gefunden hat, und mit Nächten, die ich ohne sie verbringen muss – während irgendeine andere Frau, die sie und ihn nicht verdient, sie ins Bett bringt und mit ihm ins Bett steigt. Daraufhin beginnt mein Herz wie ein Feuerwerk zu hämmern. Panik erfasst mich. »Bitte«, möchte ich ihn anflehen, »mach einen besseren Menschen aus meinem Mann! Gib ihm einen Job! Etwas Handfestes.«

Wie lauteten die Worte meiner Italien-Stimme doch gleich? Ich kann mich nicht erinnern. *Hab Vertrauen. Hab Vertrauen. Geh wieder schlafen. Lass dir Zeit.*

»Warte, bis du seinen Gesichtsausdruck siehst, wenn er wieder unten ist«, sagt er.

Ich weiß, dass ich nicht daneben stehen sollte, wenn mein Mann mit diesem besonderen Gesichtsausdruck landet und sich dann mit diesem Mann unterhält. Also verziehe ich mich und behaupte, noch Lebensmittel einkaufen zu müssen. Im Supermarkt schmeiße ich Maiskolben, Kartoffeln und Hackfleisch für Burger in meinen Einkaufswagen und schiebe ihn mit solcher Entschlossenheit durch die Gänge, als führe ich mitten durch New York City. Dabei flüstere ich dem Gott des 4. Juli zu: »Bitte. Ich flehe dich an. Lass es funktionieren. Lass es das sein, was ihn heilt. Fliegen. Hubschrauber fliegen. Lass ihn einen Weg finden, bei uns zu bleiben. Lass ihn sein eigenes Zimmer im Himmel finden. Sodass er am Ende des Tages glücklich zu uns zurückkehrt.« Seine Kinder würden verstehen, wenn er sie verlässt, um zu fliegen. Für einen Job, der ihrem Vater Zufriedenheit und Geld bringt … und, was das Wichtigste ist, ihn wieder nach Hause bringt.

Ich stelle fest, dass ich bettele. Das ist die schlechteste Variante von Wollen. Ich muss daran denken, was meine Therapeutin über das Erschaffen gesagt hat. Ich erzeuge diese Situation, indem ich das Fundament gelegt und mich dann vom Acker gemacht habe! Trotzdem wüsste ich gern:

Wer bist du? War die Stimme, die ich in Italien gehört habe, deine? Bist du derjenige, der mir rät, mir Zeit zu lassen. Vertrauen zu haben und mich wieder schlafen zu legen? Vertraue ich eigentlich dir? Bist du Gott? Bist du ich selbst? Und spielt das überhaupt eine Rolle, wenn ich dich doch so laut und deutlich höre?

Ich muss an die Worte meines Freundes denken: »Warte, bis du seinen Gesichtsausdruck siehst, wenn er wieder unten ist.«

Die ganze Zeit über stelle ich mir diesen Gesichtsausdruck vor, zwischen den endlosen Regalreihen, in der Schlange, auf der Autofahrt zurück zur Helikopterschau.

Und dann sehe ich ihn tatsächlich in seinem Gesicht. Die beiden Männer stehen mit verschränkten Armen nebeneinander, die Blicke zum Himmel gerichtet. Er sieht wieder genauso aus wie der Junge, der damals vor Jahren mit mir über die Landstraßen von Ohio geheizt ist. Ich bin wie elektrisiert.

Wir überstehen einen weiteren Tag, an dem er mich erneut küssen will. Eine Nacht, die wir im selben Bett verbringen. Die ganze Nacht. (Habe ich schon erwähnt, dass er oft auf der Couch schläft, weil er sehr schnarcht? Vielleicht hätte Bette Davis meine Therapeutin sein sollen, denn die Frau hat einmal gesagt: Getrennte Schlafzimmer sind das Geheimnis einer glücklichen Ehe. Ich wünschte, wir hätten ein Haus wie Bette Davis.) Er fährt sogar mit seinem alten Mountainbike den Skiberg hinauf – wie früher, als er sich diese fette, stinkende, laute Geländemaschine, diese Montana-Version eines roten Sportwagens, noch nicht gekauft hatte. Vielleicht hätte ich schon in dem Moment, als er damit vor ein paar Jahren unsere Zufahrt heraufkam, ahnen müssen, dass er in Schwierigkeiten steckte. Seltsamerweise fiel die Anschaffung der Geländemaschine mit seinem ersten schlechten Jahr in seinem neuen Job zusammen.

Heute Morgen habe ich ihm eine E-Mail geschickt. »Wann können wir unser Gespräch führen?«, schreibe ich.

Heute Abend, schreibt er zurück.

Jetzt kommt er gerade die Einfahrt herauf. Ich sehe schrecklich aus, weil ich mit den Kindern Cookies gebacken und im

Garten Lacrosse gespielt habe. Ich renne die Treppe rauf und springe unter die Dusche. Was, um Himmels willen, soll ich nur für dieses Gespräch anziehen?

Ich wünschte, Sie wären hier, um mir zu versichern, dass meine Taktik aufgehen wird. Und dass ich so stark sein kann.

Aber ich weiß, dass ich mich vom Ausgang der Unterhaltung lösen, freimachen muss. *Lass dir Zeit. Hab Vertrauen.*

Das Gespräch

Die Zeit steht still.

Es scheint mir wichtig, darauf hinzuweisen, dass ich seit einhalb Jahren jeden Mittwochmittag zur Therapie gehe. Bei einer 41-jährigen ist Psychotherapie kein unnötiger Luxus. Es ist vielmehr der perfekte Zeitpunkt dafür. Gerade wenn man seinen ganzen Mist so richtig dick hat. Gerade wenn man keine weitere Träne mehr über den verstorbenen Vater oder die misslungene Karriere oder was auch immer vergießen möchte.

Folglich war ich auf die Unterredung mit meinem Mann perfekt vorbereitet. Ich wusste einfach, wie ich seine Spitzen, Ausreden und seine Wut rhetorisch parieren konnte. Ich erinnerte mich daran, wann ich atmen und die Tränen besser zurückhalten sollte, wie ich Angst und – was noch viel wichtiger war – Unsinn erkennen konnte. Ich hatte mir ein Mantra zurechtgelegt: *Verfall bloß nicht darauf, ihn überreden zu wollen. Beschränk dich aufs Fragenstellen. Dein Auftrag lautet, die Fakten zusammenzutragen. Und versuch bitte, nicht zu heulen.*

Wir trafen uns in seinem Büro in der Stadt. Die Kinder waren mit einem Babysitter zu Hause. Ich trug ein Kleid, in dem ich ihn schon mal verführt hatte. Wir saßen uns auf der

Couch gegenüber. Ich hatte einen Ellbogen auf die Lehne gestützt. Lässig. Offen. Werde nicht weinen.

Hier ein paar der echten Leckerbissen, die er mir präsentierte:

»Ich weiß einfach nicht, ob ich noch genug für dich empfinde. Deine Schreiberei ist mir egal. Die Verwundungen aus deiner Kindheit sind mir egal. Ich mach mir auch nichts aus spirituellen Sachen, so wie du.«

Sag jetzt nicht: Es wäre toll, wenn er die Energie, die er darauf verwendet, aufzuzählen, was er alles hasst, nutzen würde, um herauszufinden, wie er Verantwortung für seine eigene Zufriedenheit übernehmen kann, ohne dabei alles zu zerstören, was wir in den letzten zwanzig Jahren aufgebaut haben. Inklusive der glücklichen Kindheit unserer Sprösslinge.

»Ich schaffe es einfach nicht mehr, daran zu arbeiten«, sagt er.

Sag jetzt nicht: Arbeit? Was für eine »Arbeit«? Wann hat er denn »gearbeitet«? Oder ist zum Abendessen erscheinen und gelegentlich zu kochen, die Wäsche zu waschen oder den Abwasch zu machen vielleicht »Arbeit«? Den Weihnachtsbaum besorgen? Ist das Festessen zu Thanksgiving an der mit unserem Hochzeitsservice, dem Kristall und dem Silber meiner Großtante gedeckten Tafel ... »Arbeit«? Ein Haus bauen, in dem unsere Kinder verstecken spielen können und unsere Tiere allesamt ein kuscheliges Plätzchen und sauberes, frisches Wasser haben ... wo der Ofen den ganzen Winter hindurch warm ist und es in der Küche nach gutem Essen duftet ... nennt man das vielleicht »Arbeit«?

Ich versuche, mich zu bremsen, aber es gelingt mir nicht, meine unablässig kreisenden Gedanken zu stoppen.

Und ich? Bin ich auch »Arbeit«? Ist es »Arbeit«, sich meine Idee für einen neuen Roman anzuhören? Ist ein Spazier-

gang durch meine mit Geißblatt, violetter Clematis und pfir-
sichfarbenen Rosen umrankten vier Gärten »Arbeit«?

Begreift er nicht, dass er mit »Arbeit« nur seine Arbeit
meint. Seine Arbeit, die kaum etwas abwirft und ihn unglück-
lich macht?

Dann fügt er noch hinzu: »Wir sind einfach total verschieden. Du gehst ja nicht mal gern Ski fahren. Wir würden alle
am liebsten jedes Wochenende gehen, und du hast nie Lust
dazu.«

Autsch! Er spielt die Skikarte aus! Wichtige Karte.

Sag jetzt NICHTS ...

Mist. Meine Güte.

Lass dich nicht unterkriegen. Das ist psychologische
Kriegsführung. Da müssen gerade Dämonen, Gremlins, Teu-
fel, Voldemorts und Darth Vaders um uns herumschwirren.

Die Worte sind alle in meinem Kopf.

Heul nicht: Es tut mir leid. Wann hast du mich das letzte Mal
gebeten, mit dir Ski fahren zu gehen? Vor Jahren. Ich habe es
ja versucht, aber du hast mich wie den letzten Dreck behandelt,
weil ich nicht gut genug war. Du hast mich andauernd gekränkt.
Und trotzdem raffe ich mich auf und komme wieder mit. Dar-
aufhin hast du mich die ganze Zeit ignoriert. Ich kann mich
nicht erinnern, dass in unserem Ehevertrag stand, ich sei ver-
pflichtet, Ski zu fahren. Ich fahre oft Ski. Du bist ein brillanter
Skifahrer. Und es macht dir nicht mal Freude, mit Leuten zu
fahren, die nicht ebenso brillante Skifahrer sind.

Und ja, es gibt andere Dinge, die man an einem verschnei-
ten Wintertag unternehmen kann. Etwa all die anderen Dinge,
die ich den ganzen Winter lang veranstalte, wie Schlittenpar-
tien, Langlaufen, Hundeschlittenfahrten und Ausreiten und
Schneeschuhwandern – lauter Sachen, zu denen du nie Lust
hast.

Aber ich lasse diese ätzenden Vorwürfe über mich ergehen. Lässig ruht mein Ellbogen in dem hübschen Kleid auf der Couch. Offen bleiben. Nicht weinen.

Aber die Skikarte ist heftig.

Atme gefälligst! Und was ist mit dir? Du warst doch mal derjenige mit den guten Vorschlägen. Als wir noch in Seattle wohnten, da kamst du dauernd mit irgendwelchen lustigen Ideen an. Du hast Berge erklommen. Was ist aus diesem Typen geworden? Das hier ist mindestens ebenso eine Stadt der Reiter wie der Skifahrer. Ich bitte dich wieder und wieder, doch mal mitzukommen, aber du lehnst ab. Pferde sind dir zu »unberechenbar«. Ich versuche wenigstens, Ski zu fahren.

»Einfach total verschieden«? Himmel! Ich glaube, wir ähneln uns so sehr, dass du dich selbst nicht mehr erkennst. Und seit wann ist Skifahren symptomatisch für unsere ganze Beziehung? Ging es uns nicht immer um den Spirit? Und in meinen Augen ist der Spirit, der Skifahren liebt, auch derjenige, der das Reiten liebt. Ich glaube, dass du dir selbst eine Menge Mist erzählst, um dich als Opfer zu präsentieren, anstatt endlich Verantwortung für deine eigene Zufriedenheit zu übernehmen und dich zu deiner Familie zu bekennen ... und vor allem anstatt MICH ZU LIEBEN! Wir teilen denselben Spirit. Können wir vielleicht mal von dieser Basis ausgehen?!

Das bringt mich auf den nächsten Punkt, den ich nicht vorbringen werde. Ich werde nämlich nicht sagen: Wo du schon von Spirit sprichst ... wer hat dich denn dazu überredet, im Great Blue Hole zu tauchen – was eines deiner Lebensziele war? Wer hat das möglich gemacht, damals, als wir noch das Geld dafür hatten? Wer hat all die Schnorcheltrips und Urlaube an unberührten Stränden gebucht, die dir so gefallen haben, dass du gar nicht mehr von dort wegwolltest? Ich. Weil ich dich kenne. Es hat nichts mit Skifahren zu tun, sondern damit, was du in deinem eigenen Herzen verloren hast. Und verdammt noch mal – ich liebe dich, falls du das vergessen haben solltest.

Nichts davon sage ich.

»Wenn du mich zwingst, zu einem Therapeuten zu gehen, jage ich mir eine Kugel in den Kopf«, sagt er, als hätte er die Waffe bereits in der Hand.

Aber ich sage gar nichts. Auch nicht: Warum hast du dann zunächst gesagt, dass du die Idee nicht schlecht findest? Nur damit ich dich nicht weiter nerve? Dabei würde eine Therapie bei dir Wunder wirken! Sie lehrt dich, aus dieser Opferrolle herauszukommen. Das ist so befreiend. Da lernst du, Verantwortung zu übernehmen, anstatt vor deinen Problemen davonzulaufen. Was tust du denn, um Verantwortung zu beweisen? Aufgeben? Abhauen? Wie weit willst du denn fortlaufen, bevor du anfängst, dich um deine Seele zu kümmern? Siehst du denn nicht, wie anstrengend dieses Weglaufen ist?

»Ich weiß, was ich zu tun habe. Ich ziehe aus.« Und dann wiederholt er seinen Lieblingssatz, der ihn klingen lässt wie einen Menschen mit kranker Seele von der schlimmsten Sorte: »Unsere Kinder werden das verstehen. Sie werden wollen, dass ich glücklich bin.«

Hier ergreife ich das Wort. Ich löse alle Bremsen.

»Das ist großartig. Wenn du zwei Co-Abhängige aus ihnen machen willst. Zwei Kids, die zu übertrieben verantwortungsbewussten Kontrollfreaks werden, die ebenfalls in gescheiterten Beziehungen und, wenn sie klug sind, in Therapie enden werden. Oder als gefallsüchtige Ja-Sager, die ständig in Angst leben, verlassen zu werden, letztlich aber auch in gescheiterten Beziehungen und in Therapie enden. Das ist großartig, wenn du sie dazu bringen willst, dein Glück über ihr eigenes zu stellen. Oder wenigstens so zu tun, um dir zu gefallen. Das ist großartig, wenn du ihnen klarmachen willst, dass dein Glück wichtiger ist als das ihre. Das ist großartig, wenn du alles in deiner Macht Stehende getan hast, um zu versuchen, diese Familie zu erhalten, sie zusammenzuhalten, wahr zu machen, wozu du dich bekannt hast, als du beschlossen hast, mich zu heiraten und mit mir eine Familie zu gründen.«

Ich spüre, wie ich auf dem Hintern die Überredungsspur runterschlittere. Mein Gesicht ist rot angelaufen. Das spüre ich im Nacken. Rasch schalte ich auf den Frage-Modus um. Den folgenden Satz habe ich mit meiner Therapeutin einstudiert, im Rahmen einer Notfall-Telefonsitzung vor zwei Stunden. Ich liebe ihn, denn er ist wahr, klar, unmissverständlich und schlicht.

»Was können wir jetzt tun, um dir die Distanz zu gewähren, die du brauchst, ohne dass unsere Familie dadurch Schaden nimmt?« *Was können wir jetzt tun* (ich verbünde mich also mit ihm), *um dir die Distanz zu gewähren, die du brauchst* (ich erkenne sein Bedürfnis an und stelle mich ihm nicht in den Weg), *ohne dass unsere Familie dadurch Schaden nimmt?* (Im Klartext: Wenn du an die glückliche Kindheit unserer Kleinen rührst, bekommst du es mit mir zu tun, Junge. Aber so sage ich es natürlich nicht.)

»Ich kann in die Stadt ziehen.«

»Wie würde das aussehen?« Frage-Modus.

Ich widerstehe dem Drang, mich an meine Handtasche zu klammern, denn darin befindet sich meine Trumpfkarte. Ich kann auch so spüren, wie sie heiß unter dem italienischen Leder pulsiert, das noch vor wenigen Wochen unschuldig auf einem florentinischen Markt feilgeboten wurde. Sie ist ein Symbol für das Geschenk, das ich mir selbst gemacht habe. In diesem kleinen Kraftpaket befindet sich die ausgedruckte Liste. Das Blatt, das mir meine Therapeutin mitgegeben hat. Eine

Aufzählung all der Fragen, die wir zu beantworten haben, falls er auszieht. Vorausgesetzt natürlich, er möchte tatsächlich eine verantwortungsvolle Trennung.

»Also«, fährt er fort, »eigentlich würde sich nichts ändern. Ich würde jeden Abend nach Hause kommen, mit der Familie essen, ein bisschen dableiben, die Kinder ins Bett bringen und dann in meine Wohnung fahren.«

Was? Das wäre auf keinen Fall eine verantwortungsvolle Trennung. Das ist die bescheuertste Idee, die mir je zu Ohren gekommen ist! Ich muss mir das Lachen verbeißen. Ich muss mich zwingen, nicht aufzuspringen, ihm ins Gesicht zu schlagen und vor Lachen hintenüber auf die Couch zu fallen. Womöglich auf meine Tasche mit dem heißen kleinen Brandeisen drin. Ich bin mir meines kräftigen Armes auf der Lehne des Sofas und meiner zugewandten Körpersprache bewusst. Unauffällig kontrolliere ich, ob mein Kleid nicht hochgerutscht ist und meinen Unterrock hervorblitzen lässt. Den habe ich mir noch in letzter Sekunde angezogen, um das zu betonen, was er ja offenbar verlassen will.

Ich schlucke und sage: »Ich sehe, ehrlich gesagt, nicht, inwiefern dir das die nötige Distanz geben soll. Mir fällt es auch schwer abzusehen, was das unseren Kindern antun wird.«

Mein Blick fällt auf die Handtasche. Der Moment scheint gekommen.

»Hier habe ich etwas, das meine Therapeutin mir gegeben hat. Sie hat ja dauernd mit den Folgeschäden verantwortungsloser Trennungen zu tun.« Ich gebe ihm den Zettel.

»Was ist das?«, faucht er und will ihn kaum anfassen. Dann wirft er doch einen raschen Blick darauf. »Ah, toll. Geld. Als ob du auch nur einen Schimmer von unseren Finanzen hättest. Ich glaube, wir erinnern uns beide nur zu gut daran, was für ein Chaos du angerichtet hast, als du mal versucht hast, unsere Rechnungen zu bezahlen. Was verstehst du denn von den Stapeln Bullshit da drüben auf meinem Schreibtisch, mit denen ich mich täglich herumschlagen muss?«

Er zeigt auf seinen Tisch. »Und wenn wir schon davon reden, wie viele Millionen Dollar willst du eigentlich noch zu dieser Therapeutin tragen?«

»Das bezahlt die Krankenversicherung, wie du weißt«, sage ich ruhig. Wie kann er es wagen? Er ist wie ein Junge, der versucht, einen Streit vom Zaun zu brechen, damit er jemand die Nase blutig schlagen kann.

»Ja, schon, aber einen Teil müssen wir schließlich selbst bezahlen.«

Ich sage nicht: *Na gut, wenn du dir solche Sorgen über unsere Finanzen machst, warum gibst du mir dann keinen Einblick in unsere wirtschaftliche Situation? Warum sperrst du dich dann dagegen, einen Schuldenberater aufzusuchen, wie ich es dir wieder und wieder vorgeschlagen habe? Der könnte uns helfen, einen Finanzplan aufzustellen. Aber wie viel mehr Gewinn ziehst du daraus, in einer Welt der Kränkung zu leben?*

Ich weiß, dass sein Verhältnis zum Geld von Scham und Schuldgefühlen geprägt ist. Meines ebenso. Wir haben beide so hart, aber mit so geringem finanziellen Erfolg gearbeitet. Beide mussten wir unsere Familien um Unterstützung bitten, was uns gleichermaßen geniert hat. Also übe ich mich ein wenig in Mitgefühl und atme. Trotzdem ist das, was er gesagt hat, gemein. Richtig gemein. Tief in meinem Innern weiß ich zwar, dass es nicht ungewöhnlich ist, auf Gemeinheiten zu verfallen, wenn man sich in der Opferrolle sieht, anstatt Verantwortung für sich selbst zu übernehmen. Aber trotz allem. Meine Güte.

Ich hole tief Luft und schlucke. »Ich hätte gern, dass du diese Liste liest. Darauf stehen die Fragen, für die wir Antworten finden müssen, wenn du ausziehst.«

»Mein Gott, das ist doch absurd«, sagt er, während er das Blatt überfliegt. »Dann glaubst du also nicht, dass es mehr schadet als nützt, wenn ich Nachrichten für die Kinder auf einer Tafel am Eingang hinterlasse? Wir haben doch nicht mal jeder Schlüssel für das Haus!«

Ich stehe auf und hole mir ein Glas Wasser. *Atme ... hab Vertrauen ... lass das Ergebnis auf dich zukommen.*

»Verdammt noch mal! Das ist doch lächerlich!«, keift er. »Ah, ich verstehe, ich verstehe. Du benutzt die Kinder als Druckmittel. Du willst mir mit dieser Liste drohen. Du willst mich dazu bringen, dass ich diese ganzen verdammten Fragen beantworte, ja?«

»Ich habe nicht gesagt, dass ich dich zu irgendetwas bringen will. Ich will dich nur wissen lassen, was mir eine Psychologin, die tagtäglich mit den Auswirkungen verantwortungsloser Trennungen zu tun hat, geraten hat, als ich sie danach gefragt habe, was denn eine verantwortungsvolle Trennung ausmacht.«

Er zeigt auf die Liste. »Na toll. Wer darf mit wem Sex haben? Geht's dir darum? Glaubst du, ich interessiere mich für eine andere Frau?«

Ich sage nicht: *Eine Frau ohne Altlasten, eine ohne Vorleben? Vielleicht eine brillante Skifahrerin?*

Ich sage: »Bist du ehrlich zu mir? Gibt es eine andere?«

»Definitiv nicht.«

Ich schaue ihm in die Augen. Ich entdecke Zorn darin, aber ich meine, auch Ehrlichkeit zu sehen.

»Wo genau in der Stadt befindet sich denn dieses Haus, in das du ziehen möchtest? Das ist eine der Fragen von der Liste. Werden unsere Kinder dort ein und aus gehen?«

Jetzt windet er sich. »Also, es ist noch nicht endgültig gekauft. Mein Kumpel aus New York überlegt noch, es zu kaufen.«

»Und dann würdest du es von ihm mieten.«

»Nein, das können wir uns nicht leisten.«

Das ist doch Wahnsinn. Ich will zurück nach Italien. Ich möchte Feigen pflücken, auf Olivenbäume klettern und Davids Po anstarren. Das ist Wahnsinn, und es ist traurig.

Ich sage: »Ich will wissen, wozu wir uns jetzt verpflichten können. Ich rede nicht vom nächsten Monat. Ich rede über genau jetzt. Denn morgen könnte dich ja auch ein Laster überfahren. Aber was können wir jetzt tun, um dir die Distanz zu gewähren, die du brauchst, ohne …«

»Würdest du wohl aufhören, diese ärgerliche Frage zu stellen? Das ist offenbar alles, was du kannst. Fragen stellen! Wozu kannst *du* dich denn verpflichten?«

Faszinierend. Wenn ich eine Therapeutin wäre. Wenn es hier nicht um mein Leben ginge.

»Wozu ich mich verpflichten kann?«, sage ich. »Also, ich kann mich dazu verpflichten, dir die Distanz zu gewähren, die du brauchst, aber nur sofern es unseren Kindern keinen Schaden zufügt. Ich kann mich verpflichten, dich in deinem Bestreben nach Glück zu unterstützen. Ich kann mich verpflichten, unser Zuhause zu bewahren, während du dir eine Auszeit nimmst. Und wenn Australien zu teuer ist, dann schnapp dir, wie du es schon oft angekündigt hast, deinen Geländewagen, deine Angel und dein Rad und mach dich damit auf den Weg. Ich kann mich verpflichten, dir zu helfen, einen Raum im Speicher über der Garage einzurichten, dein Home Office – ein Zimmer, das nur dir gehört und in dem du ein bisschen auf Abstand gehen kannst. Ich kann mich verpflichten, dich darin zu bestärken, Helikopterstunden in der Flugschule unserer Freunde zu nehmen.«

»Dann willst du also verhindern, dass ich in die Stadt ziehe?«

Gütiger Gott. Jetzt macht er es mir aber wirklich leicht. »Ich habe nicht gesagt, dass ich etwas zulassen oder verhindern will. Ich sehe nur nicht, wie du bei diesem Arrangement die nötige Distanz finden willst. Meistens schläfst du selbst ein, nachdem du die Kinder ins Bett gebracht hast. Und dir dann aufzuerlegen, noch in die Stadt zu fahren – in eine Wohnung, die dir im Moment noch gar nicht zur Verfügung steht –, dort zu schlafen, kurz darauf wieder aufzustehen und zur Arbeit zu gehen … in meinen Ohren klingt das nicht sehr sinnvoll. Was können wir denn gemeinsam in dem Alltag, den einzurichten uns so viel Kraft gekostet hat, bewerkstelligen, innerhalb unserer Familie und auf unserem Grund und Boden, sodass es keine Bedrohung für die Kinder darstellt? Sodass sie sich nicht im Stich gelassen fühlen?«

Jetzt schweigt er.

Ich stelle mich dumm. Bleibe aber dran. Denn natürlich ist das eine absurde Vorstellung. *Was würde denn bitte schön für mich dabei herausspringen? Ich soll kochen und putzen und alles andere erledigen, während er einfach hereinschneit und wieder verschwindet, wie es ihm gerade passt? Was hätte ich davon?* Das sage ich jedoch nicht. Noch nicht. Ich hebe es mir für in zehn Jahren auf, wenn wir an einem Strand irgendwo in der Karibik darüber lachen können.

»Ich brauche einfach mehr Raum.«

»Hab ich verstanden. Mehr Raum. Du bist auch Vater. Und Ehemann. Und du hast ein komplexes Leben eingerichtet, das ohne dich nicht funktioniert.« Ein Teil von mir möchte sagen: *Werd verdammt noch mal erwachsen. Das sind Luxussorgen. Du kannst von Glück sagen, dass du überhaupt eine Familie hast, die du aufs Spiel setzen kannst. Ein Haus, aus dem du ausziehen willst. Eine Frau, die du nicht lieben möchtest. Skifahren kannst du, wenn du auch oft nicht dazu kommst. Ver-*

dammt noch mal. Es wäre an der Zeit für ein bisschen Dankbarkeit. Und nicht für nächtelanges Ausbleiben und Party-machen, als wäre man zwanzig. Werd erwachsen! Aber stattdessen sage ich: »Mach Urlaub. Fahr irgendwohin. Lass es dir gut gehen.«

»Ich werde nirgendwo hinfahren. Ich kann gar nicht. Dafür habe ich viel zu viel am Hals.« Er gebärdet sich wie ein Kleinkind, das man mitten in einem Trotzanfall umarmt hat. »Ich habe Angst zusammenzubrechen. Ich fühle mich, als würde ich den Verstand verlieren.«

»Mein Lieber, an dem Punkt bist du bereits angelangt. Das ist schon ein Zusammenbruch. So was passiert. Entscheidend ist, wie man damit umgeht. Ich weiß das aus eigener Erfahrung. Sei vorsichtig. Lass dir Zeit. Das ist eine ganz wichtige Phase. Und niemand möchte die Fragen auf dieser Liste beantworten müssen. Und erst recht möchte niemand sie durchleben.«

Ich komme mir vor wie ein Fels in der Brandung. Am liebsten wäre ich mit mir selbst verheiratet.

»Wozu kannst *du* dich verpflichten?«, frage ich ihn und habe plötzlich keine Angst mehr.

Er schaut aus dem Fenster auf den Skiberg, als bräuchte er ihn, um Kraft zu schöpfen. Seine Lippen bilden eine dünne, gerade Linie. »Ich kann mich unseren Kindern gegenüber verpflichten. Ich kann mich verpflichten, mal einen Blick in diesen Raum über der Garage zu werfen. Ich kann mich verpflichten, mir die Hubschrauberschule anzusehen. Ich kann mich verpflichten … Ich schätze mal, ich kann mich verpflichten … diesen Therapeuten zumindest mal anzurufen … und ich kann mich zu einer Zukunft mit dir verpflichten. Wenn auch ohne eine Spur Zutrauen … oder dergleichen.«

An diesem Punkt beginne ich zu weinen.

Bis wir zu Hause ankommen, sind meine Tränen getrocknet. Immerhin habe ich das Wort »verpflichten« sechs Mal gehört. Die folgende Woche verbringen wir wie eine glückliche Familie. Ich sehe, dass die Strategie mit der Liste funktioniert. Er schaut sich um und bemerkt, was er alles aufs Spiel setzen würde. Er merkt, dass er seine liebsten Verpflichtungen riskiert. In meinen Augen macht genau das eine Neurose aus.

Mein Bauchgefühl sagt mir, dass ich noch mehr dieser raumgreifenden, für alles offenen, modernen Statements von mir geben soll. Dass ich ihm aus dem Weg gehen soll, damit er auf sein eigenes Genörgel zurückgeworfen wird und sich damit auseinandersetzen muss.

Also beginne ich, in der ersten Person zu reden: »Ich gehe mit den Kids zum Wandern auf den Skiberg … Ich mache mit den Kindern und Freunden einen Bootsausflug … Ich bringe die Kinder zum Baden an den See … Ich gehe mit den Kindern eine Kleinigkeit zu Abend essen.« Gott sei Dank haben wir Sommer und herrliche Möglichkeiten.

Interessanterweise höre ich kein Wort mehr über das Haus des Freundes in der Stadt. Aber ich will daraus keine voreiligen Schlüsse ziehen. Ich lebe in dem Augenblick, in dem ich mich gerade befinde. Kümmere mich um das, was ich beeinflussen und gestalten kann. Den Rest lasse ich, wie er ist. Zumindest für den Moment. Mehr ist da auch nicht zu tun. Im Moment.

Sheila meldet sich immer noch laut genug zu Wort, und ich kämpfe darum, meinem Mann zu glauben, dass es da keine andere Frau gibt. Sheila verbeißt sich in dieses Thema. Sie möchte, dass ich ihn im Stich lasse. Partei ergreife. Sie will, dass ich leide. Sie ist die andere Frau in mir, und am liebsten sähe ich sie tot und begraben.

Der schwerste Kampf besteht für mich jedoch darin, aus mir selbst heraus glücklich zu sein. Sein Verhalten nicht persönlich zu nehmen. Nicht extra Zeit dafür aufzuwenden, mich hübsch zu machen, unwiderstehlich. So möchte ich nicht leben. Ich war immer nur ich selbst. Ich habe mich redlich bemüht, authentisch zu sein. Nicht viel Make-up zu tragen und mir über Enthaarung oder perfekte Bauchmuskeln kaum Gedanken zu machen. Doch das ist gar nicht leicht. Es fällt mir schwer, nicht ein bisschen Tamtam zu machen. Geht es denn nicht eigentlich darum? Ist das Leben denn kein Spiel? Ein Spiel mit dem Leben?

Wollen wir mal sehen, was diese Woche passiert. Wir haben uns zu einem weiteren Gespräch verpflichtet. Am nächsten Tag ist sein Geburtstag. Ich finde, ich sollte ihm etwas Bedeutsames schenken. Aber mir fällt nichts ein. Ich habe ihm schon so viel gegeben. Und wenn ich mir ansehe, wie er sich verhält, dann bezweifle ich, ob irgendwas davon je bei ihm angekommen ist.

Mit zwei Ausnahmen: unsere beiden Kinder. Als er aus seinem Bürofenster auf den Skiberg starrte und seine Selbstverpflichtungen aufzählte, da konnte ich die Vaterschaft in seinen Augen sehen. Seine Vaterschaft ist so ziemlich das einzige noch funktionierende Element auf dem geborstenen Schiff. Sie macht den Mann aus, von dem ich weiß, dass er irgendwo in ihm noch existiert. Das ist kein Druckmittel, keine Bedrohung. Sondern das Einzige, was ihm auf der ganzen Welt im Moment noch wichtig ist. In diesem Moment. Und für den Moment will ich das gutheißen. Wie soll er mich lieben können, wenn er sich selbst hasst? Die Tatsache, dass er seine Kinder noch liebt, beweist mir, dass er sich vielleicht doch noch nicht so weit entfernt hat. Vielleicht war der 4. Juli der Tiefpunkt. Vielleicht wird er sich aus der Hölle herauskämpfen.

Dann fällt mir ein gutes Geschenk ein. Gerade rechtzeitig trifft der Scheck für einen Zeitschriftenartikel, den ich geschrieben habe, ein. So bekommt er einen Dreihundert-Dollar-Gutschein für Helikopter-Flugstunden. Und einen Hubschrauber mit Fernsteuerung. Und eine Karte mit einem Typen drauf, der einen Helikopter steuert und dabei glücklich aussieht. Ich schreibe hinein: »Flieg los und finde ein Zuhause im Himmel.« Und dann wage ich noch hinzuzufügen: »Zwei Ballons.«

An diesem Abend machen die Kinder ein Foto von uns. Am Seeufer, wo wir eine kleine Geburtstagsfeier für ihn vorbereitet haben. Er und ich lächeln ungekünstelt. Weil wir auf unsere Kinder blicken.

Doch wie rasch schöpft das Herz Hoffnung und stürzt dann in Verzweiflung.

»Ich gehe noch mal weg«, sagt er, nachdem wir die Kinder zu Bett gebracht haben. »Ich treffe einen Typen in der Stadt, der mir ein interessantes geschäftliches Angebot gemacht hat.«

Ich möchte ihm schon sagen, dass ich ihm vertraue. Aber ich muss mir eingestehen, dass mein Vertrauen nicht vollkommen ist. Das mit dem Zweifel einhergehende Leid lässt sich am schwersten abwehren.

Ich folge ihm bis zur Tür. Ich kann nicht anders. Mit ruhiger Stimme sage ich: »Bitte komm nicht so spät nach Hause.«

»Die Familie ist es wert«, hat eine Freundin mir geraten, immer im Hinterkopf zu behalten.

»Mach ich«, sagt er, aber seine Stimme klingt genervt. »Und danke noch mal für den Gutschein.«

Er kommt nach Hause. Um zwei Uhr morgens höre ich ihn durchs Haus schlurfen. Dann erschallt von der Veranda ein bierseliges Schnarchen. Offenbar feiert der Typ mit dem Geschäftsangebot gern.

Ich muss daran glauben, dass unsere kleine Familie das durchstehen wird. Ich muss an diese beiden Eltern glauben, die am Seeufer gelächelt haben.

Dieser Abend ist ein weiterer Schritt beim Umsetzen meiner Strategie. Man kann im Augenblick leben, und man kann etwas Gutes hervorbringen, und zwar unabhängig vom Ergebnis … weil man etwas lieben kann, das außerhalb von einem selbst liegt. Und wenn dem so ist, dann muss der Pfeil dieser Liebe schließlich von irgendwoher kommen. Und wenn man achtgibt, dann kann man ihn bis zu seinem Ausgangspunkt zurückverfolgen. Zu einem selbst.

Vielleicht kann er durch die Liebe zu unseren Kindern auch die Liebe zu sich selbst wiederfinden. Und vielleicht entdeckt er danach auch wieder die Liebe zu mir. Ich werde jedenfalls so leben, als sei das bereits geschehen.

Unwahrscheinliches Glück

Mitte Juli.

In diesem Sommer ist von der Musik beim Zahnarzt über die Zeichentrickfilme, die meine Kinder sich ansehen, bis hin zu den Talkshows im Radio alles bedeutungsvoll an mich gerichtet. Mir war früher nie bewusst, dass es fast überall um die Angst vor Liebesverlust, um die verlorene Liebe selbst oder um den fortdauernden Schmerz aufgrund von – ganz recht – verlorener Liebe geht.

Um darüber nicht den Verstand zu verlieren, frage ich mich wieder und wieder: Welche Position kann ich in diesem Szenario einnehmen? Wie kann ich mich vor Zorn schützen? Vor der Opferrolle. Vor Leid. Denn mit Leiden bin ich fertig. Nicht fertig bin ich dagegen mit meinem Mann. Und ich glaube auch nicht, dass er mit mir fertig ist.

Aber es gibt eine Falle, in die ich immer wieder hineintappe: das Wollen. Ich klammere mich an das angestrebte Ziel. Ich möchte mit ihm alt werden. Ich möchte mit ihm die Welt bereisen, wie wir es uns in unseren Zwanzigern ausgemalt haben. Wir haben Spaß zusammen. Ich weiß, dass er das auch so sieht. Er hat mir das mal explizit attestiert. »Du bist so witzig«, hat er gesagt. Aus irgendeinem Grund habe ich das als großes Kompliment abgespeichert.

Es scheint mir wichtig, kindliche Quellen anzuzapfen, die meinem Herzen guttun – die mir etwas geben, statt zu nehmen. So schlage ich etwa Madeleine L'Engles *Die Zeitfalte* auf – ein Buch, das ich als Mädchen sehr mochte. Ich hatte vergessen, dass in dieser Geschichte der Vater verschwunden ist. Die Kinder finden ihn schließlich in der Fünften Dimension wieder, wo er sich als Gefangener des Bösen aufhält. Und es ist schon ziemlich weit mit ihm gekommen. Das Einzige, wofür er kämpfen würde, sind seine Kinder. Nicht für sich selbst. Daher kommen seine Kinder zu ihm. Und er geht für sie durch seine ganz eigene Hölle. Gütiger Gott.

Alles ist an mich gerichtet. Und posaunt die Botschaft heraus, dass ich nicht allein bin. Ich fühle mich wie in einer anderen Dimension, in der meine Sinne geschärft sind – die Botschaften klarer.

Später komme ich vom Gießen im Garten herein. Mein Sohn sieht sich gerade *Die Unglaublichen* an. »Denk dran«, sagt die kleine hexenhafte Modedesignerin gerade, »du bist Elastigirl! Erinner ihn daran, dass er Mr. Incredible ist. Und jetzt mach dich auf die Suche nach ihm und bring ihn zurück!«

Das hat gesessen.

Gütiger.

Gott.

Und *Mary Poppins*. Die Kinder und ich sehen uns den Film an einem verregneten Nachmittag an. Nach all den Jahren, in denen ich die Bücher und den Film geliebt habe … da begreife ich erst jetzt, dass es um die Identitätskrise eines Ehemannes geht, der seine Arbeit verloren hat. Und darum, wie er dank der Liebe seiner Kinder und seiner Frau sein Selbstwertgefühl zurückgewinnt. G.G.

Meine Großmutter pflegte zu sagen: »Es wachen mehr Augen über dich, als du dir vorstellen kannst.«

Das habe ich in Italien gespürt. Überall waren diese Augen, und nicht bloß Augen. Leute tauchten auf und brachten uns zu den richtigen Zügen, richtigen Straßen, richtigen Schlangen. Menschen machten sich zu unseren Fürsprechern und fanden die italienischen Worte, die uns fehlten.

Jetzt spüre ich diese über mich wachenden Augen hier. Und sei es in Gestalt einer Adlerfeder auf einem Waldweg. Als Schatten des Espenlaubs auf der Wiese vor dem Fenster meines Arbeitszimmers. Oder ich erkenne sie darin, wie meine Retriever beim Spaziergang ganz gegen ihre Gewohnheit an meiner Seite bleiben. Darin, wie durstig mein Körper sich in einen Bergsee stürzt und wie zufrieden er danach in der Sonne trocknet. Oder wie ich mich an den Rücken meines Pferdes schmiege. Die Welt scheint sich langsam um mich zu drehen, mir Mut zuzusprechen.

Es ist alles da.

Vielleicht war die Stimme, die ich in Italien vernommen habe, die kollektive Stimme meiner Großmütter und Urgroßmütter, die mir mitteilen wollten, was sie inzwischen wissen – in dem Versuch, mich davor zu bewahren, was auch sie zu ihren Lebzeiten noch nicht wussten. Dieses Jahr werde ich beim Aufräumen nach dem Thanksgiving-Festmahl jedenfalls sehr aufmerksam lauschen.

Es wachen mehr Augen über dich, als du dir vorstellen kannst. So sehr ich Trost aus dem Vermächtnis meiner Vorfahrinnen ziehe, bis jetzt habe ich meiner Familie noch nichts vom Elend unserer Ehe erzählt. Ich möchte weder das Gefühl haben, dass sie sich Sorgen machen, noch hören, was sie mir als Lösung vorschlagen würden. Denn ihnen wäre sicher sehr daran gelegen, diese Situation in Ordnung zu bringen. Ich schätze mal, dass das unvermeidlich ist, wenn man so lange das Schlusslicht ist. Wenn man aufwächst, ohne ihre Geheimnisse zu kennen, sie in ihrem Kummer zu trösten und ihnen einfach ebenbürtig zu sein. Sie glauben, in einer Weise über dich verfügen zu können, wie ich es mir nicht mehr vorstellen kann. Auch wenn ich ihnen viele Jahre den Zugriff auf mich gestattet habe, weil ich auf diese Weise das Gefühl hatte, geliebt zu werden. Doch jetzt brauche ich Ebenbürtige. Nichts, was mich belastet.

Und meine Mutter ist nach der Trauer um meinen Vater so glücklich mit ihrem neuen Ehemann … Die beiden gondeln durch die Weltgeschichte, als wären sie in den Flitterwochen. Und ich will sie nicht dabei stören. Sie verdient dieses wiederentdeckte Glück. Ich spüre ihre Zuneigung wie eh und je, wenn ich vor dem Geschirrschrank stehe, und das genügt mir. Nein, jetzt brauche ich unkomplizierte Menschen um mich.

Engel. Und das meine ich so. Keine kitschigen oder New-Age-Typen oder solche, die mir sagen wollen, wo's langgeht. Stattdessen tauchen echte Engel um mich herum auf, als würden meine Großeltern und mein Vater sie aus irgendeinem mystischen Reich direkt in mein Leben schicken. Ich spüre ihre Anwesenheit, wenn ich mit meinen Kindern im Kino sitze oder im Restaurant oder am Strand oder zum Spielen auf unserer Veranda. Als die Kassiererin im Supermarkt mir letztens im Rausgehen zublinzelte, da hatte ich den Eindruck, selbst sie sei eingeweiht. Es kommt mir vor, als würden sie alle mir sagen: *Hör auf dein Gefühl. Dir wird nichts passieren, egal, was passiert.*

Sie sind gestern Abend aufgetaucht. Ganz spontan. Zwei alte Freundinnen – beide erst kürzlich geschieden, auf der Fahrt Richtung Seattle. Einfach aus einer Laune heraus haben sie einen Zwischenstopp in Missoula eingelegt. Wollten sehen, ob ich zu Hause sei. Das Timing könnte nicht besser sein.

Ich huschte durchs Haus, um ein bisschen aufzuräumen, und wenige Stunden später saß ich schon mit diesen beiden guten Freundinnen auf der Veranda. Zwei Frauen, die ich auf einer Griechenlandreise kennengelernt habe, als ich versuchte, gemäß dem Joni-Mitchell-Song *Carey* zu leben. Frauen, neben denen ich schon oben ohne an einem schwarzen Sandstrand gelegen habe. Frauen, denen gegenüber ich schon immer eine Seelenverwandtschaft verspürt habe.

Das war wie ein Geschenk meiner Groß- und Urgroßmütter. Als wären die Stimmen aus dem Porzellanschrank zu meinem Besten zusammengekommen und hätten mir diese Frauen als Trost geschickt.

Denn mein Ehemann kam, wieder einmal … vorläufig nicht nach Hause.

Er hatte unserer Tochter eine SMS auf ihr Handy geschickt. In dem Privatclub oben auf dem Skiberg gäbe es eine Möglichkeit zum Netzwerken. Mit einem potenziellen Arbeitgeber.

Ich war stinksauer. Schließlich schickt man seiner Tochter keine SMS mit einer Information, die für die Ehefrau gedacht ist. Selbst wenn diese Frau nicht gerne via SMS kommuniziert. Dann ruft man sie eben an, denn am Telefon ist sie gut. Aber vielleicht ruft man sie nicht an, weil man sich ihre möglicherweise negative Reaktion auf die Entscheidung, mal wieder nicht am Familienleben teilzunehmen, nicht anhören will. Obwohl, eines ist ja schon witzig: Bei all dem verantwortungslosen Verhalten, das man diesen Sommer an den Tag legt … bleibt sie tatsächlich … verdammt cool. Vielleicht bleibt man also wieder die ganze Nacht weg, ohne anzurufen, nur um zu sehen, ob sie das aufbringt. Dann kann man nämlich sagen: *Seht her, sie ist eine Zicke mit reichlich Ballast, und deshalb mach ich mich hier vom Acker.*

Aber ich bin absolut keine Zicke.

Dafür breite ich meine Geschichte vor diesen beiden Frauen aus. Spätabends, als die Kinder schon schlafen und der Ehemann nach wie vor ausbleibt.

Wir sitzen in Decken gehüllt und mit Weingläsern vor heruntergebrannten Kerzen auf unserer Veranda. Ich bewege mich auf heiklem Terrain, weil die beiden erst kürzlich ihr Leben umkrempeln mussten, den Alltag ihrer Kinder, ihr Berufsleben. Diese Spritztour ist ihr Bekenntnis zum Neuanfang.

Ich versuche, nicht in die Zukunft zu denken. Ich brauche zunächst liebevolle Begleiter in der Gegenwart. Die beiden scheinen mir bestens dafür geeignet, weil sie sich nie davor gefürchtet haben, ganz offen zu sein.

Also berichte ich ihnen freimütig, was er nach meiner Rückkehr aus Italien gesagt hat. Wie er sich verhalten hat. Aber ich sage ihnen auch, dass ich immer noch auf seiner Seite stehe. Keine Auseinandersetzung suche. Ich gestalte unser Familienleben mit ihm oder ohne ihn. Wobei ich nicht behaupten möchte, dass dies die Lösung für jeden wäre. Ich betone, dass jede Geschichte anders ist. Mein Weg ist sicher nur eine Möglichkeit, diese Art von Krise als Frau durchzustehen. Trotzdem bin ich auf eine gewisse Bitterkeit von ihrer Seite gefasst.

Umso mehr überrascht mich ihre Reaktion.

Eine von ihnen sagt: »Ich wünschte, ich hätte so reagiert wie du, als mein Mann mir eröffnete, er würde mich nicht mehr lieben. Ich habe aber das Gegenteil gemacht. Ich bin explodiert. Ich habe wie ein bescheuerter Psycho zum Küchenmesser gegriffen. Allerdings spielte in meinem Fall noch eine dritte Partei mit.«

Sie beginnt zu weinen, und wir legen ihr tröstend eine Hand auf den Arm, aufs Bein.

Sie schnieft und spricht weiter, als müsse sie sich das unbedingt von der Seele reden. »Aber als mir klar wurde, was ich verlieren würde, da sagte ich ihm, ich sei bereit, zu verzeihen und weiterzumachen. Doch er wollte nicht. Obwohl er sagte, er hätte die andere Beziehung beendet. Er beharrte darauf, mich nicht mehr zu lieben. Punkt. Ich schwör euch, das kam aus heiterem Himmel. Ich schwör euch … bis dahin waren wir glücklich.«

»Zum Teufel mit dem Glücklichsein«, sagt meine andere Freundin und holt sich eine Zigarette heraus. »Stört es dich, wenn ich rauche? Jetzt bin ich 42 und habe gerade mit dem Rauchen angefangen.«

Ich gebe ihr eine leere Weinflasche, damit sie die als Aschenbecher benutzen kann, und denke über meine eigene Definition von Glück nach. Ich möchte sie gern mit meinen Freundinnen teilen, allerdings ohne beschränkt oder unsensibel zu wirken. Auf der anderen Seite habe ich vor guten Freunden noch nie ein Blatt vor den Mund genommen. »Ich bin zu der Überzeugung gekommen, dass selbst wenn es eine andere Frau gibt – und mein Mann sagt, es gäbe keine –, ich dennoch glücklich sein könnte«, beginne ich zögernd. »Selbst wenn es nur ein einziger Schritt weg vom Leiden ist, habe ich für mich entschieden, das als gut zu bezeichnen. So habe ich es diesen Sommer über gehalten. Ich habe versucht, mich zurückzunehmen, wenn mein Verstand ausflippen wollte. Mich nach innen gekehrt. Um nur zu atmen, mich zu erden. Nicht mehr auf das Ergebnis fixiert zu sein. Egal, was alles in Scherben geht. Ich bemühe mich um einen gewissen Grad innerer Gelassenheit, versteht ihr? Ich denke, das könnte man Glücklichsein nennen. Glück muss schließlich nicht zwingend ein gefühlsduseliges, süßliches Lächeln bedeuten.«

»Amen«, sagt die Freundin, die nicht raucht, daraufhin. »Eine gute Fahrt ins Blaue hilft auch.«

»So fühle ich mich schon den ganzen Sommer lang. Wie auf einer mentalen Fahrt ins Blaue«, erkläre ich.

Die Dritte im Bunde hat eine andere Geschichte zu erzählen. Sie war diejenige, die gegangen ist. »Ich kann euch sagen, wenn ich meinen Job nicht verloren hätte, wenn ich nicht die Ernährerin der Familie gewesen wäre und nicht mein ganzes Erwachsenenleben damit zugebracht hätte, mir eine Karriere aufzubauen, die dann an einem einzigen Nachmittag den Bach runterging … dann hätte ich meinen Mann auch nicht verlassen.« Sie wirft die Zigarette in die Weinflasche und lehnt sich in die Kissen zurück. »Aber ich war wie in einem Nebel. Konnte nicht weiter sehen als bis zu meiner Nasenspitze. Ich konnte einfach nicht damit umgehen und wollte nur noch raus. Und jetzt bin ich draußen, so viel steht fest. Und meine Kinder hassen mich dafür.«

Sie werden dir verzeihen, geben wir beide ihr auf jeweils eigene Weise zu verstehen.

Aber sie ist unerbittlich. »Ich liebe ihn immer noch. Das ist mein Problem. Aber … ich hab`s verbockt. Und jetzt ist er ganz woanders. Das Gericht hat zu seinen Gunsten entschieden, da sich hauptsächlich er in all den Jahren, in denen ich gearbeitet habe, um die Kinder gekümmert hat. Und auch weil schließlich ich diejenige war, die gegangen ist. Deshalb stehe ich jetzt auch mehr oder weniger allein da. Und das ist einfach die Hölle.« Sie lacht bitter. »Aber hey – immerhin habe ich meinen Job zurückbekommen! Als ob das noch etwas retten könnte.« Sie schüttelt den Kopf.

Ich habe sie nicht als so sarkastisch in Erinnerung. Und ich hätte mir niemals vorstellen können, dass sie eines Tages anfängt zu rauchen. Gerne würde ich sie in den Arm nehmen, aber sie wirkt zu verschlossen dafür. Geradezu starr, mechanisch, als sei sie über die Tränen bereits hinaus.

So möchte ich nicht werden.

Als die beiden am nächsten Tag weiterfahren, bedaure ich es, nach der nächtlichen Verbundenheit und Vertrautheit wieder allein zu sein.

Engel.

Die Tage beginnen zu verschwimmen. Ich versuche, ein Familienleben zu kreieren und daraus einen Gewinn für mich zu ziehen. Außerdem bemühe ich mich darum, eine Saite der Harmonie in mir zum Klingen zu bringen. Immer wenn ich das Bedürfnis danach verspüre, schreibe ich an diesem Buch wie in ein Tagebuch. Gleichzeitig muss ich die Deadlines für ein paar Zeitschriftenartikel einhalten.

Mein Mann kommt und geht wie eine Art Phantom. Dabei arbeitet er immer weniger. Weicht meinem Blick zunehmend aus. Er scheint in dem Nebel zu stecken, von dem meine rauchende Freundin auf unserer Veranda erzählt hat.

Die Kinder nehmen es offenbar hin. Aber natürlich registrieren sie, dass er sich seltsam benimmt. Sie wissen, dass es mit seiner Arbeit zu tun hat, wie ich ihnen ja gesagt habe. Sie wollen ihn gern um sich haben, begreifen aber auch, dass Angeln etwas ist, das Väter nun mal tun. Ebenso Golfspielen oder Bootfahren. Vor allem deprimierte Väter. Auch sie folgen ihrem Instinkt. Auch sie glauben an ihn. Es ist nicht so, als wäre er schon ausgezogen. Die Familie ist noch intakt, immer noch eine Quelle der Liebe zu ihm. Stabil, weil sie es anders gar nicht kennen in ihrem noch kindlichen, altersgemäß egozentrischen Weltbild.

Ich sage mir Folgendes: Alles ist besser als ihn zur Anwesenheit zu verdonnern. Dann würde er wie ein Gefangener auf der Couch hocken und Sportsendungen schauen – und meine Kinder könnten mit ansehen, wie ihr Vater ihrer Mutter, der

Gefängniswärterin, grollt. Noch schlimmer ist die Vorstellung, dass er sich allein in irgendeinem anderen Zuhause durchschlägt, das sie auch akzeptieren und sogar mögen sollten. Da müsste es noch weit kommen, meilenweit, bevor ich das auch nur in Erwägung ziehe. Meilenweit.

Letzte Nacht habe ich ihn heimkommen gehört. Ich machte mir gar nicht erst die Mühe, auf die Uhr zu sehen, aber jedenfalls war es spät. Die Kinder hatten beschlossen, in Schlafsäcken im Wohnzimmer zu kampieren, so hatte er das Zimmer meines Sohnes ganz für sich. Dort schlief er bis mittags. Ich brachte unseren Sohn ins Fußball-Camp, ging ein paar Lebensmittel einkaufen, organisierte eine Spielverabredung für unsere Tochter und versuchte, selbst Ruhe zu bewahren. Immer wieder ermahnte ich mich, nichts von seinem Verhalten persönlich zu nehmen. Mich nicht in Selbstmitleid zu ergehen. Mir nicht das Drehbuch, das Stück, die Szene auszumalen.

Aber es fällt mir ungeheuer schwer, das nicht zu tun.

Fantasie

ER: Kommt mit schuldbewusster, distanzierter Miene in die Küche.

ICH: Werfe ihm einen flüchtigen Blick zu und sage etwas Geistreiches und Cooles. Bist du jetzt mit deiner Geburtstagsfeier fertig?

ER: Lächelt schuldbewusst und geht an den Kühlschrank.

ICH: Lächle vielsagend, weil ich gerade einkaufen war und der Kühlschrank voll mit sommerlichen Köstlichkeiten ist. Außerdem habe ich ihn soeben sauber gemacht, Rosen gepflückt und sie in kleinen Vasen auf die sonnige Fensterbank gestellt. Auf der Kochinsel stehen drei Stiele Rittersporn. Außerdem habe ich den Vorratsschrank ausgewischt und neben meinem Schreibpensum auch noch das ganze Haus aufgeräumt, sodass wir beide in guter Verfassung sind – das Haus und ich. Jedes Kissen liegt aufgeschüttelt an seinem Platz. Zudem trage ich ein hübsches Sommerkleid. In Wirklichkeit bin ich Donna Reed (Sie erinnern sich, aus *Ist das Leben nicht schön?*).

ICH: *Willst du heute mit mir zu dem Fußballturnier unseres Sohnes kommen?*

ER: *Na klar. Liebend gern!*, sagt er und schaut mir dabei liebevoll in die Augen. *Und lass uns danach mit der ganzen Familie einen Badeausflug zum See machen!*

Nein! Auf dieses Spiel lasse ich mich nicht ein. Ich kümmere mich ausschließlich um das, was ich beeinflussen kann. Ich gestalte mein Leben, ich und meine Engel.

Aus folgendem Grund sollte man sich nicht zu Theaterstücken, Drehbüchern und anderen Szenen hinreißen lassen: Sie finden allesamt nur in Ihrem Kopf statt. Nicht im wirklichen Leben. Und dennoch bescheren sie Ihnen reale Schmerzen. Und genau das ist der Haken daran – Sie leiden doch nicht mehr. Erinnern Sie sich? Mit dem Leiden haben Sie doch abgeschlossen.

Das wahre Leben

ER: Schneidet sich an der Küchentheke eine Orange auf.

ICH: Halte an der Spüle, nur ein paar Schritte von ihm entfernt, die Stellung. Erlaube mir nicht zu verzweifeln, weil ich mich nach einer Umarmung von hinten sehne. Ich liebe solche Umarmungen an der Küchenspüle, und er weiß das. Danach nicht ärgern, weil er mir diese Umarmung verwehrt.

ER: Macht sich einen Tee und schiebt sich dafür hinter mir am Spülbecken vorbei, ohne mich zu umarmen.

ICH: Erinnere mich daran, dass ich den Toaster kürzlich durch ein brandneues Gerät von Target ersetzt habe. Jetzt kann er sich nicht mehr über den defekten Toaster aufregen und irgendwie mir die Schuld daran geben, dass wir ihn ein halbes Jahr lang auf der Anrichte haben stehen lassen. Dabei haben wir den kaputten Hebel benutzt, so gut es ging, um ein Stück Brot im letzten noch funktionierenden Schlitz von insgesamt vier halbwegs zu toasten. Sogar der Toaster funktioniert tadellos heute Morgen.

ICH: »Um Viertel vor zwei fahre ich zu dem Fußballturnier unseres Sohnes. Er gehört zum spanischen Team. Gestern Abend haben wir im Atlas die Flagge nachgesehen, und er hat sein T-Shirt in den spanischen Farben bemalt.«

ER: Ausgestochen. Denn eigentlich ist er der Sportbegeisterte in unserer Familie. Das ist eines seiner Argumente, warum er mich verlassen sollte. Ich hab es nicht so mit Mannschaftssport. Er setzt sich mit seinem Tee und der Zeitung hin. Ungewöhnlich schweigsam.

ICH: »Lust mitzukommen?«

ER: »Nö. Ich denke, ich geh angeln.« Und das aus dem Munde eines Mannes, der seinen Sohn vergöttert – der keine Gelegenheit auslässt, mit ihm im Garten Ball zu spielen. Soll das etwa eine Art Bestrafung sein?

Ich kann nicht anders als zu erkennen, dass er, um eigentlich mich zu treffen, seinen Sohn bestraft. Oder genau genommen, um sich zu bestrafen, mich und unseren Sohn bestraft. Dazu kommt noch, dass wir uns, falls er nicht mehr zur Arbeit geht, über das Geld unterhalten müssen. Allerdings weiß ich, dass er explodieren wird, wenn ich das jetzt sofort tue. Er würde es wohl als Strafe für sein Verhalten auffassen.

Ich entscheide, mich von all diesen Formen von Bestrafung zu distanzieren.

Und so lasse ich ihn in unserer wunderbar sauberen und sommerlichen Küche zurück. Bei den Nektarinen und Aprikosen in der Obstschale und dem frischen Mais, der schon für ein tolles Abendessen bereitliegt, das wir mit ihm oder ohne ihn genießen werden. Vielleicht fällt sein Blick ja noch auf das Huhn, das im Spülbecken auftaut. Er liebt ein gutes, gebratenes Huhn.

Also begebe ich mich in mein Arbeitszimmer und suche im Internet nach einem Rezept für Salat aus gelber Bete und Fenchel. Stolz stelle ich fest, dass die Zeitschrift *Gourmet* diese Kombination, auf die ich von allein gekommen bin, ebenfalls gutheißt. Ich bin so in den *Gourmet*-Artikel vertieft, dass ich mich um die Szene, die sich in der Küche abspielt, gar nicht mehr kümmere. Aber halt, man benötigt als Zutat Minze. Das wäre mir nicht eingefallen, aber es klingt perfekt.

Also spaziere ich in den Kräutergarten der Nachbarn, um Minze zu holen. Das tue ich in meinem Sommerkleid, weil ich mein Sommerkleid mag. Mir ist egal, ob es meiner Figur schmeichelt. Auf dem Weg hinüber versucht Sheila, mich die ganze Zeit zu erinnern, dass er mich immer »das hübscheste Mädchen auf der Party« zu nennen pflegte. Und dass er immer gesagt hat, ich würde mit zunehmendem Alter sogar noch schöner. Wie Audrey Hepburn. Habe ich seine Fantasien etwa enttäuscht? Haben die knapp zehn Kilo, die ich inzwischen zugenommen habe und anscheinend nicht mehr loswerde, womöglich meine Ehe ruiniert? Basierte alles nur auf einer Wunschvorstellung?

HALT DIE KLAPPE, SHEILA! Aber natürlich merkt eine Frau, wenn ihr Liebster Veränderungen ihres Körpers missbilligt. Dabei möchte ich es belassen.

(Zum Thema Gewicht: Füllen Sie die Leerstelle aus
_____ . War die Lücke groß genug?
Seien Sie bloß nett zu sich, meine Liebe. Und wenn Sie
fertig sind, dann sagen Sie Ihrer Sheila doch, wenn sie sich so
sehr um Sie sorgt, dann könnte sie Ihnen beiden doch vielleicht einen einmonatigen Aufenthalt in einem Spa spendie-
ren.)

Auf dem Rückweg rede ich mir so lange gut zu, bis ich
mich wieder unbeschwert und sommerlich fühle. Außerdem
spüre ich eine gewisse Erleuchtung, was mir auf Spaziergän-
gen ja gelegentlich passiert. Auch wenn die Versuchung groß
ist, unter der Last des vergangenen Monats nachzugeben,
werde ich meinem Kurs treu bleiben, an meiner Strategie festhalten. Ich werde mich nicht in seine Angelegenheiten einmi-
schen, egal, wie schlecht es ihm gehen mag. Ich werde auch
nicht wütend sein. Und ich bin nicht blöd, nur weil ich mich
nicht dazu hinreißen lasse. Vielmehr wäre ich schön blöd,
wenn ich mir meine Stimmung von seinem Verhalten diktie-
ren ließe.

Und so fühle ich mich sonnig und glücklich. Ich habe Minze in der Hand. Er wird einen Job finden, in dem er aufgeht.
Ich werde eines meiner Bücher veröffentlichen. Unsere Ehe
wird eher früher als später wieder in Ordnung kommen. Ich
werde diese zehn Kilo abnehmen. Und zum Teufel noch mal
– jetzt gehe ich nach Hause und bereite diesen von *Gourmet*
gelobten Gelbe-Bete-Salat zu.

Als ich die Zufahrt hinaufgehe, schaue ich auf unseren
Besitz – unsere wunderschönen zwanzig Morgen mit den
zwei Teichen, die er vor Jahren entdeckt und über die er mir
ekstatisch am Telefon berichtet hatte. Ich versuche, nicht traurig darüber zu werden, dass ich ihn schon so lange nicht mehr
ekstatisch erlebt habe. Als ich die Berghüttensänger auf dem

Zaun und die Adler in der Thermik hoch oben entdecke, dazu den Wind durchs Gras streichen sehe, da nehme ich mein Montana, unser Montana mit allen Sinnen auf – und bin glücklich. Nicht nur einen Schritt vom Leiden entfernt, sondern weite Sprünge.

Die Hunde bleiben stehen und starren die Einfahrt hinauf. Er biegt gerade mit seinem Geländewagen in die oberste Kurve ein – das Boot an der Anhängerkupplung.

Aha. Das Boot geht also auch Angeln. Das nenn ich leidenschaftliches Angeln. Das verheißt nicht, nur für ein paar Stunden die Angelrute an einem Flussufer ins Wasser zu halten. Das bedeutet, den ganzen Tag und vielleicht die ganze Nacht hindurch zu fischen. Mit Kumpeln.

Ich stehe nur da und spüre, wie mich die Enttäuschung erfasst. Der Zustand der Gelassenheit ist dahin, und an seine Stelle tritt das Bild meines Mannes und einiger Jungs: kettenrauchend, bekifft, in einem Boot auf einem sumpfigen See, und aus einem mitgebrachten Radio dröhnt Zeppelin.

Doch es gibt verschiedene Optionen. Dieses Szenario kann dreierlei bedeuten:

1. Ja, er geht tatsächlich fischen, und zwar mit seinen speziellen Angel-Kumpels, und wir werden ihn heute nicht mehr zu Gesicht bekommen. Vielleicht auch abends nicht. Mal wieder.
2. Er bringt das Boot zum Bootsladen.
3. Er hat ein so schlechtes Gewissen wegen seines Benehmens in diesem Sommer, dass er allein ein bisschen meditativ angeln geht und uns dann in ein paar Stunden zu einer Bootsfahrt erwartet. Er wird uns wie in alten Zeiten am Bootsanleger abholen. Immerhin ist ja heute Freitag. Und er wäre schon ein echter Scheißkerl, wenn er seine Familie am Wochenende sitzen ließe.

Ihm bleibt nichts anderes übrig als stehen zu bleiben. Außer natürlich, er will mich über den Haufen fahren, was dann Möglichkeit Nummer vier wäre.

»Hi«, sagt er. Er sieht schuldbewusst und distanziert und übernächtigt aus.

Ich presse die Minze in meiner Hand zusammen und halte sie so, dass sie sich zwischen uns befindet. Er liebt Blumen, weil auch seine Mutter sie liebt. Früher half er ihr bei der Gartenarbeit. Die Minze so unmittelbar vor seiner Nase ist meine kleine Erinnerung daran, wie erbaulich es ist, die eigenen Eltern um sich zu haben, weil man so zumindest versuchen kann, eine glückliche Kindheit zu verleben.

»Hi«, sage ich.

»Was ist das?«, sagt er und heuchelt Interesse, was bedeutet, dass er sich schlecht benommen hat. Er sieht auch wirklich elend aus und kann sich kaum besser fühlen.

»Minze.« Ich lächle und halte sie ihm an die Nase. Ich behandle ihn also nicht so, als hätte er sich schlecht benommen. Ich habe mich auch schon auf diese Weise schlecht benommen, und ich weiß, dass die Selbstbestrafung in so einem Fall mehr als genug ist. Ich halte mich von seinen tönernen Füßen komplett fern und frage nicht einmal, was er mit dem Boot vorhat.

Ich erinnere mich an den Ausruf meines Sohnes heute Morgen – »Seht mal! Dads Wagen steht in der Einfahrt!« –, ehe er mit Sunblocker, drei Blasenpflastern und einem wirklich leckeren Mittagessen in der Lunchbox zum Fußballspielen aufbrach. Das war vier Stunden, bevor sein Vater aufwachte, noch dazu in seinem Bett.

Aber ich lächle und versuche, mich sommerlich zu fühlen.

Er bietet mir diese Variante an: »Ich fahr das Boot in den Laden. Wenn sie es heute noch reparieren, könnten wir vielleicht am Abend noch auf den See.« Ein Ausflug mit unserem eigenen Boot ist eine unserer Lieblingsunternehmungen und eine, die er am liebsten vorschlägt. Das ist also ein gutes Angebot.

Vielleicht fischt er hier nach ein wenig Wiedergutmachung. Oder er hat es auch einfach nur satt, ein Arschloch zu sein. Er weiß ja, dass er eigentlich kein Arschloch ist. Obwohl das eine gute Story ist, die er sich da im Moment selbst vormacht, damit er ihr entsprechend leben und sein Verhalten damit letztlich rechtfertigen kann.

Die meiste Zeit über ist eben doch der Verstand unser größter Feind.

Aber wie auch immer, es ist eine wunderbare Gelegenheit, so zu tun, als hätte ich zunächst gar nicht bemerkt, dass das Boot hinten an seinem Wagen festgemacht ist oder dass er wieder mal ewig lang ausgeblieben ist. Ich kann Glück erzeugen. Ich kann Schönheit erzeugen. Vielleicht gelingt es mir, dass etwas davon auf ihn abfärbt.

ICH: »Toll. Sag mir Bescheid.« Und dann beuge ich mich vor und küsse ihn. Seine Lippen fühlen sich ziemlich weich auf meinen an. Dann drücke ich meine Minze wieder an mich und spaziere mit den Hunden zum Haus hinauf. Dorthin, wo die Aprikosen sind und die Maiskolben und die Blumen auf der Fensterbank. Wo es Dinge gibt, die ich schön machen kann.

ER: Ruft mir aus seinem Truck hinterher. »Ich werde anrufen. Versprochen.«

ICH: Hab ihn gar nicht darum gebeten. Interessant.

Als er ein paar Stunden später tatsächlich anruft, sagt er, er würde auf dem Boot schlafen und erst in ein paar Tagen nach Hause kommen. Er müsse draußen in der Natur sein und den Kopf frei bekommen.

Er macht eine Pause und sagt dann angespannt: »Ich werde die Firma zumachen müssen. Wir verdienen einfach nichts mehr. Deshalb ist es Zeit. Ich muss mir irgendeinen anderen Job suchen. Für eine Weile können wir noch von unseren Ersparnissen leben. Aber nicht sehr lange.«

Und seltsamerweise erfasst mich eine saubere, weiße Erleichterung, als ich das höre. Unsere Ersparnisse? Ist es das? Ist er zurück? Hatte mein italienischer Vater recht? Ging es hier nur um seinen Job? Ein Mann braucht seine Arbeit. Lag ich mit meinem Bauchgefühl richtig?

»Mach dir eine gute, heilsame Zeit. Und grübel nicht zu viel. Sei einfach«, sage ich.

Als ich später im Bett liege, setze ich mit Bocksprüngen über all die bedrohlichen Gedanken hinweg. Ich neutralisiere sie mit meinem heilenden, glücklichen Spaziergang über die Wiese beim Minzeholen. Vielmehr beschäftigt mich jedoch die Tatsache, dass er etwas beendet, das beendet gehört. Und es ist nicht unsere Ehe.

Vielleicht wird er jetzt allein eine Spritztour irgendwohin unternehmen. Um seine alten Träume zu überdenken. Um sie mit seiner Realität in Einklang zu bringen.

Und dies ist der letzte Gedanke, den ich durch die Tür lasse (denn emotionaler Schmerz kommt mittels Gedanken und nur so): Wie kann ein Mann, der seine Frau herabsetzt, um seinen eigenen Stolz zu retten, je wieder ein gleichwertiger Partner sein? Vorausgesetzt, dass er das überhaupt jemals war.

Von wegen tönerne Füße und all dieses Zeugs.

Freier Fall

August.

In diesem Moment meines Lebens geht mir die Luft aus. Ich möchte diese Sache endlich hinter mir haben. Ich wünsche mir, dass der Rummel, zu dem mein Leben geworden ist, zusammenpackt und in die nächste Stadt weiterzieht – samt Achterbahn, Schießbuden, Würstchenstand, Rodeo und Schaustellern. Ich bin es einfach leid!

Und ich wette, ich weiß, was Sie jetzt denken. *Das liegt nur daran, dass sie so nachgiebig ist. Ich hätte mir den ganzen Mist dieses Sommers niemals bieten lassen. Auf keinen Fall. Ich hätte ihm schon nach dem ersten Abend, als er nicht anrief, gesagt, er solle sich zum Teufel scheren.*

Wenn ich damit richtig liege, dann habe ich jetzt eine Frage an Sie: *Wohin zum Teufel denn genau?*

Sich zu echauffieren ist leicht. Man sollte sich nur absolut sicher sein, dass man selbst mit den gestellten Ultimaten zurechtkommt.

Meine Therapeutin und ich dagegen sind übereingekommen, dass ich meinen Weg jetzt umso konsequenter fortsetzen soll. Mich unverwüstlich und unerschütterlich geben soll. Es ist sein Schiff, das er da gerade zu versenken versucht, nicht meins.

Aber du lieber Gott, habe ich eine Angst.

Trotz meiner den ganzen Sommer über praktizierten Haltung fällt es mir immer noch schwer, seine Hemden nicht nach Damenparfum abzuschnüffeln. Seine Hosentaschen nicht zu durchwühlen. Nicht auf der Suche nach Indizien mal einen Blick in seinen Wagen zu werfen. Und besonders hüte ich mich davor, Leute zu fragen, ob sie ihn irgendwo in der Stadt gesehen haben.

Und wenn man mich en passant fragt, wie es mir geht, dann sage ich: »Danke, gut.« (Es ist eine richtig interessante Übung, den Leuten nicht zu sagen, wie einem wirklich zumute ist. Ich habe mir bisher diese Frage immer zu Herzen genommen und wahrheitsgemäß beantwortet. Das würde ich mich im Moment nicht trauen. Und es bringt mich dazu, selbst diese Frage im Vorübergehen nicht mehr zu stellen. Nur noch in vertraulicher Atmosphäre.

Wie es scheint, kann ich in dieser Woche morgens nichts anderes als Pflaumen essen. Ich habe ein Magensäureproblem und Sodbrennen, sodass ich nur noch im Sitzen einschlafe. Ich wehre mich mit Händen und Füßen gegen die Vorstellung, dass mein Ehemann diesen Sommer alles versucht hat, um mich umzubringen, nur damit er keinen Mut beweisen und sich seinem Leben nicht stellen muss. Und dass ich das in gewisser Weise zulasse.

Und dennoch liebe ich diesen Mann.

Meine Therapeutin fragt mich, warum ich ihn liebe. Genau genommen, bitte ich sie darum, mir diese Frage zu stellen. In der Filmversion läuft die Szene folgendermaßen ab:

Frau sitzt mit zerknülltem Papiertaschentuch auf mauvefarbener Ledercouch und lacht bitter, dann schweigt sie, was selten vorkommt, denn an sich ist sie sehr gesprächig. Sie ist sich übrigens sicher, dass dies eine der Eigenschaften ist, die ihr Ehemann nicht mehr an ihr mag – ihre gesprächige Art. Sie schweigt. Die Frage hat sie verstummen lassen. Natürlich weiß sie, warum sie ihn liebt. Sie liebt ihn aus ganz offensichtlichen Gründen.

Nur fallen ihr im Moment leider keine ein. Alles, was ihr im Moment einfällt, ist das Thailändische Restaurant gleich die Straße hinunter und dass sie dort nach dieser Therapiesitzung vielleicht eine Tom-Kha-Gai-Suppe essen wird.

»Sicher fallen Ihnen einige Antworten auf diese Frage ein«, sagt die Therapeutin.

»Ich liebe ihn einfach«, sagt sie. »Ich liebe sein Lächeln. Ich liebe es, wie seine Haut riecht und sich anfühlt. Ich liebe seine Ausstrahlung. Er hat nie verlangt, dass ich etwas anderes bin als ich selbst. Außer jetzt, aber wie ich schon sagte … das nehm ich ihm nicht ab.«

Die Therapeutin hebt nicht ihre Augenbraue. Ein gutes Zeichen.

Ihr ist es fast ein bisschen peinlich auszusprechen, was sie oft denkt, aber dann fährt sie doch fort: »Wenn er ins Zimmer kommt, habe ich das Gefühl, alles ist in Ordnung. Mein Freund ist da. Der Spaß ist da. Sicherheit. Abenteuer. Coolness. Ich liebe es auch, dass er ein so guter Vater ist. Normalerweise.«

Die Therapeutin gibt ihr eine Hausaufgabe. Sie mag es. »Alle Ehen beruhen auf Vereinbarungen, ob ausgesprochen oder unausgesprochen. Probleme treten in einer Ehe dann auf, wenn einer oder beide Partner sich nicht an diese Vereinbarung halten. Schreiben Sie Ihre Eheverbereinbarungen auf. Ihre und die, von denen Sie annehmen, dass es seine sind.«

Ach, wissen Sie, denkt sie sich, *er hat mir ja nicht einmal einen klassischen Heiratsantrag gemacht. Wir haben das stattdessen gemeinsam entschieden.*

Jetzt mal ehrlich, die Vorstellung von einem Mann, der niederkniet und eine Frau bittet, ihn zu heiraten, das kam ihr antiquiert und sexistisch und geradezu schmierig vor. Also sagte sie etwas richtig Cooles und Modernes, etwa: »Du wirst mich doch wohl nicht in einem Sessellift oder an einem ähnlich komischen Ort fragen, ob ich dich heiraten will, oder? Lass uns doch einander fragen.«

Vielleicht war das ein Fehler, denkt sie sich jetzt. *Vielleicht hat es ihm seine Energie genommen.* Sie fragt sich, wann sie ihn noch Energie gekostet haben könnte. Aber kann man die jemand tatsächlich wegnehmen? Wenn man zunächst einmal davon ausgeht, dass er für seine Energie selbst verantwortlich ist?

Sie fragten einander ein paar Wochen später an einem Fluss im Bundesstaat Washington. Sie waren übereingekommen, dass es Worte, Feuer und Wasser geben sollte. Gerne würde sie seine Worte jetzt noch einmal nachlesen. Wo hatte sie sie hingetan? Bestimmt irgendwo aufgehoben. In einer Mappe in ihrem Arbeitszimmer. Sie würde sie finden und ihm, falls nötig, später unter die Nase halten; wenn er tatsächlich Anstalten machte zu gehen.

Ehevertrag. Der ungeschriebene Text hinter dem Ehegelöbnis.

Das widerstrebte ihr genauso wie das Durchsuchen seiner Taschen oder das Beschnüffeln seiner Hemden. Doch sie denkt sich zurück, schlüpft in ihren Verstand von Mitte zwanzig. Was stand hinter den Worten, die sie damals am Altar sprach?

Bei ihr vielleicht: Dass er immer auf mich aufpassen wird. *Du meine Güte. Igitt. Ist denn das die Möglichkeit? Ich bin doch schließlich ein Kind der Frauenbewegung!* Dass er mich stets abgöttisch lieben soll. Dass er sich für alle Zeit seiner

Familie verpflichtet fühlt. Dass er immer ein Abenteurer bleibt. Sich niemals verkauft.

Und bei ihm? Das kann zwar eigentlich nicht wahr sein, aber sie glaubt es trotzdem: Dass sie immer schlank und schön bleiben wird. Dass aus ihr eine berühmte und wahnsinnig erfolgreiche Schriftstellerin wird. Und dass ich nicht mehr arbeiten muss. Ich werde mir die Zeit mit Angeln irgendwo an einem Fluss vertreiben. Mit meinen Kumpels.

Gott.

Das schließt ja 99 Prozent der Realität aus.

Dann basierte unsere Ehe auf einer Illusion? Auf einer Fantasie? Einem unwahrscheinlichen Schicksal?

Was war der worst case in seinem Kopf, als sie sich das Jawort gaben? Dass der Vorschuss für ihr erstes Buch kleiner als sechsstellig wäre? Dass sie von den Schwangerschaften ein paar Dehnungsstreifen zurückbehalten würde?

Diese Hausaufgabe ist kein Spaß. Überhaupt kein Spaß. Nicht einmal in der Filmversion.

Ich gehe mit einer frisch geschiedenen Freundin mittagessen, die sich in einer neuen Beziehung befindet und in ihrem ganzen Leben nie glücklicher war als jetzt. Sogar die Kinder lieben ihren Neuen. Und ihr Ex wird wieder heiraten, und auch er war nie glücklicher, und so haben ihre Kinder jetzt vier Eltern, und alle sind so glücklich. Sich scheiden zu lassen ist einfach toll.

Ich habe mich nur wenigen engen Freunden am Ort anvertraut, aber ich entschließe mich, ihr von meinem Mann zu erzählen, weil sie kompetent ist. Wie meine Freundinnen auf Reisen kennt sie sich mit Scheidung aus.

Sie sagt mir, es sei löblich, wie ich gemäß meiner Philosophie ihm keine Angriffsfläche böte, nicht aggressiv wür-

de und ihm nicht drohte. Aber im Prinzip rät sie mir trotzdem, ihm den Laufpass zu geben. Sie ist die Stimme der
Frauenwelt. Sie steht für diese Art Frauen, und ich kann ihr
Kampfgeschrei hören. Dabei fühle ich mich dumm und
schwach.

Meine Strategie scheint zu zerbröseln. »Ja, stimmt schon,
eigentlich sollte ich ihm ins Gesicht schlagen und sagen, dass
er gefälligst aufwachen soll. Er ist erwachsen. Sollte mal
anfangen, sich auch so zu benehmen. Sonst.«

»Und wenn nicht … ich meine, ich bin der beste Beweis«,
sagt sie. »Es gibt da draußen auch Glück, wenn deine Ehe
nicht mehr zu retten ist. Und du verdienst es, glücklich zu
sein.«

Glück. Unwahrscheinliches Glück. Sie gibt mir von meiner
eigenen Medizin.

»Schon, aber ich möchte einfach in einer Ehe mit *ihm*
glücklich sein.«

Später erzähle ich meiner Therapeutin von diesem Mittagessen.

»Das ist toll. Die Sache ist nur die, dass Sie, wie wir das ja
schon besprochen haben, hinter Ihrem ›Sonst‹ stehen müssen.
Tun Sie das?«

»Ich bin einfach überzeugt davon, dass er mich noch liebt.
Es gibt ganze Welten in unserer Beziehung, die wir noch nicht
erkundet haben. Das ist doch nur eine Phase. Das sagt mir
zumindest mein Gefühl. Und dem muss ich vertrauen.«

»Dann empfehle ich Ihnen, Ihren Kurs beizubehalten. Sie
können sich immer noch artikulieren. Ihre Gefühle. Ohne
Schuldzuweisung und ohne in Wut oder Tränen auszubre-
chen. Sie können Ihre Gefühle ruhig darlegen. Er mag einen
Wutanfall bekommen, aber Sie müssen sich nicht darauf einlassen.«

Er bleibt zwei Nächte hintereinander weg, ohne anzurufen, und als mein Sohn am dritten Morgen aus meinem Schlafzimmerfenster schaut, ruft er zum zweiten Mal in dieser Woche: »Hey, sieh mal, Daddys Wagen steht vor der Garage!« Das klingt so, als würde irgendein Gaststar einen Kurzauftritt in seinem Leben haben. Am liebsten würde ich weinen. Das ist doch nicht in Ordnung. Wie lange halte ich das wohl noch aus. Das ist definitiv nicht die Botschaft, die ich meinen Kindern vermitteln will. Und ich weiß, dass es auch nicht die seine ist. Bislang waren wir immer so vorsichtig mit allem, was wir ihnen in dieser Hinsicht zu verstehen geben wollten.

Ich schaue genauer hin und sehe, dass das Gartentor eingedrückt ist! Er ist rückwärts dagegen gefahren! Gegen das Tor, das er mit so viel Stolz selbst gebaut hat.

Ich möchte am liebsten heulen oder schreien oder ihn endgültig rausschmeißen.

Aber ich atme nur tief durch. Dass er Dinge tut, die so gar nicht zu ihm passen, führt mir nur noch deutlicher vor Augen, dass er in einer Krise steckt. Und verdammt, nur weil er in einer Krise steckt, muss ich ja nicht aufhören, ihn zu lieben. Außerdem ist er zu Hause. Er hat sich entschieden, nach Hause zu kommen.

Ich höre ihn irgendwo schnarchen. Also streife ich durchs Haus und finde ihn schließlich mal wieder auf der Veranda, unter einer dünnen Wolldecke. Dabei sind die Nächte in Montana kalt, selbst im August.

An diesem Morgen ist er demütig. Er trinkt viel Wasser, räumt die ganze Küche auf. Und dann verbringt er den Vormittag damit, zusammen mit den Kindern Golf zu schauen.

Ich schicke meiner Agentin einen neuen Roman, weil sie Kontakt zu einer interessierten Lektorin hat. Dann beschließe ich, zur Feier des Tages, reiten zu gehen. Ich fühle mich stark, wie ich so in meiner Cowboy-Überhose aus Leder durchs Haus stiefele. Ich beschließe, vor dem Fernseher stehen zu bleiben und etwas zu tun, das ich seit dem 5. Juli nicht mehr gewagt habe. Ich sage: »Was möchtest du später noch machen?«

Er ist einigermaßen zugänglich. So beschließen wir, zum Abendessen an einen entlegenen Ort in der Nähe des Glacier Nationalparks zu fahren. Der Rückweg führt über den Red Meadow Pass. Das ist ein Ausflug, den wir seit Jahren immer wieder machen.

Ich erzeuge also Druck. Aber nur ein wenig. Und ich hoffe, dass meine lederne Cowboyhose und die Tatsache, dass ich gleich durchs Gebirge galoppieren werde, ihn davon abbringen, mich als nörgelnde Hausfrau abzutun. Ganz sicher bin ich mir dessen jedoch nicht. »Um welche Uhrzeit willst du aufbrechen?«

Wir vereinbaren vier Uhr.

Mein Ausritt schenkt mir das, was ich brauche. Mein Morgan Horse bewegt sich übrigens langsamer als sonst, als spürte er, dass Ruhe mir guttut. Wenn ich auf meinem Pferd sitze, dann verschwindet der Rest der Welt für mich, bis auf die Stelle, an der es seine vier Hufe aufsetzt. Es ist die religiöseste Tätigkeit, die ich kenne. Dann sind Gebete kein Betteln. Stattdessen lassen sie alles zu und empfangen. Nach dieser Naturverbundenheit habe ich mein Leben lang gesucht. Nach dieser Freiheit. Mit jedem Hufschlag summe ich »danke«.

Wie ausgemacht treffen wir uns um vier und fahren auf dem unbefestigten Weg über den Pass. Dabei gibt es jede Menge zu lachen. Mein Mann tut so, als wäre er ein verrückter Fahrer – das genaue Gegenteil meines Pferdes heute. Und das ist gut so. Dieses typische Machogehabe lieben wir. Auf dieser entlegenen, breiten Strecke kann am helllichten Tag auch nicht viel passieren. Trotzdem ist es quasi eine anarchische Fahrerei, die er mit uns teilt, und ein Heidenspaß. (Mich erinnert das Ganze ans College.) Wir sind alle außer uns über seine bessere Stimmung. Er lässt uns daran teilhaben. Nach diesem Sommer nehmen wir in dieser Hinsicht, was wir kriegen können.

Auf der Rückfahrt über die asphaltierte Straße schlafen die Kinder ein, und ich erinnere mich an die Bemerkung meines Sohnes über den Wagen seines Vaters vor der Garage, und auf einmal werde ich wütend. Auf einen Schlag ist das ruhige Atmen, das Vertrauen und die Gelassenheit und die Ausgeglichenheit, die mich trotz allem schlafen lässt, weg; ebenso das Gefühl, ihm Raum geben zu wollen. Ich erinnere mich an das Kampfgeschrei meiner Freundin und fühle mich wie eine Versagerin ohne Stimme.

»Sag ihm, er soll das in Ordnung bringen, weil du dich sonst verdammt noch mal scheiden lässt und ihm sein ganzes Geld, sein Haus und seine Kinder wegnimmst«, hat eine andere Freundin zu mir gesagt. Eine, der ich mich besser nicht anvertraut hätte.

Klar. Wozu brauche ich so einen Typen?

Aber ich will ihn. Ich will eines Tages irgendwo an einem Strand mit ihm leben. Ich möchte mit ihm auf Safari gehen und gemeinsam mit den tollen Jobs unserer Kinder angeben, die die Welt verändern werden. Das sind Welten, die wir noch gar nicht erkundet haben. Welten.

Ich nehme mich zusammen. Denke an meine Therapeutin und ihre mauvefarbene Couch.

Ich muss meine Gefühle zum Ausdruck bringen. Ruhig. Ein Faktum konstatieren. Mein Gefühl. Und es dabei belassen.

Darin übe ich mich den Rest der Fahrt über. Aber es ist wahnsinnig schwer, nicht zu sagen: *Hör mal, du kannst, solange du willst, versuchen, dir einzureden, dass diese Ehe*

*am Ende ist. Aber es gibt so vieles, das du an mir, an uns noch
nicht kennst. Und wie kannst du es überhaupt wagen, mich
zum Sündenbock für deine absichtlichen Versäumnisse und
falschen Karriereentscheidungen zu machen. Ich lasse das
nicht auf mir sitzen. Merk dir das. Außerdem setzt du gerade
alles aufs Spiel, was du hast.*

Das habe ich schon einmal zu ihm gesagt. Den letzten Satz.
In dem Sommer, nachdem mein Vater gestorben war. Das fällt
mir jetzt wieder ein, und der alte Schmerz beginnt in meinem
Brustkorb zu pochen. In jenem Sommer hat er mich in etwa
so hängen lassen wie in diesem. Außerdem fügte er der Verletzung noch eine Kränkung hinzu, wie ich sie bis dahin nicht
gekannt hatte. Nie hätte ich mir vorstellen können, dass Trauer dermaßen abstoßend sein kann. Vielleicht lag es daran,
dass ich meinen Vater so vergöttert hatte.

Damals zeigte ich mich von meiner starken Seite. »Du hast
eine Menge zu verlieren! Mach dir das mal klar!«, sagte ich,
damals ebenfalls in meiner Reithose. Und es funktionierte.
Aber tat es das wirklich? Klar, sein Verhalten hat sich geändert, aber das bedeutet ja nicht, dass sein Groll nicht weiterge-
wachsen wäre wie ein Krebsgeschwür. Und jetzt, vier Jahre
danach, stehen wir hier. Vier Jahre, in denen er sich selbst
offenbar davon überzeugt hat, die falsche Frau und den falschen Job zu haben. Seine diesbezügliche Überzeugung umgibt ihn wie eine Barrikade. Ich hätte mich damals schon so
wie heute verhalten sollen. Geradlinig. Ein Gefühl konstatieren. Nicht drohen. Und es dabei belassen.

Als wir in unsere Zufahrt biegen und die Kinder immer
noch schlafen, glaube ich, die richtigen Worte gefunden zu
haben.

Ich hole tief Luft. »Unser Sohn hat heute Morgen aus dem
Fenster gesehen und gesagt: ›Hey, sieh mal, Daddys Wagen

steht vor der Garage.‹ Es hat mir nicht gefallen, dass das eine Überraschung war – für ihn und für mich.«

Er lässt meine Worte kurz auf sich wirken, dann macht er eine Vollbremsung. »Verdammt netter Kommentar zum Abschluss des Tages!«, sagt er und knallt die Autotür hinter sich zu. Danach knallt er noch mit der Haustür und irgendeiner Zimmertür im Haus.

Er schläft auch in dieser Nacht wieder auf der Veranda.

Ich habe Mühe, überhaupt in den Schlaf zu finden.

Was mich letztlich doch zur Ruhe kommen lässt, ist Folgendes: Er hat mich sehr wohl gehört. Und sich wie ein Kind benommen. Das weiß er auch. Ich habe nichts Falsches gesagt oder getan. Die Wahrheit hat ihn so aufgebracht. Er will selbst nicht so sein, wie er gerade ist. Sein Zorn ist echt und furchterregend, aber diese Wut ist gegen ihn selbst gerichtet. Es liegt nicht an mir.

Und hier ist meine Überzeugung. Ich bin sogar der Meinung, dass dies der Schlüssel zu einer Beziehung ist. Zu jeder Beziehung: Wenn man jemand aus dem Weg geht, dann wird er Streit suchen und um sich schlagen, aber letztlich bleibt demjenigen nichts anderes übrig, als sich selbst und der Realität ins Gesicht zu blicken. Und zwar absolut schonungslos. Die Alternative hieße, sich in einem Leben aus lauter Lügen einzurichten oder sich dem süßen Gift des Leugnens zu ergeben.

Im Verlauf der Ereignisse kann es allerdings ziemlich unschön werden. Bin ich stark genug, um damit umzugehen? Was, wenn es in Gewalt ausartet? Obwohl ich sagen muss, dass er mich noch nie geschlagen hat. Einmal hat er ein paar Lebensmittel nach mir geworfen. In jenem Sommer, als mein Vater starb.

Vielleicht glaubte er damals, mir aus dem Weg gehen zu sollen. Vielleicht denkt er, Menschen wollen allein in einem abgedunkelten Raum trauern. Vielleicht machen manche das auch. Ich jedenfalls nicht. Und Sie würden das auch wissen, wenn Sie nur eine beliebige Zeit mit mir verbracht hätten. Und erst recht nach zwanzig Jahren. Das empfand ich als ausfallend. So wie sein Verhalten heute.

In der darauffolgenden Woche erzähle ich meiner Therapeutin von seinem Ausbruch nach unserem Ausflug.

Sie sagt, jegliches ausfallendes Verhalten ist nur ein Köder. Damit der andere ausrastet. Dann muss man sich nicht selbst damit auseinandersetzen und keine Verantwortung übernehmen. *Sieh doch nur – sie ist diejenige mit dem blauen Auge. Sie sitzt weinend in der Ecke. Sie ist diejenige, die geht. Was für ein Miststück.*

In unserem vorderen Flur im Erdgeschoss klafft ein faustgroßes Loch in der Wand, das er dort hineingeschlagen hat, als er sich über mich aufgeregt hat. Ein halbes Jahr nach dem Tod meines Vaters brüllte er: »Warum bist du immer noch so traurig!?« Er dachte, ich sollte wie ein sich selbst reinigender Backofen endlich darüber hinweg sein. Deshalb lasse ich das faustgroße Loch, wie es ist. Als Mahnung, niemals zu glauben, man sei so was wie »vom Schicksal begünstigt«.

Ich halte mich für stark genug, seinen Wutanfall nach unserem Ausflug als Köder zu betrachten.

Als Köder?

Ja, genau.

Hier ein weiteres Beispiel. (Vielleicht fallen Ihnen auch ein, zwei ein.) Wenige Tage nach unserem Ausflug über den Pass.

Wir sind draußen auf dem See mit unserem Boot. Unsere Tochter möchte Wasserskifahren lernen. Sie befindet sich im Wasser, er sitzt am Steuer, ich auf dem Beifahrersitz daneben. Er ist der Sportler in der Familie. Er mag es nicht, wenn ich mich einmische oder auf diesem Gebiet meine bescheidene Meinung kundtue. Hier hat er das Gefühl, stark zu sein. Also halte ich mich raus, obwohl ich eine Menge Ahnung vom Wasserskifahren habe.

Sie verliert das Seil.

Er beugt sich über Bord, holt es ein, wickelt es auf und gibt es mir, weil wir zu nahe am Ufer sind und er steuern muss. »Wirf es ihr zu.«

Ich werfe, und es verfehlt sie. Ich habe nicht weit genug geworfen.

Er kriegt einen Anfall. Und dann zählt er die Unzulänglichkeiten der Ehefrau von einem seiner Angelkumpel auf. »So wirft man doch kein Seil! Das macht man so.« Er schwingt es hoch durch die Luft und schleudert es dann schnell und geschickt genau zu ihr.

Was für ein Köder. Weil ich so gerne, so viel darauf erwidern würde. Ich möchte sagen: *Hey, ich würde dich gern mal mit einem Zaumzeug sehen.* Oder: *Hör mir mal zu, du Blödmann, wie kommst du darauf, ich müsste etwas können, nur weil du es kannst?*

Aber ich schweige weiter und übe mich darin, den Köder zu ignorieren, mich nicht zu ärgern. Ich lasse es an mir abprallen. Denn ich bin dann stark, wenn ich ausharre. Sehr, sehr stark. Merken Sie sich das gut. Ihn nur seinen Trotzanfall haben lassen. Und selber nur darauf achten, den Kopf einzuziehen!

Er meint, sie solle einen Kickstart mitten im See probieren. Ich halte das für keine gute Idee, sage aber nichts dazu. Sie kommt mit dem Ski nicht zurecht und beginnt zu heulen. »Ich kann das nicht!«

»Mein Gott, warum hilfst du ihr denn nicht!«, schreit er mich an.

Ich? Jemand aus unserer Familie bei etwas Sportlichem helfen? Ich dachte bis jetzt, das sei ein Tabu. Wie einmal Abbeißen von seinem Power-Sandwich.

Ich springe ins Wasser, schwimme zu ihr und versuche, den Ski in die richtige Position zu bringen. Aber sie weint, ist wütend und lässt das Seil los, bevor ich es festhalten kann.

»Vergiss es«, keift er. »Wir machen einfach einen normalen Start.«

Gerne würde ich sagen: *Das hätten wir besser gleich getan*, aber ich lasse es. Wie oft ich mir diesen Sommer schon auf die Zunge gebissen habe. Eine ganz neue Erfahrung für mich.

Ich klettere ins Boot zurück und setze mich wieder neben ihn.

Er wirft mir einen giftigen Blick zu und sagt (Köder): »Mein Gott, du kannst manchmal dermaßen unfähig sein.«

Das lasse ich ein, zwei Momente lang auf mich wirken.

Stelle etwas fest. Äußere ein Gefühl. Belass es dabei. Mit diesem Köder kann ich leben. Momentan. Wenn ich mit diesem Köder richtig umgehe, dann könnte ich mir meine Würde bewahren. Sogar würdevoller als vor dem Moment, in dem er es gesagt hat. Er hat mich nicht geschlagen. Wenn er das getan hätte, wäre ich vom Boot gesprungen und ans Ufer geschwommen.

In meinem Kopf geht es jedoch kein bisschen würdevoll zu. In meinem Kopf heißt es »wie du mir, so ich dir«. Wutanfall um Wutanfall.

Ich möchte erwidern: *Hast du da gerade mit dir selbst gesprochen?* Ich möchte jede Fähigkeit, die in mir steckt, einzeln aufzählen. Ich wünschte, er hätte gesehen, wie gut ich mich in Italien geschlagen habe. Dort war unsere Tochter drei Wochen lang gut aufgehoben, wurde gefördert und inspiriert. Und hat er etwa die eingeleitete natürliche Geburt vergessen, die ich durchgestanden habe?

Doch stattdessen probiere ich es mit der von mir gewählten Strategie.

»Unfähig?«, sage ich mit ruhiger Stimme. »Autsch.«

Ich spüre, dass er darauf wartet, was danach kommt. Er möchte Tränen zu meinem »Autsch«. Drama.

Kommt nicht in die Tüte. Tu ich nicht.

Er schaut weg. Ich weiß, dass er jetzt mit sich ringt. Dass ihm durchaus klar ist, dass er mir eine Entschuldigung schuldet, aber er bringt sie nicht über die Lippen.

Wie lange halte ich das noch durch? Ich kann's bis zu meiner nächsten Therapiesitzung kaum erwarten. Mit Hilfe meiner Therapeutin werde ich mir ein Ultimatum überlegen.

Seltsamerweise ist er danach viel zu Hause. Eine ganze Woche lang ist es wie in alten Zeiten. Vielleicht hat er nach seinem Unfähigkeitsurteil ein gutes langes Selbstgespräch geführt. Vielleicht hat er einen guten langen Blick auf unser Gartentor geworfen.

Ich beginne schon zu glauben, dass diese Strategie zugunsten meiner Ehe funktioniert. Zumindest für mich tut sie das. Ich tauche aus dem Leid auf – bringe Sheila zum Schweigen und mache die Arbeit, von der ich weiß, dass ich sie beherrsche. Ich muss nach Freiheit streben, selbst wenn sie mir unerreichbar scheint. Und selbst wenn ich scheitern sollte. Doch ich werde zunehmend besser darin. Weil ich mich in Bezug auf mein Glück nicht auf Kräfte von außen verlasse. Selbst wenn es mir verdammt schwerfällt. In Anbetracht so gemeiner Köder. Gemeiner Wutanfälle. Meine finden nur innerlich statt. Zumindest momentan noch. Ich schreie auch laut, aber das höre nur ich.

Eine Woche später sage ich meiner Therapeutin, dass ich befürchte, neue Maßstäbe zu setzen, von denen wir dann nicht mehr wegkommen. Dass er glauben wird, mit so was durch-zukommen. Dass ich seinen Ärger ausbade und er sich daran gewöhnt, verbal zu explodieren, giftige Bemerkungen zu ma-chen, Wutanfälle auszuleben.

Daraufhin gibt sie mir eine neue Hausaufgabe. »Schreiben Sie auf, wann das Maß für Sie voll ist. Sie entscheiden, wie viel und wie lange einzustecken Sie noch bereit sind. Sie haben die Wahl. Daraus ziehen Sie Stärke.«

Ich begebe mich in das Thai-Restaurant und bestelle mit voller Absicht unsäglich scharfes Essen – ich kann das aus-halten, nicht wahr? Genauso wie ich es aushalte, seine Köder *nicht* zu schlucken.

Ich hole meinen Stift heraus, der mir auch sonst immer hilft, meine Gedanken aufzuschreiben … und das Einzige, was ich zu Papier bringen kann, weil es absolut der Wahrheit entspricht, ist: »Ich werde keinerlei Gewalt über mich erge-hen lassen. Und auch keine verbalen oder physischen Angrif-fe gegen unsere Kinder.« Mit dieser Strategie im Hinterkopf kann ich noch eine Weile mitspielen. Wir haben zwanzig Jah-re gebraucht, um hierherzukommen. Da werde ich uns für sechs Monate noch eine Chance einräumen können, ohne dass meine Würde angetastet wird.

Und es scheint, als hätte allein die Tatsache, dass ich mir einen Endpunkt vorgestellt habe, irgendwie die seelische Membran zum kollektiven »Wir« unserer Ehe durchdrungen. Weil die Dinge … sich zu ändern … beginnen.

Er fängt wieder an, nach Hause zu kommen.

Zum Abendessen. Um sechs.

Er ruft an und sagt uns, wo er ist.

Er schläft in unserem Bett.

Er sucht in der Küche Blickkontakt zu mir.

Er möchte an unserem geliebten Teakholztisch auf der Terrasse sitzen, deren Steine er selbst verlegt hat. Als ich aus dem Fenster schaue, sehe ich, dass er den Sonnenschirm geöffnet hat.

Der Gemüsegarten hat uns in diesem Sommer reichen Ertrag geliefert. Ich habe die Kinder zum Ernten engagiert: Erbsen, Bohnen, Mangold, Kopfsalat, Rucola, violette Kartoffeln. Ihn schien das nicht zu kümmern. Doch jetzt sitzt er im Schatten am Tisch und isst meine selbst gekochte Gemüsesuppe. Als mein Sohn sagt: »Mir schmeckt die Suppe richtig gut«, da sagt mein Mann: »Da sind unsere Kartoffeln drin.« Unsere Kartoffeln.

Es ist die Zeit der Olympiade, außerdem spielen die Chicago Cubs so gut. Daher sehen wir ziemlich viel fern. Und für den Moment ist das auch in Ordnung. Wir sind zusammen. Stabil. Eine Familie, die etwas gemeinsam tut, auch wenn es etwas leicht Stupides ist.

Als ob das Fernsehen magische Kräfte hätte und sich vornähme, meine Geduld mit Hoffnung zu belohnen, passiert etwas albern Wundersames: Es ist Samstagnachmittag, und ich lese oben ein Buch, das so anders ist als dieses hier, dass es mich wieder ins Gleichgewicht bringt. Es erzählt Michelangelos Leben und führt mich zurück nach Florenz, wenn auch in das Florenz vor 500 Jahren, aber alles Zeitgenössische wäre zu hart.

Ich bin also oben in unserem Schlafzimmer, als ich ihn unten telefonieren höre. Er benutzt diese freundliche Ich-spreche-mit-einer-Frau-Stimme. Ich gebe es ja zu – ich drücke die Mithörtaste, weil ich diesmal wirklich wissen will, wer der Empfänger dieser Nettigkeiten ist.

Es ist die Dame von DISH.

Meine Güte. Er lässt unseren Satellitenanschluss upgraden!

Er bleibt!

Ich geb's zu, jedes Mal wenn er den Rasen sprengt, beschleicht mich das Gefühl, er würde vielleicht bei uns bleiben. Aber das Fernsehen ist natürlich gleich eine ganz andere Kategorie. Rasenflächen müssen auch gepflegt aussehen, wenn man ein Haus verkaufen will. Fernsehen bringt dagegen nur den Leuten etwas, die zu Hause sind und es schauen können. Ein Großteil unseres Familienlebens findet nun mal vor der Glotze statt, ob mir das passt oder nicht. Und jetzt ein Satelliten-Upgrade? Das ist doch gleich etwas ganz anderes als Rasenpflege. Das ist so gut, als würde er sagen: *Ich weiß auch nicht, was ich mir dabei gedacht habe, als ich sagte, ich würde dich nicht lieben. Dabei waren ein paar neue Sportsender alles, was mir gefehlt hat!*

Ist es denn die Möglichkeit, dass etwas so Banales wie das Fernsehen mir Hinweise auf die Zukunft meiner Ehe gibt? Wenn das so ist, dann werde ich fortan sämtliche Werbung an den Einkaufswagen im Supermarkt besser im Auge behalten! Ich bin, wie Sie wissen, nicht wählerisch, was die Quellen der Erkenntnis angeht. (Kein Grund zur Aufregung, ich mache doch nur Spaß. Oder vielleicht doch nicht …)

Es ist Montagmorgen, und ein Typ von der Satellitenfirma ist da, um unser Haus so aufzurüsten, dass wir auch in anderen Zimmern fernsehen können. Meine Tochter und ich gehen in den Wäldern rund um unser Grundstück reiten, und mein Mann bleibt zu Hause, um unsere Lebensqualität schon in nächster Zukunft zu steigern. Wenn dann eines Tages ein Typ kommt, der im Keller eine Bar einbaut, werde ich wissen, dass mein Mann richtig lange zu bleiben gedenkt. Aber für den Moment ist auch schon die Fernsehgeschichte eine tolle Neuigkeit.

Ich versuche, mich ganz rauszuhalten, aber als ich von unserem Ausritt zurückkomme, sehe ich den Fernsehmann und meinen Mann die Stufen zum Speicher über der Garage hinaufsteigen. Ich folge ihnen.

Ich gehe in den Teil, den wir schon einmal für ein Heimkino angedacht hatten. Sitzgarnitur. Ein Arbeitszimmer für ihn. Ein Billardtisch. Ein Zimmer ganz für ihn allein – eine Männerhöhle –, von dem die Familie auch etwas hätte. Wir haben jetzt nicht das Geld dafür. Aber allein, es für die Zukunft zu planen, wenn und falls es finanziell wieder aufwärts geht – seine bloße Reaktion darauf wird mir einen Hinweis darauf geben, ob er sich künftig in diesem Haus sieht. Mit uns.

Und dann setze ich alles auf eine Karte und sage – einfach so und vor dem Satelliten-Typ: »Wo wir gerade hier oben sind, frage ich mich, ob man hier wohl auch einen Satellitenanschluss installieren könnte.« Ich schaue zu den beiden hinüber. Jetzt kann alles passieren. Man könnte mich ignorieren. Mich »unfähig« nennen. Mein Mann könnte die Augen verdrehen und einfach weggehen.

Doch seine Augen weiten sich vor Begeisterung. »Ja, genau«, sagt er. »Das würde mich auch interessieren. Wie sähe es hier damit aus?«

Der Mann kommt zu mir herüber und meint: »Also, wenn Sie es schlau anstellen, dann legen Sie das Kabel jetzt, bevor Sie die Trockenbauwand einziehen.«

»Ah ja«, sage ich. »Das wäre schlau. Falls wir doch mal einen Wohnraum daraus machen wollen.«

»Ja, ja, wir lassen das Kabel lieber auch hier rein verlegen«, sagt mein Mann.

Es fühlt sich an, als würde mein ganzer Leib seufzen. Ich stelle mir uns alle hier drinnen vor. An einem Weihnachtsmorgen. Ich will mich auch nie mehr darüber beklagen, wie viel wir fernsehen – Football, Baseball, von mir aus sogar Golf.

Ich möchte nur, dass wir zusammen sind. Ich glaube an uns. Ich lasse mich von meinem Instinkt leiten.

Später klingelt das Telefon. Es ist unser Nachbar, der auf einen vorherigen Anruf meines Mannes reagiert. Er ist Bauhandwerker. Und er würde sehr gern vorbeischauen und sich den Raum über unserer Garage mal ansehen. Ich riskiere noch einmal etwas, weil mein Mann gerade draußen ist, und sage: »Wie wär's mit Dienstagabend?«

Schon haben wir einen Termin.

Ich weiß, dass ich mich einmische. Aber gebe ich nicht nur einen kleinen Anstoß in die richtige Richtung? Ich stelle mich niemand in den Weg, aber ich bin eben auch nicht blind, taub oder stumm. Egal, jedenfalls habe ich in Bezug auf uns ein gutes Gefühl. Zum ersten Mal in diesem ganzen Sommer, seit dem Tag meiner Rückkehr aus Italien, spüre ich ein Wir-Gefühl. Da sind unsere Kartoffeln drin. Das ist unser Satellit. Verdammt noch mal. Vielleicht finden Sie, ich sollte mir Schmuck wünschen. Aber ehrlich gesagt, setze ich meine Hoffnung jederzeit lieber auf Kartoffeln und Sportsender. Je länger es dauert, desto sicherer bin ich mir, dass es ungemein wichtig ist, eine Realistin zu bleiben.

Und es scheint, als würden meine letzten Wochen im freien Fall plötzlich in einem Ruck himmelwärts enden. Ich blicke auf und entdecke einen riesigen Fallschirm, der sich über mir geöffnet hat. Realitätssinn scheint mir im Moment das Beste zu sein, um zu schweben – viel sicherer, als Romantik sich je angefühlt hat.

Ein herzförmiger Stein

Immer noch August.

Jetzt liegen die Dinge anders. Komplett anders. Und dann auch wieder nicht, weil wir gemeinsam Kaffee trinken, Olympiade schauen und überlegen, was für den Schulbeginn noch vorzubereiten ist.

Alles ist anders, weil seine Schwester, die entgegen jeder Wahrscheinlichkeit neun Jahre lang erfolgreich gegen den Krebs gekämpft hat, auf einmal nur noch eine Prognose von drei bis achtzehn Lebensmonaten bekommen hat.

Seine geliebte Schwester, die ihm in seiner Kindheit fast eine zweite Mutter gewesen ist und jetzt selbst fünf Kinder hat. Der bescheidenste und unprätentiöseste Mensch, den ich kenne.

Ich möchte, dass er zu ihr fährt. Ihr mit den Kindern hilft. Und auch mit dem Haus, denn Sie müssen wissen, dass ihr Ehemann sie nach knapp dreißig Jahren für eine Zwanzigjährige verlassen hat und nun überall rumerzählt, er wäre verlobt.

Das traf sie bis ins Mark. Und dann kam der Krebs zurück.

Ich möchte, dass mein Mann zu ihr fliegt, um für sie und ihre Kinder da zu sein, die auf einen Schlag regelrecht traumatisiert wurden – in einer Situation, die noch Augenblicke zuvor ihre glückliche Kindheit war. Ich möchte, dass er spürt, was es bedeutet, im Angesicht echten Verlusts eine Kraftquelle zu sein. Wenn nicht Geld über Wohl und Wehe entscheidet, dann sind es die Liebe und der Tod. Vergessen Sie die Steuer. Ich weiß, wovon ich spreche, weil ich es am Sterbebett meines Vaters selbst erlebt habe. In welcher Krise auch immer mein Mann gerade stecken mag – er ist zumindest gesund. Er hat eine Familie. Eine liebende Ehefrau, die an ihn glaubt.

Also warte ich.

Er hat ein paar Rettungsleinen, die sich ihm eine nach der anderen angeboten haben. Helikopterstunden, Männerrefugium, Therapie. Und jetzt die Gelegenheit, seiner sterbenden Schwester beizustehen – was sich als viel wirkungsvoller erweisen könnte als jede Therapie der Welt.

Ich möchte, dass er zu seiner Schwester fliegt, sie in seinen Armen hält und mit ihr schweigt, ihr zuhört und aus seiner Welt der Kränkung herauskommt, die ihn schon so schrecklich hat leiden lassen. Ich schicke ihm diese Botschaft via Osmose, weil ich weiß, dass er selbst darauf kommen muss: *Fahr zu ihr. Geh und sei für jemand anderen stark. Vergiss deine gescheiterte Firma und unsere Hypothek und unsere Schulden. Geh und verrichte eine wichtigere Arbeit. Vielleicht inspiriert es dich sogar, einen Job zu finden, den du liebst. Eigentlich solltest du sogar dankbar sein für unser kleines arbeitsloses unkompliziertes Leben in den Bergen, wo man fünf Meilen von einer Arbeitsstelle, zwei von der Schule, zehn vom Skigebiet und eine halbe Meile vom Golfplatz entfernt wohnen kann. Denn das macht es beispielsweise möglich, dass du das Baseballteam deines Sohnes trainierst, deine Tochter beim Fußballmatch anfeuerst, Skifahren und Golf spielen kannst, und zwar je nach Jahreszeit an einem norma-*

len Arbeitstag. Kein Pendlerzug, kein Verkehrsstau, keine vier Dollar für einen Becher Kaffee.

Ich möchte, dass er sich in der Mitte eines Wortes wiederfindet, und dieses Wort heißt: Dankbarkeit.

Nicht die Art von Dankbarkeit, die man vielleicht auf einem T-Shirt aus einem Katalog für Produkte aus Bio-Baumwolle findet. Oder die, die ein Motivationstrainer auf einer CD anführt, die man sich im Auto anhören kann. Keine übernommene Dankbarkeit, sondern die ganz eigene. Dankbarkeit, die man sich selbst erarbeitet hat – und aus tiefstem Herzen empfindet. Dankbarkeit dafür, am Leben zu sein. Dankbarkeit für die Menschen, die man liebt. Können Sie sie spüren?

Selbst wenn Ihr Partner Sie verlassen sollte – können Sie sie spüren?

Mein Mann kauft sich ein Flugticket, um in wenigen Wochen bei seiner Schwester zu sein. Ich bin stolz auf ihn. Wenn er Verantwortung für sie aufbringen kann, vielleicht gelingt ihm das dann auch für sich selbst. Vielleicht beginnt er sogar wieder zu träumen. Sie wird sich das für ihn wünschen. Für ihren kleinen Bruder, der einst so voller Träume war.

Dabei fällt mir etwas ein, das letzte Woche passiert ist. Ich war auf dem Heimweg, nachdem ich die Kinder bei einer Geburtstagsparty abgesetzt hatte. Da sah ich sein Auto vor einer Bar und hielt an. Plötzlich wollte ich seinen »Saufkumpanen« zeigen, was er zu verlassen gedachte, damit sie sagen konnten – *Alter, was zum Teufel tust du da? Weißt du denn nicht, was für ein Glück du hast?*

Es war ein bisschen beängstigend. Sein geheiligtes Terrain. Was würde ich dort vorfinden? Aber ich ging hoch erhobenen Hauptes hinein, bestellte mir ein Bier und entdeckte ihn an einem Tisch voller Leute. Verheiratete Leute. Nicht die Typen, die jeden Tag um fünf nach der Arbeit hier einfallen und einander für gefangene Fische und Filmrisse und Footballprognosen gegenseitig auf die Schulter hauen. Sondern ein Tisch voller Leute mit tollen Sonnenbrillen und tadellosen Zähnen. Leute mit Babys. LWW nennt eine Freundin das: Leute wie wir. Höfliche Menschen. Männer, die aufstehen und einem die Hand schütteln. Frauen, die ihre Sonnenbrillen, so cool sie auch sein mögen, abnehmen, damit man ihnen in die Augen schauen kann.

»Hey«, sagte ich und stellte mich als seine Ehefrau vor. Dann setzte ich mich, und sie nahmen die Unterhaltung wieder auf.

Er starrte in sein Bier. Ich hatte trotz allem seine Party gesprengt. Und er mag es nicht, wenn man seine Partys sprengt.

Einer der Ehemänner sagte zu meinem: »Erzähl doch mehr davon, wie du dich mit deiner Familie in der Karibik niederlassen willst.« Dabei sprachen Ehrfurcht und Neid aus seinem Blick.

Mein Mann wehrte ab.

Ich war … die … Ruhe selbst.

»Das ist nur so eine Idee von mir«, sagte er.

»Junge, du klangst aber ziemlich entschlossen«, sagte der andere – der mit dem Neugeborenen.

Ich staunte nicht schlecht. Vielleicht war der Mann, der die ganzen Nächte dieses Sommers in der Bar verbracht hatte, jemand, der seine Träume in der Öffentlichkeit ausbreitete. Vor Fremden. Die ihn dann auch nicht unbedingt beim Wort nehmen würden. Aber vielleicht braucht er auch nur einfach andere Ohren, die seinen großen Plänen lauschen. Das könnte ich verstehen. Aber ich möchte auch einbezogen sein.

Also nominiere ich mich auf eigene Faust für sein Dream Team. Schließlich bin ich schon über die Hälfte unseres

Lebens in seine Träume eingeweiht. Bei einigen war ich an der Entstehung beteiligt. Bei anderen habe ich ihm sogar geholfen, sie wahr zu machen. »Das ist etwas, wovon wir schon immer geträumt haben«, sagte ich. »In der Karibik zu leben.«

Jetzt ist der richtige Zeitpunkt, um Träume Wirklichkeit werden zu lassen. Vielleicht beginnen sie, wahr zu werden, wenn wir sie laut aussprechen. In einer Bar. Vor Babys.

Gestatte ich mir tatsächlich, wieder zu träumen? Aber waren es nicht die Träume, die mich überhaupt in Schwierigkeiten gebracht haben? Kann man im Hier und Jetzt leben und trotzdem noch ein Träumer sein?

Ich muss an unser kleines Appartement in Allston denken, das mit den Küchenschaben, dem Penner und den in gewagtesten Farben gestrichenen Zimmern. Ich spüre die Energie der Jugend, die wir damals empfanden, mit all ihren Träumen.

Heute Morgen wachte ich im Bett neben meinem schlafenden Mann auf. Seine Augen rollten unter den geschlossenen Lidern hin und her, und ich fragte mich, wo er wohl gerade sein mochte. Beim Schnorcheln? Beim Hubschrauberfliegen? Oder kletterte er gerade auf den Mount Rainier, wie vor langer Zeit gemeinsam mit seinem Bruder? Ich wünschte mir, bei ihm zu sein, wo auch immer das sein mochte.

Die ganze Zeit über schaute ich sehnsüchtig auf seine Armbeuge – so offen und verfügbar neben mir. Und wie eine Opportunistin der schlimmsten Sorte kuschelte ich mich schließlich hinein. Immerhin war das seit zwanzig Jahren meine Armbeuge. Manchmal muss man sich das, was man möchte, eben klauen und wegrennen.

Er rührte sich nicht. Es fühlte sich so gut an, dort zu liegen. Ich versuchte, nicht daran zu denken, dass er mich dort vielleicht gar nicht haben wollte. Dass er aufwachen und mich wegschieben könnte. Sind wir wirklich schon so weit? Ich weigere mich einfach, das zu glauben.

So gern ich in seinen Träumen wieder bei ihm sein möchte – während ich an seinen warmen Körper gekuschelt daliege, weiß ich, dass er sich erst einmal selbst in seinen Träumen wiederfinden muss, bevor das passieren kann. Ich muss mir seine Träume getrennt von meinen vorstellen. Wächter der Einsamkeit des anderen.

Wie ich so dalag, fiel mir eine Begebenheit der vergangenen Woche auf dem Rummel ein.

Unsere Freunde machten dort Werbung für ihre Helikopterschule, und ich schaute vorbei und sagte: »Bombardiert unser Haus im Sturzflug. Ganz im Ernst. Denn jetzt hat er diesen 300-Dollar-Gutschein, den ich ihm zum Geburtstag geschenkt habe, aber der liegt bloß rum und verstaubt. Er braucht einfach eine Inspiration.«

»Die Lehrbücher kosten genau 300 Dollar, weißt du«, sagte meine Freundin lächelnd. »Und mit den Büchern muss man anfangen ...«

»Aha! Interessant. Wir werden am Samstag auf unserer Terrasse sitzen, genau um zehn Uhr, und brunchen«, ließ ich sie mit einem Augenzwinkern wissen.

Plötzlich wurde mir klar, dass bereits Samstagmorgen war. Ich sprang aus dem Bett, lief nach unten und fing an, Frühstücksspeck zu braten. Dann backte ich Heidelbeermuffins aus den Beeren, die die Kinder und ich kürzlich bei einer Wanderung gepflückt hatten. (In dieser Gegend sind wir sehr stolz auf unsere Heidelbeeren.)

Ich deckte den Tisch draußen. Es war ein herrlicher Morgen. Der Garten war voll mit Rittersporn und blassrosa Kletterrosen. Einer nach dem anderen trudelte die Familie ein.

Meine Stimmung war sonnig. Heimlich bezog ich Kraft aus meinem Garten. Meine Schwägerin hat in ihrem Kampf gegen den Krebs Affirmationen angewendet, das heißt, sie hat versucht, sich ihr Leben, ihren Geist, ihren Körper, aus sich selbst heraus positiv zu beeinflussen, und mich hat sie ebenfalls dazu inspiriert.

Ich bin friedfertig. Ich bin ruhig. Ich bin lebendig. Ich nehme die Fülle der gesamten Schöpfung in mich auf. Ich erschaffe mir das Leben, das ich möchte. Ich bestimme die Art, wie Menschen mit mir umgehen. Ich lebe im Licht und in der Liebe. Dies ist, genau genommen, mein Summer of Love!

Und dann hörte ich es. *Tap tap tap* … klirrend fiel mir die Gabel aus der Hand … dann *chop chop chop* … Ich spürte es bis ins Herz … dann *bap bap bap* … der Windstoß kam und stülpte die Sonnenschirme um … und dann war er da, direkt über uns! Der blaugelbe Helikopter schwebte tief über unserem Haus, während wir draußen an unserem Teakholztisch frühstückten, als würden wir das jeden Tag tun, mit Speck und selbst gemachten Heidelbeermuffins …

Na, wie cool bin ich? (Vielleicht nicht so cool, aber man wird ja wohl noch ein wenig fantasieren dürfen, oder?)

Wir standen alle auf und bestaunten dieses Wunder über unserem Garten, das Windböen über unsere Terrasse jagte und den Rittersporn niederdrückte. Das ist es. Ich verstand plötzlich, wovon sie alle reden – meine Therapeutin nennt es reflektiertes Leben, die Buddhisten sprechen von rechtem Handeln, die Christen von göttlicher Intervention. Wenn man Liebe aussendet und alles andere einfach hinnimmt.

Ich sah meinen Mann an, und er strahlte von einem Ohr zum anderen – was ich schon eine ganze Weile nicht mehr gesehen habe. Es war wundervoll. Wie ein echtes Wunder.

Dann fiel ihm die Kinnlade runter, als er merkte, dass der Hubschrauber hier nicht nur schwebte, um uns seinen großen blauen Bauch zu zeigen.

Am Helikopterfenster erschien, an einer langen Leine befestigt, etwas, das aussah wie eine Arzttasche. Langsam wurde sie in unseren Garten abgeseilt. Und ich wusste, was sie enthielt: die Bücher.

»Na los, beweg deinen Hintern!«, schrie ich meinen Mann an wie in guten alten Zeiten, als ich mich noch nicht damit verrückt machte, mich vor lauter Angst vor dem Verlassenwerden nur noch wie auf rohen Eiern zu bewegen.

Er rannte los und nahm die Tasche wie ein Sakrament in Empfang. Mit erhobenen Armen. Es war ein geradezu religiöser Moment, ihm zuzusehen, wie er dort stand und diese Tasche in Empfang nahm.

Stolz lächelte ich meine Kinder an, die das Ganze staunend verfolgten.

Das sind die Dinge, die einem passieren, wenn man mit mir verheiratet ist!

Ich war zurück im Spiel. Und es fühlte sich fantastisch an.

Heute fährt unsere kleine vierköpfige Familie mit unserem Wasserskiboot auf den See. Heute werden wir Truthahn- und Käsesandwiches essen und Wasserski fahren und uns unter dem saphirfarbenen Himmel von Montana einen kleinen Sonnenbrand holen. Und um uns herum überall Berge.

Ich bete dafür, dass ihm die Dankbarkeit nicht verloren geht.

Ich frage mich, ob er gemerkt hat, dass ich heute Morgen in seiner Armbeuge lag. Und seine Träume träumte.

Und dann haben wir ein Date.

Unsere Kinder sind an diesem Tag in einem Feriencamp, und wir haben eine gute alte Verabredung.

Seine Idee. Allein das ist wie ein weiteres Wunder.

Es ist unser erster gemeinsamer Tag allein (allein zusammen – Wächter der Einsamkeit des anderen) seit so langer Zeit, dass ich mich an das letzte Mal gar nicht mehr erinnere. Oder doch, das war im letzten Winter. Da verbrachten wir ein Wochenende in einem schicken Hotel. Mit Hotelsex und so. Aber hier in Montana. Einfach nur zusammen freie Zeit verbringen? Ganz ehrlich, das muss Jahre her sein. Viele Jahre. So erwische ich mich dauernd dabei, darüber zu staunen, dass er nicht das Handy am Ohr hat und sich mit einem Kumpel zum Golfen oder Fischen verabredet.

Er hat sich für mich entschieden.

Und folglich ist das Erste, was wir tun, miteinander zu schlafen.

Wie kann Sex ausgerechnet jetzt toll sein? Ich staune auch darüber. Eine Freundin von mir sagt, das sei normal bei Paaren, die kurz vor der Scheidung stehen, denn es ist vertraut, und außerdem haben beide Seite eine Wahnsinnspanik, nie mehr Gelegenheit dazu zu bekommen. Ich weiß nicht, ob ich ihr das glauben soll. Wobei es allerdings schon etwas Neues hat, das sich zugegebenermaßen wie Verzweiflung anfühlt. Das ist Sex, den ich mit einem kleinen roten Cabrio vergleichen würde. Und ich versuche, nicht daran zu denken, dass ich, falls er eine Affäre hatte, mich gerade mit einer sexuell übertragbaren Krankheit angesteckt haben könnte. Aber wie schon gesagt, gibt es ja keinerlei Beweise. Oder sollen wir unsere Partner etwa jedes Mal, wenn wir miteinander schlafen, durchleuchten, weil die Möglichkeit besteht, dass sie sich mit jemand anderem im Bett ausgetobt haben? In was für einer Welt leben wir denn? Ich für meinen Teil möchte in einer des Vertrauens leben. Also versuche ich, solchen Mist aus dem Kopf zu bekommen.

Danach schnappen wir uns jeder ein Bier und spazieren zum Fluss. Ich fühle mich wie die supercoole Ehefrau – ich lächle immer noch wegen des Helikopter-Auftritts, den ich (allerdings insgeheim) ausschließlich mir zuschreibe.

Schließlich hechte ich kopfüber in den vom Gletscher kommenden Nordarm des Flathead River, der so kalt ist, dass mir praktisch das Gehirn einfriert. Ich stolpere auch nicht, als ich das Steilufer mit den glitschigen Felsen hinaufklettere. Ich meine, mindestens wie eine zwanzigjährige Animateurin beim River Rafting auszusehen, wäre da nicht mein Mommy-Badeanzug mit Röckchen, um jegliche unansehnliche Cellulitis zu verbergen.

Ein negativer Gedanke schießt mir durch den Kopf: Ich wünschte, unser Schlafzimmer hätte Vorhänge, denn dann wäre er an diesem Morgen im Bett nicht an die 41 Jahre meines Körpers erinnert worden.

Aber so etwas tun wir ja nicht mehr, erinnern Sie sich? Wir wollen uns doch befreien, selbst von solchen Dingen – selbst von unserer Cellulitis und von diesem seltsamen Speckgürtel um unseren Bauch, den wir bis vor einem Jahr NIE hatten.

Wir mögen uns genau so, wie wir sind, weil die einzige Alternative dazu Schmerz bedeuten würde. Und mit Schmerz sind wir durch. Aber, na gut, wir werden ab September, wenn die Kinder wieder zur Schule gehen, wieder das Fitnessstudio besuchen und diesen Speck verlieren. Und das werden wir für uns selbst tun, weil wir uns selbst lieben, verdammt noch mal.

Aber für den Moment fühlen wir uns in diesem Körper sexy, obwohl wir nicht versuchen, uns im besten Licht zu zeigen, nur um den Mann an uns zu binden, egal, was Ihre liebe Mutter Ihnen gepredigt hat. Wir tun solche Sachen nicht für ihn und aus Angst, allein zu sein. So was machen wir nicht.

Wir tun es höchstens für uns selbst. Denn wir sind sehr, sehr abgeklärt.

Hier am Fluss fühle ich mich also cool. Ich nehme die Schultern zurück. Ich bin sein Mädchen, aber ich spreche trotzdem nicht von meinen Gefühlen und fordere ihn auch nicht dazu auf, von seinen zu reden. Er hat die letzte Stunde am Telefon mit allen Mitgliedern seiner Familie verbracht; dabei wurde über seine kranke Schwester gesprochen. Alle sind verständlicherweise alarmiert, und ich kann ihm ansehen, wie schockiert und traurig er ist. Gleichzeitig beweist er jedoch eine große Stärke. Das ist fast, als würde ihm eine Art Therapie zuteil.

Aber ich sage rein gar nichts dazu, außer Dingen wie »Du bist ein guter Bruder« oder »Du bist ein großartiger Sohn«.

Dann vergesse ich kurz die Rolle »Mädchen am Fluss« und werde für eine Sekunde zu Elastigirl, das sagt: »Wie geht's dir eigentlich?« Als er daraufhin schweigt, nehme ich das sofort zurück und sage: »Weißt du was – ich glaube, das ist einfach zu schwer. Lass uns nur hier am Fluss sein und über nichts reden müssen.« Das widerspricht eigentlich meiner Gewohnheit – Dinge einfach so auf sich beruhen zu lassen. Und er weiß das. Ich kann ihm ansehen, dass er dafür dankbar ist.

Aus Flusskieseln schichte ich ein Steinmännchen auf. Danach weiche ich ein paar Weidenzweige im Wasser ein und biege sie zu einer Skulptur, die ein bisschen wie ein Traumfänger aussieht und die ich auf dem Steinmännchen befestige. Das ist etwas, das ich an mir mag, und ich hoffe, er erinnert sich daran, dass auch er das an mir mag. Ich kreiere gern spontan irgendwelche schönen Sachen.

Er rollt sich ein paar Zigaretten und raucht. Das ist neu. Neu für mich. Ich darf an etwas Geheiligtem teilhaben: Jungszeit. Denn so was macht er üblicherweise nur mit seinen Kumpeln. Mit ein paar Bieren und Tabak an einen Fluss fahren und seine

Fliegenschnur auswerfen und sogleich eine Cutthroat-Forelle fangen. Ich freue mich für ihn. Und zugegebenermaßen bin ich erleichtert, dass gerade ich seine Zeugin bin.

»Hast du das gesehen!«, ruft er. Er ist einfach ein Junge, der jemand zeigen will, dass er einen Fisch gefangen hat. Auf Anhieb. Und einen hübsch großen noch dazu. Es hat etwas Besonderes, einem Mann dabei zuzusehen, wie er einen Haken aus dem Fischmaul entfernt. Ein bisschen so, wie eine Frau berührt werden möchte – mit Dankbarkeit und Respekt.

Er wirft seine Schnur wieder aus und raucht.

Ich lasse ein paar Steine übers Wasser hüpfen.

Dann setzt er sich neben mich und macht etwas, das schon seit unserer Zeit in Boston ein Ritual zwischen uns ist. Etwas, das auch Teil unserer Verlobungszeremonie an dem Fluss in Washington war. Er legt einen herzförmigen Stein in meine Hand. Er ist rosafarben, glatt und nass, direkt aus dem Fluss, fast wie ein menschliches Herz.

Ich ziehe ihn zu mir, küsse ihn und flüstere ihm zu, was wir uns schon seit zwanzig Jahren zuflüstern: »Alles wird gut.« Damit gehe ich zwar schon wieder ein gewisses Risiko ein, aber es fühlt sich richtig an. Er ist mein Kumpel, und wir entgehen gerade dem Zorn seiner nervigen Ehefrau und den schwierigen Anforderungen des Familienlebens, und wir verbringen Zeit zusammen, schwänzen ein bisschen hier am Fluss.

»Es wird nicht gut«, sagt er. »Es wird absolut nicht mehr gut. Und dann … dann wird es wieder gut.«

Ich werfe noch ein paar Steine und spüre meinen Magen mit ihnen hüpfen und auf den Grund des Flusses sinken. Was meint er mit »nicht gut«? Welches »nicht gut«? Seine Schwester? Unsere Finanzen? Unsere Ehe? Das bitte nicht. Bedeutet »wieder gut« für ihn, allein zu leben, geschieden? Und ich, na prima, auch allein? Glaubt er, das wäre eigentlich für uns beide besser?

Nein! Neinneinnein! Wer sollte denn dann hier am Fluss sitzen und Steine aufschichten und seinen Fisch bewundern? Können wir nicht einfach eine 180-Grad-Wende machen? Und wieder Freunde sein? Nett miteinander umgehen und unser Eheversprechen befolgen. Ohne irgendwelche Mythen und Podeste?

Das muss nicht einmal schwer sein. Solange wir ehrlich zueinander sind. Jetzt werden wir ehrlich miteinander sein. Es gibt einfach keine Einmaligkeit. Wir sind gar nichts Besonderes. Wir glauben nicht mehr an Märchen. Wir sind nur hier in Montana und leben unseren wahren Charakter. In unserem spirituellen Adam- und Evakostüm. Der erste Tag des ersten Morgens. Wir sind Gefallene, aber wir müssen nicht verschämt davonlaufen. Wir können in diesem Garten bleiben, nicht wahr? Sofern der Garten ein Fluss wie dieser ist.

Ich drücke den herzförmigen Stein in meiner Hand ganz fest.

Unsere Herzen fühlen sich hier am Fluss schwer an. Der Stein auch. Und das Schwerste ist das Leid seiner Schwester. Dass sie wahrscheinlich gerade ihr letztes Lebensjahr durchlebt, während ihr geliebter Ehemann sich von ihr scheiden lässt. Damit muss sie sich dem Scheidungsverfahren und dem Krebs stellen … allein. Ist das nicht unfassbar? Und ihre fünf Kinder müssen zusehen, dass sie ihren Vater dafür nicht hassen. Er ist derjenige, der sie im Stich gelassen hat, und ausgerechnet ihn werden sie brauchen.

Ich schneide das Thema an – ein weiteres Risiko. Aber es scheint mir wichtig, ihm zu sagen, was für eine maßgebende Rolle er für die Kinder haben wird. Als männliche Bezugsperson in ihrem Leben, an der Seite ihrer Mutter und an ihrer Seite und in Colorado präsent, um genau das unter Beweis zu stellen.

Unterschwellig möchte ich ihn natürlich auch daran erinnern, wie zerstörerisch eine Scheidung sich auf Frau und Kinder auswirkt, und daran, dass es genauso wäre, wenn er umsetzen würde, was er zu Beginn des Sommers angekündigt hat.

Immerhin haben wir inzwischen Mitte August, und er ist immer noch da. Daher weiß ich nicht genau, was ich davon halten soll. Einmal gießt er den Pflaumenbaum, und im nächsten Augenblick verschwindet er mit seinen Kumpeln zum Fischen. Obwohl so etwas in letzter Zeit viel seltener vorkommt.

»Es ist so gut, dass du nach Colorado fliegen wirst, um ihnen beizustehen. Den Kindern muss es doch das Herz brechen.«

Meine Aktion schlägt fehl. Auf einmal bin ich nicht mehr der coole Kumpel.

Er sagt: »Stimmt schon, aber Scheidungen passieren nun mal. Und Kinder müssen damit zurechtkommen. Man muss nicht nur mit dem Tod und Steuerprüfungen rechnen. Sondern mit Tod, Steuerprüfungen und – Scheidung.« Habe ich nicht gerade ganz ähnlich argumentiert? Offenbar nicht so, dass es angekommen wäre.

Danach bin ich wirklich still. Er angelt, und ich staple Flusskiesel, wobei ich den herzförmigen Stein fest in eine Hand gepresst halte. In meinem Garten habe ich schon einen ganzen Weg aus denen, die wir über die Jahre gesammelt haben. Darunter auch die von unserer Verlobungszeremonie. Diesen hier nehme ich vielleicht sogar heute Abend mit in mein Bett. Und lege ihn dann wie einen Milchzahn unter mein Kopfkissen.

Auf einmal fällt mir ein, dass ich noch einen Anruf machen muss, und weil mein Akku leer ist, greife ich nach seinem Handy, das er auf sein Hemd gelegt hat.

Daraufhin echauffiert er sich und sagt: »Was machst du denn da?«

Ich gebe zu, dass ich durch sein Nummernverzeichnis blättere, weil ich eine bestimmte Nummer suche. Aber schließlich ist er mein Ehemann. Wir haben keine Geheimnisse voreinander. Oder doch? Immerhin ist es ja nicht so, dass ich hinter seinem Rücken herumschnüffle. Ich sitze vielmehr gut sichtbar neben ihm.

Er schnappt mir den Apparat weg, drückt ein paar Tasten und sagt: »Da findest du niemand, über den du dir Sorgen machen müsstest. Das ist nur privat. Das ist alles. Ich mag es einfach nicht, wenn jemand an mein Telefon geht.«

Erstaunlich, wie schnell eine Hoffnung entstehen und wieder in sich zusammenfallen kann.

Geheimnisse. Er hat Geheimnisse. Was für Geheimnisse? Wie verfänglich sind die wohl?

Warum möchte jemand seine Telefonkontakte für sich behalten? Die Möglichkeiten, die mir einfallen, sind niederschmetternd.

Ich gehe sie eine nach der anderen durch:

Eine Frau: Ich habe ihn jedoch genau beobachtet, als er mir sagte, es gäbe keine andere Frau. Und ich habe einen Blick dafür, wenn er lügt. Also bin ich entschlossen, ihm das zu glauben, selbst wenn ich dadurch einen Narren aus mir mache. Aber schließlich gibt es keinerlei schlagende Beweise.

Drogen: Wir sind ein Urlaubsort, das spräche dafür. Allerdings ist er noch nicht so auf den Hund gekommen, oder?

Geheimniskrämerei: Vielleicht plant er eine Riesenüberraschungsparty für meinen bevorstehenden Geburtstag. Vielleicht steht er in Kontakt mit meiner Agentin, und die beiden haben sich die Offenbarung der großen Neuigkeit in Gestalt einer leibhaftigen, bedeutenden Lektorin aus New York ausgedacht! Weil eines meiner Bücher endlich verkauft ist! Ja klar, bestimmt.

Ich halte keine der Möglichkeiten für wahrscheinlich. Also entscheide ich mich für Schweigen und Atmen.

Er geht ein Stück den Fluss hinunter, um an einer anderen Stelle zu fischen.

Da nehme ich den herzförmigen Stein und schleudere ihn ins Wasser. Mein Herz steckt darin. Soll der Fluss es doch für mich aufbewahren. Es enthält meine Hoffnung. Vielleicht trägt er sie eines Tages hinaus ins offene blaue Meer.

Entgleist

23. August 2008.

Heute ist mein 42. Geburtstag, und meine ganze Familie ist zu Besuch. Es ist unser jährliches, sommerliches Familientreffen, das dieses Jahr eben in Montana stattfindet. Viele Generationen sind erschienen. Man hat Holzhäuser in den Wäldern gemietet. Und es gibt Pläne für üppige Festessen und Ausflüge bei schönstem Wetter.

Ich habe mich darauf gefreut, meine Familie um mich zu haben. Die Herausforderungen dieses Sommers zu vergessen und mir vorzustellen, es könnte irgendein Sommer in einer langen Reihe von Sommern in meinem Leben sein.

Angesichts unserer Ehekrise frage ich mich trotzdem, warum ich mir das zumute. Es ist schließlich schwierig genug, eine gewisse mentale und spirituelle Ausgeglichenheit zu bewahren, wenn man angeschlagen ist. Doch das unter Zeugen, am helllichten Tage, und nicht in der Deckung von Kissen und Decken tief in der Nacht – das ist noch mal etwas ganz anderes.

Und offen gestanden, fallen mir solche Familienbesuche ohne meinen Vater immer noch schwer. Wenn ich alle in einem Raum versammelt sehe, suche ich immer noch unwillkürlich nach ihm – und dann trifft es mich wie einen Schlag in die Magengrube, dass er nicht da ist. Ich kann ihn nicht zu einem Spaziergang mitnehmen und ihm von neuen Ideen berichten, über etwas lamentieren oder mit Sachen angeben, mit denen ich mich vor niemand sonst trauen würde anzugeben. Seine Reaktion kann mir kein anderer Mensch ersetzen. Diese blinde Bewunderung, dieses vorbehaltlose Lob. Diese Vorurteilsfreiheit. Und seinen Rat. Gerade jetzt würde ich ihn so gern um Rat fragen.

Doch mehr als alles andere wünsche ich mir, von ihm zu hören, dass ich liebenswert bin. Natürlich bin ich das. Männer mittleren Alters machen harte Zeiten durch. Vor allem, wenn es Ärger im Beruf gibt. Stimmt's, Dad?

Anmerkung: Wenn Sie gerade versuchen, nur für den Augenblick zu leben, und darauf vertrauen, dass Ihr Glück ganz allein in Ihrer Verantwortung liegt … und Sie mit der praktischen Umsetzung dieser Philosophie noch ziemlich am Anfang stehen, dann sollten Sie vielleicht nicht den Großteil ihrer Herkunftsfamilie zu sich einladen. Für ganze zwei Wochen. Das gilt vor allem dann, wenn Ihre Krise noch nicht ausgestanden ist.

Es war nicht ihr Fehler. Sie wussten ja nicht, worauf sie sich da einließen. Wir hatten unser Eheleid noch keinem von ihnen geklagt. Wie ich schon sagte, wollten wir nicht, dass sie sich Sorgen machten. Und außerdem sah es ja so aus, als würden sich die Dinge langsam wieder zum Besseren wenden. Mein Mann schaute mir wieder in die Augen. Er kam zum Abendessen. Guckte, dank seiner neuen Satellitenschüssel, reichlich Sport.

Es schien, als würden wir es hinbekommen.

Aber nein.

Ich entgleiste. Konnte meine Mitte nicht finden. Zerfiel in eine Million Teile. Das geschah weitgehend unbemerkt, doch dann hatte ich eine schlimme Nacht, als ich beschloss, mich an einer Flasche Wodka festzuhalten.

Ich glaube, es hatte damit zu tun, dass ich jetzt Zuschauer in meinem Leben hatte. Das hat es wohl ausgelöst. Es war den ganzen Sommer über eine Solonummer gewesen – ich auf meinem Seil und in Deckung mit meinen Kindern.

Und plötzlich gab es Zuschauer.

Sie waren wie das Publikum zu einem Stück, das man geschrieben hat und in dem man die Hauptrolle spielt, ohne es eigentlich zu wollen. Es ist der Premierenabend. Vor ausverkauftem Haus. Und man erkennt jede einzelne Person im Publikum. Darunter auch einige ausgewiesene Kritiker. Und dann hast du deinen Text vergessen. Oder wann du dein Kostüm wechseln musst. Und die männliche Hauptrolle wird nur von der zweiten Besetzung gespielt.

Die gute Nachricht lautet: Wenigstens erinnert man sich hinterher selbst nicht mehr an das Stück. Aber offenbar war man auf der Bühne. Und die Kritiker haben die ganze Produktion verrissen, insbesondere deine Darstellung, die rührselig und unangebracht war – sozusagen das Schlimmste, was man sich an Fehltritten vor der eigenen Familie leisten kann.

Denken Sie an dieser Stelle an Ihren eigenen peinlichsten Auftritt. Wenigstens habe ich mich nicht ausgezogen. Und wenigstens habe ich mich auf niemand übergeben. Wenigstens habe ich mir nichts gebrochen, als ich im Wohnzimmer voll aufs Gesicht knallte. Das Ganze habe ich übrigens meinem Kumpel Smirnoff zu verdanken – Sheilas russischem Lieblingsonkel.

Aber das Stück ist nicht zu Ende, bevor der Vorhang fällt. Und so gab es die Zugabe am nächsten Tag beim Raften in einer Stromschnelle der Kategorie III auf dem Mittleren Arm des Flathead River.

Meine Mutter verkündet, dass wir zum River Rafting gehen. Das ist ihr Geburtstagsgeschenk für mich. Ihre Art, einen Bezug zu meinem Leben in der Wildnis herzustellen.

Ich versuche, Dankbarkeit zu zeigen. Das ist ja so lieb gemeint. Was bin ich für ein Glückskind. Meine Mutter schenkt mir einen Rafting-Trip zum Geburtstag! Ich tue so, als hätte ich mir das schon mein Leben lang sehnlicher gewünscht als alles andere – diese Unternehmung, die nur Touristen machen. Strikt angeleitet von einer Veranstaltungsagentur. Während selbst ihre Schuhe nach Rasierwasser riechen. Aber Kumpel und Bier haben sie nicht dabei.

Ich wische die Fantasie beiseite, auf meinem Pferd von ihnen allen weg in die Wälder zu galoppieren. Allein. Ich wische meine Träume von Sushi beiseite. Von einem Spa. In Ojai. Das ich mir irgendwie wieder leisten kann. Nein. Ich bin hocherfreut, mit Achtzigjährigen und kleinen Kindern zum Rafting zu gehen. Na los. Ich bin doch kein Spielverderber. Ich bin ein Montana-Mädel!

Außerdem ist es natürlich eine Gelegenheit, allen zu zeigen, dass ich trotz meiner Wodka-bedingten Vorstellung in Wirklichkeit eine sehr geerdete, in sich ruhende, unbeirrbare Frau bin, die den ganzen Sommer über schon ein verdammter Fels war. Oder besser: ein herzförmiger Stein. Wenn ich das mal von mir behaupten darf.

Mein Mann sieht aus, als hätte er eine Wurzelbehandlung vor sich. Ich kann seine Gedanken lesen: Er fragt sich, wie wir ohne kühles Bier einen Tag am Fluss überstehen sollen. Er hat mir heute Morgen auch noch nicht in die Augen geschaut. Er hat mir noch nicht zum Geburtstag gratuliert. Dafür hat er beide Kinder umarmt, Scherze mit ihnen gemacht, sie zum Lachen gebracht und ihnen zu verstehen gegeben, dass er ihr Held ist.

Ich weiß, dass er wütend über meinen gestrigen Auftritt ist. Dafür übernehme ich auch die Verantwortung. Oder habe es schon getan. Trotzdem reitet Sheila auf der Frage herum, welchen Eindruck eigentlich seine Vorstellungen in der Bar um zwei Uhr morgens hinterlassen. Ich versuche, sie zu beschwichtigen: Wir sind alle bloß Menschen. Wir bauen eben mal Mist. Wir machen alle mal schwere Zeiten durch. Das Leben ist kein Wunschkonzert.

Ich gebe also mein Bestes, um Sheila abzuwimmeln – soll sie doch ihre neunschwänzige Katze einpacken und sich ein anderes Opfer suchen. Heute ist mein verdammter Geburtstag! Und ich liebe meinen Geburtstag. Zumindest normalerweise.

Aus irgendeinem Grund hat es an diesem 23. August nur 18 Grad. Ich bin etwas zu leicht bekleidet. Mit einer kurzen Hose und einem ärmellosen Hemd, das ein wenig kurz ist, sodass ich dauernd daran ziehe, um meinen neuen kleinen Speckgürtel zu verstecken. Ich friere mir bereits den Hintern ab, aber ich sage es niemand, denn ich bin ja cool. Alle anderen beschweren sich sowieso. Ich bin jetzt ganz Montana-Mädel. Keine bibbernde Debütantin mehr. Ich komme doch wohl mit ein bisschen kühler Luft zurecht. Die wird mich sogar retten.

Ach Gott, wie gern wäre ich jetzt im Flanellpyjama zu Hause in meinem Bett. Dort möchte ich mit meinem Mann kuscheln und irgendeinen alten Film anschauen. Dazu vielleicht ein, zwei Geschenke auspacken. Nichts Großes. Eine Karte würde mir schon genügen. Normalerweise schreibt er »zwei Ballons«

auf meine Geburtstagskarte. Dieses Jahr nicht. Da hat es keine Karte gegeben. Und wie es aussieht, dürfte sich das auch nicht mehr ändern. Ich habe »gesündigt«. Eigentlich ist es ja das, was er von mir wollte. Ich habe ihm nur geliefert, was er sich gewünscht hat. Zum Teufel mit mir. Ich bin so eine Idiotin. Und ich brauche nicht mal Sheila, die mir das sagt.

Wenigstens haben wir eines gemeinsam: Wir reagieren auf dieses Szenario wie selbstverständlich auf die gleiche Weise.

Wir Leute aus Montana sind manchmal ein bisschen hochmütig wegen der Touristeninvasion und unserem Alltag an 365 Tagen im Jahr – mit Waldbränden, Lawinen, bitterer Kälte, schwarzem Eis, Grizzlybären und Berglöwen. Also reagieren wir hochmütig und distanziert, während die Guides den Touristen alberne Scherze und Anekdoten aus der Gegend und Halbwahrheiten erzählen. Die Touristen melden sich nervös zu Wort und stellen Fragen wie: »Können Grizzlybären schwimmen?«

Vor allem können wir es einfach nicht glauben, dass wir Helme tragen müssen. Aus Versicherungsgründen. Als ob wir solche Typen wären, die hinterher andere verklagen. Das scheint eine typische Großstadtseuche zu sein. Außerdem haben wir auf einem Fluss noch nie Helme getragen. Das ist doch wie ein Hawaiihemd auf einer Party mit Smoking und Abendkleid. Wir sind genervt.

Im Bus auf der Fahrt zum Fluss dreht sich meine Mutter dauernd um und sagt. »Ihr seht so elend aus. Warum seht ihr beide bloß so elend aus?« Aber sie dreht sich wieder zurück, bevor ihr einer von uns darauf antworten könnte.

Ich muss gestehen, dass ich auf diesem Teil des Flusses auch noch nie gerafted bin. Die Ausflüge, die ich mitgemacht habe, waren eher Floßfahrten, mit ein bisschen Fliegenfischen nebenbei, Picknicks am Ufer, einer Kühlbox Bier mit Freunden. Ich habe gehört, dass es auf diesem Abschnitt einige Stromschnellen der Kategorie III geben soll. Aber ich habe auch gehört, es wäre viel harmloser als beispielsweise auf dem Colorado.

Als man mir also sagt, ich solle meine Schwimmweste strammziehen, grinse ich bloß und tue nur so. Das Gleiche gilt für den Helm. Ich befolge auch nicht den Rat, meine Sonnenbrille mit einem Band um den Hals zu sichern. Ich bin doch kein Idiot. Ich bin weiß Gott nicht unfähig.

Zu diesem Ausflug gehören drei Schlauchboote. Zu uns stößt noch ein Paar aus LA und deren zwei Kinder. Unsere Gruppe umfasst also den Guide, meinen Mann und mich, unsere Kids, meine Mutter und ihren neuen Mann sowie diese Familie aus LA, die ein bisschen so dreinschaut, als hätte sie den Actionklassiker *Beim Sterben ist jeder der Erste* zu oft gesehen. Nur zögernd steigen sie in das Boot und mustern uns misstrauisch, bis der pinkfarbene Lippenstift meiner Mutter sie offenbar beruhigt.

Endlich sitzt jeder in einem Boot, nachdem sich alle, die nicht von hier sind, lautstark über das kalte Wasser beklagt haben. Es ist knapp über null. Vor zehn Sekunden war es noch Schnee – das kapiert doch wohl jeder.

Es ist viel davon die Rede, dass manche Leute ihre Swimmingpools auf 30 Grad heizen.

»Das Wasser kommt direkt vom Gletscher«, erinnere ich sie. Schnatter, schnatter.

Als die Mutter der anderen Familie fragt, wie kalt genau das Wasser denn sei, antwortet der Guide: »Kalt genug.«

Mein Mann und ich sitzen ganz hinten. Unsere Kinder möchten ganz nach vorn, um ordentlich nass zu werden.

Mein achtzigjähriger Stiefvater verkündet mit seiner Jack-Benny-Stimme: »Also … wisst ihr … ich bin ja eigentlich eher einer von den Nichtschwimmern.«

Ausgezeichnet.

Dann sagt die Frau aus LA: »Paddel? Wir paddeln? Ich bin eine Jüdin aus Los Angeles. Ich paddele nicht.«

Das wird ja immer besser.

Mein Mann und ich machen Konversation mit dem Guide, der jung und ziemlich geschniegelt aussieht. Wir versuchen beide ganz offensichtlich, uns an unsere eigenen Zwanziger zu erinnern, indem wir ihn nach Anekdoten aus dem Sommer, Frauen, Alkohol und dämlichen Touristen fragen. Wir betteln geradezu um seine Anerkennung – *ihr seid immer noch cool, ihr beiden*, so was in der Art.

Jedenfalls gibt er niemand auf dem Boot irgendwelche Informationen zum Thema Sicherheit auf dem Wasser. Wahrscheinlich weil wir ihn in unserem Bestreben, einheimisch und cool zu wirken, dermaßen vollquatschen.

Obwohl, das ist nicht ganz korrekt. Er sagt uns, wir seien der Motor. Oder so eine Art Motor.

Und er sagt: »Wenn ich rufe ›alle vorwärts‹, dann paddelt ihr vorwärts, im Takt, die ganz vorne geben den Rhythmus vor.« (Das wären meine Kinder … sie sind gerade mal acht und zwölf. Und nicht die Fittesten unserer Besatzung, das wären nämlich eindeutig mein Mann und ich.) »Und wenn ich rufe ›alle zurück‹, paddelt ihr rückwärts.« Er erklärt uns aber nicht, wie man überhaupt paddelt.

»Alle vorwärts!«, brüllt er auf einmal.

Und schon sind wir im Wildwasser. Überall Felsen und riesige Strudel, die uns ansaugen und wie Babys durch den Geburtskanal ziehen – oder vielleicht eher wie eine Nachgeburt, die an der Nabelschnur rausgezogen wird. Die Familie aus LA kreischt jedenfalls. Und zwar nicht vor Vergnügen.

Ich gebe zu, das Wasser ist deutlich wilder, als ich mir das vorgestellt hatte. Unsere Kinder jauchzen und werden sofort durchnässt. Die älteren Herrschaften sehen geradezu sediert aus. Vielleicht kommt es ihnen so vor, als würden sie sich das Ganze hier im Fernsehen anschauen. Dann sagt unser Guide: »Und jetzt alle relaxen.« Dafür möchte ich ihn küssen. Den ganzen Sommer über sehne ich mich schon nach jemand, der mein Boot durch diese vertrauten Gewässer steuert. Nach einem starken, aber sanften Guide, der freundlich das Kommando übernimmt und mir sagt, ich könne mich entspannen. Loslassen. Jemand ist am Ruder.

Also relaxe ich, wie mir geheißen. Momentan ist der Fluss auch ruhig und glatt. Meine Mom und ihr Mann haben Spaß daran, sich gegenseitig zu fotografieren. Die Leute aus LA fragen uns, wie das Leben hier so ist, als wären wir Aliens. Doch meine Mutter sorgt dafür, dass sie erfahren, aus welchem Teil von Chicago ich ursprünglich komme und welchen Lebensstandard ich dort aufgegeben habe. Ich merke, dass sie uns cool finden, egal, was meine Mutter oder der Guide davon halten. Wir spielen unsere Rolle und weisen sie auf Attraktionen hin – auf Weißkopfseeadler, Säger (nicht bloß Enten, denn mit Vögeln kenne ich mich aus), einen am Ufer trinkenden Hirsch.

Sie machen ungefähr 5000 Fotos von dem Hirsch. Sie haben noch nie einen in freier Wildbahn gesehen. Dann beginnen sie, uns zu erzählen, was es im Zoo von Los Angeles alles zu sehen gibt.

Ich klinke mich aus und versuche, ans Atmen zu denken. Versuche, mich nach diesem zweiwöchigen Familienbesuch wieder zu sammeln.

Der Fluss fließt hier ruhig dahin, und ich spüre, wie das Wasser um mein Ruder herumwirbelt. Ich paddle synchron mit meinem Mann. Es fühlt sich gut an, so im Einklang zu sein. Wir haben so viele Jahre so verbracht. Wir sind gut zusammen. Vor allem als Eltern.

Dann beginne ich zu entgleisen. Ich gerate aus der Spur, weil mir klar wird, dass ich stets im Gleichklang mit ihm sein möchte, während er derjenige ist, der nach den Momenten sucht, in denen wir es nicht sind. Wann hat sich das so entwickelt? Seit wann braucht er das, mir nachzuweisen, wo ich Fehler gemacht habe? Wir waren doch immer einander solche Fans. Aber ich konzentriere mich auf etwas Positives. Auf etwas, das ich im Griff habe. Etwas, worauf ich stolz bin. Etwas, worin ich gut bin und von dem ich weiß, dass mein Mann es an mir mag. Ich konzentriere mich auf mein Muttersein. Auf die Gespräche, die ich mit meinen Kindern jeden Abend und jeden Morgen führe, wenn sie im Bett liegen – über Freundschaft und den lieben Gott und Streitereien auf dem Schulhof. Dabei streiche ich ihnen übers Haar oder kraule ihnen den Rücken. Auf die Weißkopfseeadler, die wir zusammen beobachtet haben, die Pferde, die wir geritten und mit denen wir durch den Fluss geschwommen sind, die Pilze, die wir gesucht haben, die Blumenzwiebeln, die wir gepflanzt, die Gerichte, die wir mit Zutaten aus unserem eigenen Garten gekocht haben. Oder dass meine Kinder kaum einmal zu irgendetwas zu spät kommen. Wie ich mit allem, was in meiner Macht steht, versuche, noch ihre kühnsten Träume wahr werden zu lassen. Dass sie sich jeden Tag gesund und ausgewogen ernähren und kleine Zettel mit Aufmunterungen in ihren Pausenbrotschachteln finden.

Ich versuche, an einem Ort der Liebe zu bleiben. Auf dem rechten Weg. Ich versuche, einen gesunden Strom aus Liebe von mir in die Welt hinaus und zu allem, was darin ist, zu erzeugen. Ich atme tief. Ich will nicht streiten. Oder wütend sein. Oder gar verschwinden. Ich möchte so ruhig sein wie dieser Flussabschnitt. Und ganz langsam macht der Fluss meinen Verstand klar und licht. Ich spüre Montana durch meine Adern fließen. Sein Wasser und seine übrige Natur wirken heilsam auf mich. Ich bin ganz ruhig und atme.

Dann dreht sich meine Mutter mit ihrer Kamera zu uns um und ruft: »Rückt mal näher zusammen, ihr beide, damit ich ein Foto von euch machen kann.«

Mein Mann rührt sich nicht.

Ich beuge mich zu ihm hinüber, und sie will schon ein Bild machen, lässt die Kamera dann jedoch wieder sinken: »Warum schaut ihr beide bloß so elend drein?« Rasch fügt sie dann noch hinzu: »Kannst du ein Foto von uns machen?«

Ich erinnere mich an meine Mantras von vor langer Zeit: Manchmal müssen wir einfach hinnehmen, dass man uns missversteht. Dieser Sommer war so eine Zeit. Die diesjährige Familienzusammenkunft ist die Krux.

Atmen. Dieser Schmerz ist die Folge von zu viel Nachdenken. *Shenpa* nennt Pema Chödrön das. Den Haken. Sie ist eine buddhistische Nonne aus Tibet, und ihre Botschaft ist ungemein eindrucksvoll, egal, ob man ihrem, einem anderen oder gar keinem Glauben angehört. Ich höre sie mir in letzter Zeit sehr oft an, ihre CD *Getting Unstuck* habe ich im Auto immer dabei. Ich beschließe, mich wieder auf meine Atmung zu konzentrieren und ganz im Augenblick zu leben. Warum muss dieses Familientreffen nur etwas so Lähmendes, geradezu Letales an sich haben?

Jetzt schaue ich also auf die Ufer und liebe mein Montana. Ich bin stolz, hier zu sein. Zwei Sekunden ohne Nachdenken.

Übers Wasser gleiten …

Da stößt Sheila wie ein hungriger Adler herab:

Zum Teufel mit ihnen allen! Das ist dein Geburtstag. Du solltest dich heute feiern lassen … von Menschen, die mit dir fotografiert werden möchten, mit Leuten, die, wenn sie meinen, du sähest elend aus, dich fest in den Arm nehmen. Anstatt

einzufordern, du solltest dich anders fühlen, als du dich nun
einmal fühlst. Mit Menschen, die dich ungeachtet all dessen
lieben. Üblicherweise beginnst du deinen Geburtstag doch
damit, dass du vor Freude auf und ab springst.

Sheila irritiert mich immer, wenn sie Partei für mich er-
greift. Aber vor allem hasse ich es, wenn sie recht hat.

Trotz meines labilen Zustands beschließe ich, mich nach
Hause zu begeben, sobald dieses Geschenk absolviert ist, um
pfirsich- und rosafarbene Rosen im Garten für mich zu pflücken, sie in den Mint-Julep-Krug aus Sterlingsilber von meiner
Großmutter zu stellen und diesen dann neben mir zu platzieren,
während ich ein Bad nehme. So werde ich mich aufwärmen und
die Kälte, die immer unangenehmer wird, aus meinen Knochen
vertreiben. Dann werde ich mal ausschließlich an mich denken!

Meine Mutter dreht sich erneut zu mir um und bittet mich,
noch ein Bild von ihr und ihrem Mann zu machen, den sie
ebenso selig anlächelt wie er sie. Wie kann es sein, das ihr mit
ihren bald achtzig Jahren, in einem dicken gelben Regenmantel (den sie »slicker« nennt – er muss etwa von 1959 sein –
und dessen Kapuze unter dem Helm heraussteht) und in einer
khakifarbenen Freizeithose (die sie »slacks« nennt) – wie
kann es sein, dass dieser Frau die Zuneigung ihres Mannes
zuteilwird, während das einer 42-jährigen mit cooler Sonnenbrille und Patagonia-Outfit nicht gelingen will?

Ich fotografiere sie, und sie sieht mich wieder prüfend an.
»Dir muss doch kalt sein in diesen Sachen.«

Ich friere selten. Und ich bin stolz darauf. Aber heute ist es
kalt. Zu kalt für diese Jahreszeit. Ich bin zu leicht angezogen,
und es nervt mich, dass sie recht hatte, als sie heute Morgen
besserwisserisch meinte: »Es soll heute nur 17 Grad werden.
Solltest du da nicht besser eine Windjacke und eine Freizeithose anziehen?«

Ich starre den Weißkopfseeadler an, der zurückstarrt, und würde ihn am liebsten für mich behalten, aber dann denke ich, dass ich ihn den anderen wohl zeigen sollte.

»Ich habe noch nie einen Weißkopfseeadler gesehen«, sagt der Vater aus LA.

»Da ist einer«, sage ich. »Auf dem toten Baum, dort drüben.«

»Wo?«

So viel ich auch hindeute, er kann ihn nicht sehen.

»Mach dir nichts draus«, meint seine Frau. »So einen gibt es im Zoo auch.«

»Aber er sitzt gleich da drüben. Auf zwölf Uhr«, sage ich.

Wie sich herausstellt, wissen sie nicht, was das bedeutet. Ich lasse es, wie auch alles andere, auf sich beruhen. Ich konzentriere mich wieder ganz aufs Atmen. Für länger als ein paar Sekunden. Für mehrere Minuten. Ich denke an den herzförmigen Stein, den mein Mann mir geschenkt hat und der auf dem Grund eines anderen Arms dieses Flusses liegt. Das hilft mir.

Und ich komme zu dem Schluss, dass dies hier ein guter Geburtstag ist, selbst wenn mein Mann ihn in diesem Jahr ignoriert. Selbst wenn ich ihm zu seinem Geburtstag vor einem Monat einen Gutschein für seinen Helikoptertraum geschenkt habe. Und dafür gesorgt habe, dass seine Lehrbücher aus einer schwebenden Maschine in unseren Garten abgeseilt wurden. Aber hey, mit solchen Gedanken und vier Dollar bekommt man gerade mal einen Kaffee bei Starbucks, wenn man Glück hat. Also atme ich einfach weiter und beobachte den Weißkopfseeadler in dem Wissen, dass zumindest mein Mann und die Kinder ihn auch sehen. Ich habe ihn schließlich entdeckt, und das macht mich erst mal zum coolen Adler-Mädel. Leute, die Adler entdecken, sind eben cool. Das ist ein ungeschriebenes Gesetz in Montana. Also bin ich »voll in Ordnung« wie die zwanzigjährigen Raftingguides und Snowboarder und Barmänner in unserem hübschen Tal zu sagen pflegen. Voll in Ordnung. Immer schön weiteratmen.

Und jetzt zum lustigen Teil der Geschichte:

»Okay, Leute«, sagt unser Guide. »Die nächste Stromschnelle ist eine der Kategorie III. Die, bei der Schlauchboote manchmal kentern. Das sage ich nicht, um euch Angst zu machen. Und es ist auch nicht so, dass da zwingend jemand über Bord gehen müsste. Das will ich damit nicht sagen. Aber für den Fall, dass … lasst euch einfach mit nach vorne ausgestreckten Beinen treiben, wie in einem Wohnzimmersessel. Und versucht, so nah wie möglich am Schlauchboot zu bleiben, dann ziehen wir euch an der Schlaufe oben an eurer Schwimmweste raus. Seht also zu, dass die stramm sitzt. Und wenn ich sage ›reinlehnen‹, dann lehnt ihr euch alle nach rechts. Alles klar, Leute?«

»Alles klar«, sagen wir und klingen dabei unterschiedlich verängstigt. Ich bin immer noch auf dem Trip cooles Mädel – Helm und Schwimmweste sitzen locker. Das hier sind doch Touristengewässer. Und ich bin so absolut keine Touristin.

Die Frau aus LA schaut panisch drein, und selbst ihre riesige Prada-Sonnenbrille wirkt angesichts der imposanten Stromschnelle vor uns irgendwie zwergenhaft. Ich muss an den Siebzigerjahre-Film *Die Höllenfahrt der Poseidon* denken. Darin wäre sie diejenige, die es erwischt.

Vor uns tauchen Felsen und schäumendes Wasser auf. Ich fürchte mich nicht für mich. Ich sorge mich vielmehr um alle anderen auf dem Schlauchboot, außer um meinen Mann. Er ist kein Typ, der aus einem Boot fällt. Aber ansonsten ist es wie in *Gilligans Insel*. Mit Ausnahme von mir und meinem Mann ist niemand aus unserer Truppe wirklich für dieses

301

Abenteuer geeignet. Ich hoffe, er denkt ebenso. Aber vielleicht glaubt er, nur er sei geeignet. Und der Guide natürlich. Denn ich, wir erinnern uns, bin ja unfähig.

Wir erreichen eine Stelle, an der das rechte Ufer aus einem glitschigen, gebogenen Felsvorsprung und das linke aus mehreren riesigen Findlingen besteht, die bis in die Mitte des Flusses reichen. Der Guide steuert auf die rechte Seite zu und die Strömung erfasst uns.

»Jetzt alle nach rechts lehnen!«, brüllt er, hält direkt darauf zu, sodass es uns rechts aufstellt wie einen Pfannkuchen, der gleich gewendet wird.

Wir beugen uns alle nach rechts.

Meine Mutter lehnt sich nach links. Zum anderen rechts eben. Ich hechte nach vorn, um sie auf die andere Seite zu schieben, und jetzt, da mein Schwerpunkt höher liegt, könnte ich augenblicklich schwören, dass wir kentern. Dabei stütze ich mich auf meine ganze verdammte Erfahrung als Reiterin in den letzten fünfzehn Jahren Montana. Und ich werde ganz bestimmt nicht mit einer Horde gänzlich ungeeigneter Leute und einem Schlauchboot über dem Kopf durch diese Stromschnelle der Kategorie III rauschen. Alle paar Jahre kommen auf diesem Fluss Menschen ums Leben. Es besteht also eine durchaus reale Gefahr.

Ich springe ab.

Zum einen habe ich sowieso den Halt verloren, aber vor allem glaube ich, rausspringen zu müssen, um das kenternde Boot nicht über mir zu haben. Nur so kann ich helfen, all diese Leute zu retten. Denn wenigstens ich weiß, wozu ich fähig bin.

Das Wasser ist schneller und kraftvoller als alles, was ich bisher erlebt habe. Die Stromschnelle erfasst mich und zieht mich unter Wasser. Tief hinunter. Während es mit mir abwärts geht, ziehen meine nur locker geschlossene Rettungsweste und der lose sitzende Helm nach oben und schnüren mir die Luft ab. Alles um mich herum ist weiß und wild. Ich warte darauf, nach oben zu steigen, aber es geht immer tiefer, und ich weiß, was mir droht. Hier unten könnte ein umgestürzter Baum liegen und meine Schwimmweste könnte sich daran verhaken. Und wie zur Hölle soll man in einem solchen Strudel seine Hände und Finger so koordinieren, dass man den Verschluss öffnen und sich befreien könnte? In diesem Moment möchte ich außerdem diese Weste nicht missen, weil mir nur zu bewusst ist, dass sie das Einzige ist, was dafür sorgen wird, dass ich überhaupt wieder auftauche und den Rest meines beschissenen 42. Geburtstags erleben kann.

Zum Glück liegt da unten kein umgestürzter Baum.

Ich komme hoch, schnappe nach Luft und werde dann, jawohl, für noch längere Zeit nach unten gezogen. Diesmal dreht es mich einmal um 360 Grad, ich stoße gegen einen Felsen, bevor ich hinauf und in Richtung Ufer gespült werde. Ich fühle mich wie kielgeholt und steuere auf die scharfkantigen Felsen zu, die mit glitschigem Moos bewachsen sind, sodass garantiert keine Chance besteht, sich daran festzuhalten. Meine Nase ist voller Wasser, ich schnaube es heraus, huste, um meine Lunge freizubekommen, und halte nach den anderen Ausschau, die sicherlich in noch schlechterer Verfassung sind als ich. Ganz bestimmt.

Ich sehe das Szenario schon vor mir: Mein neuer Stiefvater, der nicht schwimmen kann, an einen Fels geklammert. Meine Mutter in ihrem gelben Regenmantel, wie sie bewusstlos auf dem Wasser treibt. Meine Kinder, die sich an das umgestürzte Schlauchboot krallen.

Dann sehe ich die Boote, zwei vor mir, eins hinter mir.

Nur dass gar keines von ihnen gekentert ist. Es ist auch keiner rausgefallen.

Außer mir.

Alles Gute zu deinem verflixten Geburtstag, cooles Montana-Mädel!

Wenigstens erinnere ich mich daran, die Beine vor mir auszustrecken. Ich befinde mich nach wie vor im Wildwasser, aber mir wird bewusst, dass ich das Paddel noch umklammert halte und meine Sonnenbrille seltsamerweise oben an meiner Schwimmweste hängt. Ich stopfe sie in meinen Ausschnitt und benutze das Paddel, um auf Abstand zu den Felsen zu bleiben.

Als das letzte Boot auf meiner Höhe ist, brüllt der Guide mir zu: »Sind Sie okay?«

Ich nicke. »Jawoll.« Zutiefst beschämt.

»Schwimmen Sie zum Boot rüber«, sagt er.

Das soll wohl ein Scherz sein. Aber ich habe ja mein Paddel noch, das ich in seine Richtung strecke. Er steuert das Boot zu mir, packt das Paddel und zieht mich daran neben sich. Ich will da hinein. Es ist verdammt noch mal arschkalt. Aber es besteht keine Chance, dass ich mich ohne Halt für meine Füße in diesem Wildwasser aus eigener Kraft hochziehe.

»Jetzt halten Sie sich noch kurz an dieser Leine an der Seite fest«, sagt er. »Weil wir da noch eine Stromschnelle vor uns haben.«

Hm, denke ich bei mir, ein Körper kann diese Kälte nicht allzu lang ertragen. Meine Hände zittern vor Aufregung und Kälte. Ich habe schon Horrorgeschichten von Rafting-Unfällen in der Gegend gehört, und die spulen sich jetzt gerade in meinem Kopf ab. Aber es gelingt mir, mich festzuhalten und die nächste Stromschnelle im Wasser abzureiten, auch wenn meine Füße unters Boot geraten und mein Po auf einen Felsen schlägt. Als wir die Strudel endlich hinter uns haben, fordert der Guide mich auf: »Und jetzt klettern Sie rein.«

Das soll wohl ein Witz sein. In meinem ganzen Leben habe ich mich noch nie kraftloser gefühlt. Ich versuche ja, hinaufzuklettern, aber es ist physisch unmöglich. Ich zittere am ganzen Körper. Meine Hände sind nur noch eisige Klauen.

Also packt er mich an der Schlaufe oben an meiner Schwimmweste und zerrt meinen 42 Jahre alten Körper ins Boot. Vor aller Augen. Mit dem Kopf voran und baumelnden Beinen, die an die Tentakel einer Riesenkrake erinnern.

»Sie haben Ihr Paddel festgehalten!«, sagt er anerkennend, und es ist das Netteste, was heute jemand zu mir gesagt hat. Vielleicht sogar den ganzen Sommer über.

»Und meine Sonnenbrille!«, sage ich keuchend und sehe ihn Beifall heischend an, obwohl mein ganzes Gesicht rotzverschmiert ist. »Machen Sie sich keine Sorgen«, füge ich noch hinzu. »Ich bin von hier.« Als wäre ich erst dank meiner Aktion richtig cool. Mein Gott. Alles, was ich denken kann, ist, dass mein Mann mich jetzt erst recht hassen muss.

Als wir uns neben dem Boot befinden, in dem ich ursprünglich saß, klettere ich unkontrolliert zitternd hinüber und sie singen »Happy Birthday« für mich. Sogar mein Mann. Die Zicke aus LA starrt mich mit blankem Entsetzen an: »Das hätte mir nie passieren dürfen.«

In diesem Moment hätte ich ihnen gerne allen gesagt, dass ich doch nur versucht habe, meiner Mutter und vermutlich auch ihnen das Leben zu retten. Aber ich tue es nicht. Ich bibbere. Meine Tochter sieht mich an und ist kreidebleich. »Das war so was von unheimlich, Mom. Mir ist kotzübel. Ist alles in Ordnung mit dir?«

»Jaja, mir geht's gut«, lüge ich.

Immer noch kriege ich keinen Augenkontakt mit meinem Mann zustande. Er gönnt mir nur einen Seitenblick, wie man ihn vorüberfahrenden Autos schenkt.

»Das ist übrigens der gefährlichste Platz, auf dem Sie da sitzen«, sagt der Guide lächelnd.

Ich möchte hier noch ergänzen, dass ursprünglich mein Mann dort saß, ich ihn jedoch gebeten habe, mit mir zu tauschen. Weil mein Rücken schmerzte. Ich wünschte, das wäre ihm passiert. Sowohl der Teil, als ich versuchte, meiner Mutter das Leben zu retten, als auch der, als ich von diesem Fluss so gedemütigt wurde.

Für den Rest der Fahrt habe ich meine Rettungsweste und meinen Helm so fest gezurrt, wie es nur geht. Außerdem fürchte ich, an Unterkühlung zu sterben, wenn es noch länger dauert, so kalt ist mir. Aber ich sage nichts. Wann haben Sie das letzte Mal gefroren wie ein kleines Kind, das viel zu lange im Pool war? Mit blauen Lippen und allem. Mir ist noch viel, viel kälter.

Aber ich habe es durchgestanden. Und überlebt. Ich fühlte mich danach sogar ganz gut – wieder eine Gelegenheit, den edleren Weg zu nehmen. Auch wenn es jetzt in meinem rechten Ohr pfeift. Es war mehr oder weniger so wie schon den ganzen Sommer über. Ich konnte wochenlang üben, aber dies hier war der ultimative Test, denn in dem Moment unter Wasser habe ich es gespürt: echte Kapitulation. Wahre Machtlosigkeit und dann echtes Aufgeben.

Nicht wie in höchster Not. Sondern – tatsächlich – das absolute Nichts. Zenartiges Nichtdenken. Loslösung. Der Moment des Erwachens. Vor dem Denken. Wahrer Charakter. All das vereinte sich in diesem Augenblick in dem Fluss. Das Erlebnis war sogar noch intensiver als bei meinem besagten Spaziergang in der Zeit auf dem Internat oder als ich meinen besonderen Moment in Italien hatte. Und sogar intensiver als bei der Geburt meines ersten Kindes, als ich das Gefühl hatte, genau auf der Schwelle zwischen Leben und Tod zu stehen. Damals meinte ich, sterben zu müssen, damit mein Kind leben könne. Aber noch einmal, es war nicht furchterregend, weil mein Geist ruhig war. Ich schätze, manchmal müssen wir dem Tod sehr nahe kommen, um an diesen Punkt zu gelangen.

Die Angst überkam mich erst nachher. Doch jenen furchtlosen, gedankenfreien Augenblick in der Stromschnelle begriff ich als mein wahres Geburtstagsgeschenk. Das würde fortan mein Bezugspunkt sein. In Ehekrisen und auch sonst.

Als ich mir später am Auto einen Fleecepullover und eine Sporthose anziehe, kommt mein Mann dazu, um sich irgendwas aus dem Wagen zu holen. Da packe ich ihn und sage: »Gib mir mal eine verdammte Geburtstagsumarmung.«

Ich finde, an ihrem Geburtstag kann ein Mädchen das verlangen.

Er umarmt mich.

»Das war zum Fürchten«, sage ich.

Ich verteidige mich nicht und versuche auch nicht zu erklären, warum ausgerechnet ich aus dem Boot gefallen bin. Ich stehe einfach nur da, zittere und erlaube mir, an meinem Geburtstag missverstanden zu werden, während mein Mann mich umarmt. Und ich atme.

Gemeinschaft

Das Labor-Day-Wochenende.

Es ist trüb und kalt. Ich zwinge mich, den Konsum von Football- und Golf- und Tennis- und Box- und Baseball- und noch mehr Footballübertragungen in unserem Haushalt nicht zu kommentieren. Ich bin Realistin. Es ist, wie es ist. Und ich kommentiere auch nicht, dass mein süßer, bewundernswert sensibler achtjähriger Sohn gerade »Hau ihn weg, du Spasti!« in Richtung Mattscheibe brüllt, während er neben seinem Vater auf der Couch liegt und sich am Sack kratzt.

Dies ist einfach nicht der richtige Zeitpunkt, um mit dem Nachwuchs über diskriminierende Sprache zu reden oder darüber, was man mit seinem Körper nur dann macht, wenn man allein ist. Ich beschließe stattdessen, einfach gar nichts zu sagen. Weil ich weiß, dass mein Mann im Moment nicht nur keinen Job hat, sondern dass auch noch seine Schwester im Sterben liegt.

Wenn er da den Sport im Fernsehen als Droge braucht, dann sei's drum. Dies ist einfach nicht der Zeitpunkt, um irgendjemand aufzufordern, sich von seiner besten Seite zu zeigen. Vor allem, wenn ich genau weiß, dass genau das in Kürze von ihm verlangt werden wird.

Seine Schwester hat sich für eine klinische Studie in Chicago qualifiziert und möchte versuchen, daran teilzunehmen. Es geht darum herauszufinden, ob das Wachstum ihres Tumors sich stoppen lässt. Die Chancen sind minimal, dass dabei mehr herauskommt als eine kleine Hoffnung in dieser Zeit der Vorbereitung auf den Tod. Aber sie ist willens, es zu probieren. Vielleicht auch nur um der Hoffnung willen. Sie ist einfach bemerkenswert. Und ihre Hoffnung ist mir Inspiration.

Es wird darum gehen, ihr einen Herbst und möglicherweise auch einen Winter lang in diesem Prozess beizustehen, welche Richtung auch immer der nehmen mag. Er ist das Familienmitglied, das am nächsten wohnt, aber auch alle anderen sind bereit, sich voll und ganz einzubringen.

Die Wahrheit ist, dass, auch wenn er übers Internet nach einem neuen Job forscht, er im Moment eigentlich nichts weniger braucht. Denn selbst wenn man in ihrem Krebs keinerlei Sinn zu erkennen vermag, ergibt es doch einen Sinn, dass er unter so vielen ihr nahestehenden Menschen derjenige sein wird, an den der Ruf ergeht, sie zu unterstützen. Er ist gefordert.

Das hat ihn über Nacht verändert. Auf einmal ist wieder Verlass auf ihn. Er repariert Dinge, die schon lange defekt waren. Bessert abgeplatzte Farbe am Verandageländer aus. Andauernd ertappe ich ihn dabei, wie er in die Wälder starrt, als wolle er sich vergewissern, dass sich keine Bären oder Berglöwen auf unserem Besitz herumtreiben. Aber ich weiß, dass es darum gar nicht geht. Ich weiß, dass er wegen seiner Schwester verzweifelt ist. Es ist einfach nicht nachvollziehbar, warum sie diese seltene und aggressive Form von Krebs hat. Eine so großartige Frau. Der Inbegriff einer Mutter, Ehefrau, Verfechterin eines gesunden Lebensstils, einer engagierten Nachbarin. Und noch nicht einmal fünfzig.

Ich weiß, dass er über sein eigenes Leben nachdenkt. Das Gefühl hat, seine Gesundheit und alles, was ihm zur Verfügung steht, nicht zu verdienen, insbesondere, da er in letzter Zeit so nachlässig damit umgegangen ist. Dennoch wünsche ich mir, dass er sieht, wie viel er uns über einen so langen Zeitraum gegeben hat, das nichts mit Geld zu tun hat. Obwohl er uns wohlgemerkt auch das gegeben hat. Ich frage mich, ob in seinen Augen die letzten sieben Jahre die ersten acht, in denen er finanziell so erfolgreich war, ausgelöscht haben. Damals liebte er seinen Job, war vor Ort so gut integriert. Er fühlte sich stark und geschätzt. Es ist, als hätte er die Soße in die verkehrte Richtung, gegen den Uhrzeigersinn, umgerührt und verstört.

Ich möchte, dass er nach vorne schaut. Einfach nach vorn. Ich wünsche mir, dass er zu einem Mann wird, der sich nicht über seine äußerlichen Erfolge definieren muss. Weil ich weiß, dass ich dann einen ebenbürtigen Partner in ihm habe. Und was mir noch wichtiger erscheint – ich glaube, dass er dann Freiheit findet.

Etwas sagt mir, dass die Zeit, die er damit verbringen wird, seiner Schwester zu helfen, genau das bewirken wird. Weil ich sie kenne, glaube ich, dass auch sie in diese Richtung auf ihn einwirken wird. Sie glaubt daran, dass man Menschen inspirieren kann. Überall in ihrem Haus hat sie entsprechende Zitate hängen:

»Du verpasst hundert Prozent der Chancen, die du nicht ergreifst.«

»Das Ende von etwas ist immer der Beginn von etwas anderem.«

»Du gewinnst Stärke, Mut und Selbstvertrauen durch jede Erfahrung, bei der du tatsächlich innehältst, um der Angst ins

Gesicht zu sehen. Dann kannst du dir sagen: ›Ich habe diesen Schrecken durchgestanden. Jetzt kann ich mich der nächsten Herausforderung stellen‹ (Eleanor Roosevelt).«

Mir gefällt besonders das letzte Zitat. Es erinnert mich daran, dass Leiden etwas Relatives darstellt.

Es erinnert mich auch an das Gegenteil von Angst, an meine Highschool-Erkenntnis, die mir immer noch wahr erscheint: Liebe. Natürlich muss diese Liebe zunächst einmal aus uns selbst kommen, aber wie können wir sie an die Welt weitergeben? Ich wette, seine Schwester würde sagen: durch die Familie und Gemeinschaft. Indem man andere inspiriert.

Ich komme zu dem Schluss, dass Leute eine Gemeinschaft ebenso brauchen wie diese die Menschen braucht. Mein Mann und ich waren in unserer Kleinstadt hier in Montana so engagiert. Richtige Macher. Soweit man das in einem 5000-Seelen-Ort eben sein kann. Doch weil wir uns so gescheitert fühlten, haben wir uns weitgehend zurückgezogen. Das ist mir bis zu diesem Augenblick noch gar nicht richtig bewusst gewesen. Früher war ich in allen möglichen Komitees. Ich habe Veranstaltungen für wohltätige Zwecke und Straßenfeste organisiert. Ich besuchte Schriftstellerkongresse und unterrichtete gratis an der Schule Kreatives Schreiben. Mit kleineren Schulkindern habe ich gesungen und ihnen auf der Gitarre vorgespielt. Ich war bei Veranstaltungen zum Umweltschutz in unserer Umgebung dabei. Als jemand, der immer etwas beizutragen hatte. Und mein Mann genauso.

Als er noch die Brauerei leitete, kamen praktisch täglich Leute, die sich seine Unterstützung wünschten, und er hat sie nur selten jemand verwehrt. Er genoss den Respekt der Lokalpolitiker und -prominenten, ungeachtet ihrer politischen Einstellung – vom Polizeichef bis hin zum Rancher, der die Getreideabfälle der Brauerei an sein Vieh verfütterte. Dieser

Mann ist übrigens heute unser Gouverneur. Mein Mann ist einfach extrem vielseitig. Ja, das kann man so sagen. Die Leute lieben ihn dafür. Und ich natürlich auch.

Seine Schwester und ihre Kinder werden in der nächsten Phase seines Lebens die Gemeinschaft für ihn sein.

Weil ich das weiß, versuche ich, das Meine beizutragen, damit er sich in diesem Moment wohlfühlt. Während er und unser Sohn auf der Couch liegen. Obwohl ich Football hasse und noch nicht mal richtig begreife. Für mich sieht das wie eine glorifizierte Schlacht aus.

Aber ich überlege bei mir: *Was tun Football-Gattinnen?*

Dann öffne ich die Tür zur Speisekammer und suche darin nach etwas Football-gemäßem. Wie durch Zauberhand materialisiert sich eine Tüte Chips. Ich habe in meinem ganzen Leben noch keine Chips gekauft. Das muss ein Überbleibsel von der letzten Party sein. Doritos. Sogar Cool Ranch Doritos. Und ich finde noch eine zweite Tüte. Von der Sorte, die einem eine blaue Zunge macht. Perfekt. Ich schütte sie in eine große Schüssel. Dies ist das Dorito-Debüt in unserem ernährungsbewussten Zuhause, und dennoch stelle ich sie auf den Sofatisch, als hätte ich das schon tausendmal gemacht.

Mein Mann und mein Sohn vermuten, es handle sich um Hummus, und ignorieren die Schüssel.

Doch langsam durchdringt das würzige Aroma ihren Football-Dunst, und sie reagieren. Und schon stopfen sie sich die Münder mit Gott-weiß-was-diese-Chips-enthalten voll.

Ich setze mich zur Entspannung in den Schaukelstuhl und achte darauf, dass sie mich aus dem Augenwinkel registrieren. Ich fühle mich schon wie ein halber Football-Fan. Und ich möchte, dass sie meine Zustimmung spüren. Ich geb's zu: Dafür will ich auch ein bisschen Anerkennung, nach diesem Sommer so ganz ohne Wertschätzung.

Ich habe die Hände in den Schoß gelegt. Als ich merke, dass ich immer heftiger schaukle, nehme ich mich zurück und werde wieder langsamer. Mein Gott, ich habe mich selten so gelangweilt. Da sehe ich auf einmal meinen Laptop neben dem Kamin liegen, nur eine Armeslänge von mir entfernt. Und vielleicht angeregt von der Spielatmosphäre fällt mir eine Unterhaltung ein, die ich an diesem Tag mit einer meiner besten Freundinnen geführt habe. »Ich kann nicht glauben, dass du nicht auf Facebook bist! Das macht solchen Spaß. Dir bestimmt auch, wo du doch derart ab vom Schuss wohnst. Es ist toll, um sich zu vernetzen und macht absolut süchtig.«

»Ist das denn nicht eher was für Jugendliche auf der Highschool?«

»Aber nein. Du bist noch jung genug dafür. Du willst doch noch nicht zum alten Eisen gehören, oder?«

Zum alten Eisen? Sicher nicht. Ich bin hip. Ich bin angesagt. Ich bin beliebt. Oder etwa nicht?

Ich werfe noch einen Blick auf den Laptop, dann schnappe ich ihn mir. *Click. Click, click, click*, und schon denke ich mir ein Passwort aus. Ich entscheide mich für *Football*. Jetzt wollen wir doch mal sehen, was an diesem Theater um Facebook überhaupt dran ist.

Sie kennen Facebook doch, oder? Wahrscheinlich sind Sie auch viel präsenter am Puls der Zeit als ich hier im letzten Winkel von Montana. Für den Fall, dass Sie es doch nicht kennen sollen, dann erkläre ich es Ihnen rasch im Flüsterton – aber sagen Sie Ihren Kindern und Kollegen und vor allem Ihrem Ehemann nichts davon. Also, es handelt sich um eine Netzwerkseite im Internet, auf der man sich kostenlos registrieren kann, um Leute zu suchen, die man kennt, und falls die auch Mitglieder bei Facebook sind, können Sie um deren Freundschaft »anfragen«. Falls diese Sie akzeptieren, haben Sie Zugang zu deren persönlicher Seite. Wenn nicht, dann können Sie sich zumindest deren Freunde ansehen, um nach weiteren Menschen zu suchen, die Sie vielleicht kennen oder kennenlernen möchten, und dann versuchen, zu diesen Kontakt aufzunehmen. Kurz gesagt, man hat Verbindung zu Leuten, mit denen man eigentlich nichts (mehr) zu tun haben würde. Und man verbringt eine Unmenge Zeit damit herauszufinden, ob der alte Freund, der einen in den Achtzigern fallengelassen hat, einen heute zumindest als Freund akzeptiert, damit man ihm die eigene Seite zeigen kann, die voll mit den besten Bildern von einem selbst, den wahnsinnig hübschen Kindern und dem irrsinnig coolen Leben in den Bergen ist. Außerdem kann man stolz darauf sein, wenn man als eigenen Status immer noch »verheiratet« angeben kann.

Innerhalb eines Abends auf Facebook lädt man ein Foto von jeder eindrucksvollen Aktivität der letzten Jahre hoch, an die man sich erinnern kann – Schlittenhundefahren, River Rafting (in der Bildunterschrift natürlich kein Wort davon, dass man dabei fast ertrunken wäre), Skifahren, Segeln, Schnorcheln, Wasserskifahren, Reiten, Bergsteigen. Strategisch sehr günstig ist es auch, die exotischsten Reiseziele zu präsentieren, auch wenn man auf den jeweiligen Bildern fast überall im Badeanzug zu sehen ist – was nicht unbedingt von Vorteil sein muss. Also sucht man nach einem, auf dem die Kinder im Vordergrund die eigenen Oberschenkel verdecken. Oder das im Wohnzimmer der italienischen Gastfamilie, wo ich mich unermesslich wohlfühlte, nachdem ich mich so lange unermesslich schlecht gefühlt hatte. Plötzlich merke ich, wie ausgehungert ich nach Gesellschaft bin. Und zum Teufel, ich habe ja Freunde an allen möglichen Orten – kein Wunder, nach diversen Umzügen von einer Küste zur anderen.

Also sucht man wie eine Blöde. Dabei stellt sich raus, dass eine Menge Leute, die man kennt, hier vertreten sind. Nur niemand, den man so richtig … richtig gut kennt. Was wohl bedeutet, dass ich die unreifste unter all meinen besten Freundinnen und Freunden bin. Oder vielleicht sind sie auch einfach zu beschäftigt für diesen Unfug. Oder … oder … vielleicht wissen sie auch gar nichts von Facebook. Sie sind schon alt und unmodern und abgestumpft. Ganz im Gegensatz zu Ihnen, Sie ewig Junge!

Anfangs zögert man noch. Warum sollte man wieder Kontakt zu diesem Typen aufnehmen wollen? Äh. War er das nicht, der bei einer Tanzveranstaltung an der Highschool versucht hat, dir seine Zunge in den Hals zu stecken? War sie nicht … doch eines der total gemeinen Mädchen?

»Touchdown! Jawoll!« Ehemann und Sohn vollführen einen kleinen Freudentanz auf der Couch und verschütten die Chips.

Meine Tochter kommt rein, um zu sehen, was der Lärm soll, wirft einen Blick auf den Sport und einen auf mich, um zu befinden, dass wir alle Loser sind. Dann zieht sie sich wieder in ihr Zimmer zurück, in dem sie den ganzen Nachmittag auf dem Bett rumgammeln und genervt die Augen verdrehen kann. Vorher bemerkt sie allerdings noch spitz: »Aber Mom, ist Facebook nicht was für … für junge Leute?«

Das genügt, damit ich rotsehe.

Gierig trage ich jeder einzelnen Person, an deren Namen ich mich aus welchen Netzwerken auch immer noch vage erinnern kann, meine Freundschaft an. Wie der letzte gesellschaftliche Emporkömmling werfe ich mich den Freunden von Freunden an den Hals. Schamlos flirte ich Typen an, von denen ich nur weiß, dass sie einmal vor dreißig Jahren auf mich gestanden haben. Mit nicht jugendfreien Anspielungen verlocke ich sie, mich als Freundin zu akzeptieren.

Und dann wartet man. Und lädt inzwischen noch mehr coole Fotos von sich selbst auf sein Profil, damit sie, wenn sie dann auf die Seite kommen, ein noch besseres Bild von einem bekommen, als man selbst es je für möglich gehalten hätte. Das Wasser wird ihnen im Munde zusammenlaufen, wenn sie Ihr Leben sehen, und sie werden sich wünschen, Sie zu sein. Oder Sie geheiratet zu haben. Sie werden das Bild von mir und meinem Mann in Belize sehen und sich sagen: *Mein Gott, wie glücklich die beiden wirken. Nach all den Jahren sehen sie immer noch wie Filmstars aus. Ich wette, sie haben Rockstar-Sex.*

Dann klickt man auf Profil und stellt fest, dass man immer noch null Freunde hat. Das deprimiert einen Moment lang schon.

Die erste Person, die sich bei mir meldet, ist meine Nichte. Sie ist der totale Facebook-Fan.

»Tante Laura, das ist ja voll witzig, dich auf Facebook zu sehen! Das College ist klasse. Ich mag meine Zimmernachbarin. LG.«

Sie schickt mir einen knubbelig gezeichneten Rosenstrauß. Allerdings entgeht mir nicht, dass sie all ihren anderen Freunden gerade knubbelig gezeichnete Biergläser geschickt hat.

Ich kehre wieder in den Suchmodus zurück. Jetzt habe ich einen einzigen Freund, und der ist auch noch mit mir verwandt. Erbärmlich. Das darf ich niemand sehen lassen.

Ich … muss … doch … noch … mehr … Freunde … haben.

»Was treibst du da eigentlich?«, fragt mein Ehemann und sieht mich heute zum ersten Mal direkt an.

»Bin auf Facebook«, antworte ich lässig.

Er reagiert mit einem Lachanfall.

»Was denn? Das ist cool. Du glaubst gar nicht, mit wie vielen alten Freunden ich da wieder in Kontakt komme.«

Ich verfalle in ein Verhaltensmuster aus meiner Highschool-Zeit.

Siehe da, schon poppt eine Anfrage in Sachen Freundschaft auf. Vom damals einflussreichsten Mädchen auf der Highschool. Die, mit der man sich nicht mal zu reden traute, die einem die Knie zittern ließ. Man kann einwilligen oder sie ignorieren. Diese Macht ist geradezu quälend. Etwa zehn Sekunden lang schaffe ich es, sie zu ignorieren. Ich fühle mich absolut wie damals an der Highschool. Und dann … aber erst dann … tippe ich mit meinem letzten noch intakten Fingernagel auf das Trackpad: bestätigen. Und als ob ich sie gerade zufällig in der Schlange in der Cafeteria getroffen hätte, klicke ich auf ihr Profil. Dort sehe ich, dass sie momentan exakt 1753 Freunde hat.

Das, meine Liebe, bedeutet Krieg! Und so was aus dem Mund einer Frau, die über Football spottet!

Die drei Tage des Labor-Day-Wochenendes verstreichen grau und mit jeder Menge Football. Ich sitze in diesem Schaukelstuhl, den schweren, heißen Laptop auf dem Schoß und netzwerke. Die Kinder machen sich über mich lustig. »Das ist gut für meine Karriere«, sage ich. Daraufhin lachen sie erst richtig los.

Die Sache ist wie eine einzige große Orgie.

Dann erhalte ich eine Nachricht, und die ist noch nicht mal an mich persönlich gerichtet, sondern sie ist sichtbar für alle. Sie stammt von einer Freundin hier am Ort und lautet: »Lasst endlich diesen Face-Blödsinn und kommt sofort her. Es geht um eine idiotische neue Siedlung, die wir verhindern müssen. Wir brauchen eure Unterstützung. Das Treffen dazu findet heute Abend statt. Kommt, dann gebe ich euch nähere Infos.«

Ah, ja! Meine echte Gemeinschaft, erinnere ich mich. Allerdings fällt mir gleichzeitig auf, dass jeder ersehen kann, wie lange ich auf diesem verdammten Facebook war.

Blitzschnell logge ich mich aus. Schiebe den Laptop in die alte Kuriertasche, in der ich ihn immer mitgenommen habe, wenn es zu wichtigen Treffen ging. Damals, als ich noch eine Macherin war und keine Hure im Social Network. Freundlich, sodass es für die Sportzuschauer im Wohnzimmer nicht zu distanziert und abgehoben klingt, sage ich: »Ich bin jetzt mal für eine Weile weg. Ich gehe zu einer Versammlung, wo es um irgendein Neubaugebiet geht, das sie uns hier aufs Auge drücken wollen.«

Der Ehemann schaut auf. Eine Spur des alten Respekts in seinem Blick.

Aber man nimmt eben, was man kriegen kann.

Und noch auf der Fahrt zu dieser Veranstaltung wird mir klar, dass ich meine Facebook-Orgie nicht wiederholen muss.

Andererseits bin ich auch nachsichtig mit mir: Denn immerhin habe ich mich drei volle Tage lang nicht einsam gefühlt. Oder zurückgewiesen. Vielmehr fühlte es sich an wie mein altes Ich, das offenbar (wenn auch vielleicht nicht im Vergleich zu dem Mädel mit den tausendsoundsoviel Freunden) wieder ziemlich beliebt war. Und attraktiv. Begehrenswert. Zwanzig. Wieder ein Glückskind. Auch wenn ich mit meinen 42 inzwischen alles Nötige über tönerne Füße weiß.

Das Geschenk seiner Schwester

Die Schule geht wieder los.

So wäre es dann. Ich wäre so allein, wie ich es jetzt bin. In meinem Bett. Die Decke hochgezogen oder auch nicht, genau so, wie ich das möchte. Ohne unter seiner Schnarcherei zu leiden. In dem Wissen, dass, wenn mein Grübeln oder meine Träume mich nicht daran hindern, ich ausgezeichnet schlafen werde. Ich kann lange lesen, ohne mich zu sorgen, dass das Licht ihn stört. Ich kann mir Lettermann so laut ansehen, wie ich will. Das alles ist gar nicht schlecht.

Außer wenn ich bedenke, dass ich mich aus irgendeinem Grund bei der Vorstellung, dass seine Präsenz und seine männliche Stärke uns nicht beschützen, ein wenig ängstige. Als ich heute Abend in den pechschwarzen Himmel schaute – während die Kojoten bellten und heulten –, da wurde mir klar, wie viel im Leben ich wegen seiner männlichen Stärke nicht fürchte. (Lustig, was man sich nachts und im Dunkeln so alles eingesteht.)

Mein Mann ist es gewohnt, bei seiner Schwester zu sein. Angesichts der dauernden Abwesenheit ihres Mannes hat er auch schon früher schwere Arbeiten rund ums Haus für sie

319

erledigt. Hat ihr geholfen, den Garten nach ihren Vorstellungen neu zu gestalten. Denn auch sie kreiert gern schöne Dinge. Er ist stolz, ihr dabei helfen zu können. Das ist so, wie seine Mutter es in ihrer Kindheit für sie zu Hause gemacht hat. Und vielleicht auch so, wie seine Frau es in seinem jetzigen Zuhause tut.

Er ruft an, um mir zu berichten: »Ich habe den Rasen gemäht, die Wassersprinkler repariert, mich um den Sperrmüll gekümmert.« Er befindet sich im Aktionsrausch des ersten Tages.

Aber ich kann ihm seine Furcht anhören, und ich kann hören, wie machtlos er sich fühlt. Dies ist nicht die Zeit, um die Dinge zu beschönigen, wie er es sonst gerne tut. Dies ist der Zeitpunkt für drastische Maßnahmen. Für ehrliche und schwierige Gespräche. Aber natürlich ist es auch wichtig, das Haus in Schuss zu halten. Ich fürchte nur, dass er sich hinter dieser Aufgabe verstecken wird. Denn ich möchte ja, dass er diese Erfahrung an sich heranlässt. Dass sie auch sein Leben verändert. Dass sie seine Seele wachrüttelt.

Und vielleicht geschieht das auch, denn als wir ihn später anrufen, geht er sofort ran. Was seinen momentanen Kommunikationsgewohnheiten ja gar nicht entspricht.

»Was machst du gerade?«, frage ich.

»Ich schaue mit allen zusammen die U.S. Open.« Als er aufzählt, wer alles da ist, verstehe ich, was »alle zusammen« genau bedeutet: seine kranke Schwester, ihre beiden Töchter, seine andere Schwester, sein Bruder und die Ex seines Bruders. Sie alle sind gekommen, um zu helfen.

Mit anderen Worten, er sitzt in einem Wohnzimmer unter fast lauter Frauen, von denen einige schon viel durchgemacht haben, sei es durch eine tödliche Erkrankung oder eine gescheiterte Beziehung. Meiner Ansicht nach ist das momentan der perfekte Platz für ihn. Natürlich wünsche ich niemand solchen Schmerz. Aber ich kann darin eine Chance für meinen Mann sehen, innerlich zu wachsen – wie ein spirituelles Geschenk, das seine Schwester ihm macht. Oder eigentlich unserer Familie.

An einem der folgenden Abende rufe ich seine Schwester an. Sie telefoniert normalerweise gar nicht gern, aber diesmal reden wir stundenlang. Darüber, wie es für sie ist, körperlich und mental und spirituell – am Schluss wünscht sie mir »gutes Karma«.

Gutes Karma. Äußerungen einer Todkranken misst man eine andere Bedeutung bei. Da gibt es kein Geschwätz. Ich präge mir das für später ein – ihre Stimme in meinem Ohr. Gutes Karma. Ich weiß das festzuhalten und als einen Segen der besten Sorte in mein Herz einzuschließen. Als Aufforderung, das Leben in dem Glauben zu leben, dass alles möglich ist. Insbesondere weil diese von der »Zweitmutter« meines Mannes kommt. Von einer unvergleichlich lebensklugen Frau.

Es ist total seltsam. Jetzt, nachdem er fort ist und nur die Kinder und ich zu Hause sind, der Fernseher kalt und der Herd warm ist, klassische Musik zwischen den Bücherregalen ertönt, eine Kanne Tee auf dem Tablett steht – da verspüre ich etwas wie Erleichterung.

Nach diesem ganzen langen Sommer möchte ich aufseufzen und am liebsten gar nicht mehr damit aufhören, bis sich alle Spuren von Angst und Kapitulation auflösen und durch die Polster der Couch und den Dielenboden, durch das Fundament unseres Hauses in die Erde und dort durch die Schichten aus Fels und Ton und Lehm bis hinunter zum Obsidian verflüchtigen. Vor allem möchte ich weder fähig noch gut, noch sexy oder sonst irgendwas Substantielles sein müssen. Ich möchte die Kinder früh zu Bett bringen und dann in mein Bett kriechen und fernsehen. Anspruchsloses Programm. Jedenfalls kein Ballsport.

Eine Zeitlang zappe ich zwischen *Will & Grace* und Wiederholungen von *Sex and the City*, *Iron Chef* und Letterman. Ich kann mich nicht erinnern, wann sich mein Leben das letzte Mal dermaßen unkompliziert und leicht angefühlt hat. Ich spüre, wie ich selbst locker lasse. Und ich schlafe und schlafe und schlafe. Keine Träume – oder zumindest keine, an die ich mich erinnern könnte. Ich wache exakt in der Position auf, in der ich acht Stunden zuvor eingeschlafen bin. Dann werfe ich einen unbelasteten ersten Blick auf die Bäume vor meinem Schlafzimmerfenster. Das könnte mein erster erholsamer Schlaf seit Italien sein.

Ich bringe die Kinder zum ersten Schultag nach den Ferien, und alles läuft so reibungslos. So leicht. Selbst der Besuch in der Planungsabteilung des County und mein erzwungener Crashkurs in Wasserschichten, Augebieten, Überschwemmungsgebieten und Niederschlagsablauf, um mich für den bevorstehenden Kampf gegen die Neubausiedlung zu wappnen … ist leicht. Auch wenn ich durchaus weiß, dass wir schnell reagieren müssen und es anstrengend werden wird.

Gemäß unseren Gesetzen muss ein Bauunternehmer, der eine Wohnanlage mit mehr als fünf Einheiten plant, nur die Nachbarn darüber informieren, die in einem Radius von 45 Metern rundherum wohnen. Das kann angesichts der hier üblichen großen Grundstücke, die oft von Flüssen oder Straßen durchschnitten werden, bedeuten, dass nur ein oder zwei Leute überhaupt von so einem Bauvorhaben wissen.

Genau das ist bei diesem Projekt der Fall. Wenn man also nicht so clever ist, die behördlichen Bekanntmachungen in der Tagespresse zu lesen, oder zufällig die kleine Bautafel auf dem Nachbargrundstück wahrnimmt, dann kann es einem passieren, dass man eines Tages fast im eigenen Garten die Wohnanlage Adlerblick aufragen sieht. Und das mitten im hintersten Winkel Montanas, das ansonsten bis zum heutigen Tage größtenteils unberührt ist. Dann kann man nur noch den Adlern zum Abschied zuwinken, weil die sich rasch vom Acker machen. Man selbst trifft dafür ab jetzt gelegentlich auf Leute in karierten Flanellpyjamas, die von ihrer asphaltierten Zufahrt aus nach Adlern Ausschau halten und sich dabei fragen, warum der Katalog der Immobilienfirma sie so frech belogen hat.

Also gebührt mein Dank den paar Nachbarn des betreffenden Grundstücks, denn ihren Adleraugen ist es zuzuschreiben, dass wir wenigstens wissen, was vor sich geht. Allerdings bleiben uns nur fünf Tage, um abzuwehren, was in unserer ländlichen Gegend ein Präzedenzfall für Bauvorhaben werden könnte. Denn wenn der Ein-Morgen-Parzellierung einmal zugestimmt wurde, dann gibt es kein Halten mehr vor der Verwandlung unserer Gegend in eine Vorstadt. Montana besitzt einfach nicht die nötige vorausschauende Gesetzgebung, um verantwortungsvolles Wachstum sicherzustellen. Noch nicht.

Verantwortungsvolles Wachstum. Es fühlt sich ziemlich gut an, sich diesen Prozess vorzustellen. In Bezug auf die Erschließung des Landes wie auch in Bezug auf meine Ehe. Und auf mich. Es tut so gut, sich auch wieder auf etwas anderes als meine Partnerschaft und mein Wohlergehen zu konzentrieren. In diesem Fall eben auf unsere Stadt. Dabei nehme ich die Dinge allerdings nicht mehr so persönlich wie früher. Ich kann mich leidenschaftlich engagieren, bin aber nicht mehr so auf das Ergebnis fixiert.

Ich schaffe es, die Weisheit meiner Schwägerin anzuwenden, mit der sie den Krebs über so viele Jahre in Schach gehalten hat. Ich kann visualisieren:

Das Tal wird nicht in einen Morgen große Parzellen zerhackt. Auf Schwemmland. Was den Fluss verschmutzen würde. Es wird offen und frei ... ein Bassin für den Nachthimmel, sollte er sich je entschließen herabzufallen.

Ich spüre nicht mehr diese Verzweiflung und Hilflosigkeit angesichts eines drohenden Unheils, wie es mir früher erging, wenn irgendein Idiot daherkam und versuchte, etwas Groteskes mit dem Land in dieser intakten Gegend von Montana anzustellen.

Denn das ist eines unserer wichtigsten Themen hier vor Ort: Bebauung und Erschließung. Allzu oft kommen Außenstehende daher und versuchen, an sich zu reißen, was die Einheimischen seit Generationen bewahren. Die Einheimischen verstehen sich darauf, im Einklang mit der Natur zu leben – sie zu schützen, zu respektieren, für ein harmonisches Gleichgewicht zu sorgen. Doch die Leute in den entscheidenden Positionen hier bei uns schnappen viel zu oft nach der Karotte, die Bauträger ihnen vor die Nase halten: Geld. Dann winkt eine reiche Zukunft in einem de facto armen Land.

Es macht mich ganz krank zu sehen, wie schnell manche Lokalpolitiker den Überblick verlieren und vergessen, was es bedeutet, über große Flächen unberührter Natur zu verfügen. Welchen Reichtum solche Gebiete für die Zukunft eines Bundesstaates, eines Landes, ja unseres Planeten darstellen.

Keine Sorge, ich werde darüber nicht endlos lamentieren. Aber ich möchte Ihnen noch eines sagen: Sie glauben nicht, wie schnell sich Leute, unabhängig von ihrer politischen Gesinnung, mobilisieren lassen, wenn ein Bauvorhaben gleich hinter ihrem Gartenzaun droht. Und so ein Gartenzaun kann sich hier in Montana über viele Meilen erstrecken. Das Ganze funktioniert jedoch nur, wenn man sich zusammentut.

Übrigens: Ich habe nichts gegen Wandel, Wachstum und Bebauung. Hey, ich habe mein Land schließlich auch gekauft und ein Haus darauf gebaut. Aber diese Gegend ist eines der letzten Gebiete unberührter Wildnis im Kernland der USA, weshalb ich mich auch verantwortlich fühle, dafür zu sorgen, dass dies möglichst lange so bleibt. Jetzt, wo meine Aufmerksamkeit von den Eheproblemen abgelenkt ist, bin ich wieder ganz ich selbst und agitiere im Café, auf dem Schulparkplatz, neben dem Fußballfeld. Einen Morgen große Parzellen? Das ist total unverantwortlich und passt überhaupt nicht in diese ländliche Gegend. Wir müssen dagegen kämpfen. Wir brauchen keine Ein-Morgen-Parzellen. Was spricht gegen zehn Morgen große oder gleich zwanzig, so wie die unsere?

Allerdings wende ich meine neue Strategie an. Ich mache mein Wohlbefinden nicht von dieser Auseinandersetzung abhängig. Aber es fühlt sich großartig an, meine Energie in etwas anderes als mein Privatleben zu investieren. Ich kann toben und brauche mir keine Sorgen über nachteilige Auswirkung auf mein Eheleben zu machen. Und mir wird bewusst, wie zurückgezogen ich seit Italien gelebt habe. Nicht nur hinsichtlich lokalpolitischer Aktivitäten. Auch im sozialen Bereich. In dieser anstrengenden Zeit war ich der reinste Eremit, obwohl ich mir so fest vorgenommen hatte, genau das nicht zu werden. Ich mag es nicht, wenn ich so bin. Das entspricht mir gar nicht. Außer den Übernachtungsbesuchen hatte ich den ganzen Sommer über keinen einzigen Gast zum Abendessen. Plötzlich fühle ich mich energiegeladen und lebendig.

Doch meine Erkenntnis nach zwei Stunden in der Bauabteilung ist, dass es sich hier ähnlich verhält wie im Kampf um meine Ehe: Es gibt keinerlei Versprechen. Leider existieren beschämend wenig Gesetze zum Schutz des Herzens. Ich schätze, das ist bei allen lohnenswerten Kämpfen so. Wieder und wieder höre ich, die Vorschriften seien lasch, zahnlos. Und die Bauträger wissen das. Am Schluss gewinnen sie immer. Der kleine Mann hat eben nichts in der Hand. Und Geld regiert die Welt.

Die Angestellten der Baubehörde sehen müde und zermürbt aus. Sie haben tagtäglich mit diesem Raubbau zu tun und können nicht wirklich viel dagegen unternehmen, denn selbst wenn der Stadtrat eine vorgeschlagene Parzellierung ablehnt, kann der Landrat sie noch genehmigen. Auf ihren Stirnen steht *machtlos* geschrieben. Sie tun mir leid. Aber es ist aufregend zu erleben, was das alles in mir auslöst. Nach dem vergangenen Sommer fühle ich mich in dieser Angelegenheit nicht machtlos.

Ich habe die nötige Energie und Erfahrung, um zu kämpfen, ohne mir die Probleme anderer Leute aufzubürden. Meine Strategie sieht ein wenig anders aus, aber wie verdammt gut fühlt es sich an, wieder so aktiv und eloquent zu sein, statt zurückhaltend und schweigsam. Alles zu seiner Zeit eben.

Also fertige ich massenhaft Kopien an. Von den Anträgen der Bauträger, von Briefen, Studien der Katastrophenschutzbehörde FEMA, Landkarten. Diese Kopien bringe ich jedem, der mir einfällt und der etwas von diesen Dingen verstehen könnte: einem Biologen, einem Hydrologen, dem Typen, der als Landrat kandidiert, dem Land Trust, einer Landschaftsgärtnerin, die wunderbare Vorbehalte gegen die Erschließung hat, einem Umweltingenieur, einer Anwältin. Außerdem rufe ich jeden an, der möglicherweise bereit ist, bei der öffentlichen Anhörung zu erscheinen und sich gegen die totale Unangemessenheit dieser verdichteten Bebauung im ländlichen

Westen, so weit außerhalb der Stadt, auszusprechen. Ich liefere diesen Leuten bereitwillig Argumente:

Es widerspricht einfach dem Charakter unserer Landschaft und hätte zerstörerische Auswirkungen auf die Umwelt, die Fauna und das Grundwasser. Und auf die Menschen, die hier zu Hause sind.

Außerdem handelt es sich nicht um die einzige geplante Parzellierung. Es gibt einen ganzen Haufen davon, die flussaufwärts und -abwärts vorgesehen sind. Dabei ist gerade der Fluss ein wichtiger Korridor für die in diesem Breitengrad lebende Tierwelt.

Aber ich kämpfe nicht wie verrückt. Nicht so fieberhaft, wie ich das sonst tue, wenn ich eine Mission habe. Ich bin ruhig. Ich glaube, in diesem Sommer bin ich ein ganzes Stück gewachsen. Ich vermag das sogar als sein Geschenk an mich zu betrachten. So ein Gedanke erfordert höchste Reife. In spiritueller Hinsicht, denke ich.

Ich ertappe mich dabei, wie ich im Auto mit mir selbst rede, während ich kreuz und quer durch unser Tal fahre, um Kopien zu machen und zu verteilen. Gleichzeitig integriere ich auch noch die Musikstunden, das Fußballtraining und sonstige Abhol- und Bringtermine meiner Kinder in den Zeitplan. Dann sage ich zu mir selbst: »Jetzt fährst du erst mal zum Kopierladen. Das ist alles. Der Kopierladen. Für den Moment zumindest.«

Beim Kopierladen angelangt, gebe ich die Stapel mit meinen Unterlagen ab und gehe dann hinaus, um in der Sonne zu warten. Wenn ich eine Raucherin wäre, dann würde ich jetzt in der Sonne rauchen.

Ein Schulbus bleibt stehen, und ein Farmer der Hutterer (vergleichbar den Amish People, allerdings haben sie Lastwagen) kommt auf mich zu. Er trägt die typischen Hosenträger und das blaue Arbeitshemd. In seinem seltsamen, altmodisch wirkenden Akzent fragt er mich, welche Produkte ich brauchen könnte. Diese Jungs, also die Hutterer, sind ausgezeichnete Geschäftsleute mit großer Überzeugungsgabe. Ich bewundere auch ihre Art.

Rasch überfliege ich seine Liste. Romatomaten. Ich möchte schon die ganze Zeit die Tomatensoße meiner italienischen Mama nachkochen – die Pomarola-Soße, die man in der Toskana im Hochsommer kocht, wenn es auf den Märkten massenhaft leuchtend rote, vollreife Romatomaten gibt. Auf unserer Seite der Rockies wachsen wegen des rauen Klimas allerdings keine vielversprechenden Tomaten.

Meine italienische Mama hat mir noch den Rat mitgegeben: »Sieh zu, dass du Tomaten bekommst, die möglichst nah am Meer gewachsen sind. Wegen des Aromas.«

Ich mustere den Mann mit dem gestutzten Bart. »Wo wohnen Sie?«

»Drüben in Dupuyer, dort drüben, in der Nähe von Browning dort. Valier.«

»Auf der Ostseite. Da ist es sonniger.«

»Ganz recht. Viel sonniger. Sind Farmer in der fünften Generation. Wir machen auch Rhabarberwein.«

Ich muss an den Freezeout Lake denken und an den Zug der Schneegänse. Jedes Jahr fahre ich zum »Frühjahrsputz« – meiner spirituellen Entschlackung – über die Rockies, um mir das anzusehen. Und es ist dann immer sonnig. Die ganze Gegend war einst ein Binnenmeer. Dinosaurierland. Ich schätze, mehr Meer werde ich in Bezug auf Tomaten in dieser Gegend nicht finden.

»Wie viele Kisten haben Sie?«

»Na, drei oder vier.«

»Ich nehme drei.«

Als ich mit ihm in den Bus steige, um mir die besten drei Kisten auszusuchen, ertappe ich mich dabei, wie ich mir zuflüstere: »Jetzt suche ich mir im Hutterer-Schulbus Tomaten aus.« Als ich gerade erst nach Montana gezogen war, hat mich so etwas geradezu umgehauen. Es war einfach zu weit weg von der Welt, in der ich aufgewachsen war. Ich pflegte damals immer nervös zu sagen: »So was bringen sie einem in der Schule nicht bei.« Das half mir, ein bisschen von dem Unbehagen loszuwerden, das mich plagte. Damit ist es aber längst vorbei, und jetzt sowieso. Ich bin hier längst offiziell zu Hause und in diesem Huttererbus voller Gemüse ganz bei mir.

Das übrige Gemüse, das ich noch brauche, werde ich von meiner Bio-Farmerin kaufen, mit der ich auch befreundet bin. Aus purer Höflichkeit nehme ich allerdings auch noch eine Flasche Rhabarberwein.

Danach kehre ich in den Kopierladen zurück. Jetzt hole ich die Kopien ab. Jetzt bezahle ich sie. Jetzt sitze ich im Auto und höre Mantras.

Eine Freundin hat mir die CD geschenkt. Ich bin ja nicht wählerisch, was die Herkunft von Weisheit angeht, erinnern Sie sich? Also memoriere ich jetzt ein Mantra gegen Kummer. *Omarkayanahmaha*. Ich habe keine Ahnung, was das im Wortlaut bedeutet – ich weiß nur, dass es um die Befreiung von Leid geht, und das ist es, was zählt. Das Mysteriöse daran gefällt mir. Ebenso wie eine feste Absicht zu haben und engagiert zu sein. Ich bin total engagiert.

Ich singe es die ganze Strecke den Highway entlang und registriere das Lächerliche wie auch das Erhabene daran, bis ich bei Petco ankomme. Dort muss ich Futter für Houdini, die zahme Ratte meiner Tochter, kaufen. Meine Tochter hängt unheimlich an dem Tier. Wir alle lieben es. Und zwar so sehr, dass wir letzten Monat 150 Dollar für die chirurgische Entfernung eines Tumors ausgegeben haben. Und das trotz unserer angespannten Finanzlage.

Ich bin bei Petco und kaufe Rattenfutter. Ich liebe eine Ratte.

Danach fahre ich zu Target, weil mein Sohn ein bestimmtes Ringbuch braucht. *Ich bin bei Target. Hier ist alles rot und fluoreszierend.*

Ich singe den ganzen Weg zum Büro der Umweltanwältin, wo ich die Dokumente abgebe und den hippen Konferenzraum mit Weinflaschen und Espressomaschine bewundere. Dann steige ich wieder ins Auto. Ich fahre zum Haus des Landratskandidaten und lege ihm die Unterlagen auf seine Veranda, auf der lauter Verkleidungssachen von Kindern herumliegen. Ich finde das niedlich. Es fühlt sich so gut an, heute einen Blick auf das Privatleben anderer Leute zu werfen. Einerseits im Dienste der Allgemeinheit, andererseits, um mein Eremitendasein zu beenden.

Danach fahre ich auf die Bio-Farm meiner Freundin, um dort eine Unterschriftenliste auszulegen. Ihr liebevoll gepflegter, hart erarbeiteter grüner Flickenteppich ist angesichts der kurzen Saison und des rauen Klimas im Nordwesten von Montana ein echter Triumph. Meine Freundin kennt das Land hier besser als irgendjemand sonst; seit dreißig Jahren bearbeitet sie es mit ihren eigenen Händen. Sie ist bereit, dafür zu kämpfen wie eine Mutter für ihr Kind. Und die geplante Parzellierung mit all den damit einhergehenden Verschmutzungen grenzt genau an den Fluss, der durch ihr Stück Land fließt. Sie lebt nicht nur in einer Gemeinschaft mit Menschen, sondern in einer mit Erde, Wasser, Flora und Fauna.

Die Sorge über die geplante Bebauung steht ihr ins sonnengebräunte Gesicht geschrieben. »Ich werd dir eine Geschichte erzählen, die selbst Bauträger zum Weinen bringen könnte.

Denn ich glaube nun einmal, dass selbst die ein Gewissen haben.« Sie dreht sich zum Fluss um. »Es gibt da dieses vierzig Morgen große Stück Land, das dem Staat gehört. Und es ist wirklich schwer, dorthin zu kommen. Weil keine Straßen hinführen. Ich fahre manchmal mit dem Kanu hin. Es sieht dort mehr oder weniger noch so aus wie früher.« Sie schaut mich an, und Tränen treten ihr in die Augen. »Dort kommen die Tiere hin, um zu sterben.«

Ich schlucke.

»All die Tiere, die von der Erschließung in den Bergen vertrieben wurden … sie kommen hierher. Letztes Jahr im Spätherbst habe ich eine tote Bärin in der Nähe des Flusses gefunden. Sie hätte zu dem Zeitpunkt schon längst oben in den Bergen sein müssen. Ich sah mir ihr Rückgrat näher an, weil es so seltsam geformt war, und dann entdeckte ich, dass es vor langer Zeit von einem Pfeil durchbohrt worden war. Doch es war rundherum zugeheilt. Sie muss eine toughe Bärin gewesen sein.«

Ich schluckte, atmete tief durch, und wir nickten beide. Am liebsten hätte ich mich auf der Stelle neben die tote Bärin am Fluss gelegt und einen Tag lang geweint.

Doch dann besinne ich mich auf ihre ertragreiche Farm und die damit verbundene harte Arbeit und sage: »Ich koche mit meinen Kindern Tomatensoße ein. Hast du schon Sellerie? Und glatte Petersilie und Basilikum? Außerdem brauche ich Karotten, Knoblauch und Zwiebeln.«

»Klar. Wie viel brauchst du?«

»Viel.«

Wir gehen aufs Feld hinaus – auf fünf Morgen Land wachsen hier Bio-Produkte malerisch gleich neben dem Fluss. Sie geht in die Hocke und schneidet mir die Stangen von sieben Selleriepflanzen ab. Die Reste ihrer Petersilie bekomme ich umsonst, weil sie nicht mehr so schön aussieht, aber trotzdem noch gut schmeckt. Ihre Praktikantinnen graben mir einen Korb voll Karotten aus und füllen einen anderen mit Knoblauch, Zwiebeln und mehreren Bund Basilikum.

Wir umarmen uns lange, bevor ich gehe. »Danke, dass du dich so gegen dieses Bauvorhaben engagierst«, sagt sie.

Mein Gott, fühlt sich das gut an. Gute Arbeit zu leisten. Und sie hat nicht das Geringste mit meiner Ehe zu tun.

Als Nächstes fahre ich zu der Pferderanch hinaus, die von der Parzellierung am stärksten betroffen wäre und einer meiner besten Freundinnen gehört. Wir setzen uns zusammen, ich erzähle ihr alles, was ich in Erfahrung gebracht habe, und wir schmieden Pläne. Sie fühlt sich eigentlich am stärksten, wenn sie irgendwo in den Wäldern auf einem Pferd unterwegs ist. Jetzt soll sie sich auch hier, in ihrer eigenen Küche, stark fühlen.

Vergessen Sie Facebook. Das hier ist eine Gemeinschaft. Wir müssen ja nicht allein sein. Jeder richtet sich sein Leben selbst ein. Und auch die Gemeinschaft, zu der man gehört.

Mein Mann ruft an. Er ist immer noch bei seiner Schwester. Er und sein Bruder haben den ganzen Tag über Blumenzwiebeln gesetzt. Sie hoffen, dass sie deren Blüte im Frühling noch erleben wird.

Mit einem ähnlichen Vorsatz verbringen meine Kinder und ich die nächsten zwei Tage mit dem Zubereiten und dem Einkochen von Tomatensoße. Es scheint, als würde die Soße einen Kompromiss zwischen den harten und den guten Zeiten dieses Sommers ermöglichen. In jedem Glas stecken unsere Tränen ebenso wie unser Lächeln, vor allem aber Letzteres.

25 Kilo Romatomaten, gewaschen und halbiert. Viele, viele Selleriestangen, geputzt und kleingeschnitten. Ein Berg Karotten, von meiner Tochter, die gut mit einem Messer um-

zugehen weiß, geschält und geschnitten. Ein Haufen frischer Petersilie und Basilikum, von meinem Sohn gewaschen und mit der Küchenschere zerschnipselt. Dazu noch eine Kiste Zwiebeln, geschält und gehackt. Knoblauchknollen, in Zehen zerteilt, geschält und gepresst. Alle diese Zutaten und eine große Portion Liebe.

Während ich am Herd stehe und die Soße umrühre, höre ich meine italienische *nonna* sagen:»Rühr niemals gegen den Uhrzeigersinn. Du willst die Soße doch nicht verstören!« Ich will auch nicht verstört sein. Nicht mehr.

Schließlich gebe ich die Soße in sterilisierten Einkochgläsern in ein heißes Wasserbad, nehme sie wieder heraus und stelle sie zum Abkühlen auf den Küchentisch – die Deckel erzeugen ein Vakuum und versiegeln die Gläser eines nach dem anderen mit einem vernehmlichen Plopp.

Wir sitzen erschöpft in der Küche, trinken Kakao und lauschen: 21 Plopps. Ein voller Erfolg.

Am Schluss sind wir alle bis zu den Ohren mit Tomatensoße bekleckert. Wir beschriften jedes Glas sorgsam und mit müden Fingern. Als wir auch damit fertig sind, stellen wir stolz 21 Gläser mit hausgemachter, italienisch angehauchter Bio-Tomatensoße in unsere Vorratskammer. Wir freuen uns schon, sie zu Weihnachten zu verschenken und einige Gläser davon an kalten, tomatenlosen Winterabenden selbst zu essen.

Wir haben etwas Anstrengendes, Authentisches selbst gemacht. Aber das ist natürlich nicht damit zu vergleichen, was mein Mann erlebt hat.

Als er zurückkommt, kann ich es in seinen Augen lesen: Was wirklich zählt. Das Geschenk seiner Schwester. Er hat so ungeheuer viel zu verlieren. Er ist lieb zu mir. In der Küche tritt er hinter mich und umarmt mich. Küsst mich in den Nacken.

Unsere Kinder zeigen ihm die Gläser mit der Soße auf den Regalen in der Speisekammer. Er ist auch stolz auf unsere Soße.

Das Pomarola-Soßenrezept meiner italienischen Gastfamilie

Dies ist eine leichte Soße, der Inbegriff der sommerlichen Ernte. Man kocht sie ein, um mitten im Winter eine Erinnerung an den Sommer zu haben. Sie sollte mit den frischesten Romatomaten hergestellt werden, die man bekommen kann, damit man die richtige Konsistenz erzielt. Je näher am Meer sie gewachsen sind, desto besser.

Soße für ein halbes Kilo Pasta. Für sechs Personen.

Gut 1 Kilogramm reife, ungeschälte Romatomaten
1 Zwiebel
1 Knoblauchzehe
1 Stange Sellerie – nur das Helle, nicht die Blätter
1-2 Karotten, je nach Größe
3-5 Blätter Basilikum
3 Stiele glatte Petersilie (nur die Blätter, nicht den Stängel)
1 Prise Salz
1 Prise Pfeffer
1 Prise Zucker
2 Esslöffel Olivenöl extra vergine

Die Tomaten halbieren. Das übrige Gemüse in Würfel schneiden. Basilikum und Petersilie mit der Schere zerkleinern. Alle Zutaten in einen Topf geben. Bei schwacher Hitze zugedeckt köcheln lassen, bis die Karotte so weich ist, dass man sie mit einer Gabel zerdrücken kann (das dauert circa eineinhalb Stunden). Dann das Ganze durch eine flotte Lotte oder eine *Passatutto* passieren, sodass nur die Kerne und die Haut der Tomaten zurückbleiben. Danach die Soße noch einmal kurz aufkochen. Je nach gewünschter Konsistenz auch länger.

Wenn Sie die Soße in größerer Menge zubereiten wollen, multiplizieren Sie die Zutaten einfach entsprechend. In diesem Fall verlängert sich die Kochzeit sowohl vor als auch nach dem Passieren um circa eine Stunde. Ich empfehle Ihnen jeweils etwa fünf Kilo Tomaten auf einmal zu verarbeiten.

Sie können die Soße gleich servieren, sie etwa eine Woche im Kühlschrank aufbewahren oder sie in Gläsern einmachen. Das funktioniert am besten mit sich selbst versiegelnden Deckeln – die ploppen, wenn die Soße abkühlt. Dank des Vakuums ist der Inhalt dann monatelang haltbar. Das Besondere an dieser Soße sind die frischen Zutaten und ihre Einfachheit.

Ein guter Kampf

Erste Septemberwoche.

Wir haben gewonnen. Zumindest fürs Erste. Es könnte allerdings noch etwas nachkommen. Innerhalb von fünf Tagen ist es uns gelungen, eine Opposition gegen diese unverantwortliche Parzellierung zu mobilisieren, die sich aus einer Rancherin, einer Biofarmerin, einem Schlittenhunde-Musher, einem Pferdetrainer, einer Restaurateurin, einem Immobilienmakler, einem Farmer, einer Maultierzüchterin, einem Millionär, einer Handvoll Sozialhilfeempfänger, einem Harvard-Absolventen und noch einer Menge anderer zusammensetzt.

Ich gebe zu, dass ich letztlich doch ein wenig fanatisch geworden bin. Ich habe all meine Energie zusammengenommen, die ich zuvor in Facebook – meine Schein-Gemeinschaft – investiert hatte, und komplett in meine echte gesteckt, um etwas zu retten, das mir wie kaum etwas am Herzen liegt. Und das ist die hiesige Landschaft.

Die meisten Menschen, die zu der Veranstaltung kamen, rechneten nicht damit, überhaupt Gehör zu finden. Sondern damit, übergangen zu werden. Wieder einmal. In einem Bundesstaat, der nur drei Wahlmänner stellt und dessen Votum bei den Vorwahlen kürzlich zum ersten Mal von Bedeutung war, haben sich selbst die Reichen schon mehr oder weniger daran gewöhnt, keine große Rolle zu spielen. Manchen von uns sagt das sogar zu. Aber wenn man in Montana lebt, dann wächst einem dieses Land ans Herz. Mich kümmert nicht, wer oder was jemand ist, Hauptsache, er oder sie ist bereit zu kämpfen. Man hat wohl Gegenden wie die unsere im Sinn, wenn man das Bild, vom Fuchs und Hasen, die sich Gute Nacht sagen, verwendet.

Die Anhörung des Planungsausschusses war das einzig inspirierende Ereignis, dem ich in letzter Zeit beigewohnt habe. Denn egal, wie klein die Rolle war, die diese Leute in all den Jahren gespielt haben mochten – hier standen sie auf und ergriffen das Wort. Es gab Tränen. Und Wut. Und gesunden Menschenverstand. Und am Schluss stimmte der Planungsausschuss geschlossen gegen die Parzellierung.

In diesen fünf Tagen haute mich die Wucht dieser Auseinandersetzung fast um. Ich machte sie zu einem Fulltime-Job für mich und war dank einiger emotionaler Telefonate mit dem Innenministerium, einer Handvoll Anwälte, ein paar Bebauungsexperten und mehreren höchst alarmierten E-Mails an jeden, der mir einfiel und der sich vielleicht in diesem Kampf engagieren würde, in der Lage, eine ganze Mappe für jedes der neun Mitglieder des Ausschusses zusammenzustellen. Diese überreichte ich zu Beginn der Versammlung.

Man war beeindruckt. Ich geniere mich nicht, hier ein wenig zu prahlen. Denn vielleicht kann ich Sie damit anstecken. Sodass Sie sich vorzustellen vermögen, wie gut es tut, wenn man sich für seine Heimat engagiert. Und erst recht, nachdem man sich über Monate hinweg praktisch vollkommen ausgeliefert gefühlt hat. Ich erzähle Ihnen das, weil ich möchte, dass auch Sie darüber nachdenken, wie es ist, Macht zu empfinden.

Etwas mit Leidenschaft und Talent zustande zu bringen. Und zwar unabhängig davon, ob die Menschen, die eigentlich Sie am meisten lieben sollten, gerade dabei sind, Ihr Herz erst in Scheiben und dann in kleine Würfel zu schneiden. Ich glaube, wenn wir uns so benehmen, als hätten wir Einfluss, dann wird man uns auch so behandeln. Zumindest ist es mir so ergangen. Offenbar erinnerte es meinen Mann daran, warum er mich liebt. Zumindest teilweise. Zumindest für den Augenblick. Und ganz ohne Piedestal.

Denn ...

Ich fand am Morgen der Anhörung eine Nachricht, eine handschriftliche Botschaft von ihm auf dem Küchentisch. Da stand: »Zeig's Ihnen, Mama! Wir sind stolz auf dich!« Denken Sie an die Nachricht, die Erin Brockovich bekam. Und sie schaffte es bis zur Oscarverleihung. Ich möchte dagegen ja nur unsere kleine Familie, meine Ehe und meine Gemeinschaft bewahren.

Zur Feier des Tages verbrachte ich einen Gutteil des Morgens in der heißen Badewanne. Ich fühlte mich unglaublich wach. Wie an dem ersten Tag nach meiner Rückkehr aus Italien, allerdings freundlich und ohne »Ich bin mir nicht sicher, ob ich dich noch liebe«. Endlich konnte ich meine Zeit der Gnade genießen. Und selbst Licht und Liebe ausstrahlen. An jeden. Selbst an die, die mich verletzt haben. Ich fühlte mich absolut bemerkenswert.

Es war, als würde ich meine Italien-Offenbarung noch einmal erleben. Es ist alles da. Das war es schon immer.

Und lassen Sie mich berichten, was dann geschah.

Ich aale mich also mit meinem Becher grünem Jasmintee in der Badewanne, da gehen die Glastüren auf, und er kommt herein. Er hat ein Handtuch um die Hüften geschlungen, und dann ist er auf einmal auch in der Badewanne. In den letzten paar Jahren ging er prinzipiell nie mit mir gemeinsam in die Badewanne, und jetzt weiß ich, warum, auch wenn ich es instinktiv schon die ganze Zeit über wusste: ER DENKT, ICH WÜRDE ANFANGEN ZU REDEN. Er denkt, ich würde heikle Themen anschneiden. Ich würde versuchen, ihm meinen Grundsatz anzudienen, nämlich das Leben stets frontal und mit leidenschaftlicher Offenheit anzugehen – selbst wenn das zum Schaden meiner eigenen Gesundheit und meines Glücks geschieht. Aber das passiert mir nicht mehr!

Also sagte ich nichts.

Ich habe gerade geholfen, ein Wolfsrudel zu retten. Ich muss gar nicht reden. Ich nippe an meinem Tee, lächle ihn an und lehne meinen Kopf zurück auf den Rand der Wanne. Ich genieße die Sonne auf mir und die Tatsache, dass ich ein cooles Mädchen bin, das nicht reden muss.

Und jetzt raten Sie mal! Exakt. Stimmt. Er beginnt zu reden …

Er klingt leise und verletzlich.

»Weißt du«, sagt er, »als ich bei meiner Schwester war … die gerade um ihr Leben kämpft – da habe ich einfach …« Er hält inne und setzt noch einmal an. »Da habe ich begriffen, worauf es ankommt. Nicht auf den Job. Sondern auf die Menschen, die dir nahestehen.«

Er hält kurz inne, und ich bin mucksmäuschenstill.

»Es war toll, dass ich mich diesen Sommer nicht mehr mit einem aussichtslosen Job plagen musste. Ich sehe jetzt, wie sehr der mich zugrunde gerichtet hat. Und ich sehe jetzt, dass ich nicht den Rest meines Lebens damit verbringen kann, meinen Job zu hassen. In aller Herrgottsfrühe aufzuwachen, um etwas zu tun, das ich hasse.«

Oh, das klingt gut, denke ich. *Er sieht es ein. Und dabei hat er nicht einmal eine Therapie gemacht!*

Er fährt fort: »Ich musste einfach diese harte Zeit durchstehen. Das ist, als würde mir schlagartig bewusst, dass ich mich in der Mitte meines Lebens befinde. Genau darum dreht es sich. Ich bin ein 42-Jähriger, der sich in den Körper eines 20-Jährigen wünscht, was aber nicht funktioniert. Und dann gibt es so … so viele … Botschaften, die von allen Seiten auf mich einprasseln. Man muss jung und fit und erfolgreich und wohlhabend sein. Das hat mir zu schaffen gemacht.«

Stimmt. Das nennt man Midlife-Crisis, mein Lieber. Oder eine Midlife-Chance, wie es inzwischen auch bezeichnet wird. Aber ich schweige. Und sonne mich. Meine Augen sind geschlossen.

Er spricht weiter: »Und all die anderen Sachen, die ich am Anfang des Sommers zu dir gesagt habe … nach Italien … Ich wollte alles hinwerfen. Alles loswerden, was mich bedrückt hat. Ich kann wohl nie wiedergutmachen, was ich dir damit angetan habe. Aber es ist einfach die Art, wie ich immer mit solchen Situationen umgegangen bin. Ich muss am absoluten Tiefpunkt ankommen, und dann, wenn ich mir eine blutige Nase und jede Menge Wunden geholt habe, dann geht es wieder aufwärts mit mir.«

Gnade. Endlich hat er sein Herz in der Hand. Ich denke an den herzförmigen Stein auf dem Grund des Flusses. Ich frage mich, ob er es wohl jemals bis ins Meer schaffen wird.

Aber so möchte das leidende Ich damit umgehen. Es möchte einen Wutanfall inszenieren: *Das ist alles?! Das ist alles, was du dazu zu sagen hast??!! Na, dann herzlichen Dank für die Aktennotiz, Mr. Phönix aus der Asche. Du hast mir den Sommer ruiniert. Wegen dem Stress, den du mir gemacht hast, habe ich inzwischen wahrscheinlich einen Hirntumor. Ganz zu schweigen von den Auswirkungen auf die Kinder. Und jetzt soll ich wohl auch noch Mitleid für dich aufbringen, weil du endlich dahintergekommen bist, dass du dich in den letzten drei Monaten wie ein zwanzigjähriger Verbindungsstudent aufgeführt hast? Blutige Nase und andere Wunden, meine Güte. Das ist doch bloß eine Geschichte, die du dir zurechtgelegt hast, um dich für deine Verantwortungslosigkeit zu rechtfertigen. Ich will eine Entschuldigung. Ich verdiene eine Entschuldigung. Ein klares: »Es tut mir leid.«*

Aber ich lege die Bremse ein. ICH WILL NICHT LEIDEN. Ich leugne nichts, nur weil ich meinen Mund halte, solange ich diese Gedanken von der Veranda meines Verstandes wegkehren kann. Wenn ich auf dieser sauberen Fläche ein paar wenige wahre Worte finde. Ich will sie wägen, bevor ich sie ausspreche, wenn überhaupt. Ich schütze mich vor Schmerzen, das ist meine oberste Priorität. Was er gerade gesagt hat, bietet einen riesigen Spielraum, und ja, vielleicht muss ich seine Worte erst entschlüsseln. Aber ich bin großartig im Dechiffrieren von Codes, wenn es um zwischenmenschliche Beziehungen geht. Die Strategie, dass man sich immer bis ins letzte Detail exakt ausdrücken muss, die hat ausgedient. Ich will wirklich, wirklich, wirklich nicht mehr leiden.

Ach, dabei wäre es so verlockend.

Aber so behalte ich meine Position in der Sonne bei und spüre den Massagestrom des Wassers an meinem Rücken. Ich hole einmal tief Luft. Dann denke ich an meinen Tee und daran, dass er inzwischen die perfekte Temperatur hat. Ich schlage die Augen auf, greife nach dem Teebecher und nehme einen großen Schluck. Dann stelle ich ihn zurück auf den Wannenrand, lehne den Kopf wieder in die Sonne und sage: »Eine Sache, die du vielleicht noch eingehender betrachten könntest, wäre dein Verhältnis zum Ärger.«

Mehr nicht. Und das war absolut rational. Eine völlig unparteiische Aussage. Und eine wahre noch dazu. Ich widerstehe dem Drang, einen vierzigminütigen Vortrag darüber zu halten, was ich alles in der Therapie über Ärger und darüber, was er mit einem macht, gelernt habe. Sorgt todsicher dafür, dass man leidet. Fesselt einen an die Opferrolle.

Mein Mann setzt zu einer Erwiderung an, was mich total erstaunt. Das könnte sich zu unserem ersten echten Gespräch dieses Sommers entwickeln – wenn man mal von dem ersten, dem schlechten (dem Auslöser), absieht. Dies ist ein gutes. Er sagt: »Darüber habe ich schon ein wenig nachgedacht. Und ich bin durch mit der Verbitterung. Ich befinde mich wirklich an einem Scheideweg. Einem echten Neubeginn.«

Daraufhin sehe ich ihn direkt an. Aber ich sage nichts. Eine ganze Weile lang. Ich sitze da und spüre, wie es sich anfühlt, mir selbst zu vertrauen. Die alleinige Besitzerin meines Glücks zu sein. Schließlich sage ich: »Es fühlt sich gut an, für sein eigenes Glück verantwortlich zu sein. Es fühlt sich gut an, 42 zu sein. Das habe zumindest ich gelernt.« Damit lehne ich mich zurück und schließe wieder die Augen.

»Stimmt schon«, sagt er. »Ich wünschte nur, mein Rücken würde nicht so wehtun. Und wir wären nicht so pleite. Und meine Schwester würde nicht sterben. Und ich wüsste, was ich mit dem Rest meines Lebens anfangen soll.«

Ich muss daran denken, wie er mit zwanzig war. Und an uns als gleichwertige Partner. Dann sage ich: »Du kannst alles sein, was du sein willst.«

Genau betrachtet, was brauche ich denn noch mehr als Entschuldigung? Die Polizei und die Bewährungshelferin und Sheila sind nach Hause gegangen. Wir brauchen sie nicht mehr. Sie haben sowieso nie etwas anderes getan, als uns die

Ohren vollzubrüllen und uns verrückt zu machen. Sie haben uns permanent in höchste Alarmbereitschaft versetzt.

Ich erlaube mir eine Anleihe an den Song von Johnny Mercer: Wir waren zusammen glücklich und unglücklich. Es scheint wichtig, zu wissen, wie beides geht.

Indian Summer

Eine meiner Freundinnen vertritt die von ihr erfundene Gurkenglas-Philosophie. Sie behauptet, ein Haufen Spannungen in ihrer Ehe ließen sich beseitigen, wenn sie ihrem Mann ein Gurkenglas in die Hand drückt.

Das Ganze ist so simpel wie ein Zen-Kōan:

Sie tut sich schwer damit, das Gurkenglas zu öffnen.

Sie gibt das Glas ihrem Mann.

Er öffnet es.

Sie sagt lächelnd: »Na gut, aber ich habe es für dich gelockert.«

Doch einer weiß so gut wie der andere, dass es deshalb funktioniert, weil beide das Gleiche wollen.

Man könnte auch von einem ehelichen Abkommen sprechen. Beide haben am Ende ein Ergebnis, mit dem sie gut leben können (nicht zu vergessen, dass es auch noch Gurken gibt). Die Welt ist in Ordnung.

Alles, was sie dafür tun musste, war, ihr Bedürfnis zu formulieren. Und seine »Stärke« anzuerkennen. Um seine Hilfe zu bitten. Einen Schritt zurückzutreten. Und anzunehmen, was er zu bieten hatte. Ist sie deshalb machtlos? Selbstverständlich nicht.

Ich habe ein eigenes Beispiel dafür.

Seit acht Jahren wünsche ich mir einen Pferdeanhänger – seit ich herausgefunden habe, was meinem Familienleben, meiner Schreibtätigkeit, meinem Seelenleben guttut. Und seit ich mich daran erinnert habe, wie sehr ich Pferde liebe.

Nichts Tolles. Nur etwas, um mein Pferd zum Tierarzt zu bringen und mal an gemeinsamen Ausritten irgendwo in unserem Tal teilzunehmen. Aber ich habe mir sofort eingeredet, ich sei nicht die Richtige für so einen Anhänger. Zwei Gründe sprachen meiner Ansicht nach dagegen:

1. Es wäre eine kostspielige Anschaffung.
2. Ich bin ein Hasenfuß.

Hübsche Pferdeanhänger können Zehntausende kosten, aber ich bin schließlich keine englische Dressurreiterin. Ich besitze ein braves Pferd mit einem guten Charakter, dem ich auf Ausritten vertraue. Darum geht es mir. Ich würde auch auf meinem Hund reiten, wenn das ginge. Ich möchte einfach nur ein bisschen Spaß und Abwechslung haben. Ein Stückchen galoppieren. Auch mal springen, wenn es sich gerade anbietet.

Aber die Vorstellung, ein 500 Kilo schweres Tier in eine Kiste aus Metall zu verladen, in der ich mich dann auch selbst befinde, erschien mir wie Selbstmord. Nicht auszudenken, was da alles passieren konnte. Und dazu noch die Tatsache, dass eine kleine Stahlkugel an meinem Geländewagen ein Pferd plus das Gewicht des Anhängers aushalten sollte … Damit wäre ich doch prädestiniert, im Straßengraben zu landen! Und was, wenn mir dann noch ein Hirsch vor den Wagen läuft? Wie würden sich die Hunderte Kilos von Pferd und Anhänger hinter mir in so einem Fall auswirken? Außerdem galt es noch, die Holzlaster, das Eis und die montanatypischen Eigenschaften meiner Umgebung zu bedenken. Elche. Bären. Wapitis. Betrunkene Jäger.

Es ist doch erstaunlich, wie wir uns selbst unsere Träume ausreden. (Sie hätten mal die Liste meiner Argumente gegen Italien sehen sollen – sogar Mafiabosse kamen darin vor.)

Seit Jahren sehe ich jede Menge anderer Frauen aller Staturen Pferde in Anhänger verladen, die Ladeklappe schließen, ihre großen Geländewagen anschmeißen und damit den Highway ansteuern.

Aber das bin nicht ich, denke ich. Ich werde mich mit der kleinen Halle begnügen, dort, wo ich mein Pferd im Winter einstelle … und ich werde ein bisschen vor mich hin traben. Vielleicht auch mal auf die Wiese hinausreiten. Oder einen Abstecher zum Fluss wagen.

Aber wenn ich mich von meiner Furcht lenken lasse, dann setzt sich früher oder später mein Unfug-Detektor durch. So auch gestern.

Eine Freundin rief mich an, weil sie gerade ein paar Mädels für einen Ausritt zusammentrommelte. Und wieder einmal musste ich absagen. Keine Möglichkeit, mein Pferd zu transportieren.

Es war wie damals beim Einkaufen, als die Freundin nachfragte, warum ich denn nicht wieder nach Italien führe. »Wo liegt denn dein Problem?«, sagte auch diese Freundin am Telefon. »Ich kann gar nicht glauben, dass du keinen Pferdeanhänger besitzt. Du brauchst ja gar nichts wer weiß wie Aufwändiges. Bei *Mountain Trader* kriegst du die Dinger praktisch geschenkt. Ich versteh dich wirklich nicht. Was nützt es dir denn, an einem Ort wie Montana ein Pferd zu haben, wenn du damit nicht wegkommst, um es zu reiten?«

Sie hat recht, dachte ich mir, als ich auflegte.

Ich habe es satt, bei all den netten Gelegenheiten, mich anderen Reitern hier bei uns anzuschließen, Nein sagen zu müssen. Denn schließlich würde ich es liebend gern tun. Es ist wohl an der Zeit, die Dinge, die mir Freude bereiten, auch anzupacken. Und noch etwas anderes zu machen, als Mutter, Ehefrau und Schriftstellerin zu sein. Ich brauche ein Hobby, das gesund ist und mich inspiriert. In einer Halle zu reiten, das ist eine Sache. Aber Montana vom Pferderücken aus zu erkunden, das ist Nahrung für die Seele. Selbst wenn ich ein Hasenfuß bin. Ich muss einfach jemand um Hilfe bitten.

Also holte ich die Schuhschachtel hervor, in der ich seit Jahren einen Teil des Geldes, das ich mit meinen Artikeln verdient habe, für Pferde-Notfallkosten spare. Ich zählte und kam auf knapp zweitausend. Gerade genug für einen bescheidenen Pferdeanhänger.

Die Möglichkeiten, die sich vor mir auftun, habe ich bis jetzt mental gar nicht zugelassen. An den Ufern des Lake Koocanusa oben an der kanadischen Grenzen entlanggaloppieren. Meine Freunde am anderen Ende des Tales zu einem Ausritt in die Swans treffen. Endlich die alljährliche Einladung zu einem mehrtägigen Ritt ins Hinterland der Bob Marshall Wilderness annehmen. Ganz Montana stand mir auf einmal offen. Ein Montana, für das ich bereit war.

Unten saß mein Mann am Küchentisch und recherchierte im Internet nach Jobs. Ich schnappte mir den *Mountain Trade* und setzte mich ihm gegenüber.

»Irgendwas Gutes drin?«, fragte er. Unfreiwillig Komisches im *Mountain Trader* zu finden, ist uns ein rituelles Vergnügen.

»Hier hab ich was«, sagte ich. »Zu verkaufen – zwei Mischlingswelpen und Anhänger mit vier Rädern – braucht neue

Räder. Im Tausch gegen Winterreifen gibt's die Hunde gratis.«

Er schaute auf und lachte.

»Oder das hier: ›Gesucht – Stallhasen und Hühner. Nicht zum Verzehr.‹«

Wir mussten beide lachen.

»Suchst du irgendwas Bestimmtes?«, sagte er.

»Eigentlich einen Pferdeanhänger. Nichts Großartiges. Ich habe seit einer Weile gespart und ein paar Hunderter dafür zusammen bekommen.« Sofort habe ich ein schlechtes Gewissen. Als würde es mir nicht zustehen, so etwas Großes zu kaufen, während er nach einem Job sucht. Wo ich doch gerade erst in Italien war. Auch wenn ich mir den Aufenthalt dort selbst bezahlt habe. »Ich will dich damit aber nicht belasten.«

»Du meine Güte, ich habe eine Geländemaschine und leiste mir jedes Jahr eine Saisonkarte zum Skifahren. Also kauf dir, was du brauchst. Es ist ja dein Geld. Du hast es verdient.« Ich liebe diesen Mann.

Er weiß, wie lange ich mir schon einen Pferdeanhänger wünsche – fast seit zehn Jahren schaue ich mir im Straßenverkehr die Augen danach aus. Und ich denke, ihm ist sogar klar, dass dies eine Investition in die Ausgeglichenheit einer Frau wäre, die gerade nicht den besten Sommer ihres Lebens hinter sich hat. Trotz allem finde ich es großzügig von ihm.

»Ich danke dir.«

Nachdem ich also Jahre davon gesprochen hatte, einen Anhänger zu wollen, mehr oder weniger mein zweitgrößter Wunsch nach der Reise nach Italien, raffte ich mich nun endlich auf, jemand anzurufen, der einen im *Trader* inseriert hatte.

Die Frau beschrieb mir den Weg zu ihrer Ranch.

»Würdest du mit mir dort hinfahren?«, fragte ich ihn. »Ich kenne mich ja mit Pferdeanhängern nicht wirklich gut aus. Eigentlich überhaupt nicht. Um ganz ehrlich zu sein … Mir ist dabei ein bisschen mulmig zumute.«

Das ist die Gurkenglas-Philosophie. Etwas gemeinsam machen.

Wir fuhren durch das Tal. Es war sonnig und trocken, und wir unterhielten uns über die Waldbrandgefahr.

»Übernimm du das Reden«, sagte ich. Ich habe ihn schon oft als Verhandler erlebt. Er ist gut darin. Schließlich war das jahrelang sein Job.

Aber mit den Leuten hier in Montana ist es schwierig. Sie sind nämlich so ehrlich, dass man sich fragt, ob sie irgendwas im Schilde führen.

»Welches Baujahr hat denn dieser Trailer?«, fragte er die derangierte Verkäuferin, die sich vergeblich bemühte, ihre Hunde von uns fernzuhalten. »Und wie viele Meilen hat er denn schon auf dem Buckel?«

Ich machte einen beschwichtigenden Kommentar. »Lassen Sie sie ruhig. Wir haben selber Hunde.«

Sie lächelte, aber dann verschwand das Lächeln gleich wieder. »Ich weiß nicht, aus welchem Jahr er ist. Mein Mann hat sich immer um all diese Dinge gekümmert. Aber er ist nach Alaska abgehauen.« Sie bemühte sich um ein schiefes Lächeln, aber ich konnte ihren Schmerz darüber sehen.

Es war schwer, nicht daran zu denken, dass mir Ähnliches nur knapp erspart geblieben war. Außerdem konnte man ja nie wissen, was noch passieren würde. In einem Jahr stünde ich vielleicht genauso da und müsste meinen Anhänger an eine andere Frau und deren Ehemann verkaufen. Solche Gedanken lassen mich verzagen, und auf dieses Gefühl würde ich lieber verzichten. Besonders jetzt.

Mein Mann ging rundherum, besah sich die Reifen und fragte: »Irgendeine Ahnung, wann die Lager und die Achse das letzte Mal geschmiert wurden?«

Sie lachte bitter auf. »Meine Güte, wenn ich das wüsste!«

Ich öffnete die Tür zur Sattelkammer des Anhängers und war so begeistert wie ein kleines Mädchen. Ich stellte mir meinen Sattel darin vor. Mein Zaumzeug an diesem Haken. Den Geruch nach Pferd und Leder. Vielleicht noch ein paar Pferdepostkarten an den Wänden. Gefundene Adlerfedern. Im Notfall könnte man darin sogar schlafen. Wenn es sein müsste. Wir könnten in diesem 2000 Circle J Apache mit dreifach verstellbarer Laderampe, der von Rost überzogen und mit nicht mehr zu entfernendem Pferdemist an den Wänden »verziert« war, das ganze Land durchstreifen.

Ich registrierte, dass sie mich beobachtete: » Wir haben die Pferde in diesem Anhänger immer mit zum Camping genommen. In die Sattelkammer haben wir Heu und Holz und Zelte und alles gepackt.« Sie sah wieder traurig drein. Aber nicht selbstmitleidig, sondern eher betrübt über die harten Zeiten.

Mein Mann kroch unter den Trailer und klopfte daran herum. »Der Boden sieht noch ganz gut aus.«

Dann kam er zwischen Stroh und Unkraut wieder hervorgekrochen. »Wie viel wollen Sie denn dafür haben?«

»Zweitausendfünfhundert«, sagte sie.

»Wir haben zweitausend in bar«, sagte er.

Ich fühlte mich nicht gut bei der Vorstellung, ihr etwas zu nehmen, mit dem sie so gute Erinnerungen an ihren Mann verband. »Es sind lauter Dollarscheine aus einem Schuhkarton unter meinem Bett«, sagte ich und fühlte mich sofort ziemlich dumm. Als ob es für sie leichter würde, wenn sie wüsste, dass wir auch keine Millionäre waren.

Aber sie nickte und lächelte. Die Frau schien eine ähnliche Schuhschachtel unter ihrem Bett zu haben. »Zweitausend wären für mich in Ordnung.«

»Wir melden uns bis zum Abend«, sagte mein Mann. »Welche Größe hat denn die Kupplung?«

Sie sagte es uns, und wir gaben uns die Hand.

Ich hatte ein komisches Gefühl, als wir vom Hof fuhren und mein Mann laut über die benötigte Kupplung nachdachte. »O mein Gott! Machen wir das jetzt wirklich? Ich kann's gar nicht glauben. Ich habe fast ein bisschen Angst. Ich weiß doch gar nicht, wie man so einen Anhänger von der Stelle bewegt und ankuppelt und sichert. Das klingt doch irgendwie beängstigend. Meinst du, das ist schwer?«

»Du wirst das schnell raushaben. Du bist doch eine gute Autofahrerin.«

GROSSES KOMPLIMENT.

»Zeigst du mir dann, wie das geht? Ich will erst ein bisschen üben, bevor ich mein Pferd einlade.«

»Na klar.« Er schob sogar seine Hand in meine. Und ich musste an die Gurkenglas-Philosophie denken. Wann hatte er zum letzten Mal Gelegenheit gehabt, mir mit etwas auf einem Gebiet zu helfen, auf dem er sich auskannte? Mit etwas, das er mir anbot? Trotzdem übernahm ich Verantwortung für meinen Part. Ich bezahlte den Anhänger. Ich hatte angefangen, davon zu träumen. Damit hatte ich den Deckel sozusagen gelockert. Was machte es da schon, ihn darum zu bitten? Manchmal müssen wir schließlich auch um etwas bitten.

Später saßen wir in der Küche und erledigten unsere Hausaufgaben, indem wir herumtelefonierten. Ich rief alle möglichen Verkäufer von gebrauchten Anhängern in Montana, Texas und Wyoming an, die mir allesamt versicherten, ein solcher 2000 Circle J für 2000 Dollar sei ein Schnäppchen. Keiner machte sich auch nur die Mühe, mir etwas verkaufen zu wollen, was er selbst auf dem Hof stehen hatte. Einer, natürlich aus Montana, meinte sogar: »Meine Güte, ich hab den gleichen für 5500 bei mir stehen. Also holen Sie sich das Ding, bevor Sie's bereuen. Für den Preis finden Sie's nie wieder.«

Mein Mann hatte das aufgeschlagene Telefonbuch vor sich und telefonierte mit seinem Handy. Er hatte diesen geschäftsmäßigen Ton für wichtige Typen drauf. Aber er vereinbarte keine Partie Golf und keinen Angeltrip. Stattdessen sprach er mit dem Autohändler. Über meinen Geländewagen. Um zu erfahren, welches Gewicht der wohl ziehen könnte. Danach unterhielt er sich mit dem Typen, den er in dem Autoteile-Laden kennt – das war jemand, der auch etwas von Pferden verstand. Was er den Mann fragte, war geradezu rührend. So decouvrierend ließ er sich normalerweise nie in die Karten gucken, denn kurz gesagt: Man merkte, dass er null Ahnung von Pferden hatte.

Ich wusste bereits viel mehr, als er mühsam aus drei verschiedenen Quellen zusammengetragen hatte, aber ich ließ mir natürlich nichts anmerken. Das war ja schließlich bei der ganzen Sache auch nicht seine Aufgabe. Sein Job war das Fahren.

Es fühlte sich jedenfalls toll an, dass mein Mann wegen mir so viele Telefonate führte. Ich genoss diese Mischung aus Liebe und Fürsorge. So etwas hatte ich schon lange nicht mehr verspürt. Wen kümmerte es noch, ob dabei letztlich ein Pferdeanhänger heraussprang? Wir waren jedenfalls wieder vereint.

Ich ging hinauf, um meine Schuhschachtel zu holen. Als ich alle Scheine herausgenommen hatte, kam ich auf 1900

Dollar. Darauf bin ich stolz, denn das habe ich mir mit Schreiben verdient.

Auf alle Fälle nahm ich das Bündel mit hinunter und zählte es, während er immer noch mit wichtigen Leuten telefonierte, auf den Küchentisch. Als hätte ich das oben nicht schon getan. Zweimal sogar.

Irgendwann hatte ich seine Aufmerksamkeit. Bares. Rasch beendete er sein Telefonat und beobachtete, wie ich die Noten zu Hunderterstapeln legte. Immer im rechten Winkel zueinander, wie man das etwa beim Bridge macht. Als wollte ich ihm beweisen, dass man selbst dafür verantwortlich ist, die eigenen Träume zu verwirklichen. Auch wenn wir dabei manchmal etwas Unterstützung brauchen.

»Dealst du etwa mit Drogen?«, fragte er lachend.

Ich lächelte und zählte laut weiter. »Siebenhundert, achthundert, neunhundert. Ich verdiene ja ein bisschen was als Autorin, weißt du.« Als ich damit fertig war, die Geldstapel anzuordnen, schaute ich auf. »Hör zu. Ich möchte das nicht machen, wenn du nicht damit einverstanden bist. Ich bin genauso zufrieden, wenn ich es auf unser gemeinsames Konto einzahle, um damit die Rechnungen zu begleichen. Ich will ja fair sein. Und das meine ich wirklich so.«

Er stutzte, und ich stelle mir vor, dass das auch der Mann meiner Freundin tut, wenn sie ihm das Gurkenglas hinhält. »O nein«, sagte er. »Zweitausend machen für unsere finanzielle Situation keinen richtig großen Unterschied aus. Du wünschst dir den Anhänger schon so lange. Es ist unsinnig, dass du noch keinen hast. Nimm den. Ich gebe die fehlenden hundert Dollar dazu, weil ich dir ja auch nichts zum Geburtstag geschenkt habe.«

Wie wirksam es ist, wenn man seine Bedürfnisse artikuliert. Wenn man um Hilfe bittet. Verantwortung für seinen eigenen Teil übernimmt. Und sich mehr auf die Absicht konzentriert als auf das Ergebnis. Das ist wie Italien. Jetzt versteht er es.

»Lass ihn uns abholen und die Kinder an der Schule damit überraschen«, sagte er.

Wir kauften die richtige Kupplung, fuhren zurück zur Ranch, bezahlten den Trailer in bar, und freundlich, geradezu behutsam zeigte er mir, wie man ihn an mein Auto hängte. Freundlichkeit und Behutsamkeit waren diesen Sommer über nicht gerade seine herausragenden Eigenschaften gewesen.

Ich denke, das hat mit Stolz zu tun. Dabei ist es aber nicht nur sein Stolz, sondern unser gemeinsamer. Ich kaufe mir selbst etwas, das für mein leidenschaftliches Hobby wichtig ist. Ich übernehme Verantwortung für etwas, das in meiner Vorstellung von Glück liegt – allerdings etwas, das ich kontrollieren kann. Wie Italien. Jetzt versteht er es.

Sein Mobiltelefon klingelte, ein Freund war dran, und er sprach von dem Trailer als *unserem* Trailer.

Derart in Einklang mit ihm habe ich mich den ganzen Sommer über nicht gefühlt. Das fühlt sich an wie eine Heilsalbe. Ein Pferdeanhänger? Wer hätte das gedacht?

Wir lachten und kicherten den ganzen Weg bis zum Abholen an der Schule und auf dem gesamten Heimweg, weil wir jetzt stolze Besitzer eines weiteren Mitglieds unserer bescheidenen Flotte leicht derangierter, motorisierter Fahrzeuge sind.

Als wir in die Einfahrt einbogen, malten wir uns gerade aus, was unsere Eltern dazu sagen würden, in ihren schneeweißen Tennisdressen auf dem Weg zu einem ihrer Country Clubs in der New Yorker oder Chicagoer Vorstadt. In Montana scheint es so, als würden umso mehr Fahrzeuge in der Einfahrt, im Vorgarten und manchmal sogar im Garten hinter dem Haus stehen, je schlechter es einer Familie finanziell geht. Und das hat nicht das Geringste mit Statussymbolen zu tun, sondern eher mit Einfallsreichtum.

Bei uns sah es nun also aus wie bei den Einheimischen von Montana.

Wir sind ja auch Einheimische von Montana. Und das mögen wir auch aneinander. Außerdem brauchen Träume ja ab und zu Vehikel. Selbst wenn diese rostig sind.

An jenem Abend gab er mir Fahrunterricht. Ohne Streit. Und ich stellte mich richtig gut an.

Es fühlte sich an wie in unserer Zeit am College. Wir legten uns sogar Musik dazu ein. »Warum machst du morgen nicht eine Fahrt mit deinem Anhänger?«, sagte er, während er im Außenspiegel beobachtete, wie ich mit dem Anhänger zurücksetzte und einen perfekten Kreis beschrieb. »Ich kann doch die Kinder abholen. Das Wetter soll richtig schön werden. Mach einen Ausritt. Du schaffst das bestimmt ganz prima.«

Also kuppelte ich am nächsten Tag ganz allein den Trailer an. Fuhr mit nur leicht weißen Fingerknöcheln über den Highway dorthin, wo ich mein Pferd eingestellt habe, lud es ohne Zwischenfälle ein, brachte es zu einem Wegenetz, das ich mir schon seit Jahren näher ansehen wollte, traf dort eine Freundin mit ihrem Pferd und los ging's. Das war wie Italien in Montana. Ich hatte auf einmal beides in mir. Ich nahm so etwas wie die friedvolle und heitere Atmosphäre der Berge rund um mich und mein Pferd wahr. Und ich beschloss, meinem Mann nach meiner Heimkehr davon zu erzählen.

Auf der letzten Meile hörte ich ein metallisches Klappern und hielt mein Pferd an.

»Lockeres Hufeisen«, sagte ich und glitt von seinem Rücken.

Ich hatte noch nie zuvor ein loses Eisen selbst entfernt, aber auf Ausritten in die Wälder wächst man eben manchmal über sich selbst hinaus. Und man lernt, indem man einfach etwas ausprobiert. So wie mit dem Anhänger.

Also holte ich einen Hufkratzer aus meiner Satteltasche und löste mit mehr Kraft als Geschick das Eisen vom Huf. Mein Pferd schien erleichtert. Und wieder spürte ich ganz deutlich die Berge.

Ich führte es im Kreis herum und sah, dass der Huf empfindlich war. Anstatt wieder aufzusitzen, führte ich es also aus dem Wald heraus, weil ich nicht wollte, dass es lahmte. Ich brauche mein Pferd schließlich fürs Ausreiten – zumindest bis der Schnee kommt und dieser lange Sommer endlich zu Ende geht.

Plötzlich kam mir in den Sinn, meinen Hufschmied zu bitten, ihm alle Eisen abzunehmen. Das tun inzwischen viele Pferdebesitzer. Es ist wie Barfußgehen. Dann bildet sich mit der Zeit eine feste Hornschicht am Huf. Ich habe mich diesen Sommer über so ähnlich gefühlt: barfuß. Und das war eine gute Erfahrung.

»Wildpferde brauchen auch keine Eisen«, sagte ich zu meiner Freundin. »Ich wette, es nervt sie auch, die ganze Zeit mit diesen Dingern zu laufen.«

Ich hielt das Eisen hoch und musste über das Glückssymbol lächeln. Das ein Pferd gleichzeitig aber auch fesselt. Ohne hat es die Chance, offen und frei zu sein. Wie es dem eigenen Wesen entspricht.

Zu Hause angekommen, hängte ich das Hufeisen mit der Öffnung nach oben an einen alten Nagel auf unserer Veranda.

Drinnen zog ich meine Stiefel aus und erzählte meinen Kindern von dem Ausritt. Davon, wie toll es ist, sein Pferd mal an einen ganz neuen Ort mitzunehmen. Dass es meinem Pferd auch gefallen zu haben schien, denn es hatte munter Luft geholt und kräftig geschnaubt. Ich berichtete von dem malerischen Flussbett, wo wir alle getrunken hatten. Von Espen- und Birkenwäldchen. Elchspuren. Eigentlich war der Ausflug bis auf das verlorene Eisen eher unspektakulär gewesen.

Zum Abendessen machte mein Mann uns Buffalo Burger. Er reichte mir einen Teller und schien auf seinen perfekten Medium-rare-Burger ebenso stolz wie auf seine kompetente pferdeverständige Frau. »Und du hast das Eisen selbst abgekriegt?«, sagte er lächelnd.

Ich erkannte den Ton und erwiderte: »Deine Burger sind einfach immer perfekt. Was ist denn dein Trick dabei?« Lob für Lob. Eine gute Ausgangsbasis.

Daraufhin hielt er uns einen langen Vortrag über den perfekten Burger. (Der Trick ist übrigens folgender: Man dreht den Burger erst um, wenn der Saft in Bläschen austritt. Dann wird er gewendet und auf der anderen Seite nur noch kurz gebraten.)

Wir bettelten alle um Popcorn zum Nachtisch, weil er auch das perfekt beherrscht. Wir wollten, dass er sich gut fühlte.

Am selben Abend im Bett sagte ich: »Danke, dass du mir mit dem Trailer geholfen hast. Das hat mir wirklich viel bedeutet.«

»Klar«, sagte er nur.

»Auch wenn es sein kann, dass du mich fortan kaum noch zu Gesicht bekommen wirst«, erwiderte ich und kitzelte ihn. Einen Monat zuvor hatte ich mich nicht einmal getraut, ihn zu berühren.

Er protestierte und kitzelte zurück. Dann gaben wir uns einen Gutenachtkuss.

Bald war er eingeschlafen, während ich noch wach lag und die Vorstellung genoss, dass wir uns wieder auf gleichem Terrain begegneten.

Es funktioniert. Ich spüre es. Morgen ist unser Hochzeitstag. Und ich werde daran genießen, was ich will. Ich warte
nicht mehr auf irgendwas. Wenn ich mich als Garten begreife
und das Gefühl habe, dass ich gehegt werden muss, dann tue
ich das fortan selbst. Und ich muss einfach daran glauben,
dass er meinem Beispiel folgen wird. Selbst wenn dem nicht
so sein wird, ist es eine fantastische Lebenseinstellung.

Zwei Ballons

25. September 2008.

Heute ist also unser Hochzeitstag. Fünfzehn Jahre. Oder eigentlich zwanzig, wenn man die Zeit vor unserer Ehe dazurechnet.

Ich bringe die Kinder zur Schule und hinterlasse ihm auf dem Küchentisch eine Karte mit den Rilke- und Rumi-Zitaten. Und einem Bild von zwei Heißluftballons.

Als ich nach Hause komme, sitzt er bei einem Tee und bedankt sich für die Karte. Ich will Ihnen nur das Highlight unseres Hochzeitstages berichten, das tatsächlich, abgesehen von Italien und dem Pferdeanhänger, der Höhepunkt meines ganzen Sommers war. Es passierte gegen Ende des Tages. Und dort möchte ich jetzt kurz hinspringen. Ich denke, das kann ich mir für diesen besonderen Tag und an dieser Stelle durchaus erlauben.

Ich fuhr aus der Einfahrt, um die Kinder abzuholen. Die Autofenster waren zu.

Da kam er mit dem Rasenmäher um die Ecke gebogen.

Inzwischen habe ich mich schon daran gewöhnt, dass er nicht Hallo und Auf Wiedersehen sagt, und habe mir ein Fell wachsen lassen, das dafür sorgt, dass ich damit zurechtkomme und nicht mehr über meine unerfüllten Wünsche in dieser Hinsicht hadere. Manchmal gehe ich einfach auf ihn zu und küsse ihn und sage Auf Wiedersehen oder Hallo oder Ich liebe dich, egal, ob es ihm passt oder nicht. In letzter Zeit tue ich das sogar immer öfter.

Aber jetzt war er da und sah mich an. Lächelnd. Vom Rasenmäher aus.

Ich drückte den Knopf, um das Fenster herunterzulassen, und inmitten des Rasemäherlärms, im Abendlicht, während rötliche Strahlen durch die reich tragenden Obstbäume fielen und vom Sitz seines Rasenmähers herunter, da sagte er mit übertriebenen Lippenbewegungen, sodass es ganz eindeutig war: ICH LIEBE DICH!

Und das von einem Mann, der mir im Juli eröffnet hatte: »Ich kann mich zu einer Zukunft mit dir verpflichten. Wenn auch ohne eine Spur Zutrauen … oder dergleichen.«

Ich weigere mich, weiter über diese Worte nachzudenken und ersetze sie lieber durch diese erst eben und ganz real ausgesprochenen Vokale und Konsonanten: Iiiich lieeeeebeeeeee diiiiiiiiiich.

Meine böse Zwillingsschwester Sheila attackiert aus dem Hinterhalt. Sie hat sich aus dem Exil wieder zu mir durchgeschlagen. Sie dürstet nach Blut …

Er liebt dich nicht. Er ist ein Dämlack. Der tut doch nur so. Er will sein Haus und seine Kinder nicht verlieren, deshalb tut er so, als würde er dich lieben. Der Typ ist so verängstigt, dass er im Moment alles sagen oder machen würde. Sei bloß vorsichtig. Ich würde dem verdammten Mistkerl keine Sekunde lang trauen. Du musst dir ein eigenes Konto bei der Bank eröffnen. Aus diesem Burschen wird doch nichts mehr. Nur weil einer dir vom Rasenmäher runter erzählt, er würde dich lieben, und dich dabei anschaut, nur deshalb bist du gleich den Tränen nahe? Was zum Teufel macht der überhaupt an einem Donnerstagnachmittag zu Hause? Da sollte höchstens der Gärtner den Rasen mähen. Und dein Mann sollte bei der Arbeit sein und sein gottverdammtes Geld verdienen!

Verpiss dich, Sheila. Du nervst einfach nur. Wie eine von diesen blöden Seifenopern aus den Achtzigern.

Und dann nehme ich das »Ich liebe dich« meines Mannes den ganzen Weg mit in die Stadt und zum Abholen der Kinder an der Schule und durch ihre Musikstunden und das Einkaufen des Abendessens – Sushi und Veuve Cliquot, weil es unser Hochzeitstag ist und weil ich gerade wieder einen Scheck für einen Zeitschriftenartikel bekommen habe, und sei's drum, weil wir den Sommer durchgestanden haben. Ich nehme sein »Ich liebe dich« mit in das gemeinsame heiße Bad in der Wanne und dann mit in eine ruhige Nacht ohne Schnarchen und mit ungestörtem Schlaf bis zum Morgen, im selben Bett.

Auch wenn Sheila gar nicht glücklich darüber ist, ich habe dieses »Ich liebe dich« auch jetzt noch, während ich das hier schreibe. Sie nörgelt ständig daran herum, wie ich mich daran klammere. Außerdem unkt sie, dass ich mich auf neuen Schmerz gefasst machen kann, wenn er erst wieder obenauf ist und dieses ganze Gekuschel und die Sicherheit nicht mehr braucht. Dann wird wieder der Abend kommen, an dem er nicht anruft und nicht nach Hause kommt, und zwar bald, versichert sie mir. (Sie hat auf einmal einen starken New Yorker Akzent, was mich ein wenig einschüchtert. Sie hätten sie im Fitness-Studio hören sollen, als ich vor dem Spiegel stand und Gewichte hob, und zwar neben einer blonden Bodybuilderin, die nebenbei Personal Trainer meines Mannes ist.)

Aber ich ignoriere Sheila. Konzentriere mich lieber aufs Atmen und summe mein Mantra. (Von dem ich übrigens immer noch nicht weiß, was genau es heißt – also singe ich wahrscheinlich in Sanskrit *Lob sei Sheila*!) Es klappt trotzdem. Ich fühle mich von diesem Mantra beruhigt und gestärkt.

Ich kann das heute schreiben und gleichzeitig immer noch dieses überdeutlich artikulierte »Ich liebe dich« spüren und berichten, dass der Hochzeitstag einer der besten war, an die ich mich erinnern kann.

Dabei spielten Autos eine Rolle. So wie damals, als wir uns kennenlernten.

Es war gar nichts Großartiges. Wir hatten keinerlei Pläne. Stiegen nur in seinen Wagen und fuhren einfach drauflos. Wir wussten nicht genau, wohin, und hatten nichts vorbereitet. Trotzdem hatten wir beide Wanderschuhe und ein paar Schichten warmer Sachen an, weil es in der Nacht vorher den ersten Frost gegeben hatte und es jetzt in Montana Herbst war – in den Bergen lag schon Schnee. Wir taten uns zusammen wie Kinder, die von zuhause ausgerissen sind; die wollen nicht darüber reden, sondern drängen sich nur am Lagerfeuer der Wanderarbeiter in der Nähe der Bahngleise eng aneinander.

Es war nicht viel anders als vor zwanzig Jahren. Er fuhr schnell. Wir legten Musik ein. Ich starrte aus dem Fenster und dachte über einen Roman nach, den ich als Nächstes schreiben wollte.

Es ist witzig, wohin wir kamen. Wir fuhren das Tal der Länge nach ab bis zum State Park am Flathead Lake, wo wir zum ersten Mal waren, als wir überlegten, von Seattle hierherzuziehen. Ohne dass wir explizit darüber gesprochen hätten, hatten wir uns wohl beide überlegt, genau hier auf den Felsen zu sitzen und dem Fischadler zuzusehen und dabei die Berge rundherum zu betrachten.

Im Auto redeten wir nicht über die Kinder oder über Geld oder seine Schwester. Wir redeten überhaupt nicht viel, aber nicht weil wir einander nicht hören wollten. Die Leitungen waren offen. Ich konnte das spüren – weit offen. Mir war sogar nach ein wenig Pathos zumute: »Weißt du, dass von allen wichtigen Menschen in meinem Leben nur zwei nicht versucht haben, mich zu dominieren? Mein Vater. Und du. Dafür bin ich dir dankbar.«

»Gern geschehen«, sagte er.

Mir wurde klar, welchen Bärendienst ich (mit reichlicher Unterstützung von Sheila) meiner Ehe erwiesen hatte, indem ich dieses Verhalten als Vernachlässigung ausgelegt hatte. Was war, wenn ich es umdrehte, so wie Byron Katie das in ihrem Buch *Lieben was ist* thematisiert. Was passiert, wenn ich es als Freiheit interpretiere? Ich beschloss, genau das fortan zu tun.

Ich erkannte auch, was Druck aus einem Menschen machen kann. Ich dachte darüber nach, wie er sich in den letzten Jahren mir gegenüber verhalten hatte, und ich fragte mich, was davon alles eine Reaktion auf den Druck gewesen war, den er von *mir* verspürt hatte. Wie oft hatte ich ihm unbewusst die Opferrolle vorgespielt? Kann ich ihn also für mein Leid verantwortlich machen? Damit ich diese Verantwortung nicht selbst übernehmen muss? *Mein Gott, wenn das zutrifft, ist die Lage ziemlich verzwickt.* Ich nahm mir vor, das ganze Bild zu betrachten.

Und ich beschloss, ohne Druck zu leben. Lieber im Fluss. Wenigstens für den Moment wollte ich das versuchen.

Und genau so machten wir es. Wir lebten im Fluss und kommentierten die Dinge, die wir sahen – *Montana-Momente* nennen wir sie: Drei alte Leute, die mit einem offenbar schweren Eimer neben der Straße hergehen. Eine Nonne, die auf einem Gartenstuhl an einer Autobahnausfahrt sitzt und den Leuten, die mit 90 Meilen die Stunde an ihr vorbeirasen, religiöse Schriften entgegenhält. Oder unser Bauhandwerker-

Freund, dessen Auto wir vor uns an der Ampel sichten und bei dem ein Bremslicht nicht funktioniert. Wir lesen die Nummer von seinem Lieferwagen ab und rufen ihn an. Fortziehende Gänse. Golden leuchtende Espenwälder. Ein Steinadler auf einem Verkehrsschild.

Wir hielten an einem Verkaufsstand von Hutterern und kauften riesige Äpfel und selbst gestampfte Butter. Außerdem legten wir bei einer Ranch einen Stopp ein, die zum Verkauf stand. Wir nahmen uns die Informationsunterlagen mit und überlegten laut, wie es wäre, eine Pferderanch zu besitzen. Wir plauderten über den Heupreis und darüber, dass er Leute dazu bringt, die Pferdezucht aufzugeben. Unser nächster Gedanke war, das Heu von unserer fünf Morgen großen Weide als Nebenverdienst zu verkaufen.

»Ich würde das gern machen«, sagte er. »Ich wollte schon immer gern in der Landwirtschaft arbeiten.«

Einen Großteil des Tages bestreiten wir mit Kommentieren und überraschen einander dabei ein ums andere Mal. Wir lernen ein Pärchen aus Toronto kennen, das auf Motorrädern und nur über Nebenstraßen von Calgary nach Silver City, New Mexico, unterwegs ist. Daraufhin rufen wir einen Freund an, der gerade erst nach Silver City gezogen ist, und verabreden die drei für die kommende Woche auf einen Drink dort. Wir benehmen uns so, wie wir waren, bevor wir geheiratet haben – als wäre unser Leben, samt den Menschen darin und unserer Umgebung, ein Spiel. Wir flirten. Und haben dabei aber kein bestimmtes Ziel im Auge.

Dann besuchten wir ein Restaurant, das in dieser touristischen Nebensaison erstaunlicherweise geöffnet war. Wir setzten uns auf die Terrasse, hörten der Jazzmusik zu, aßen eine Kleinigkeit und tranken Cosmo-Cocktails mit dem Aroma von Flathead-Kirschen und Wein und blätterten in Zeitschriften. Die ganze Zeit über sprachen wir über Häuser, unkonventionelle Künstler, Reisen an entlegene Orte, die wir gerne einmal unternehmen würden. So mitten am Tag an einem Drink zu nippen gab uns das Gefühl, völlig sorglos in den Tag hineinzuleben.

Dann fuhren wir wieder zurück und hatten ein bisschen Sex. Ziemlich guten Sex, um genau zu sein. Und dann ging er hinaus, um den Rasen zu mähen. Und ich fuhr los, um die Kinder abzuholen, das Sushi und den Champagner. Mit dem »Ich liebe dich«, das ich immer noch habe, ganz weich in meine Handfläche geschmiegt.

Wir waren einander ebenbürtig. Keinerlei Piedestal zwischen uns.

Thanksgiving

9 Uhr morgens. An einem Dienstag im November.

Ich wache auf, und es ist hell. Zu hell für sieben Uhr morgens. Ich rieche ihn noch in den Laken neben mir, die auch noch warm sind. Dann höre ich seinen Wagen aus der Einfahrt zurücksetzen. Ich gehe an den Zimmern der Kinder vorbei, die leer sind. Ich habe verschlafen. Eigentlich habe ich einen leichten Schlaf. Wie ist das also möglich? Ich schätze, dass ich gerade das Defizit von so vielen ruhelosen Nächten ausgleiche.

Auf dem Küchentisch liegt ein Zettel in seiner Handschrift.

»Bin früh aufgestanden. Hab die Kinder zu einem Frühstück vor der Schule mitgenommen. Dachte, du könntest die Ruhe brauchen. Ich liebe Dich. Viel Glück beim Schreiben heute!«

Ich nehme das Blatt in die Hand und halte es fest, während ich mir Tee machen will. Die Kanne ist schwer und noch heiß. Er hat reichlich Tee gekocht, nicht nur eine Tasse für sich.

Inzwischen ist fast ein Monat vergangen. Ich habe die Überarbeitung eines Romans für eine wichtige New Yorker Lektorin beendet – die Lektorin, an die meine Agentin Anfang des Sommers etwas geschickt hatte. Das wird möglicherweise meine erste Veröffentlichung nach so vielen Jahren, so vielen Büchern, so vielen Absagen. Aber jetzt betrachte ich das Ganze ziemlich gelassen.

Er hat ein Jobangebot im Bereich ökologisches Bauen – etwas, das er in die Hand nehmen könnte – aber erst mittelfristig. Wir haben noch genug Geld, um ein weiteres halbes Jahr zu überbrücken. Höchstens. Wenn aus meinem Buchprojekt etwas würde, wäre unsere finanzielle Situation deutlich entspannter. Ich bin voller Hoffnung. Meine Agentin ebenfalls. Und auch eine weitere Lektorin. Ich sitze an der Überarbeitung, aber mit einer neuen Gelassenheit und mit dem Vorsatz, diesen Prozess zu lieben. Allerdings fehlt mir einfach die nötige Zeit.

Da verkündet er eines Tages: »Du bist jetzt diejenige mit der beruflichen Chance. Also arbeite du, und ich halte den Laden am Laufen.« Zeit, Raum. Was eine Schriftstellerin eben so braucht.

Er leistet momentan auf einem ganz anderen Gebiet harte Arbeit. Er plant, wie er seiner Schwester bei ihren Fahrten zwischen ihrem Zuhause und der klinischen Studie in Chicago und ihrem andauernden Kampf gegen den Krebs helfen kann. Das wird in der bevorstehenden kalten Jahreszeit sein wichtigstes Projekt sein. Wenn es sein muss, wird er in der Zeit, die ihm bleibt, bei den Liften oben im Skigebiet jobben. Oder kellnern. Ich habe auch schon über einen Job in einem Restaurant nachgedacht. So wie wir das zwanzig Jahre zuvor in Boston gemacht haben, um uns durchzuschlagen. Nur dass die Sache jetzt natürlich einen ernsteren Hintergrund hat.

Aber wir werden das Haus nicht verlieren. Wir werden das hinkriegen. Wir schaffen es. Jetzt ist erst einmal das Wichtigste, dass wir eine Familie sind.

Im Moment läuft es so:

Er weckt die Kinder. Macht ihnen das Frühstück und die Pausenbrote. Bringt sie rechtzeitig zur Schule – sogar früher, als ich das immer getan habe. Er erinnert sie an ihre Musikstunden, ans Fußballtraining und die Leseberichte. Er kommt zurück nach Hause gestürzt, wenn sie eine Mappe oder Bücher für die Bücherei vergessen haben.

Ich verabschiede sie mit Küssen und Umarmungen und guten Wünschen für einen erfolgreichen Schultag. Dann hole ich mir meinen Tee, ziehe mich in mein Arbeitszimmer zurück und schreibe.

Ich schufte Zwölfstundentage an meinem Roman – dabei jongliere ich mit den etwa 350 Seiten so viel herum, dass ich sie schon praktisch auswendig kann. Meine Gedanken kreisen im Wachen wie im Schlafen um sie.

Nebenher schreibe ich an dieser Geschichte, die wie ein vertrautes Tagebuch für mich geworden ist Das tue ich meist früh am Morgen, gewissermaßen zum Aufwärmen, vor der Arbeit an dem Roman, den ich zu veröffentlichen hoffe.

Ich habe mich noch nie mehr im Einklang mit meiner Tätigkeit gefühlt – mit der Verbindung von Herz, Seele und Verstand, die das Schreiben für mich bedeutet. Noch nie war ich so stolz darauf, ein überarbeitetes Manuskript abzuliefern. Das habe ich ihm zu verdanken. Dieses Geschenk ist riesig, und er weiß das. Er schenkt mir die Zeit, um hart an etwas zu arbeiten, das ich so mag. Und mit dem ich unsere Familie für eine Weile finanzieren könnte. Ich bin stolz, dass er eine so hohe Meinung von mir als Schriftstellerin hat, vor allem wenn ich bedenke, was er noch im Juni zu mir gesagt hatte. Ich bin so froh, dass ich ihm das damals nicht abgenommen habe. Das war eine faule Sache, die er mir da andrehen wollte. Es geht eben doch nichts über den Instinkt, vor allem in Krisenzeiten.

Stolz.

Den kann ich jetzt wieder an ihm sehen. Einen Stolz, dem ich vielleicht zum ersten Mal überhaupt traue. Weil darin keine Märchen stecken. Keine Rebellion. Kein Piedestal.

Ich berichte meiner Therapeutin von all diesen Dingen.

Sie lächelt und meint: »Das sind ja wunderbare Neuigkeiten. Ich bin überglücklich für Sie beide. Jetzt lassen Sie uns doch mal überlegen … wie lange hat das nun gedauert?«

Ich zähle es an meinen Fingern ab. »Viereinhalb Monate.«

»Nicht schlecht«, sagt sie.

»Gar nicht schlecht. Und während ich den Sommer über darauf gewartet habe, von den Lektoren etwas zu meinem letzten Roman zu hören … da habe ich ein Buch darüber geschrieben. Etwas Autobiografisches«, sage ich. »Ich glaube, es ist jetzt fast fertig.«

»Ein Buch?«

»Genau. Ich habe es geschrieben, um diese Sache zu verarbeiten. Einen Moment nach dem anderen. Das kann ich am besten. Ich bin schließlich Schriftstellerin. Und es ist keine Belletristik. Nichts Ausgedachtes. Sondern das wahre Leben. Ich habe ein bisschen Angst davor, es zu veröffentlichen, aber ich denke, es könnte anderen Leuten helfen. Darum habe ich überhaupt damit begonnen, es aufzuschreiben.«

»Ich glaube auch, dass es anderen helfen wird«, sagt sie.

»Ich muss es nur vorher noch mit ihm besprechen …«

Genau genommen, habe ich Angst davor, es mit ihm zu besprechen. Denn es ist ja nicht so, dass auf einen Schlag alles perfekt wäre. Es hat sich nicht alles in Wohlgefallen aufgelöst, und weder sollte es das, noch würde ich es je erwarten.

Aber dann erinnere ich mich an mein Motto als Schriftstellerin: »Ich schreibe, um Licht in einen bis dato dämmrigen oder sogar pechschwarzen Winkel zu bringen und auf diese Weise mir und anderen zu helfen.«

Ich habe eine wirklich schwierige Phase ganz passabel und einigermaßen erfolgreich durchgestanden. Und ich habe es aufgeschrieben. Was mir Erleichterung verschafft hat. Diese Erleichterung möchte ich auch anderen zuteilwerden lassen.

Trotzdem ist es Neuland. Und furchterregend. Man hat so viel zu verlieren. Trotzdem vermute ich, dass nichts so furchterregend ist wie das Durchleben dieser Zeit.

Wenn er wieder nach Hause kommt, erledigt er alles Mögliche. Viel mehr als nur Blumengießen und Rasenmähen. Er kümmert sich systematisch um alles, was ihn rund ums Haus stört. Dinge, die er sich jahrelang hat ansammeln lassen. Zeug, das ihm regelrecht das Leben vergällt hat. Und immer wieder höre ich ihn sagen: »Mann, ich kann einfach nicht glauben, wie ich die Dinge hier habe schleifen lassen.«

Erstaunlich, welche Wirkung die Reparatur eines Toilettensitzes hat. Oder die der Verandatür. Die Reinigung der Abflüsse. Das Funktionieren des Garagenöffners. Der eigenen Frau mitzuteilen, dass man sie liebt. Hallo und Auf Wiedersehen zu sagen.

Jetzt steht er an der Tür zu meinem Arbeitszimmer. Wie selbstverständlich mit einer Flasche Putzmittel in der einen und einem Inbusschlüssel in der anderen Hand. Ich muss an das Hufeisen denken, das genau auf der anderen Seite der Wand auf unserer Veranda hängt.

»Wie läuft's mit dem Schreiben?«, sagt er und klingt wie der zwanzigjährige Collegestudent, der mit den frühen Karriereambitionen seiner Freundin anzugeben pflegte.

Ich halte kurz inne und werfe einen Blick auf die 300 autobiografischen Seiten auf meinem Schreibtisch. »Weißt du, ich habe nicht nur den Roman überarbeitet, sondern da gibt es auch noch ein anderes Buch, das ich meiner Agentin schicken möchte. Es ist … etwas Autobiografisches. Über diesen Sommer.«

Sein Blick verfinstert sich nicht.

Ich füge noch hinzu: »Nicht, dass ich glaube, dass es je veröffentlicht wird. Es ist ja nur eine kleine Geschichte. Über dich und mich.«

Er hält den Türknauf umklammert. »Was auch immer du darin geschrieben hast. Wahrscheinlich verdiene ich es«, sagt er achselzuckend.

»Es geht darin nicht darum, jemand zu bestrafen. Es ist auch keine wütende Abrechnung. Es handelt eher davon, wie man lernt, Verantwortung für sich selbst zu übernehmen. Es geht um gescheiterte Träume und um das Herausarbeiten aus Niederlagen. Deinen und meinen.«

»Okay.« Trotzdem sieht er ein wenig wie ein geprügelter Hund drein. Ich kann verstehen, warum.

»Ich versichere dir, dass es liebevoll geschrieben ist. Es ist für Leute gedacht, die gerade harte Zeiten durchmachen – in einer Ehe. Oder in irgendeinem anderen Bereich ihres Lebens. Es ist als Hilfe geschrieben. Aber absolut ehrlich. Und das muss es auch sein, damit die Leute etwas damit anfangen können.«

»Na gut, tu, was du nicht lassen kannst. Vor allem, wenn es anderen hilft. Ich vertraue dir.« Er versteht im Moment viel von Hilfe, wohl wegen der Hilfe, die er seiner Schwester gerade zukommen lässt.

»Äh, vielleicht möchtest du es vorher ja mal lesen«, sage ich.

»Komme ich darin als das letzte Arschloch weg?«

»Wenn ja, dann würde das auf mich wohl auch zutreffen, denke ich. Aber ich habe nicht alle hässlichen Details reingeschrieben. Eher geht es um die geistige Reifung einer Frau, die eine harte Zeit durchmacht und beschlossen hat, nicht mehr zu leiden, auch wenn ihr das nicht immer und manchmal nicht im Geringsten gelingt. Ich habe versucht, integer zu bleiben. Und ich möchte diejenigen, die das lesen, auffordern, es auch zu versuchen. Dort, wo es zu persönlich wird, soll man sich seine eigenen Erfahrungen hineindenken.« Ich schaue ihm tief in die Augen, um zu erkennen, ob er immer noch auf meiner Seite ist. Das ist er.

Also fahre ich fort. »Es geht in der Tat nicht so sehr um unsere Familie, sondern vielmehr um meine Entwicklung. Es geht darum, Dinge nicht persönlich zu nehmen. Selbst wenn man meint, die Welt um einen herum in Scherben gehen zu sehen. Es handelt davon, sich fürs Glücklichsein und gegen das Leiden zu entscheiden. Davon, unser Denken umzuprogrammieren. Aber ich werde es erst wegschicken, wenn ich deine Zustimmung habe.«

Er lächelt und bekommt vor Dankbarkeit feuchte Augen.

Das bedeutet mir in diesem Moment mehr als alles andere in meinem Leben.

»Ich vertraue dir«, sagt er. »Ich werde es mir heute Abend ansehen.«

»Danke. Und übrigens, liebe ich dich.«

»Ich liebe dich auch«, sagt er, und die Ehrlichkeit in seiner Stimme ist über jeden Zweifel erhaben.

Vorerst ist die Geschichte damit zu Ende.

Und lassen Sie uns das vorerst ein gutes Ende nennen.

Epilog

Mitternacht.

Thanksgiving.

Das Essen ist vorbei, die Familie schläft, das Porzellan meiner Großmutter ist gespült und tropft auf Geschirrtüchern in der Küche ab. Das Silberbesteck meiner Großtante ruht abgetrocknet und gezählt wieder in der Silberschublade. Die Kristallgläser, die mein Großvater meiner Großmutter zur Hochzeit geschenkt hat, trocknen verkehrt herum neben dem Porzellan meiner anderen Großmutter. Es kommt mir vor, als würden sie zu mir sagen: *Wir waren da. Nun bist du an der Reihe.*

Ich fühle mich geborgen. Sicher. So viele schlafende, klopfende Herzen unter diesem Dach – von Kindern, Ehemann, Hunden, Katze, Fisch und Ratte. So viele mütterliche Blicke habe ich heute auf mir ruhen gespürt, während ich das Silber polierte und den Tisch, den Truthahn und uns alle für das Festmahl herausputzte.

Wir sind unter uns geblieben. Nur wir vier. Wahrscheinlich hätten die anderen genauso gern im Pyjama um den Esstisch gesessen und von unserem Alltagsgeschirr gegessen. Aber von allen Thanksgivings, an die ich mich erinnern kann, schien es mir gerade bei diesem am wichtigsten, ihn richtig als Feiertag zu begehen.

Wir saßen im Kerzenschein des silbernen Kandelabers – es war ausgerechnet der erste Leuchter aus unserer Rebellenzeit. Jeder sprach seinen eigenen Dank aus. Mein Mann als Erster. Das war ihm wichtig gewesen.

»Ich bin dankbar für meine Familie«, sagte er, und seine Augen glitzerten im Kerzenschein. »Sie bedeutet mir alles. Ich liebe euch alle.«

Als die Reihe an mich kam, sagte ich leise: »Ich bin dankbar ... für diesen Moment unseres Lebens.«

Wir hielten uns an den Händen, sprachen das Tischgebet und aßen.

Der bedenklich schräge, halb umgestürzte Stapel gelegentlich von mir verschlungener Bücher auf meinem Nachttisch

Eugene Peterson: *The Message: The New Testament Psalms and Proverbs*
Bhagavad Gita
Rumi: *Das Lied der Liebe*
Rilke: *Briefe an einen jungen Dichter*
Anonym: *The Cloud of Unknowing*
Eknath Easwaran: *Die Upanischaden*
Anonym: *Der Weg eines Pilgers*
Nelson Foster (Hrsg.): *The Roaring Stream: A New Zen Reader*
Meister Eckhart: *Predigten*
Thomas Merton: *Zeiten der Stille*
Czeslaw Milosz: *Gedichte*
Thich Nhat Hanh: *Jesus und Buddha – ein Dialog der Liebe*
Annie Dillard: *Der freie Fall der Spottdrossel*
David James Duncan: *The Brothers K; The River Why; God Laughs & Plays*
Richard Bach: *Illusionen. Die Abenteuer eines Messias wider Willen*

Meher Baba: *Darlegungen*
Wendell Berry: *Collected Poems* (vor allem das Gedicht »The Country of Marriage«)
Jim Harrison: *The Theory and Practice of Rivers*
John Welwood (Hrsg.): *Vollkommene Liebe: und wie sie vielleicht sogar in einer Beziehung gefunden werden kann* (Essays, vor allem der über Rilkes »Lieben lernen«)
Terry Tempest Williams: *Refuge: An Unnatural History of Family and Place* und *Finding Beauty in a Broken World*
Ananda K. Coomaraswamy: *Christian & Oriental Philosophy of Art*
Hermann Hesse: *Siddharta*
J. D. Salinger: *Franny und Zooey*
Wayne Dyer: *Ändere deine Gedanken – und dein Leben ändert sich: Die lebendige Weisheit des Tao*
Anne Wilson Schaef: *Leben im Prozess: Wahrheiten den Weg der Seele zu leben*
Pema Chödrön: *Wenn alles zusammenbricht: Hilfestellung für schwierige Zeiten*
Eckhart Tolle: *Jetzt* und *Eine neue Erde*
Miguel Ruiz: *Die vier Versprechen: Ein Weg zur Freiheit und Würde des Menschen*
Byron Katie: *Lieben was ist*
Melody Beattie: *Die Sucht, gebraucht zu werden*
Joan Borysenko: *Feuer in der Seele. Spiritueller Optimismus als Weg zu innerer Heilung*
Madeleine L'Engle: *Die Zeitfalte*
Antoine de Saint-Exupéry: *Der kleine Prinz*
Shel Silverstein: *Lafcadio - Ein Löwe schießt zurück*
William Steig: *Amos und Boris*
Dr. Seuss: *Horton hört ein Staubkorn reden*

Zitatnachweis

Seite 6
Jim Harrison
Aus: Jim Harrison:
The Shape of the Journey:
New & Collected Poems,
Copper Canyon Press 2000

Seite 20
Rainer Maria Rilke
Brief an Emanuel von
Bodman, 17.8.1901
Aus: Horst Nalewski
(Hrsg.): *Briefe in zwei*
Bänden 1896–1926,
Suhrkamp 1991

Seite 38
Rainer Maria Rilke
Brief an Franz Xaver
Kappus, 14.5.1904
Aus: Rainer Maria Rilke:
Briefe an einen jungen

Dichter, Suhrkamp/Insel
Bücherei 1929

Seite 84
Jerome David Salinger
Aus: J.D. Salinger: *Franny*
und Zooey, Rowohl (rororo)
2001[29], S. 134–135

Seite 192
James Joyce
Aus: James Joyce: *Ulysses,*
Suhrkamp 2004, S. 799

Seite 378
Jim Harrison
Aus: Jim Harrison:
Selected & New Poems,
Delacorte Press/Seymour
Lawrence 1982

Ältere Liebe

Seine Frau hat Asthma
Deshalb raucht er nur draußen
Oder spätabends mit dem Kopf
Und den Schultern in den Kamin gebeugt, wo
Die Hitze von Mesquite und Eiche sein Gesicht grell
beleuchten.
Ersetzt das die Hitze,
Die aus der Liebe
in die Natur zurückgekehrt ist?
Doch der Schatten, den die Leidenschaft wirft,
Ist ja viel länger als die Leidenschaft selbst,
mit Mühe reicht er von Jahr zu Jahr.
Heut Abend weht ein scharfer Wind mit Schneeregen
von drei kahlen Bergen herab,
und im Kamin vor seinem Gesicht
die Asche, zu der wir alle einmal werden,
so weich wie die Kniekehle einer Frau.

Jim Harrison

Dank

Mein großer Dank gebührt zuallererst meinem Mann, weil er bereit war, unsere Geschichte im Sinne meines Mottos als Schriftstellerin mit anderen zu teilen. Außerdem danke ich ihm für seine unschätzbare Hilfe und Unterstützung in den Monaten, als ich dieses Buch schrieb. Du bist ein guter Mann, wie man ihn nur selten findet. Ich liebe dich.

An meine Kinder: Ich bin so stolz auf euch, wie ihr es euch gar nicht vorstellen könnt. Ich danke euch dafür, dass ihr versteht, wie viel Freude mir das Schreiben macht, dafür, dass ihr mich unterstützt und/oder es ausgehalten habt. Und für euer Vertrauen darauf, dass im Großmuttersessel immer ein Plätzchen für euch frei sein wird. Lasst uns »die Tomatensoße« immer zusammen kochen …

An meine eigene und die Großfamilie: Danke, dass ihr darauf vertraut habt, dass ich achtsam über euer Privatleben schreibe. Es ist bestimmt nicht leicht, eine Schriftstellerin in der Familie zu haben. Besonders danken möchte ich meiner Mutter, Virginia Munson McTier, und meiner Schwester Cathy Rogerson, weil die beiden meinen Träumen von Anfang an aufmerksam zugehört haben.

An die Stimmen der Weisheit und Vernunft, derer es viele gab und gibt. Unendlicher Dank gebührt vor allem: Vim Tesar

(Master of Science, Local area Child Protection Committee, Licensed Acupuncturist, Children's Rights Council), auf der die Figur der Therapeutin in diesem Buch basiert, Rossell Weinstein, geprüfter Personal Coach und Gründerin von Intendit Coaching, und Bobbi Hall (Stillwater Horse Whispers Ranch). Die drei waren und sind mir leuchtende Vorbilder für persönliche Verantwortung.

An meine Freundin und Agentin Tricia Davey (Davey Literary & Media), die allen Widrigkeiten zum Trotz an mich geglaubt hat und deren brillante Ideen und harte Arbeit in meinem Interesse überhaupt erst dafür gesorgt haben, dass ich in die Verlegenheit komme, eine Danksagung schreiben zu dürfen. Dir gebührt ein ganzer Fluss voll mit herzförmigen Steinen, Tricia. Ebenso Beth Davey für ihren außerordentlich professionellen Rat und schwesterliche Ermutigung – ich danke euch beiden!

An meine Lektorin Amy Einhorn: Dein Instinkt ist so ausgeprägt wie der Geruchssinn eines Grizzly in einem Wald in Montana. Dein Blick ist so scharf wie der eines Adlers, der in der Thermik über der Wiese kreist, wo ein Großteil dieses Buchs entstanden ist. Man stelle sich diese Seite tränenbefleckt vor; jede Träne eingekringelt und mit dem Kürzel AE versehen. Ich danke dir.

An Marilyn Ducksworth, Stephanie Sorensen, Halli Melnitsky, Leigh Butler, Lance Fitzgerald aus Montana, Bonnie Soodek, Ivan Held, Kate Stark, Catharine Lynch, Katie Grinch, Victoria Comella, Emily A. C. Osborne (und an die inzwischen verstorbene Faith Sale, die schon vor Jahren die Skulptur im Stein sah und mich ermutigte weiterzumachen), und an all die anderen wunderbaren Menschen bei Penguin, die so viel dafür getan haben, um dieses Buch und seine Autorin zu unterstützen. Ich habe diese Worte schon eine gefühlte Ewigkeit lang in zahllosen Variationen geübt. Und jetzt beschränke ich mich auf ein einziges. Denn wie sich herausgestellt hat, genügt das: *Danke.*

An Dan Jones, Redakteur der Kolumne »Modern Love« bei der *New York Times*: Ich danke Ihnen dafür, dass Sie mir den Durchbruch ermöglicht haben! Und für Ihre tolle Arbeit beim Redigieren meines Artikels »Those Aren't Fighting Words, Dear«. Ich weiß, dass Sie wissen, wie sehr ich Sie schätze.

An meine vielen Leser früherer Fassungen im Laufe der Jahre, insbesondere an Amelie Dawson und Kim Ludlow für ihr untrügliches Gespür um fünf vor zwölf. Danke.

Alla famiglia Renzoni: Vi voglio tanto bene! Grazie di cuore.

An die Seattle-Writer-Ladies: Jayme Lynes, Christine Johnson-Duell, Kim Ludlow, Mary Casey, Jocelyn Scott, Reba Bliss und Felicity Oram. Euer Quilt hat jetzt viele Quadrate. Ich danke euch, meine Schwestern im Wort.

An meine vielen, vielen lieben Freunde, die sich zwanzig Jahre lang meine Klagen und Fantasien über das Leben als Schriftstellerin und die Buchbranche angehört haben. Und die entweder versucht haben, weiterhin Interesse zu zeigen, oder dies zumindest geschickt geheuchelt haben. Ich danke euch. Ihr wisst, dass ihr gemeint seid. Ich liebe euch alle. Besonderer Dank gebührt noch den stets loyalen Ohren, Herzen und Köpfen von Kirsten Gottschalk, Jay Clarke, Cindy Kuchman, Chris Hanson, Peter Naylor, Elisabeth Massey, Alison Scherer, Melissa Demopoulos, Jennifer Schelter, Toby Malina, Hannah Plumb, Helen Pilling, Swithin McGrath, Sandy Anderson, Ky Sandelin, Kate O'Brien, Laura und Bill Donavan sowie Amy und Leif Peterson. Und auch Melinda Sullivan, die meine Kreativität vor langer Zeit geweckt hat, dieses Jahr wieder in mein Leben getreten ist und mich bezaubert hat. Dankeschön.

Unermesslichen Dank schulde ich den Autoren David James Duncan, Jim Harrison und Terry Tempest Williams, die alle, jeder auf seine Weise, jahrelang täglich auf meinem Schreibtisch präsent waren. Sie haben mein eigenes Schreiben beeinflusst und waren meine Musen, wenn ich nicht mehr weiterwusste.

In liebevollem Gedenken an Sandra Nora (1960–2009) und in Respekt vor ihrem großartigen Vermächtnis. Du wirst für uns immer die Göttin des 4. Juli sein. Mit Regenbogen und allem, was dazugehört.